中国高校哲学社会科学发展报告

1978—2008

教育学

Report on the Development of Philosophy and Social Sciences in Chinese Colleges and Universities

(1978—2008)

Pedagogy

丛书主编　教育部社会科学委员会

本卷主编　程天君　吴康宁

GUANGXI NORMAL UNIVERSITY PRESS

广西师范大学出版社

·桂林·

责任编辑：肖绍清
装帧设计：姚明聚
责任印制：黄珊虎

图书在版编目（CIP）数据

中国高校哲学社会科学发展报告：1978~2008．教育学／程天君，吴康宁主编．—桂林：广西师范大学出版社，2008.11
ISBN 978-7-5633-7790-9

Ⅰ．中… Ⅱ．①程…②吴… Ⅲ．①高等学校—哲学社会科学—发展—研究报告—中国—1978~2008 ②教育学—研究报告—中国—1978~2008 Ⅳ．C12 G40

中国版本图书馆 CIP 数据核字（2008）第 151286 号

广西师范大学出版社出版发行
（广西桂林市中华路 22 号 邮政编码：541001
网址：http://www.bbtpress.com）
出版人：何林夏
全国新华书店经销
湖南新华印刷集团邵阳有限公司印刷
（湖南省邵阳市东大路 776 号 邮政编码：422001）
开本：787 mm × 1 092 mm 1/16
印张：22.5 字数：305 千字
2008 年 11 月第 1 版 2008 年 11 月第 1 次印刷
印数：0 001~3 000 册 定价：55.00 元

丛书编委会

本卷主编：程天君　吴康宁

总　序

改革开放三十年以来，在党中央的高度重视和正确领导下，我国哲学社会科学迎来了新的春天。改革开放的三十年是我国哲学社会科学与社会共进步、与时代同发展、与祖国共命运、与人民同呼吸的三十年，更是高校哲学社会科学释放潜力、彰显活力、壮大实力、提升能力的三十年。三十年来，高校哲学社会科学为我国哲学社会科学事业的长足进步作出了突出贡献。高校哲学社会科学在恢复中得到了发展，在发展中得到了加强，一个门类较为齐全、适应各层次人才培养需要的学科体系和教材体系初步形成。高校哲学社会科学队伍的人员结构不断优化，整体素质不断提高，研究实力不断增强。高校哲学社会科学产出了一大批无愧于时代、具有较高水平的研究成果，在认识世界、传承文明、创新理论、咨政育人、服务社会方面发挥了重要影响。与此同时，高校哲学社会科学管理体制也在不断深化改革中积极推进，一个质量导向明确、评估监督有力、竞争流动有序、成果转化迅速、组织运行高效的管理体制机制正在形成。

高举中国特色社会主义伟大旗帜，坚持以邓小平理论、“三个代表”重要思想为指导，深入贯彻落实科学发展观，全面、公正、客观总结改革开放三十年高校哲学社会科学发展进程、发展特点和发展成就，是以改革创新精神，进一步推进高校哲学社会科学繁荣发展的重要前提和迫切需要。作为中国改革开放三十年波澜壮阔历史进程的见证者、参与者和研究者，高校哲学社会科学发展走过了不同寻常的道路，有成绩值得骄傲，有经验需要总结。我欣喜地看到，百余位高校知名学者本着高度负责的精神和历史使命感，在较短的时间内高质量地完成了《中国高校哲学社会科学发展报告(1978—2008)》编撰任务，推出了这套弥足珍贵的丛书。这是对高校哲学社会科学发展三十年的实证研究，既实现了高屋建瓴、融会贯通，把握住了三十年来各学科学术发展宏观脉络；又做到了以点带面、以简驭繁，提炼出了三十年来各学科学术发展进程中具有根本推动力和全局影响力的重大问题或事件；更基于各学科三十年发展历史、发展规律的深刻认识，对各学科发展未来方向进行了前瞻性的思考和展望。

纵观高校哲学社会科学三十年的发展历程，我们可以得到以下重要经验和启示：

——党中央高度重视哲学社会科学的繁荣发展，先后对繁荣发展哲学社会科学作出系列重大决策，切实推进落实哲学社会科学与自然科学四个“同样重要”，这是高校哲学社会科学得以繁荣发展的根本原因。

——坚持以马克思主义为指导，善于把马克思主义的立场、观点和方法贯穿到哲学社会科学事业中去，坚持用发展着的马克思主义武装头脑、指导实践、推动工作，这是高校哲学社会科学沿着正确方向发展的根本保证。

——坚持党的思想路线，解放思想、实事求是、与时俱进，以大力推动学科体系、学术观点和科研方法的创新，努力在学科建设、教材建设、教育教学等各个环节充分体现马克思主义中国化的最新理论成果，这是高校哲学社会科学充满生机和活力的不竭源泉。

——坚持为人民服务、为社会主义服务，坚持理论联系实际的马克思主义学风，立足国情、面向世界，以深入研究和解决重大理论和现实问题为主攻方向，切实回答中国特色社会主义实践提出的一系列重大课题，这是体现高校哲学社会科学价值的重要基础。

——坚持百花齐放、百家争鸣的方针，充分发扬学术民主，营造生动活泼、求真务实的学术环境，提倡不同学术观点、学术流派的争鸣和切磋，鼓励大胆探索、勇于创新，这是促进高校哲学社会科学健康发展的强大动力。

——坚持以人为本，全面贯彻党的教育方针，坚持教育以育人为本、以学生为主体，办学以人才为本、以教师为主体，努力培养德智体美全面发展的社会主义建设者和接班人，这是高校哲学社会科学的根本任务。

我国实行改革开放已经整整三十年，取得了举世瞩目的辉煌成就，积累了大量的宝贵经验。立足国情，放眼世界，大力推进理论创新，不断赋予当代马克思主义鲜明的实践特色、民族特色、时代特色，是我国哲学社会科学面临的重要任务，高校哲学社会科学使命光荣，责任重大，大有作为。从新的历史起点出发，努力回答改革开放和现代化建设进程中亟待解决、人民群众普遍关心的重大理论和实际问题，在理论上不断有所突破，有所创新，进一步探索适合中国特点的发展道路和发展模式，为实现我国经济社会的全面、协调、可持续发展提供思想保证、精神动力与智力支持，为建设以当代马克思主义为指导的，具有中国特色、中国风格、中国气派的哲学社会科学作出重要贡献，是高校哲学社会科学工作者责无旁贷的神圣使命和历史责任。

进入新时期，推动高校哲学社会科学实现新的、更好更快的发展，我们面临千载难逢的发展机遇，拥有独特的、无可比拟的优势和条件。党的十七大报告明确指出："繁荣发展哲学社会科学，推进学科体系、学术观点、科研方法创新，鼓励哲学社会科学界为党和人民事业发挥思想库作用，推动我国哲学社会科学优秀成果和优秀人才走向世界。"这是党中央在新的历史时期、新的历史阶段，为全面建设小康社会、加快推进社会主义现代化建设、实现中华民族伟大复兴提出的重大战略目标和任务，为进一步繁荣发展中国特色哲学社会科学指明了方向。认真学习贯彻落实党的十七大精神，对于以改革创新精神全面推进高校哲学社会科学科学发展、和谐发展、创新发展，具有十分重大的意义。我们要认真学习贯彻党的十七大精神，站在建设中国特色社会主义事业的战略高度，深入学习实践科学发展观，着力把握发展规律、创新发展理念、转变发展方式、破解发展难题、提升发展质量，调动一切积极因素，充分发挥高校哲学社会科学工作者的积极性、主动性和创造性，为繁荣发展高校哲学社会科学，为建设创新型国家和人力资源强国，为促进社会主义文化大发展大繁荣作出新的更大贡献！

李卫红

二〇〇八年十月十六日

目录

提　要 …………………………………………………………… 1

Abstract ………………………………………………………… 3

第一部分　30 年教育学术发展概况 ………………………… 3

一、重大决策对教育学术发展的积极影响 ………………… 5

二、30 年来教育学术发展进程 ……………………………… 8

三、教育政策、教育实践、教育观念、教育理论的互动 …………………………………………………… 16

第二部分　重大问题与主要成果 ……………………………… 25

第一章　教育本质大争论 ……………………………………… 27

一、大背景与导火索 ………………………………………… 27

二、一个“中心”、两大“对立”、三个“阶段”、“诸论”并存 ………………………………………………… 30

三、教育本质大争论评价:问题多多,意义重大 …… 38

四、问题的回归、深化与超越:教育功能探讨 ……… 42

第二章　素质教育大探讨 ……………………………………… 48

一、时代背景:“升学教育”、“素质”与“素质教育” …………………………………………………… 49

二、素质教育:由“行政号召”到“政府文件”再到“法律意志” ………………………………………… 53

三、实践主体:轰轰烈烈、效果不佳与认识偏差 …… 58

四、理论主体：事实判断、价值判断与审美判断 …… 61
五、反思：说清“素质教育”难，实施“素质教育”更难 ……………………………… 74
第三章 “教育产业化”冷热辩 …… 79
一、由商品经济而市场经济：“教育产业化”的出场 ……………………………… 80
二、“有底线的”欢呼：义务教育其实也未能免受“教育产业化”的影响 …… 84
三、“教育产业化”：由时髦而暗淡的命运起落 …… 88
四、教育与产业：归于理性的反思 …… 93
第四章 教育实验研究的蓬勃推进 …… 96
一、“教育整体改革”的实验研究 …… 97
二、“集体性教学模式”的实验研究 …… 108
三、“目标教学”的实验研究 …… 114
四、“主体教育”的实验研究 …… 121
五、“新基础教育”的实验研究 …… 129
六、“理解教育”的实验研究 …… 152
七、“新教育”的实验研究 …… 163
八、“基础教育课程改革”的实验研究 …… 172
第五章 教育公平的多维审视 …… 191
一、教育公平的意涵探讨 …… 192
二、新中国教育公平的轨迹考察 …… 195
三、教育不公的原因分析 …… 202
四、教育公平的对策研讨 …… 209
第六章 教育改革的持续探究 …… 216
一、为何改革：中国教育改革的政策背景 …… 217
二、如何改革：重大教育改革研究及争论 …… 222
三、谁来改革：教育改革的主体及其关系研究 …… 233

四、谁支持改革:教育改革的社会基础及其复杂性研究 …… 238
五、如何继续改革:教育改革的走向研究 …… 244
第七章 教育学科学化、中国化、现代化的不懈追求 …… 250
一、百年沿革考察 …… 250
二、"世纪问题"审视 …… 255
三、科学化、中国化、现代化的求索 …… 262
第八章 研究方法的多元探索 …… 275
一、30 年来方法与方法论研究的演进"线" …… 276
二、典型研究方法及其成果的若干横截"面" …… 280
三、方法与方法论研究进展中的一个聚焦"点" …… 298

第三部分 教育学术发展历史经验与未来展望 …… 305
一、30 年教育学术发展的动力与规律 …… 307
二、教育学术研究中的问题与不足 …… 314
三、未来研究前景 …… 330

附 录 大事记 …… 331

Contents

Abstract ······ 1

Part One General Situation of Chinese Education Science in Recent 30 Years ······ 3

1. Main Policies and Their Contributions to the Development of Education Science ······ 5
2. The Development Process of Education Science in Recent 30 Years ······ 8
3. Interactions among Educational Policies, Practices, Ideas and Theories ······ 16

Part Two Main Issues and Important Achievements ······ 25

Chapter Ⅰ Quarrels about the Essence of Education ······ 27

1. Background and Direct Cause ······ 27
2. One "Target", Two "Oppositions", Three "Phases" and Several Points ······ 30

3. Assessments: Very Important but Many Troubles ………… 38
4. Return, Deepening and Exceeding of This Issue: Educational Function Studies ……………………………………………… 42
Chapter Ⅱ Arguments on Quality Education ………………… 48
1. Background: "Exam-oriented Education", "Qualities" and "Quality Education" ……………………………………………… 49
2. Quality Education: From "Orders", "Documents" to "Laws" ……………………………………………………………… 53
3. Practicians: Vigorous, Deficient and Misunderstanding …… 58
4. Researchers: Fact Judgments, Value Judgments and Aesthetic Judgments ……………………………………………………… 61
5. Reflection: Straightening out "Quality Education" Hard, Implementing It Harder ……………………………………… 74
Chapter Ⅲ "Educational Industrialization": For or Against … 79
1. From Commodity Economy to Market Economy: Appearance of "Educational Industrialization"……………………………… 80
2. Acclamations Limited: But Compulsory Education Is not Free from "Educational Industrialization" ……………………… 84
3. "Educational Industrialization": From Fashion to Gloom … 88
4. Education and Industry: Reasonable Reconsiderations …… 93
Chapter Ⅳ Flourishing Developments of Educational Experiment Studies ……………………………………………………… 96
1. Experiment Studies on "Wholesale Education Reform" …… 97
2. Experiment Studies on "Collective Teaching Model" ……… 108
3. Experiment Studies on "Aim Teaching" …………………… 114

4. Experiment Studies on "Subjective Education" …………… 121
5. Experiment Studies on "New Fundamental Education" …… 129
6. Experiment Studies on "Understanding Education" ……… 152
7. Experiment Studies on "New Education" …………………… 163
8. Experiment Studies on "Curriculum Reform of Fundamental Education" ……………………………………………… 172
Chapter Ⅴ Multi-examinations on Educational Justice ……… 191
1. Studies on Connotations of Educational Justice …………… 192
2. Inspection on the Educational Justice Track of the PRC … 195
3. Analysis on the Unfair of Education ……………………… 202
4. Studies on Measures to Educational Justice ……………… 209
Chapter Ⅵ Continuous Explorations about Educational Reform ……………………………………………… 216
1. Why: Policy Background of Chinese Educational Reform ……………………………………………… 217
2. How: Studies and Their Arguments about the Important Education Reform …………………………………… 222
3. Who Can Reform: Studies on the Reform Subjects and Their Relationships ………………………………………… 233
4. Who Supports Reform: Studies on the Social Bases and Their Complexity ………………………………………… 238
5. How to Continue: Studies on the Tendencies of Educational Reform ……………………………………………… 244

Chapter Ⅶ Persevering the Scientism, Localization and Modernization of Education Science ······ 250

1. Investigation about the 20th Century of Chinese Education Science ······ 250

2. "Century Issues" Studied ······ 255

3. Pursuit for the Scientism, Localization and Modernization ······ 262

Chapter Ⅷ Multi-explorations of Methods ······ 275

1. The Evolutional "Line" of Methods and Methodologies in Recent 30 Years ······ 276

2. The Cross "Sections" of Typical Research Methods and Their Achievements ······ 280

3. The "Focus" in Method and Methodology Studies ······ 298

Part Three Experiences and Tendencies of Educational Academic Development ······ 305

1. Forces and Laws of Educational Academic Development in Recent 30 Years ······ 307

2. Problems and Shortcomings in Academic Studies ······ 314

3. Prospect ······ 330

An Appendix Important Files from 1978 to 2008 ······ 331

提　要

1978年以来，中国教育学术取得了很大发展。本书旨在整体把握改革开放30年中国教育学术研究的总体大势，突出呈现教育学术发展的重大事件、标志性成果及理论创新，充分展示教育学术发展的成功经验和内在逻辑，从而为这一时段的中国教育学术发展勾勒出一个较为清晰的"地形图"。

全书由四大部分构成：第一部分为30年教育学术发展概况；第二部分为30年教育学术发展中的重大问题，包括重大事件、标志性成果和理论创新；第三部分为教育学术发展的历史经验与未来发展展望；第四部分为附录，收录1978—2008年教育学术发展大事。

第一部分概述了30年中重大决策对推动教育学术发展的积极影响，勾勒了教育学术发展的"恢复"、"反思"及"转型"三个阶段，揭示了教育政策、教育实践、教育观念、教育理论的互动和教育学术发展的内在逻辑。

第二部分为全书主体。按照"淡化学科概念，着力学术演进"的编撰精神，该部分选取了30年来教育学术发展进程中具有全局性影响的八个重大问题，从第一章到第八章依次是：教育本质大争论，素质教育大探讨，"教育产业化"冷热辩，教育实验研究的蓬勃推进，教育公平的多维审视，教育改革的持续探究，教育学科学化、中国化、现代化的不懈追求，研究方法的多元探索。

第三部分首先总结了教育学术研究与发展的四种因素与动力，即由政治导向、经济转轨、文化辐射所统，靠实践需要、理论自觉、双向互动所为，因市场传统、平等传统、文化传统所制，从域外理论、其他学科、学科特性所入。然后归纳了教育学术研究中的问题与不足：教育与社会同教育与人的关系问题，教育理论与教育实践之间的张力与困境、联动与互构问题,教育学研究与发展中的我—他问题。最后推测了教育学术发展的前景:在重大研究问题上,有可能逐渐增多关于教育改革的反思研究、关于教育转型的趋势研究、关于教育发展的比较研究、关于教育传统的历史研究等大致趋势;在研究方法上,有可能逐渐增多从倚重域外理论和别学科方法的移植与套解到诉求中国教育学的学科特色与本土原创性,从注重概念演绎与体系建构到追求问题中心与取法多元等良性趋势;在研究关怀上,则有可能浮现从附庸主流意识形态到自主学理探究,从强调国家、社会或群体、个人的单面要求到吁请个体、社会与自然的和谐发展等积极趋势。

Abstract

Great achievements have been made in Chinese educational academics since 1978. The purpose of this book is to grasp the whole trend of educational academics since Chinese reform and open policy is put forward, present the important incidents, marked achievements and theory innovations in educational academic development and demonstrate the successful experiences and intrinsic logic of it. So a clear "topographic map" of Chinese educational academic development in recent 30 years can be made.

This book is made of 4 parts. Part 1 is to sum up the general situation of educational academic development in recent 30 years. Part 2 is to demonstrate the important incidents, marked achievements and theory innovations in educational academic development. Part 3 is to conclude the historical experiences and conjecture the future of educational academics. Part 4 is an appendix, which records the important files of educational academic development from 1978 to 2008 in China.

Specifically speaking, Part 1 sums up the important policies' positive influences on educational academic development, outlines 3 phases of educational academic development, i. e. phases of "regain", "introspection" and "transition", and discovers the interactions of educational policies, practices, ideas and theories. As a result, the intrinsic logic of educational academic development is discovered.

Part 2 is the main part of this book. According to the principle of "desalting the discipline but protruding the academics", the authors choose 8 important problems which have influenced the overall situation in recent 30 years. These problems are presented in Chapters 1 to 8, which are respectively ardent arguments of educational essence, many a discussion of quality education, being for or against "educational industrialization", flourishing popularization of educational experiment studies, multi-examinations of educational justice, continuous studies of educational reforms, unremitting seeking for scientism, localization and modernization of educational sciences and wide explorations of research methods and methodology.

In Part 3, the authors firstly put forward four kinds of educational academics and development resulted from different factors and forces. The first one is those which are guided by politics approaches, economic transitions and cultural radiations. The second one is those which are supported by practice need, theory consciousness and interactions between them. The third one is those which result from market tradition, equality tradition and traditional culture. The fourth one is those which begin with foreign theories, other disciplines and characters of its own. Secondly, the authors induce the shortcomings in educational academics, including the unbalance of the relationship between education and society and education and individual, the relationship between educational theory and practice, and also the relationship between educational science and the others. Last, the authors conjecture the future of educational academics. Seen from the important topics, there may be more studies on reflections of educational reforms, trends of educational transition, comparisons of educational development and histories of educational tradition than before. Seen from methods and methodologies, there may be more studies seeking for Chinese educational science and its originality than depending on western theories and transplanting methods of the others', more studies pursuing problem-orientation by means of multi-methods than laying stresses on notion deduction and system construction. Seen from the research concern, there may be more studies independent than dependent on political ideology, more appeals for harmonization between man, society and nature than one-sided demand of the state, society or individual.

光阴似箭，日月如梭。弹指间，改革开放国策已新兴 30 春秋。30 年间，中国教育学术研究，沐浴改革开放的春风，虽或有原地彷徨，但更多顺水推舟、乘风破浪，亦不乏逆流而上；学人兢兢业业，收成硕果累累。值改革开放 30 周年之际，驻足回首，数家珍，悟短缺，瞻前景。是为纪念，是为必要，是为再出发。

30 年间教育学术研究与发展，若论数量、人员或广度，任何总结与概括都不免挂一漏万，也难以搜罗。按照《中国高校哲学社会科学发展报告(1978—2008)》丛书编撰宗旨与要求，兹撷取 30 年来教育学术发展进程中具有根本推动力、具有全局性的重大问题或事件若干，进行较为深入的分析和总结，本着“淡化学科概念，着力学术演进”的编撰精神，力求整体把握教育学术发展中的主潮演进和发展大势，突出呈现教育学术发展的重大事件、标志性成果及理论创新，充分展示教育学术发展的成功经验和内在逻辑，从而为 30 年中国教育学的学术发展勾勒出一个较为清晰的“地形图”。

第一部分　30 年教育学术发展概况

本部分的任务在于，梳理改革开放 30 年来教育学术发展的总体进程与社会发展的内在关系；正面描述邓小平理论、“三个代表”重要思想、科学发展观对推动教育学术发展的重大意义；正确把握社会发展与教育学术发展之间的内在联系；充分体现社会发展进步、国家相关重大政策、措施对教育学术发展的相互作用。以相对简练的方式勾勒出 30 年来教育学术发展的整体面貌、基本脉络以及阶段划分；在本学科框架范围内，整体地把握学术发展的主潮演进和发展大势，提炼出学术发展的内在逻辑，体现本学科学术发展的“通感”和“大势”。

改革开放 30 年来，教育领域取得的成绩是巨大的，这些成绩可以用“教育观念的转变、教育事业的发展、教育制度的创新、教育科研的繁荣”四句话来概括；30 年来我国教育发展的最重要的成绩，就是在思想解放下教育观念的转变，这就是从“以阶级斗争为纲”到“科教兴国”，从“知识分子是臭老九”到“知识分子是工人阶级自己的一部分”，这两点改变了我国的教育，也改变了我国整个社会。[①] 教育发展与教育学术的进步，是与改革开放以来的正确指导方针和科学决策分不开的。

① 顾明远. 解放思想，30 年教育成就斐然[J]. 中国教育学刊，2008(6)：卷首语；进一步解放思想 深化教育改革[J]. 中国教育学刊，2008(7)：卷首语.

一、重大决策对教育学术发展的积极影响

1978 年 5 月，《光明日报》发表了评论员文章《实践是检验真理

的唯一标准》,由此拉开一场波澜壮阔的思想解放的序幕。此前,邓小平就明确指出:"'两个凡是'不符合马克思主义。"作为"两个凡是"的重要表现而且又是邓小平急于解决、涉及全局的问题便是所谓"两个估计":一个"估计"是"文化大革命前十七年教育战线是资产阶级专了无产阶级的政,是'黑线专政'";另一个"估计"是"知识分子的大多数世界观基本上是资产阶级的,是资产阶级知识分子"。这是压在教育战线、压在知识分子头上的两座大山,不推倒这两个"估计",教育战线就无法拨乱反正,"四个现代化就没有希望"。值得强调的是,正是推倒"两个估计"开了拨乱反正的先河,开了思想解放的先河,而推倒"两个估计"又主要涉及教育,特别是高等教育领域。①

① 黄辛隐,崔绪志.以马克思主义的实践观对教育的若干审视——为纪念真理标准讨论及十一届三中全会而作[J].江苏社会科学,1998(5):13.

1978年12月18日,中国共产党第十一届中央委员会第三次全体会议在北京召开。其伟大意义在于:它确立了"实事求是,理论联系实际,一切从实际出发的思想路线"。这是中国共产党自十一届三中全会以来制定一系列正确路线、方针和政策的基础。

十一届三中全会以来,我国教育界在邓小平理论和党的基本路线指引下,在教育改革和发展的实践中不断探索建设有中国特色的社会主义教育的规律,在教育思想方面发生的深刻变化:②第一,通过真理标准的讨论和贯彻"解放思想,实事求是"的思想路线,广大教育工作者掌握了正确的世界观和方法论,保证了我国教育的改革和发展沿着正确的方向前进;第二,通过教育的本质和功能的讨论,大家冲破了片面强调教育的上层建筑属性的认识,全面认识教育的本质与社会功能,这既有助于克服教育领域中"左"的影响,又为教育转向围绕和服务于经济建设这个中心提供了理论支持;第三,党的十一届三中全会以来,历次党的代表大会不断加深对教育的战略地位的认识,党的十五大将科教兴国确定为一个根本的战略,并制定了相应的方针政策,各级党政领导和社会各界对教育的地位和作用的认识

② 教育部召开全国教育系统纪念党的十一届三中全会20周年学术研讨会[J].中国教育学刊,1998(6):13-14.

不断发生重大的变化，有力地推动了教育的改革和发展；第四，通过关于“三个面向”的讨论，大家认识到“三个面向”是邓小平从当今世界发展的大局和我国社会主义现代化建设全局的高度对我国教育工作提出的总体要求，使教育工作有机地融入了党的基本路线；第五，通过教育界广泛的讨论，大家认为在社会主义市场经济条件下，教育体制必须与经济体制相适应；等等。

2003年，中共中央发出《关于进一步繁荣发展哲学社会科学的意见》，强调指出，在全面建设小康社会、开创中国特色社会主义事业新局面、实现中华民族伟大复兴的历史进程中，哲学社会科学具有不可替代的作用。必须进一步提高对哲学社会科学重要性的认识，大力繁荣发展哲学社会科学。同年，为深入学习贯彻中国共产党的十六大精神，全面落实江泽民关于加强哲学社会科学的重要讲话精神，进一步发展繁荣高校哲学社会科学，教育部出台《教育部关于进一步发展繁荣高校哲学社会科学的若干意见》，提出：要充分认识哲学社会科学在认识世界、传承文明、创新理论、咨政育人、服务社会等方面的重要作用，采取切实有力的措施，进一步推动高校哲学社会科学的发展繁荣。教育部决定，从2003年开始实施“高校哲学社会科学繁荣计划”，包括重大课题攻关计划、重点研究基地建设计划、人才培养和奖励计划、学术精品奖励计划、文科教育改革计划、基础设施和信息化建设计划。

2006年，《中共中央关于构建社会主义和谐社会若干重大问题的决定》规定：坚持教育优先发展，促进教育公平。全面贯彻党的教育方针，大力实施科教兴国战略和人才强国战略，全面实施素质教育，深化教育改革，提高教育质量，建设现代国民教育体系和终身教育体系，保障人民享有接受良好教育的机会。坚持公共教育资源向农村、中西部地区、贫困地区、边疆地区、民族地区倾斜，逐步缩小城乡、区域教育发展差距，推动公共教育协调发展。逐步使财政性教育经费占国内生产总值的比例达到4%。

这些政策及指导思想的提出，已经并将继续对包括教育学在内的哲学社会科学的发展产生深刻影响和积极推动作用。事实业已表明，十一届三中全会迎来了教育科研的春天，教育科学研究蓬勃地开展起来，30年来我国教育科研呈现出如下几个特点：[①]第一，教育科研走出了书斋，结合我国教育改革和发展中的重大问题开展理论研究，为国家的教育决策服务，为学校提高教育质量服务；第二，教育科研走入了群众，30年来不仅有了一支庞大的教育科学研究队伍，而且教育科研成了广大教师促进自我发展、提高教育质量的主要途径；第三，教育科研走向世界，30年来我国教育从封闭走向开放，走向国际，在改革开放思想路线的指引下，我国教育科学也走向国际化。

① 顾明远.解放思想是深化教育改革的金钥匙[J].教育学报，2008,4(3):3-9.

二、30年来教育学术发展进程

30年来的教育学术发展，似可大致划分为三个阶段：学术研究恢复阶段(1976—1989)；学术研究反思阶段(1989—2000)；学术研究转型阶段(2000年以后)。需要说明的是，这三个“阶段”的划分多是为了行文的方便，而其中的学术发展，是渐进的、连续的、交叉的，所以叙述时并不拘泥于此。

1.学术研究恢复阶段

1976年，十年“文化大革命”结束。伴随着对所谓“两个估计”和“两个凡是”的批判，以及“真理标准”的讨论，教育学工作者也重新解放了思想，矢志重振教育学。其后，尤其是整个80年代，中国教育学科和学术研究有了长足进步，是新中国成立以来发展最快、学术思想最为活跃的阶段。正如有学者说，这是一个十分重要的转折阶段，其重要性就在于承认科研对发展教育事业和教育科学不可取代的重要价值；粉碎“四人帮”后，一个呼唤教育科学的时代终于到来了。[①] 这一阶段的突出任务就是伴随着学科重建（新建）的学术研究的恢复（开始），这主要表现在教育学教材建设、教育学著作出版及国外教育学著述翻译三个方面。

（1）教育学教材建设

在新中国成立以前，高校的教育学系，总是设置如教育哲学、教育心理学、教育行政学、教育统计学、比较教育学以及教学论（普通教学法）、德育论（训导原理）等课程，甚至开设教育社会学、教育生物学、课程论等课程。新中国成立以后到“文化大革命”以前，因取法于苏联模式，除教育心理学外，其他课程几乎都消失了。改革开放以后，教育学领域学科的研究、课程的设置逐渐恢复进行。

1983 年邓小平“教育要面向现代化，面向世界，面向未来”的题词，成为教育学界关注的主题，围绕它相互研讨，著书立说，形成热点；如此活跃的学术气氛，与高师院校对教育学的迫切要求，促进了 70 年代末至 80 年代首批教育学教材的出版：[②] 1979 年刘佛年十年前编写的《教育学（讲座稿）》面世；1978 年北京师范大学教育系教育学教研室率先编写了《教育学讲授提纲（征求意见稿）》（四个分册），1980 年修订为《教育学讲授提纲》（上、下册）；华中师院、河南师院、甘肃师范大学、湖南师院和武汉师院五院校一些同志协作编写的高师本科公共课教材《教育学》，于 1980 年由人民教育出版社首次出版，经多次修订再版，共发行 200 余万册，后由王道俊、王汉澜担任主编，对这本教育学教材进行了较大修改，于 1988 年由人民教育出版社出版了《教育学（新编本）》第 1 版，1989 年出版了第 2 版；南京师范大学教育系编的高师教育系专业基础课教材《教育学》，由人民教育出版社于 1984 年出版，它是在 1980 年编的《教育学》基础上作了

① 叶澜. 教育研究方法论初探[M]. 上海：上海教育出版社，1999:113.

② 瞿葆奎. 中国教育学百年(中)[J]. 教育研究，1999，229(1)：14-16.

较大修改而完成的;顾明远、黄济主编的中等师范学校《教育学》,作为试用本由人民教育出版社于1982年出版,1987年为第2版等;到1990年12月为止,国内公开出版各个类别、各种层次的《教育学》共111本(包括哈萨克文的、朝鲜文的),尤以1986—1989年为峰期,至90年代末,估计又增二三十本。瞿葆奎就此评价说,这些先声之作为带动我国教育学的迅速发展作出了自己的贡献;在这12年(1979—1990)时间里,可谓风起云涌,火树银花,且多有融会、取舍。[①]

就教育的阶段而论,除中小学教育学外,还有学前和高教方面的,譬如有黄人颂主编的《学前教育学》(人民教育出版社1989年版)等,潘懋元的《高等教育学》(人民教育出版社1984年版)等。就教育学的内部领域而论,则有王承绪、朱勃、顾明远主编的《比较教育》(人民教育出版社1983年版),王策三的《教学论稿》(人民教育出版社1985年版),吴杰的《教学论——教学理论的历史发展》(吉林教育出版社1986年版),钟启泉编的《现代教学论发展》(教育科学出版社1988年版),吴文侃、杨汉清主编的《比较教育学》(人民教育出版社1989年版),李秉德主编的《教学论》(人民教育出版社1991年版),吴也显主编的《教学论新编》(教育科学出版社1991年版)等,陈侠的《课程论》(人民教育出版社1989年版),廖哲勋的《课程学》(华中师范大学出版社1991年版),靳玉乐的《现代课程论》(西南师范大学出版社1995年版)等。就学科“交叉”而言,则有鲁洁主编的《教育社会学》(人民教育出版社1990年版),杨葆主编的《教育经济学》(华中师范大学出版社1983年版),厉以宁的《教育经济学》(北京出版社1984年版),邱渊的《教育经济学导论》(人民教育出版社1989年版)等,黄济的《教育哲学》(北京师范大学出版社1985年版,初稿1982年版),傅统先和张文郁的《教育哲学》(山东教育出版社1986年版),

① 补充说明,这一时期及稍后的时间里出版的教材还有:王天一,夏芝莲,朱美育编著《外国教育史》(北京师范大学出版社1984年版,1993年再版);孙培青主编《中国教育史》(华东师范大学出版社1992年版,2000年再版);叶澜著《教育概论》(人民教育出版社1991年版)、主编《新编教育学教程》(华东师范大学出版社1991年版);张楚廷著《教育学论纲》(高等教育出版社1999年版);等等。

刁培萼、丁沅的《马克思主义教育哲学》(华东师范大学出版社 1987 年版),张家祥等的《教育哲学研究》(复旦大学出版社 1990 年版),曾成平的《现代教育哲学新论》(重庆出版社 1991 年版),王坤庆的《现代教育哲学》(华中师范大学出版社 1996 年版)等;此外,还有崔相录的《二十世纪西方教育哲学》(黑龙江教育出版社 1989 年版),陆有铨的《现代西方教育哲学》(河南教育出版社 1993 年版)等。①

尽管"在这么多教材面前,一方面感到有如'山阴道上,应接不暇',另一方面,又不时有'似曾相识燕归来'的议论",尽管有的教材自诩在观点、内容和形式上有"突破"云云,但"雷声"与"雨点"未必和谐,甚至有的教材编者自负地宣称完全"创新"、"填补了空白"②,但无疑,各种教育学教材在框架结构、理论研讨、反映实践、表达形式等方面,都有所尝试,这些不同类型的教育学教材的编著与建设,对教育学研究的恢复和教育学术的发展起到了一定的基础和铺垫作用。

(2)教育学著作出版

如果说教育学教材的编写与建设对教育学基础知识起到了一定的普及作用,那么,教育学著作的出版则在更大程度上推动着教育学术的发展,也可以说,这些著作在一定意义上代表着教育学术发展的水平。而教育学著作的出版,就不仅仅局限于 20 世纪 80 年代,而是一直持续到现在。

譬如,在 20 世纪八九十年代这个阶段,与教材同时出版的还有一批教育学专著,如厉以贤的《现代教育原理》(北京师范大学出版社 1988 年版)、张诗亚和王伟廉的《教育科学学初探》(四川教育出版社 1990 年版)、成有信的《现代教育引论》(河南教育出版社 1992 年版)、陈桂生的《教育原理》(华东师范大学出版社 1993 年版)、孙喜亭的《教育原理》(北京师范大学出版社 1993 年版)、方展画的《教育科学论稿》(上海教育出版社 1995 年版)、黄济和王策三的《现代教育

① 瞿葆奎. 中国教育学百年(下)[J]. 教育研究, 1999, 230(2): 23-30.

② 瞿葆奎. 中国教育学百年(中)[J]. 教育研究, 1999, 229(1): 15.

论》(人民教育出版社1996年版)、陈桂生的《"教育学视界"辨析》(华东师范大学出版社1997年版)等;此外,不少教育出版社先后出版了好多部教育学或教育丛书以及参考资料,如华东师范大学教育系教育学教研室编的《教育学参考资料》(上、下册,人民教育出版社1980年版),南京师范大学、上海师范大学、安徽师范大学、苏州大学、扬州师院教育学教研室合编的《教育学教学参考资料》(3册,人民教育出版社1985年版),瞿葆奎主编的《教育学文集》(26卷共30本,人民教育出版社1989年起出版)。[①] 此外,还有瞿葆奎主编的《教育学分支学科丛书》(20本专著,人民教育出版社1998年起出版),陆有铨主编的《20世纪教育回顾与前瞻丛书》(9本专著,山东教育出版社1993年版),以及陆有铨著《躁动的百年:20世纪的教育历程》(山东教育出版社1997年版)等。

① 瞿葆奎.中国教育学百年(中)[J].教育研究,1999,229(1):15.

(3)国外教育学著作翻译

这一阶段以至20世纪末,还翻译出版了一批国外的教育学专著和教材:如联合国教科文组织国际教育发展委员会编著,华东师范大学比较教育研究所译《学会生存——教育世界的今天和明天》(上海译文出版社1979年版,教育科学出版社1996年版);米亚拉雷等著,郑军、张志远译《教育科学导论》(国际教育局"教育科学丛书"之一,光明日报出版社1989年版),思穗、马兰也译了这本书(教育科学出版社1991年版);巴拉诺夫等编,李子卓、赵玮等译校《教育学》(人民教育出版社1979年版),陈历荣等也译了这本书(青海人民出版社1985年版);哈尔拉莫夫著,丁酉成、曲程等译《教育学教程》(教育科学出版社1983年版);休金娜编,华东师范大学比较教育研究所译《中小学教育学》(人民教育出版社1984年版);巴班斯基主编,李子卓、杜殿坤、吴文侃等译《教育学》(人民教育出版社1986年版);奥恩斯坦著,刘付忱、姜文闵等译《美国教育学基础》(人民教育出版社

1984年版)；大河内一男等著，曲程、迟风年等译《教育学的理论问题》(教育科学出版社1984年版)；筑波大学教育学研究会编，钟启泉译《现代教育学基础》(上海教育出版社1986年版)；等等。[①]这些国外教育学著作的翻译，有利于国内研究者了解国外教育学研究及学术发展概况，对中国教育学术研究具有借鉴和启发价值。

2.学术研究反思阶段

大约从1989年起，包括教育学界在内的中国知识界开始了对自十一届三中全会以来十年实践及研究的全面反思，教育学界对教育科研方面的反思表现在以下几个方面。

(1)总体评价

叶澜认为，这10年中，教育研究蓬勃发展，是十分活跃的，相对于以往，是健康而有成效的。中国教育研究已经开始走上正轨。但是，相对于教育改革实践的需要和其他社会科学的发展水平而言，教育研究的水平还不高；就教育理论领域内许多新的、有意义的问题而言，深入探讨还不够。教育界虽注意到了时代与科学、哲学的变化，在努力吸收营养，但总体上还未实现学科基础的更新，理论上还缺乏超前意识和对实践的指导力量，尚须作出更全面和深刻的研究。在对国外教育理论与思潮的研究方面，做了大量工作，但较多停留在介绍或阐述的水平上，且偏重于日、美、苏，而对欧洲大陆国家、英国、第三世界国家教育的研究数量不多，从总体上看，比较、分析、创造性吸收还很不足，把发展教育理论的希望寄托在尽快从国外引进最新资料上，忽视或没有下大力气研究中国教育的实际与理论问题。[②]

(2)研究方法(论)反思

叶澜指出，这种反思也表现在教育研究方法与方法论上。这些年来，人们的方法意识加强，研究方法多样化，对方法论的探讨已起步。但还存在不少问题：在方法上，一方面，有些研究人员把实证方

① 瞿葆奎.中国教育学百年(中)[J].教育研究，1999，229(1)：15-16.另，进入新世纪，翻译国外教育理论的力度更大，譬如有钟启泉、赵中建主编的“当代教育理论译丛”，其中译著包括布列钦卡的《教育科学的基本概念》和《教育知识的哲学》等；袁振国、谢维和、徐辉、张斌贤主编的“影响力教育译丛”，其中译著包括弗莱雷的《被压迫者教育学》、阿普尔的《意识形态与课程》等。

② 叶澜.教育研究方法论初探[M].上海：上海教育出版社，1999：120-121.

法的重要性提高到不恰当的位置,企图确立某种方法的至尊地位,另一方面,有些人又不太在意每一种方法的基本规范,以方法规范弱化的方式来解决方法与对象不能完全适应的问题;在方法论上,反思涉及以自然科学研究方法为范式运用于教育研究对象时在多大程度和什么意义上是合适的这一问题,还进行了教育研究范式、教育研究对象及学科性质的讨论,以及直接提出教育科学研究方法论的研究对象,分析中国教育研究方法论的现状及历史,介绍国外教育研究方法论研究的情况,等等。[①]

除研究方法(论)外,对于教育学术的反思与建设伴随几乎整个90年代,这突出表现在建设"中国特色社会主义教育学"及"元教育学研究"两大主题上。

(3)中国特色社会主义教育学[②]

随着共和国的成长,中国的教育在走向成熟,一个在20世纪50年代末就提出的课题,在90年代以更强烈的方式被再次提出:"面向21世纪,建立有中国特色的社会主义教育体系",它构成了90年代末未来研究的主旋律[③]。随着社会形势的变化及对教育研究方法(论)的反思,"建设有中国特色教育学"的呼声也在90年代响起。1991年初,张承先主持召开了关于编写有中国特色的社会主义教育学的座谈会。会议提出:[④]编写中国自己的社会主义教育学的宏愿早在50年代就立下了,但那时注重的是对方针政策的解释,对以马克思主义为指导,却存在着引章摘句、贴标签的现象。最近10年在这方面有很大进展,力求运用马克思主义的立场观点和方法分析问题,但理论与实际结合不够,有的是思辨型的,有的是经验型的,大家不满意。因此,写出一本理论与实际紧密结合、具有中国特色的社会主义教育学的任务就摆在我们面前了。会议强调,1989年的那场风波暴露了教育思想和实践方面的问题,形势要求我们加强基础理论

① 叶澜.教育研究方法论初探[M].上海:上海教育出版社,1999:120-121.

② 这个问题在一定程度上与教育学中国化(本土化)相关联,关于后者,将在本书第八章"教育学科学化、中国化、现代化的不懈追求"中予以探讨。

③ 叶澜.教育研究方法论初探[M].上海:上海教育出版社,1999:120-122.

④ 张承先,顾明远,叶立群,黄济,王道俊,张家祥,陈孝彬,靳乃铮,叶澜,王铁军.关于编写有中国特色的社会主义教育学的讨论[J].中国教育学刊,1991(3):1-12.

研究，从实际工作中迫切需要解决的问题入手，有针对性地写出一部高水平的教育学。从立新则对这种反思本身进行了反思，她认为，建立“有中国特色的教育学”的口号不能成立，学科与学派不同，教育学无国籍。她指出，它作为学科发展的方向，会产生禁锢理论工作者的头脑、违背马克思主义的教育性质、混淆问题实质等不良影响。[①]

(4)元教育学研究[②]

教育学术研究反思还表现在元教育学研究、教育学科的元研究上。事实上，以“元研究”为意识的反思在80年代末就已开始，1987年叶澜《关于加强教育科学“自我意识”的思考》一文的发表似可标示[③]。随后，人们对教育学的反思日甚，关于建立“教育学史”、“教育科学学”的提议被学者相继提出。[④]《华东师范大学学报》(教育科学版)1995年第1期起展开“元教育学”(meta-pedagogy)的专栏讨论，发表国内外学者的相关研究成果。到90年代末期以至世纪之交，元教育学及教育学元研究方面著作的丰盛出版，把这种具有元研究特色的学术反思推至高潮。[⑤]

3.学术研究转型阶段

杨小微、叶澜在对新世纪第一个五年我国教育学发展进行总结时发现：进入新世纪以来，转型成为社会、教育乃至学术研究的主旋律，教育研究领域中，转型集中体现在教育基本理论、教育哲学和教育社会学研究中。教育转型的讨论已经全方位、多层面地展开：或从历史视域梳理社会变革与教育转型的关系，或从宏观层面重新讨论“教育是什么”，或从教育活动与改革的基本单位——学校层面展开整体系统式的分析，还有从微观角度讨论社会转型对学生人格转型的影响。他们认为，社会转型的讨论引发了大量教育观念和教育问题的具体研究，其中一部分是各学科共同关注的问题(如教师专业发

① 从立新.关于“建立有中国特色的教育学”口号的争议[J].中国教育学刊，1993(2)：57—61.另，在此之前，鲁洁曾提出，不能脱离当代高度发展的国际背景来考察具有中国特色的教育学问题，在我们建构的教育学中，共性的因素应显得更为突出。详见鲁洁.建设具有中国特色的社会主义教育学管窥[J].教育评论，1988(1).

② 这个问题在一定程度上与教育学科学化、现代化有关，关于后两者，将在本书第八章“教育学科学化、中国化、现代化的不懈追求”中予以探讨。

③ 叶澜.关于加强教育科学“自我意识”的思考[J].华东师范大学学报：教育科学版，1987(3).

④ 何齐宗.建立“教育学史”刍论[J].教育研究，1989(8)；肖川.建立“教育科学学”刍议[J].教育研究，1989(11).

⑤ 譬如，可见陈桂生.“元教育学”辨：“元教育学”的探索[M].福州：福建教育出版社，1998；叶澜主编.教育学科元研究丛书[M](上海教育出版社1999年开始出版，包括六本专著：叶澜的《教育研究方法论初探》与《回到原点的思考》、金林祥的《20世纪中国教育学科的发展与反思》、王坤庆的《20世纪西方教育学科的发展与反思》、夏正江的《教育理论哲学基础的反思——关于“人”的问题》、李政涛的《教育学科与相关学科的对话——从知识、科学、信仰和人的角度》)；周作宇.问题之源与方法之镜——元教育理论探索[M].北京：教育科学出版社，2000；唐莹.元教育学：西方教育学认识论剪影[M].北京：人民教育出版社，2002.

展、教育中的生命意识),不难看出教育学科的研究已形成对社会转型背景下教育转型中人的问题的普遍关注;也有一部分反映了不同学科领域的特殊问题,如教育基本理论中的制度改革研究、教育政策研究与教育法学研究,就是转型催生出来的相对新的学科领域;教育哲学中关于教育价值的讨论,正是被转型过程中的价值冲突所激活的;教育社会学中关于教育公平的研究,正是社会转型中利益矛盾所引发和凸显的。[①]

与此同时,他们还阐明了社会转型、教育转型过程中的学科转型问题。他们认为,新世纪以来,以"转型"为主题的变革在全社会渐成共识,也在教育学领域中"复调式"展开,对教育转型的直接研究,既呈现出关注教师专业发展、提升教育中的生命意识、知识论转换等共性问题,也存在各具体学科面临的要解决的特殊问题。解决这些问题的过程,促使教育学科的研究由反思走向转型式重建。反思带来的最大变化是研究立场的转变,即开始关注教育学科本身的特殊性,研究教育本身;教育学研究中长期存在的"无根问题"和"无土栽培现象",也促使研究者深入思考教育理论与教育实践的关系;教学论研究在反思理论与实践关系中,不仅指出了教学理论的"实践乏力"问题,也直接进行了"教学论实践转向"的重建尝试。其他学科,如教育基本理论、教育哲学从构建体系式的研究中走出来,转而审视本领域内实存的问题;教育社会学已经走过了构建学科体系的基础阶段,进入有关分支领域深化(以问题研究为主的跨学科审视)研究的阶段;课程论则从基本观念更新和一系列新概念新命题的研究做起。[②]

三、教育政策、教育实践、教育观念、教育理论的互动

经过以上阐述,我们似可从"教育政策"、"教育实践"与"教育观

① 杨小微,叶澜.在实践变革与理论创新的互动中发展中国教育学——新世纪第一个五年中我国教育基本理论研究的回顾与反思[J].教育研究,华东师范大学学报:教育科学版,2006,24(4):3.

② 杨小微,叶澜.在实践变革与理论创新的互动中发展中国教育学——新世纪第一个五年中我国教育基本理论研究的回顾与反思[J].教育研究,华东师范大学学报:教育科学版,2006,24(4):5-7.

念”、“教育理论”这几个关键词及其之间的互动来梳理改革开放 30 年来教育学术发展的总体进程与社会发展的内在关系，把握社会发展与教育学术发展之间的内在联系，提炼出教育学术发展的内在逻辑。事实上，已有学者对此作了比较到位的分析，他们这样论述道：“十一届三中全会以来，我国的教育实践有了很大的发展，而在这个发展历程中，教育观念的变革尤为引人注目。在一定意义上，可以说，十一届三中全会以来教育发展的历程，也就是教育观念的不断转变和更新的过程，是不断扬弃旧的认识向更符合社会发展的方向迈进的过程。但是，我们同时也不能忽视这样一个事实：几乎任何一次教育观念的更新，都有着理论特别是教育基本理论的支持，正是教育基本理论中对有关问题的探讨，引发了人们思想上的解放和观念上的突破。”① 这个判断，道明上述几个关键词，尤其是“教育实践”、“教育观念”、“教育理论”之间的动态关联。

瞿葆奎、郑金洲撷取其中的六个重要问题，展示了 20 世纪 70 年代末到 90 年代末教育理论研究与教育观念更新间的密切关系。②

1. 教育本质研究与“阶级斗争工具观”的幻灭

“文化大革命”期间，“四人帮”大肆宣扬与夸大“学校是无产阶级专政的工具”，“教育是阶级斗争的工具”，给了教育以毁灭性的打击，不仅否定了教育自身的相对独立性，而且教育与经济建设、社会生产也无缘联系。

改革开放以来，一些研究者首先考察了“学校是无产阶级专政的工具”的理论来源，揭示这一论断是十月革命后以列宁为首的修改党纲的委员会在起草党纲“国民教育方面的条文”时提出的；是从当时学校教育承担着完成无产阶级专政任务的意义上，针对十月革命后教育领域资产阶级与无产阶级激烈斗争的形势，以及资产阶级鼓吹的“学校可以脱离政治而为整个社会服务”的谎言而作出的；强调的

① 瞿葆奎，郑金洲. 教育基本理论研究与教育观念更新——十一届三中全会以来教育基本理论研究引发的教育观念变革寻迹[J]. 华东师范大学学报：教育科学版，1998(3)：1.

② 以下六个问题的叙述，除另有注明外，均转述自瞿葆奎，郑金洲. 教育基本理论研究与教育观念更新——十一届三中全会以来教育基本理论研究引发的教育观念变革寻迹[J]. 华东师范大学学报：教育科学版，1998(3)：1-13. 作者原注从略。

是政治原则的传播，是思想上、组织上、教育上的影响，不是指暴力专政；既没有把政治等同于教育而抹杀政治的特点，也没有把教育等同于政治而抹杀教育的特点；并且，这一论断后来在列宁的手稿中被删除了。

有研究者认为，“教育是阶级斗争的工具”这个命题是对马克思主义关于教育本质原理的歪曲和篡改，“四人帮”一伙完全背离了列宁的原意，故意混淆了两类不同性质的矛盾，其用意是把学校变成全面专政的工具。随着对“学校是无产阶级专政的工具”、“教育是阶级斗争的工具”的批判，批判者有关教育本质的认识，也就逐步进入正常轨道的讨论了。据不完全统计，在这场关于教育本质的大讨论中，前后共出现了 28 种观点，其中影响较大的有“生产力说”、“上层建筑说”、“双重属性说”、“多重属性说”、“社会实践说”和“特殊范畴说”等。

撇开这场论争的学术是非暂且不论，不能不说通过这场论争，关于“教育是阶级斗争的工具”的全称肯定认识发生了根本性的转变。教育具有生产属性，教育不仅仅是一个消费部门，而且也是一个经济部门、生产部门，在论争中逐渐地被不少研究者所接受，甚至深入人心。这一转变也许有着划时代的意义，它标志着教育已经从“阶级斗争的工具”的梦魇中摆脱出来，开始步入经济建设的大潮，承担起社会生产赋予它的使命。

2. 教育功能研究与“教育先行观”的确立

教育功能是 20 多年来教育基本理论研究的重要课题之一。这一研究的进展，突出地表现在对教育经济功能的深入探究，并促成“教育先行”这一教育观念的确立上。

十一届三中全会以后，国家的工作重点逐渐转移到经济建设上来。适应这一转变，教育如何为经济建设服务，它在社会主义建设中居何地位、起何作用，等等，引起了人们的重视。研究者从国外发展的经验、国外的教育经济理论、现代经济发展、生产方式的变革、人才培养与需求的矛盾、教育自身的性质等方面，论证了“教育为何要先行”问题。

这些研究纠正了“文化大革命”中把教育视为阶级斗争的工具的狭隘教育功能观，为“教育先行”提供了理论上的说明，在一定程度上扭转了先前关于教育发展与经济增长同步的认识。“百年大计，教育为本”，可以说是“教育先行”观念的最好体现。

3.“教育与人”的研究与学生观的转变

相对于教育本质和教育功能，教育与人的问题，在研究者的视野内凸显较晚，大概是到80年代中期才引起人们的专注。这一研究促使教育观念中的一个重要组成部分——学生观——逐渐发生了转变。

新中国成立后的相当长的一段时间里，由于受苏联教育思想等的影响，教育学几乎只看到社会，不大看到人。教育学多讨论教育与社会、敢讨论教育与社会，少探索教育与人、忌探索教育与人，以致教育学几乎成了“看不见儿童的教育学”。在80年代末90年代初，教育理论界探讨的一系列热点问题，如影响人身心发展的因素、教育的出发点、教育价值取向的偏差、教育危机的根源等，都与重视人、关注人的需要密切相关，在一定程度上可以说是对受教育者主体意识的张扬。

这些研究，都把问题的焦点集中在对受教育者的关注上，集中在重视学生的个性、学生的主体意识上。研究者呼唤的是在教育过程中重视受教育者的需要和兴趣、创造和自由，尊重人的尊严、人的潜能和价值，促进人的个性全面、自主地和谐发展；呼唤的是重视培养学生的主体性，使他们成为有进取意识和创造精神的社会主体。大概也正是由于这些研究,教育实践中逐渐地重视学生的主体作用,无论是"主体性发展实验",还是"整体改革实验"、"综合改革实验"等,都与激发学生的主体意识有着关联,学生这一具有较强自觉能动性的受教育者在教育过程中更多地站起来了。

4. 人的全面发展研究与全面发展教育观的重新认同

关于人的全面发展的研究,我国始于20世纪50年代初,50年代中期又进行了讨论。80年代以后的研究,一方面是50年代的赓续,另一方面又赋有新的内涵。80年代之所以旧话重提,把人的全面发展纳入论争的范围,主要是因为"文化大革命"时期把这样一个问题的含义搞得混乱不堪了,甚至是非颠倒了。

讨论中,关于马克思主义人的全面发展的含义,出现了三种不同的认识:"能力全面发展说"、"德智体全面发展说"、"多层次发展说"。这些认识深化了对人的全面发展问题的研究,它们在具体主张上虽然有着不少的差异,但都肯定了人的全面发展绝不只限于人的思想意识、政治规范,不只是指"红"的范畴;也都肯定了教育在人的全面发展中的重要作用,把全面发展的教育视为实现人的全面发展的有效途径。

这一研究对于消除"文化大革命"时期政治标准至上的人才观,重新确立50年代已初步形成的全面发展的教育观,乃至对于今天谈论的"素质教育"观,都有着直接或间接的影响。通过对人的全面发展的分析以及全面发展教育各组成部分的探讨,全面发展的教育观逐渐重新得到了认同,至少是"智育第一"转而变成了"隐性"的观念,改变了它的存在形态。今天倡导的"素质教育",在一定意义上,也就是对"智育第一"("应试教育")观念的贬抑和批判。它也许可以说是全面发展教育的"现在时态"。

5."传统教育与现代教育"研究与教育现代化观念的产生

"传统教育与现代教育"的研究,是伴随着教育理论界的思想解放展开的,至今余绪未绝。这一研究对于正视我国教育中存在的瘤疾,适应现代化建设的需要,大力推行教育改革以及传统教育观念的转变,都起着重要的作用。作为这一研究的一个成果,教育现代化的观念逐渐产生,并且在一定程度上成为人们的共识。

1983年10月,邓小平"教育要面向现代化、面向世界、面向未来"的题词,引起了教育理论工作者的共鸣,激发了研究者对"现代化教育"进行系统思考的热情;1985年《中共中央关于教育体制改革的决定》的颁布,也促使人们把教育观念的变革作为体制改革的先导,指出教育思想、观念的变革已成要务。这场讨论涉及的问题有:传统教育与现代教育的界定、传统教育与现代教育的比较、传统教育的评价、传统教育向现代教育的转化等。

与其他问题的研究不同,关于传统教育与现代教育的研究是直指教育观念的。它对传统教育利弊得失的评判,就是为革故鼎新先期地扫出地盘;它对现代教育的颂扬与企盼,就是为教育现代化观念的萌生鼓呼呐喊。可以说,这一研究"破"的是传统教育中的陈腐观念,"立"的是现代化教育或教育现代化的新观念。在今天看来,这一研究虽存在诸如采用二元择项的思维方式将传统教育与现代教育对立起来、有意无意地将西方的教育模式照搬过来等缺失,但它的确引发了人们对传统教育的深思。可以说,传统教育与现代教育的讨论,是教育现代化观念确立的先声,教育工作者在抛却传统教育与现代教育二元对立的思维模式的同时,把视野逐渐集中到"教育现代化"这样一个更能体现我国教育意向追求的词语上来。

6."教育与市场经济"研究与教育产业观的形成

关于教育与市场经济的研究,在一定意义上是教育功能、教育本质问题研究的深化。正是在这一研究以及其他有关研究的影响下，人们的教育观念悄然地发生变化，教育惧商、避商的观念向商品观念转变，教育中排斥竞争的观念向竞争观念转变，教育的计划观念向市场观念转变，把教育作为一种消费事业的观念向产业观念转变。

十一届三中全会以来，我国对市场经济本身的认识有一个不断发展和完善的过程，大体可分为“有计划的商品经济”阶段，时间大致是 1984 年至 1991 年，以及社会主义市场经济阶段，以 1992 年初邓小平同志的南方谈话为标志。教育界对教育与经济关系的研究，也与此相应，前一时期注重的是商品经济与教育的关系，后一时期关注的则是市场经济与教育的关系。面对商品经济、市场经济的挑战，教育应采用何种姿态呢？研究者大多采纳“主动适应说”；在“主动适应”的前提下，有着一些认识上的分歧，即教育是全面适应市场经济，还是要有保留地或有选择地适应。

是全面适应还是有保留地适应仍是一个论争的问题，但无论哪一种主张都已经把市场经济纳入了教育的服务范围，是用市场经济的眼光来重新打量教育。由于社会主义市场经济体制尚未完全确立，由于市场经济的机制尚待进一步探明，也由于对教育在新的市场经济条件下的运作方式等的不清晰，争论是合乎情理的。但无可否认的是，我们的教育观念正在发生着转变，教育市场观念、教育产品交换观念、办学实体观念、竞争观念、效益观念、效率观念、开放观念正在深入人心。这些观念在 80 年代前还是难以想象的，而今已几乎成为人所共知的事实。中共中央、国务院在 1992 年 6 月颁发的《关于加快发展第三产业的决定》中，明确将教育作为“对国民经济发展具有全局性、先导性影响的基础产业”，不能不说与理论界的有关研究有着一定的联系。①

正如瞿葆奎、郑金洲在考察了以上六个方面后所总结的，上文是

① 从这里，似可更透彻地看出“教育政策”、“教育实践”与“教育观念”、“教育理论”几者之间错综复杂的关系，更好地体会学术发展与社会发展的内在关系。关于教育产业观的详细和后续探讨，可详见本书第四章“教育产业化冷热辩”。

以一一对应的方式来展示教育基本理论研究与教育观念更新间的关系的，这只是出于分析上的便利。实际上，不同的研究有时是指向同一观念的变革的，如教育本质的研究给教育为经济建设服务提供了依据，教育功能的研究为教育与经济建设联系的方式等提供了说明，"传统教育与现代教育"的讨论也是在为扭转将教育作为纯消费性事业的观念开道，而"教育与市场经济"的研究自不待言，更是把矛头直指教育的经济取向。不同研究的交汇、递进，推动着人们对教育认识的不断深入，将教育观念引向一个又一个新的彼岸。[①]

如果说，上述六个方面主要是从教育观念与教育理论的互动（当然也裹挟着这两者与教育政策、教育实践之间的互动）来看改革开放 20 年的学术发展大致脉络的话，那么，下面将主要呈现改革开放最近 10 年，尤其是新世纪以来的学术发展状况，而这里的侧重点是教育理论与教育实践的互动。[②] 为了文体形式整齐的需要，这里把它归为第 7 点。

7. 理论建构与实践探索双向互动

新世纪以来，教育学术研究呈现出以转型为主旋律的理论建构与实践探索的良好态势。仅以 2004 年为例，无论是基础教育研究、高等教育研究，还是教师教育改革研究领域，都呈现出理论建构与实践探索良好互动的态势，并有值得关注的成果。[③]

在实践研究与理论重建双向建构方面的一个范例，当推叶澜主持的"新基础教育"研究。正如有学者业已指出：教育学的重建不是停留于纸面的概念符号的重新排列组合，理论的重建与实践的变革是双向建构、相辅相成的。对此，叶澜主持的国家重点课题——"新基础教育"推广性发展性研究，提供了一个很好的研究范例。该项目主持人在深度介入的实践研究中，不断发现理论的新的生长点，从 2002 年开始连续在《教育研究》杂志上发表课堂教学价值观、过程观

① 瞿葆奎，郑金洲. 教育基本理论研究与教育观念更新——十一届三中全会以来教育基本理论研究引发的教育观念变革寻迹[J]. 华东师范大学学报：教育科学版，1998(3)：13.

② 另需要说明的是，关于教育政策与教育理论、教育实践之间的互动关系，在本书第三章"素质教育大探讨"、第七章"教育改革的持续探究"等部分多有体现，在作为"概述"的第一章中就不再详述。

③ 详见程天君，吴康宁. 教育学[M]. 教育部社会科学委员会秘书处组编. 中国高校哲学社会科学发展报告 2005：第十八章. 北京：高等教育出版社，2005：337-344.

及评价观更新与重建的学术论文,这批论文由于是在长期深入的课堂实践变革研究的基础上提升出来的,因而既有学理的深度思考,又具有实践上的针对性和说服力;在主持人后来的"新基础教育"推广性研究项目结题总报告中,又进一步提炼出"新基础教育"的十大创新之处,涵盖教育价值观(如把学校教育价值聚焦到为每一个学生的终身学习与发展尤其是健康主动发展奠基之上)、学生观(如把学生当作"具体个人"去认识和研究)、教学观(如提出课堂五大资源和互动生成式的教学内在逻辑)、教师发展途径(日常的"研究性实践")、教学评价(提出并实施以多元复合、随程推进、承前启后、促进转型为特征的学校评价)以及班级建设和学校管理等方面,这些新思想和新实践的产生,既是理论构想启发下实践探索的结晶,又是理论进一步生长的起点。①

虽然这第7点侧重的是教育理论与教育实践互动关系的揭示,但它与前述六点(侧重教育观念与教育理论互动关系的论证)及本书第三章"素质教育大探讨"、第七章"教育改革的持续探究"等(侧重教育政策与教育理论、教育实践之间互动关系的阐述)一道,共同服务于一个目的,那就是:从不同侧面、不同方位、不同时段上透视社会发展与教育学术发展之间的内在联系,勾勒出30年来教育学术发展的基本脉络,展现社会进步与教育学术发展的相互作用。

① 杨小微,叶澜.在实践变革与理论创新的互动中发展中国教育学——新世纪第一个五年中我国教育基本理论研究的回顾与反思[J].教育研究,华东师范大学学报:教育科学版,2006,24(4):8.

第二部分　重大问题与主要成果

本部分以“问题”为中心，以教育学术发展为主线，遵循突出重点、以点带面的原则，提炼30年教育学术发展进程中具有根本推动力、具有全局性的重大问题与事件，并以此呈现教育学术发展的标志性成果及理论创新。这些重大问题与主要成果，分八章进行呈现：第一章，教育本质大争论；第二章，素质教育大探讨；第三章，“教育产业化”冷热辩；第四章，教育实验研究的蓬勃推进；第五章，教育公平的多维审视；第六章，教育改革的持续探究；第七章，教育学科学化、中国化、现代化的不懈追求；第八章，研究方法的多元探索。

第一章　教育本质大争论

改革开放以来，教育领域具有全局性的重大问题，当首推关于教育本质的大争论。这场争论历时十余年之久，至今余音犹存，并有深化探讨。关于教育本质问题的争论不是偶然的，它既有深刻的历史和现实背景，也有思想前提和实践依据。

一、大背景与导火索

关于教育本质的争论，事关马克思主义关于经济基础与上层建筑两大范畴的划分。早在20世纪三四十年代，我国进步教育思想家杨贤江、张栗原、林砺儒等就在其著作中阐述教育是上层建筑这一马克思主义的论点。[①] 1951年至1952年间，受斯大林《马克思主义和语言学问题》一文提出语言是既不属于经济基础又不属于上层建筑的

① 分别见杨贤江《新教育大纲》、张栗原《教育哲学》、林砺儒《教育哲学》等。引自潘懋元．在教育是否属于上层建筑讨论中若干有待商榷的问题[J]．学术月刊，1979(12)：67.

社会现象的引发，苏联教育界围绕教育的专门特点以及教育是否属于上层建筑的问题进行了讨论，并被介绍到我国。[①]除“教育属于上层建筑”说外，当时苏联教育界也曾提出若干不同观点，譬如：教育与生产力有着直接联系；教育一部分不属于上层建筑；教育与语言一样，既不属于生产力也不属于上层建筑；等等。经过一年的讨论，由鲍德列夫等撰写了《关于作为社会现象的教育的专门特点的争论总结》，认为，教育是上层建筑，但又有它自己的特点。该《总结》有三个要点：(1)“决定作为社会现象的教育的本质主要之点即在于对被教育者心理上所施行的影响是为了什么目的，是按照什么方向来发展青少年的身心”，在阶级社会里教育是有阶级性的，“这种情况就在人类社会发展的一定阶段上给教育本质带来决定性的改变”；(2)教育“无疑地是与生产相联系的，因为它是劳动力再生产的手段之一”，教育“产生于物质财富的再生产和人类自身的再生产”，另外，教育还受儿童和青年的年龄特点的制约，这些都是作为上层建筑的教育的专门特点；(3)作为上层建筑的教育同生产力没有直接的关系，它必须通过经济基础的中介，“生产力发展水平的改变所引起的上层建筑的改变，不是自动地、直接地发生的，而是经过经济基础的改变而发生的”，教育“不直接”反映生产力的发展水平。这三个要点，加上日益偏“左”思潮的影响，导致我国教育理论界基本上接受了“教育是上层建筑”这一论断。[②]

虽然有人怀疑过这种观点，但由于“上层建筑说”符合当时我国政治需要，并且形成了一种不容置疑的思潮，因而怀疑只不过是过眼烟云，无济于事；“文化大革命”期间，“上层建筑说”受到进一步强化，在此背景下，教育只不过是“无产阶级专政的工具”，“学校是阶级斗争的工具”，教育完全成了政治的附庸。[③]而且，可以说在一定程度上，正是由于“上层建筑说”这一意识形态的不容置疑及其对人们视

① 苏联“苏维埃教育学”杂志开展关于教育问题的讨论[J]. 人民教育，1952(5)；关于作为社会现象的教育的专门特点的争论总结[J]. 人民教育，1952(7)，(8).

② 杨彬，扈中平，黄欣祥. 关于教育本质讨论的综述[J]. 教育研究与实验，1984(3)：65.

③ 刘煜，张烨，田大海. 关于教育本质问题大讨论的历史影响[J]. 湖北民族学院学报：哲学社会科学版，2002，20(1)：101.

线的遮蔽,才导致对教育科学缺乏研究,而这又给"四人帮"破坏教育以可乘之机;"四人帮"在教育上的破坏,就是把教育全然当作上层建筑来加以工具化的利用。

然而,第二次世界大战之后,世界范围内出现了以微电子的普遍应用为重要标志的新技术革命,人们日益认识到,由于科学技术的发展,知识生产将成为经济发展的关键因素,教育将成为经济发展的重要源泉。西方发达国家经济建设取得成功的重要原因就是高度重视教育的发展,这主要表现在增加对教育的投入,注重人才培养等各个方面。如何借鉴西方发达国家的成功经验,使之更好地为我国经济建设服务,开始受到国人的普遍关注。相较于苏联《关于作为社会现象的教育的专门特点的争论总结》,这可以说是人们重新认识和探讨教育本质问题的另一个外部背景。

1976 年"四人帮"被粉碎,紧接着,我国开展了真理标准问题的大讨论,这为人们探讨教育本质问题提供了思想前提。中国共产党确立了"解放思想,实事求是"的指导思想,果断停止使用"以阶级斗争为纲"的口号,作出了把工作重点转移到社会主义现代化建设上来的战略决策,这为人们探讨教育本质问题提供了实践依据。社会的转型给教育理论工作者反思和批判"文化大革命"期间的教育带来了机遇,也催促人们对教育进行重新思考与定位。人们愈来愈清楚地认识到发展教育事业与实现社会主义现代化的密切关系;在总结新中国成立以来的教育经验时亦发现,1957 年以后我们对教育与生产力的关系愈讲愈少,而对教育与政治的关系愈讲愈多,以至在"文化大革命"期间,对教育的本质愈讲愈"左",把学校当成了阶级斗争的主阵地。在这种国内背景下,萌发于 1978 年、兴盛于 1979 年、历时 10 余年之久的"教育本质"大争论已孕育成熟,一触即发。

1978 年 5 月于光远在《学术研究》上发表的《重视培养人的研

究》[①]一文,可说是这场大争论的先声和导火索。于光远痛感于“过去由于我们对教育科学缺乏研究,就给‘四人帮’破坏教育以可乘之机”的历史教训,凭借着“究竟什么是教育”、“教育是怎样一种社会现象”的追问意识,针对当时流行的“教育完全是上层建筑”的观点,果敢提出:“在教育这种社会现象中,虽然包含有某些属于上层建筑的东西,但是整个说来,不能说教育就是上层建筑。在教育和上层建筑之间不能画等号。同样,我们也不能说学校就是上层建筑,不能在学校和上层建筑之间画等号”;“认为教育完全是上层建筑,这是不完全确切的”;“教育不能等同于上层建筑,只有人们关于教育的政治观点和哲学思想才是上层建筑,只有作为国家和政治机构、政治制度中一部分的某些机构和教育制度才是上层建筑,只有政治、哲学、道德等教育才是上层建筑。不能说教育就是上层建筑,不再有别的东西。在教育中有许多东西就不是建立在经济基础之上的,它并不随社会经济基础发生变化而变化,因此就不属于上层建筑”;“‘四人帮’在教育上的破坏,有一些就是同混淆上层建筑的东西和非上层建筑的东西有关的。我觉得弄清楚这个问题,对于我们教育工作是很有必要的”。一石激起千层浪,一时间,关于教育本质的论点及相互辩驳蔚然成风。

① 于光远.重视培养人的研究[J].学术研究,1978(3);另见人民教育,1979(1):21-25.

二、一个“中心”、两大“对立”、三个“阶段”、“诸论”并存

这场争论是由对“上层建筑说”的发难,也就是围绕“教育是不是上层建筑”而展开的。由此,“上层建筑说”成为教育本质争论的一个“中心”;其极力赞成者与极力反对者形成“上层建筑说”与“生产力说”两大“对立”;从前期围绕教育与其他社会现象(政治、经济、文化)的关系(社会本位)进行探讨,到后期力求从教育与人的关系(个体本

位)、教育本身的特性(教育本位)进行追问,再到后来从“教育本质”到“教育功能”的回归性与超越性深究,可以说是这场大争论的三个“阶段”;而在“中心”周围、“对立”之间、“阶段”之中,百花齐放地并存着诸多论点。[①]

1.“生产力说”与“上层建筑说”之辩

关于教育本质的争论,一开始就形成“上层建筑说”和“生产力说”两大对立。“生产力说”与“上层建筑说”主要围绕下列四个问题展开:教育是不是社会的意识形态?教育与生产力的联系是直接的吗?教育的本质属性是永恒性、生产性还是阶级性、历史性?如何看待西方资本主义国家教育发展的经验?[②]

在此值得强调的是,教育本质大争论虽是由对“上层建筑说”发难而始的,但就在“上层建筑说”广遭抨击之际,有研究者坚持认为,许多反对者提出的理由不足以推翻“上层建筑说”这种论点。作者指出,人们为了批判“四人帮”所谓“在阶级社会里教育纯粹是阶级斗争的现象”,以政治代替业务,以及鼓吹“全面专政”的谬论,力图阐明教育对生产斗争的重要性,就提出了教育不属于或部分不属于上层建筑、教育与生产有直接关系、教育就是生产力等观点,无疑,主观愿望是好的,但是,这些论点的科学性却值得商榷;同时,把教育说成不属于或部分不属于上层建筑(“两部分论”或“两因素论”),不必经过基础的中介而与生产直接联系,这种理论是否就能更好地说明教育在实现社会主义“四个现代化”中的重要性,抑或适得其反,也是必须澄清的。经由“如何理解上层建筑随经济基础的变化而变化”以及“如何理解教育与生产的联系”两个命题的澄清,作者推论道,作为上层建筑的教育,受经济基础决定并为经济基础服务,而经济基础本身就是以生产力与生产关系的相互作用为前提的,所以,经济基础与教育的相互关系,就间接地体现了生产力与教育的关系;我们既不可以不

① 郑金洲较为详细地总结了这些论说和辩驳,以下几组论辩的叙述及其简评,除特别注明、补正或强调外,均引自郑金洲.教育本质研究十七年[J].上海高教研究,1996(3):19-24.

② 综合参见李放.教育是社会的上层建筑[J].教育研究,1979,1(1):42-43;花永泰,张美今.生产力直接对教育发生作用[J].教育研究,1979,1(1):45-49;黄凤漳.现代教育是生产力的新因素[J].教育研究,1979,2(2):33-35;鸣镝.教育是统治阶级的工具[J].教育研究,1979,2(2):36-36;邹光威.教育是不属于上层建筑的社会现象[J].教育研究,1979,2(2):38-39;石佩臣.作为上层建筑的教育的特点[J].教育研究,1979,3(3):61-65;柳海民.教育是社会的上层建筑[J].东北师范大学学报:哲学社会科学版,1979(4);成有信.社会主义教育本质是大生产性和阶级性的统一[J].北京师范大学学报:社会科学版,1980(5):55-59;王越.关于教育是生产力的探讨[J].教育研究,1981,13(2):63-66;胡德海.关于教育的本质属性问题[J].教育研究,1981,14(3):18-20.等。

顾物质基础而奢谈教育的发展，也不能绕过经济基础而设想生产力对教育的直接作用。[①]

综观“生产力说”与“上层建筑说”，正如有总结所评，这两大对立的观点所采用的论证方式大体雷同，都注意从马克思主义经典作家的著作中寻根求据，注意对马、恩著作的诠释，注意追溯历史的发展历程，或说明教育始终具有生产性，或力陈教育始终具有阶级性，甚至连指责、批驳对方的方式也有异曲同工之处：“生产力说”着重指出“上层建筑说”中未曾充分考虑到教育的内容、方法、手段等“非上层建筑的成分”，“上层建筑说”则强调“生产力说”忽视了教育内容、方法、手段都是围绕教育目的这一“上层建筑成分”展开的；“生产力说”指出科学是生产力，生产力决定着教育，“上层建筑说”则指出科学仅是潜在的生产力，生产关系的“折光”会改变教育的性质。两说似在围绕一个同心圆同向而行，永远不会真正交锋，击败对方。这种环绕而行的结果是前者“合乎逻辑地”得出教育是直接的生产力的结论，后者“顺理成章地”得出教育是上层建筑重要组成部分的结论，虽然两者都有着悖论和一些致命的缺失。[②]

2.“双重属性说”、“统一说”与“多重属性说”之辩

“生产力说”与“上层建筑说”各自蕴涵的无法自圆其说的悖论，以及两者论争的僵持不下，诱发了“双重属性说”、“统一说”与“多重属性说”。

“双重属性说”认为，教育本来具有上层建筑和生产力的双重性质，既不能简单地把它归之于生产力，也不能归之于上层建筑。

有论者认为，“双重属性说”具有把生产力与上层建筑割裂开来的嫌疑，于是把注意力集中在教育的生产性与阶级性上，提出了“统一说”。这种观点认为，教育的生产性和教育的阶级性的统一，才是教育的本质。

“双重属性说”还受到了“多种属性说”的批评。“多重属性说”认

① 潘懋元.在教育是否属于上层建筑讨论中若干有待商榷的问题[J].学术月刊，1979(12)：67-71，32.

② 郑金洲.教育本质研究十七年[J].上海高教研究，1996(3)：19.

为，不能把教育截然分为上层建筑和生产力，这种区分不能反映教育的本质。教育同社会生活的各个方面都有联系，它的基本属性是社会性、生产性、阶级性、艺术性、社会实践性等。

以上三种观点属同一类别的本质观，其内部的纷争、歧异颇大，同时来自外部的批评也不绝于耳。批评者说，本质属性是该事物的特有属性，教育的历史性、阶级性、生产性等，都不是教育的根本属性，不是教育区别于其他事物的质的规定性。“多重属性说”实际上是一种多元论，奉行的是折中平衡主义，其要害是不分主次，而事物的本质规定恰恰要考察内在的主从关系。“双重属性说”、“多重属性说”、“统一说”都试图从本质的“一” 找出“多”。只不过“统一说”是在“正”与“反”中求“合”，但就其所作分析而言，也并不是“一”。他们所找到的教育本质，与“上层建筑说”、“生产力说”如出一辙，研究思路似乎并没有超出他们反对的“上层建筑说”与“生产力说”。

3.“社会实践活动说”与“特殊范畴说”之辩

“上层建筑说”与“生产力说”企求把教育在社会结构理论中“定位”，并未取得令人信服的结果。鉴于此，一些研究者另辟蹊径，提出了“社会实践活动说”与“特殊范畴说”，力图对教育本质作出另外一种不同的解释。

“社会实践活动说”一开始是作为“上层建筑说”中“教育是一种社会意识形态”的悖论出现的。“社会实践活动说”认为不能把教育作为观念形态，教育是由教育对象和教育内容所组成的一种社会实践活动，与教育思想、教育观点是两码事；教育是一种有意识、有目的的社会实践活动，是专门培养人的社会实践。

“社会实践活动说”一度为研究者所注目。对久浸“生产力说”、“上层建筑说”氛围的人们来说，“社会实践活动说”似吹来了一丝清风。但不久，“社会实践活动说”就遇到了来自“特殊范畴说”的挑战，受到了咄咄逼人的责难。“特殊范畴说”认为,“社会实践活动说”是对教育职能的外部表现的概括,而不是对教育的内在矛盾特征的揭示。这种说法虽也反映了教育的某些属性,却不可能成为贯穿人类自古以来一切教育现象的本质,不可能成为使教育区别于一切其他社会现象的根本依据。“特殊范畴说”对“社会实践活动说”的否定,对抓教育内在矛盾结构、寻找教育特殊性的孜孜企求,使其得出教育是独特的社会现象,是特殊的社会范畴的结论。有论者指出,如果“特殊范畴说”能得到科学的证明,也许将导致哲学上关于社会结构理论的新突破。但时至今日,阐发“生产力说”等都大有人在,进一步诠释“特殊范畴说”之特殊所在者却寥寥无几。

4.“生产实践说”、“物质生产说”与“精神生产说”之辩

“生产实践说”与“精神生产说”有着诸多的分歧,但也有一定的关联,都是在教育是一种实践活动的前提下讨论问题的。这两种观点在1982年至1983年展开第一轮辩驳。“精神生产说”认为,教育的本质是一种精神生产,教育的一切活动,属于精神范畴。“生产实践说”批驳道,这种认识与一般的实践概念是相悖的,是错误的。正是因为教育是物质性活动,它才归于实践。教育在本质上是物质性活动。

相隔三年后,这两种观点再次交锋。“生产实践说”明确地表述道,教育就是人类自身的生产实践,它同“物的生产”及其实现方式“三大实践”一道构成推动人类社会发展的根本动力。“精神生产说”对此说的论点和论据都提出了批评,指出“生产实践说”曲解了恩格斯有关“种的蕃衍”的论述,忽视了学生的精神的实体。人担负一定的社会职责,并不取决于人的生物属性,而取决于人的社会属性、人的精神世界的发展水平。“生产实践说”后来有许多别种表述,如教育是社会劳动能力的生产实践活动,教育是人类加速自身建构与改造的社会实践,等等。“精神生产说”也有“教育是精神的社会人的生产”的修正表述。这些观点实际上都已消除了先前存在于两说之间的森严壁垒，各自舍弃了一些东西，以和解的姿态向兼容的方向迈进。

5.“社会化说”与“个性化说”之辩

“社会化说”指出，无论在什么样的社会，教育都承担着培养人的社会职能，因此说教育的本质特征就是培养人，它是培养人的社会过程，其本质实际上是使人社会化的过程。有人则批评该说很不周密，仅把教育看作促进个体社会化的过程，而忽视了社会关系对人的自发影响，学校教育绝不能代替社会关系，而且片面强调个体社会化常常会陷入“社会本位论”的圈套。

“社会化说”所遭受的批评以及“社会化说”中包含的不可克服的忽视人的个性的缺陷，使有的研究者转而对儿童的个性化持肯定态度，提出“引导、促进儿童的个性化是教育本质的规定”。“个性化说”虽注意到儿童的个性化问题，并有兼容社会化的意愿，但因为个性化与社会化在一定意义上不属于同一范畴，融合社会化与个性化的努力后来就留给了从教育与社会发展的关系、教育与人的发展的关系以及这两种关系的关系去分析研究教育本质的“个性社会化完善说”[①]了。

以上从教育、人、社会三者相互关系上探讨教育本质，的确与“上层建筑说”、“生产力说”等有些许不同。但是，它们谈的不是教育本质，似乎更多的是分析、研究教育的“目的论”，这与“本质论”虽有联系，但不能等同而论。

6.“培养人说”与“传递说”之辩

“培养人说”是研究者在分析教育区别于经济基础、上层建筑的特殊性时提出的观点，认为教育之特殊属性即是培养人的社会活动[②]。该说在理论上反响不大，但在实践中却有一定影响，尤其在1989年以后的一段时间成为声讨对象。

“传递说”论者在大前提上与“培养人说”一致，即承认教育是培

① 王汉澜.教育是促进个体社会化完善的活动过程[J].河南大学学报：社会科学版，1992,32(6):79-84.

② 孙喜亭.关于教育本质与功能的探讨[J].江西教育科研，1991(4):1-10.

养人的活动,但他们又不同意对教育本质所作的如此笼统的规定。他们指出:把教育作为培养人的活动,是历史上众多教育家、哲学家作出的判断,这种界说与历史上的见解没什么差异;“培养人说”的提法不准确,它只接触到问题的表层,“培养”与“教育”常为通用语,用“培养”的活动来定义教育就成了定义反复。“传递说”在批评“培养人说”的同时,提出“教育是如何培养人、感化人的”,其一把教育的本质看作是传授知识(“知识传授说”),其二则提出教育是人类选择能力的传递(“选择能力传递说”)。

“培养人说”和“传递说”都认为自己的主张可以把不同的认识统一起来。如果单从“知识”或“能力” 而论,因其分析本质的角度、层面不同,貌似可避免生产力与上层建筑之争,但却免不了以点代面、以要素代系统的嫌疑。无论是知识传授还是能力传递,均仅仅是教育的一个方面,无法互相加以说明。“培养人说”存有与“社会化说”、“个性化说”同样的问题,即以目的代本质。近来由该说衍生出来的“影响灵魂说”,难以令人信服。

7.“产业说”与“非产业说”(“生产部门说”与“非生产部门说”)之辩

1990 年前后的“产业说”与“非产业说”的论争,就其学术渊源来讲,是 80 年代前后围绕生产力说所展开的“教育是否生产部门说”之争。

“生产部门说”一般的是“生产力说”的逻辑延伸,“生产力说”明确指出教育劳动基本上是生产劳动,教育基本上是生产力,教育部门基本上是生产部门[①]。当时,在“生产部门说”的大旗下,聚集者众。相比之下,“非生产部门说”门下则显得冷冷清清,门可罗雀。但他们对“生产部门说”的质询却相当引人注目。“非生产部门说”认为,教育部门的重要性与教育部门属于生产部门是两回事,不能因为它重要,就说它是生产部门,马克思主义经典作家从来没有认为教育是生产部门,“生产部门说”实际上是把教育的传导作用与教育的内容是

① 于光远.关于教育是生产力的问题[J].教育研究,1980,10(5):2-6.

传授劳动力科学技术知识本身给混同起来了。

“生产部门说”与“非生产部门说”争论未果，后因人们对“生产力说”和“上层建筑说”的批评及教育本质探讨的短时“沉寂”（1983年后）而休战。随着与国际经济“接轨”，“生产部门”已更多地被称为“产业”了。“产业说”提出，现代教育已具备了产业的基本特征，在专业性、生产性、资源消耗性和可经营性方面都有了教育产业的性质，教育是第三产业或特殊产业。[①]“非产业论”者认为，“产业论”是十分有害的，它扭曲了教育的本质特点——培养人的活动，会对教育实践产生误导，其实质是把学校办成谋求利润的部门。

“产业说”与“非产业说”的论争至今尚未平息。虽然中共中央在《关于加快发展第三产业的决定》中明确把教育作为第三产业，而且是对国民经济发展有全局性、先导性的第三产业，但教育理论研究者的不同意见仍然存在，反映了政治上的民主、学术上的昌明。然而，论争似乎大多停留在教育与市场经济相互作用的一些表面现象上，不仅未从理论上进行更深入的分析探讨，而且单就教育性质的揭示来看，并未超过“生产部门说”的水平。它们所争论的问题与先前诸说如“生产力说”、“上层建筑说”、“生产实践说”等有着不少相同之处，在认识上似欠深入。

8.“普遍说”与“相对说”之辩[②]

上述各说大多持“普遍”的心态，企图找到那个最终的教育本质，并为此进行了相互辩驳。鉴于教育现象的极其复杂性和教育本质观的迥然差异，一些研究者对教育有无普遍的一以贯之的本质产生了怀疑，提出教育本质是随社会经济发展阶段而变化的，重要的是要动态地把握教育的本质，把教育放在一定的历史时期去考察。如喻立森提出“原始社会中，教育主要属生产力范畴”、“阶级社会里，教育主要属上层建筑范畴”、“社会主义条件下，教育中生产力因素不断增

① 张铁明.教育产业与教育开发——一个教育与经济关系探索的新视野[J].教育导刊，1993(1)：6-10，43；教育是新兴的第三产业[J].中国教育学刊，1993(3)：10-11.等。

② 此辩系笔者在郑金洲《有此一说：“相对说(转化说)”》的基础上修改扩充而成。

长”的命题。[①]黄济则对各种简化的、独断的教育本质观点进行了综合的、辩证的分析,就教育与经济、政治、文化和个体发展以及教育自身的继承等方面的关系,从概念到问题进行了缕析,提出了研究教育本质及其属性问题的综合、辩证和相对的新思路。[②]

① 喻立森. 试论教育本质的演变(上、下)[J]. 湖北师范学院学报。1981(3):165-175,(4):111-116.

② 黄济. 对教育本质问题的再认识[J]. 北京师范大学学报:社会科学版,1998,147(3):5-11.

三、教育本质大争论评价:问题多多,意义重大

综观这场关于教育本质的大争论,可以发现,它们不外从教育与社会(政治、经济/生产力、文化)、教育与人、教育自身(包括教育本质与教育规律[③])等几个方面立论。对于教育这种复杂的社会现象,无论从哪个角度来追寻其本质,都不免有一种“片面”感,都难免有相反观点或其他视角的反驳。譬如,从教育与社会角度出发的“上层建筑说”、“生产力说”、“双/多重因素说”、“产业说”等往往表现出或者被指责为一种“无人”的、“无教育”的教育本质;而从教育与人的关系出发得出的教育本质,譬如“育人说”、“传递说”、“精神生产说”等又常常被批驳为“空中的”教育本质,因为脱离“社会”因素的教育是不存在的;从教育本身的要素和特性出发得出的“社会实践活动说”、“特殊范畴说”、“影响灵魂说”等则不免被批判为“玄想”的教育本质,给人以越说越糊涂的感觉。

③ 洪宝书. 教育本质与教育规律[M]. 成都:成都科技大学出版社,1992.

譬如,针对从教育与社会关系出发得出的“生产力说”与“上层建筑说”的讨论,就受到如下批评:“这一讨论所涉及的仅是教育归属于何种社会现象的问题,并没有揭示教育的本质。可归之为上层建筑或生产力的社会现象是很多的,与生产力发生直接联系的社会现象也不止一种。如果说上层建筑或生产力就是教育的本质,那么教育与其他许多社会现象就具有共同的本质,作为一种独立现象的教育也就不存在它所特有的本质”,因此,“研究和探讨教育的本质绝不能

离开构成教育本身的诸种因素以及存在于它们之间的特殊矛盾运动”。[①]还有评论认为关于教育本质问题的认识存在诸如“缺乏立体感”、“简单化与复杂化并存”、“客观描述与价值取向区分不清”、“同语反复”等问题与不足[②]，关于教育本质的争论中存在诸如“本质与归属”、“本质与功能”、“本质与属性”、“本质与规律”等的错位现象与逻辑谬误[③]。

尤其是，当1981年之后“实践说”逐渐取代“上层建筑说”和“生产力说”而占据优势并同时伴随着教育本质研究“大大降温”时，有研究者感慨，“生产力说”抑或“上层建筑说”的提法“虽有诸多明显的问题，但其主旨不仅在论‘教育是什么’，而且兼及‘教育应当是什么’，带有规范的成分；教育是实践活动，却只是在论‘教育是什么’，只是在描述教育。也许，正是‘实践说’导致了教育本质研究在走向深入的时候变得相对偃旗息鼓，这并不是因为‘实践说’只是现象描述而非本质揭示，而是因为‘实践说’忽视了回答‘教育应当是什么’”；“在教育本质研究中，‘教育是什么’揭示教育的本质，‘教育应当是什么’揭示好的教育本质；‘教育是什么’的研究是前提和基础，‘教育应当是什么’的研究是重点和目的”。[④]在承认价值呼吁色彩较淡而事实判断色彩较浓的研究譬如“实践说”带来了教育本质研究“走向深入”的同时，却感慨教育本质研究“变得相对偃旗息鼓”，力争以“教育应当是什么”作为“好的教育本质”，并将之凌驾于作为“教育的本质”的“教育是什么”，这看似颇具灵感的“救场”之举，实则不仅显得黔驴技穷，而且更有可能导致教育本质争论的“异化”与虚无。因为一旦众人手举“教育应当是什么”的旗帜来回挥舞，不仅不会达成对所谓教育本质的理性认识，还十之八九会成为一场公婆各有理的无谓争论。或许，我们不必感慨。“偃旗息鼓”而又“走向深入”，这何尝不是值得庆贺的趋于理性的研究？何尝不是在预示“教育本质”这个不难被赋予价值判断与事实判断又容易陷入玄思的“高频词”，将被“教育功

① 鲁洁.教育本质试探[J].教育研究与实验，1984(3)：57.

② 程少波.教育本质研究之批判[J].教育理论与实践，1995，15(4)：9-14；钟祖荣.论教育的本质及定义[J].教师教育研究，1991(1)：34-40。

③ 郑金洲.教育本质研究十七年[J].上海高教研究，1996(3)：19-24.

④ 杨银付.教育本质研究之研究[J].华东师范大学学报：教育科学版，1994，46(4)：15-24.

能"这个日益兴起的"亲和词"所取代，或者说是前者向后者的"回归"、"转移"与"深化"？（原本，教育本质争论就是缘起于对教育作用与功能的认识与澄清。这是下文要接着说的问题）又何尝不表明教育本质争论作为特定时代的争论，业已完成了它的时代使命？（使命不在于究竟有无追究到一个所谓公认的教育本质，而在于讨论本身的重大历史意义。这是马上要说的问题）当然，在评说这场争论的历史意义之前，不妨为有志于教育本质的继续探索者补叙一条思路，权作参考：教育本质问题已成为教育理论研究中的一个疑难杂症的主要原因，就"在于人们把教育本质的探讨分为'教育是什么'和'教育应该是什么'两个问题，这样就出现了两大类本质：一类为真实存在的、客观的东西；另一类为应当存在的、带有规范性和价值性的、主观的东西。这两种观点都违背了唯物辩证法关于本质具有客观性的基本原理。教育本质探讨思路不是'教育是什么'和'教育应当是什么'的探讨，而是'教育在辩证理性上是什么'的探讨。这种探讨应遵循三个'一'：本质一类（客观的本质）、方向一致（先找到列宁讲的初级本质）、思路一条（从抽象到具体的辩证法）"[①]。

尽管关于教育本质的轰轰烈烈的争论没有达成一个公认的教育本质观，尽管任何一种观点的批驳者几乎与其支持者一样多，尽管关于教育本质的种种观点各有残缺疏漏甚或逻辑谬误，但这场教育本质的历史大讨论应该得到历史的看待与评价。30 年后重温这场争论，可以说，比有无一个所谓公认的"教育本质"远为重要的是这场争论所具有的重大历史意义。

第一，打破了禁锢思想的精神枷锁，转变了教育观念。这场争论是教育界的一次"思想解放"，或者说是全国关于真理标准问题讨论与思想解放运动在教育界的反映。即令"生产力说"、"两部分论"或"两因素论"（教育不属于或部分不属于上层建筑）漏洞百出、广遭诟

① 孙迎光．教育本质探讨思路的探讨[J]．南京师范大学学报：社会科学版，1999(5)：47-50.

病，其历史功绩也不可磨灭，那就是它的“纠左”作用。它是向当时极“左”思潮和意识形态化的“上层建筑说”发起的挑战，正是这一石，才激起了千层浪。它不啻为教育科学繁荣和教育事业发展之春天到来前的一个惊雷、一声号角、一缕曙光。可以说，解放思想是教育改革和发展的“金钥匙”[①]；“十一届三中全会以来教育发展的历程，也就是教育观念的不断转变和更新的过程，是不断扬弃旧的认识向更符合社会发展的方向迈进的过程。但是，我们同时也不能忽视这样一个事实：几乎任何一次教育观念的更新，都有着理论特别是教育基本理论的支持，正是教育基本理论中对有关问题的探讨，引发了人们思想上的解放和观念上的突破”，正是教育本质研究，导致了(教育)“阶级斗争工具观”的幻灭。[②]

第二，树立了正确的教育观，促进了教育研究的科学化。思想的解放对于人们树立正确的教育观，对于加速教育科学的科学化、中国化产生了深远影响。[③]于光远关于“教育”与“上层建筑”二者不能画等号的观点，点燃了新时期的一场有关“教育”本质问题的大争论，这一争论对教育学科发展的重大意义在于参加争论的人大多不再沿用简单演绎的方式，从马克思主义有关社会结构的一般结论中，推演出教育学的原理式结论；在于教育学界有了不同于自20世纪50年代以来已经少见或不允许出现的思想解放，也是学术的解放，而且使学科基本理论的研究与时代发展有了沟通。[④]

第三，兴起了改革开放以来的首次教育科研热潮，开启了百家争鸣的学术氛围。30年前于光远“就整个来说，不能说教育就是上层建筑”的论断，是向当时“教育是上层建筑的一部分”的习惯性认识的挑战，关于“教育本质”的争鸣遂成气候，《教育研究》杂志成为主要论坛；仅在1978年至1996年间，全国各类报刊发表教育本质的争论文章就有约300篇[⑤]，关于教育本质的“生产力说”与“上层建筑说”之

① 顾明远.解放思想是深化教育改革的金钥匙[J].教育学报，2008，4(3)：3-9.

② 瞿葆奎，郑金洲.教育基本理论研究与教育观念更新——十一届三中全会以来教育基本理论研究引发的教育观念变革寻迹[J].华东师范大学学报：教育科学版，1998(3)：1-13.

③ 杨彬，扈中平，黄欣祥.关于教育本质讨论的综述[J].教育研究与实验，1984(3)：74.

④ 叶澜.中国教育学发展世纪问题的审视[J].教育研究，2004，294(7)：3-17.

⑤ 这是瞿葆奎的统计。笔者以“篇名”为检索项，以“教育本质”为检索词，对中国期刊全文数据库进行“精确”匹配检索发现，1997年至2008年，仅在篇名中出现“教育本质”的文章就有400余篇；若进行“模糊”匹配检索，则超过700篇。

辩、“双重属性说”与“多重属性说”之辩、“社会实践活动说”与“特殊范畴说”之辩、“生产实践说”与“精神生产说”之辩、“社会化说”与“个性化说”之辩、“培养人说”与“传递说”之辩、“产业说”与“非产业说”之辩,等等,确乎百花齐放,蔚为壮观。[①]这对此后教育事业的不断发展、教育制度的深化改革、教育科研的日益繁荣,起到了历史的奠基作用。而且,紧接着教育本质大争论及其之后,关于教育功能的探讨、关于教育产业化的争论、素质教育的兴起等都与教育本质大讨论有着或多或少的联系。

① 瞿葆奎.中国教育学百年(中)[J].教育研究,1999,229(1):14.

四、问题的回归、深化与超越:教育功能探讨

教育本质问题与教育功能问题是密切相关的[②],教育功能探讨缘于早年开始的教育本质与属性的争论[③];从教育本质的讨论转向教育功能的探讨,使问题的讨论更加具体化了[④]。在此意义上可以说,从教育本质的探讨到教育功能的探讨,当属一种回归、深化与超越。正因为如此,关于教育功能问题的探讨是紧随教育本质问题的,如果说关于教育本质的探讨与争鸣在20世纪80年代初就蔚为壮观,那么关于教育功能的讨论与争鸣一直响彻80至90年代。关于教育功能研究的著述数量,一开始就不亚于关于教育本质的探讨。但也正因为二者密切相关,所以早期关于教育功能的探讨仍不脱教育本质争论的窠臼,仅以“教育功能”置换“教育本质”,实际内涵几无二致。[⑤]概括而言,早期关于教育功能的探讨,不外沿着关于教育本质探讨的老路,围绕教育与社会、教育与人两大主题论证或者构想(期待、主张)教育的政治功能、经济功能、文化功能、促进人的发展功能,等等。

当时普遍的观点是,“一般认为,教育的功能是多方面的,有政治

② 孙喜亭.关于教育本质与功能的探讨[J].江西教育科研,1991(4):6.
③ 高耀明.高等教育功能与高等学校职能探新[J].高等师范教育研究,1996,46(4):10.
④ 黄济.关于教育功能的几个问题[J].北京师范大学学报:社会科学版,1991(6):11.
⑤ 这类典型的例子在80、90年代都不鲜见,譬如可见,李淮霞.教育功能的重新认识[J].淮北煤炭师范学院学报:社会科学版,1980(1):5-10;超林.教育的功能及其发展[J].教育与经济,1992(1).

功能、经济功能、文化功能和促进人的身心发展的功能等。教育的种种功能，可概括为两大类：一是促进人的身心发展的功能，二是促进社会发展的功能……这两类功能都是教育的基本功能”[1]。譬如，1990年8月召开的中国教育学会第四次全国学术研讨会的议题就是“关于教育功能、培养目标和德育的探讨”。会议认为，教育功能涉及“教育与社会”、“教育与人”等基本理论，这是当前我国教育学术界普遍关注的问题；教育是人类社会特有的复杂社会现象，教育功能不是单一的，是多种多样、多层次、多因素的综合功能系统，它集中表现在教育对人类社会发展和人的发展两方面所起的作用；随着人们对社会发展和改造在认识上的深化和扩展，人们对教育功能的认识也不断深化和扩展，特别是80年代“三论”被引进教育科学后，“功能”同“系统”、“结构”联系起来，有了新的含义，这就促使人们的思维模式从单向思维发展到多向思维，从直线因素的分析发展到整体结构的研究，对教育功能有了更综合的、整体的认识。[2] 再譬如，《教育功能论》[3] 等专著也是围绕教育与社会、教育与人两大主题而展开的。至今，对于学校为什么会片面追求升学率、过度使用考试手段、不对学生的发展负责这一原因的追问，学者的讨论仍常基于教育（学校）的这两种功能的视角，认为其主要原因在于学校对其“两种功能”把握上的偏颇，即是说，是由于人们过分强调了学校的社会选拔功能而忽视了帮助学生身心发展的功能的缘故，因此，解决问题的关键在于学校对两种功能的履行要保持一种适度的平衡。[4]

据不完全统计，从20世纪70年代末到90年代初，教育功能的讨论数量在逐渐增加，从两种到三种以至十几种：早先黄明珠《试论教育的社会职能》（全国教育学会编《论教育的本质和职能》，人民教育出版社1979年版，第46—56页）一文提出了教育的两种职能，此后，黄济的《教育哲学》（北京师范大学出版社1985年版）中增加了教

① 萧宗六. 简论教育功能、教育目的与教育方针的表述[J]. 江西教育科研，1990(4)：1-6.

② 宋静常. 关于教育功能、培养目标和德育的探讨——中国教育学会第四次全国学术研讨会综述[J]. 中国教育学刊，1990(6)：33-37。

③ 傅维利. 教育功能论[M]. 沈阳：辽宁教育出版社，1990.

④ 劳凯声. 重新界定学校的功能[J]. 教育研究，2000，346(8)：3-5.

育的文化功能,厉以贤主编的《现代教育原理》(北京师范大学出版社1988年版)提出了教育的五种功能,傅维利《教育功能论》(辽宁教育出版社1990年版)提出了教育的十一种功能。[①] 尽管关于教育功能的观点不断增加,但仍不脱从教育与人、教育与社会(政治、经济、文化等)两大方面来阐发。高等教育功能的讨论与争鸣亦不例外。譬如,"高等教育通过文化的选择、传递、传播、保存、批判、创造等方式对社会发生作用",这"永远是高等教育的基本功能,这种功能本身也是高等教育的活力所在"[②],"现代高等教育有三项主要功能,即培养高素质的人才,发展科学技术文化,直接为社会提供服务"[③] 即为显例;而在关于高等教育(学校)功能的争论中,研究者们所秉持的无论是"现代高等学校的六项基本职(功)能"(保存知识/传授知识、培养人才/传播知识/增进知识/应用知识/社会批判与监督),还是"高校社会职能的两个出发点"(人与文化)、"高等学校三大职能"(培养人才/发展科学/服务社会),抑或"社会功能与育人功能辩正统一"的观点,也都是围绕着教育与人、教育与社会这两个方面来展开和辩驳的[④]。

除了围绕教育与人、教育与社会两大主题进行教育的社会功能构想或列举这一特点之外,早期也曾有学人试图区分"教育本质"和"教育功能",认为这有助于推动教育功能研究的科学化。其中,有两种代表性观点:一则如孙喜亭提出,"从科学的角度来考察教育是什么,这是认识范畴的问题,是教育的属性和本质属性问题。从人和社会需求的角度来考察教育对主体有什么用,这是价值问题,是教育的功能问题"[⑤];二则如黄济提出,"如果说教育本质所要回答的问题,是'教育是什么'的问题,教育功能所要回答的问题,则是'教育是干什么'的问题"[⑥]。

问题在于,如果在思想上把"功能"定格在"主观"范畴(价值问

① 高耀明.高等教育功能与高等学校职能探新[J].高等师范教育研究,1996,46(4):14.

② 潘懋元,朱国仁.高等教育的基本功能:文化选择与创造[J].高等教育研究,1995(1).

③ 任健雄.高等教育的功能与创新[J].理论前沿,2001(2):17-18.

④ 徐辉.试析现代高等学校的六项基本职能[J].高等教育研究,1993(4):16-18;邓耀彩.个人与文化:高校社会职能的两个出发点——兼与徐辉同志商榷[J].高等教育研究,1995(1):27-31;徐辉.再谈现代高校的基本职能——答邓耀彩同志[J].高等教育研究,1995(1):32-35;邬大光,赵婷婷.也谈高等教育的功能和高等学校的职能——兼与徐辉、邓耀彩商榷[J].高等教育研究,1995(3):57-61;别敦荣.从高等教育角度简评教育功能的争论[J].电力高等教育,1995(2):14-17.

⑤ 孙喜亭.关于教育本质与功能的探讨[J].江西教育科研,1991(4):1-10.

⑥ 黄济.关于教育功能的几个问题[J].北京师范大学学报:社会科学版,1991(6):11-20.

题），或者用极易生歧义的“教育是干什么”来定位，就很难真正握明“功能”与“本质”究竟有什么区别，甚至连“功能”本身也界定不清楚，结果可想而知。譬如，尽管这两种观点都试图区分教育本质与教育功能，但前者得出的结论是教育具有三种功能：“教育的一般社会功能”、“教育的具体社会功能”与“教育的本体功能”（育人）。容易看出，这实际上是教育与人、教育与社会之两分法的三分化。后者得出的结论是教育具有多方面功能，这其实也不外乎促进社会发展的功能和促进人的发展的功能两大方面；就教育的社会功能来说，又可以分为教育的经济功能、政治功能、文化功能、控制和调节人口的功能、保持生态平衡和实行环境保护的功能等；就促进个体发展的功能来说，也可分为促进个体自然实体发展的功能和促进个体社会实体发展的功能等。这是对教育两大功能（教育与人、教育与社会）两分法的细化。

叶澜则通过对社会、教育、人之间相互关系的辩证而富有建设性的研究，把对于教育的功能的认识向前推进了一大步。[①] 她论证了社会与个体关系结构的相互依存、相对独立的观点，揭示了社会发展与个体发展相互关系可能存在的“一致型”、“不一致型”、“对立、冲突型”等多种模式及“发展”可能存在的正方向与负方向，阐明了教育两大功能的关系在理论上和实践上所经历的从原始的同一到分化与对立再到趋于在分化基础上的更高水平的辩证统一的历史过程，推论了社会主义社会教育功能选择的“四原则”。[②]

此外，另有一些学者针对长期以来片面强调教育的积极功能的偏向，进行了教育的负向功能研究。吴康宁提出了“教育的负向功能”研究命题，并相应提出“唯正向功能”概念，用以统称那些“只是示明教育对社会的‘正面’影响，而不探及其‘负面’影响（实际上是认为教育只有正面影响而无负面影响）的种种观点和理论”。[③] 张人杰也

① 叶澜．教育概论［M］．北京：人民教育出版社，1991：299-335.

② 叶澜提出的这四条原则是：第一，使社会的发展与个体的发展达到最大限度的统一和被兼顾，尤其要顾及容易被忽视的个体发展需求中不同于社会发展的方面，即不能用教育的经济、政治及社会文化的指标来代替个体身心发展的指标，在思想上应重视个体符合人类社会进步的独立性和创造性的形成，并在制度上作出保证。第二，在教育活动中，特别是直接面对受教育者的教育活动中，要坚持人就是目的。第三，社会主义教育是否能提培养独立个性的问题，答案是肯定的，全部的问题在于发展怎样的个性，况且发展个性未必一定是反社会的，社会主义社会如果不能培养出一大批一代接一代的具有各种独特才能和创造能力并具有健全人格和丰富个性的人，社会主义事业的最终胜利就缺乏保证。第四，由于教育具有长效性和滞效性的特征，因此教育应该被尊重，自身也应该主动保有一定的独立性，而不宜出现盲目跟随、左右摇摆的状态。

③ 吴康宁．教育的负向功能刍议［J］．教育研究，1992(6)：69．此后，“教育的负向功能”方渐渐被人们所注意和接受，譬如可见，黎君．教育的负向功能与新教育理论分析框架的构建［J］．教育评论，1998(1)：13-15；胡振京．教育负向功能观的社会学分析［J］．教育学报，2005，1(4)：36-40．等。

对这种教育的“唯正向功能”论进行了批评,并开始对科学技术的负面影响进行研究。[①]这些研究为教育功能研究的深化和科学化进一步打开了思路、开启了可能,有利于避免重蹈教育本质争论的困境与覆辙。

进一步而言,从教育与人、教育与社会两个方面探讨教育的功能,也许还不是问题的关键所在,要害在于,人们多用主观的愿望去构思、期待甚至浪漫怀想教育的种种“功能”,这就陷入了与教育本质争论时一样的困境,犹如追问“教育应该是什么”这一“好的教育本质”的一样,追寻“教育应该具有如此这般功能”,就很容易先是充满希望,继而又陷入失望。这就难怪有人说,20 世纪 80 年代以来,教育理论和实践工作者对教育的功能研究与认识中的问题与不足,一方面导致人们对教育的认识由“一能”变“多能”以至“万能”,另一方面,因着这些“功能”得不到充分的发挥和实现,又致使人们产生教育“无能”的观念[②];也难怪有人对教育功能的“泛化之种种”进行指陈之后,索性把“培养人”定为“教育的唯一功能”;[③]更难怪有人声言,导致我国大陆“零诺贝尔奖”的主要原因不在教育,不能将之简单地归咎于教育,良好的教育之于诺贝尔奖获得者只是必要条件,不是充分条件[④]。

总之,直至 20 世纪 90 年代中期,关于教育功能的论述可谓汗牛充栋,但又“多半缺少较为严密的科学逻辑”,并给人以“教育万能论”之嫌,也尚未见有哪一种理论可以对教育的社会功能现象作出真正的、令人信服的解释,究其主要原因,似在这些理论普遍存在方法论的偏颇。这就有必要从“方法论反思”的角度,理清教育社会功能理论的发展逻辑,阐明体现这一逻辑的一些代表性理论的贡献与缺陷,从而为寻觅教育的社会功能研究的新的生长点提供必要的科学基础。进一步来看,关于教育功能的讨论之所以出现诸多问题与争执,

① 张人杰.教育与社会关系变迁的关系的理论之质疑——兼论教育的负向功能[J].华东师范大学学报:教育科学版,1992(3);科学技术的负面影响:社会学分析[J].华东师范大学学报:教育科学版,1999(2).

② 雷鸣强.教育的万能、无能、本能——对教育功能、价值认识的反思[J].南京师范大学学报:社会科学版,1996(2):46-51.

③ 燕国材.教育功能泛化刍议[J].探索与争鸣,2003(6):43-44.

④ 瞿葆奎,熊川武.论解读教育——兼论导致我国大陆“零诺贝尔奖”的主要原因不在教育[J].北京大学教育评论,2003,1(1):13-17.

概在于人们在“功能”之词义理解上的分歧：一类是“主观论”与“客观论”的分歧（前者的功能概念在实际内涵上与目的、期待、愿望、动机等主观范畴同义，后者的功能概念则指实际产生的作用、后果、影响等客观范畴）；另一类分歧存于“结果论”和“能力论”之间（前者将功能视为事物运动后发生了的结果，后者将功能视为事物潜在的能力）。有鉴于此，相关研究本着“方法论反思”的精神，从“发展逻辑”的角度，运用传神概念评述了教育的社会功能诸种论说，大致分为三类：一是“唯正向功能论”，包括“功能・目的一体观”及“功能・期待一体观”；二是“有条件的正向功能”，包括“形成・释放说”及“期望・实效说”；三是“负向功能”，包括“分析的负向功能论”及“批判的负向功能论”。与此同时，该研究还提出了教育的社会功能新论：在对教育的社会功能进行方向（并辅以“强度”）区分（包括正向功能、负向功能、正负项兼有的功能等）和层面（又分“作用对象”和“作用性质”两个维度）区分（包括基本纯个体意义上的功能、基本纯社会意义上的功能、社会意义与个体意义兼有的功能等）的基础上，阐明了教育的社会功能的形成：包括“功能取向的确立”、“功能行动的发生”、“初级功能结果的产生”、“次级别功能结果的衍生”四个阶段。[①]

教育的负向功能研究的意义在于：第一，它使教育的功能研究从“主观论”、“理想论”转向“客观论”、“结果论”（教育所实际产生的作用、后果、影响等），避免了功能分析的概念混乱；第二，它示明了教育功能研究的基本任务，即示明教育既已产生的结果（考察），追询导致结果产生的原因及其机制（分析），反思现行教育模式满足教育功能期待的可能性（评价），提出作为改进、改造现行教育模式的科学依据的理论模型（建构）；第三，由教育的负向功能研究而产生的“教育的社会功能类型论”及“教育社会功能形成过程论”，不仅适用于基础教育，而且适用于高等教育。

① 吴康宁．教育社会学[M]．（第四编：教育的社会功能）北京：人民教育出版社，1998：367-413.

如果说教育本质研究导致了教育“阶级斗争工具观”的幻灭,那么,教育功能研究则促成了“教育先行观”的确立,教育功能是20多年来“教育基本理论研究的重要课题之一,这一研究的进展,突出地表现在对教育经济功能的深入探究,并促成‘教育先行’这一教育观念的确立上”[①]。

① 瞿葆奎,郑金洲.教育基本理论研究与教育观念更新——十一届三中全会以来教育基本理论研究引发的教育观念变革寻迹[J].华东师范大学学报:教育科学版,1998(3):1-13.

第二章 素质教育大探讨

教育本质大争论是改革开放伊始教育学研究的第一个重大学术问题,而素质教育则是我国改革开放实践尤其是教育改革深化和发展在教育政策、教育实践及教育理论上的产物。从20世纪80年代初至90年代初“素质教育”概念的提出,到1993年至1999年素质教育研究与实践的初步展开,再到至今素质教育在实践上的全面推进和研究的逐步深化,素质教育由“思想”到“实践”,由“素质”到“素质教育”,由“行政指令”到“法律意志”,逐渐成为我国教育改革和发展的方针,被推向全社会瞩目的地位。其间,实践者与研究者、行政与媒体等不同主体共同参与和铸就了“素质教育”的话语表达[②]、实践展开及理论形成,共同奏响了“素质教育”大交响。如果说,教育本质大争论于今只是余音偶闻,那么,素质教育交响曲则可谓鼓声正隆,管弦和鸣。其中最强音当属“政府决策”及其相关“法律意志”,而这种最强音的奏响,是有着时代背景的。

② 关于此点,可见张烨.论教育政策制定与实施中的话语展现——以素质教育政策议题为例[J].教育研究与实验,2005(3):25-30.

一、时代背景："升学教育"、"素质"与"素质教育"

如果说新中国成立后前 30 年的教育是"革命"中心的话，那么，随着党的十一届三中全会后工作重心转移到社会主义现代化建设上来，教育领域更加注重的则是"知识"中心或者"人才"培养及其"选拔"中心。"革命"教育物极必反而"知识"教育的逻辑，似已预示着由"知识"(考试升学、人才选拔)教育物极必反之后的"素质"教育出炉。

1977 年邓小平作了振兴教育事业的重要讲话："我们要实现现代化，关键是要发展科技和教育。……同发达国家相比，我们的科学技术和教育整整落后了二十年 。……办教育要两条腿走路，既注意普及，又注意提高。要办重点小学、重点中学、重点大学。要经过严格考试，把最优秀的人集中在重点中学和大学。"[①] 在邓小平的指示下，我国高校于 1979 年恢复了全国统一考试招生制度，1977 年至 1996 年间我国教育事业发展迅速，基本普及了九年制义务教育，高等教育规模扩大了四倍，仅 1996 年一年的大学毕业生数就超过了"文化大革命"前 17 年高校毕业生数的总和。然而，在此过程之中，中国的教育基本上是以"英才教育"为主导，进初中、高中和大学学习，均要参加升学考试，层层选优，各省、地、市县，还专为此设立了一批重点中小学，多数中学还编了快、慢班，进行分班教学；由于现行书面考试技术的局限，只能侧重于知识测验，致使中小学教育产生重智育，轻德育、体育，重知识，轻能力等偏向；另外，由于独生子女一代的成长，家长望子成龙，社会用人部门偏重学历，舆论宣传偏爱英才等社会因素的影响，"升学考试"(升学教育)这个选优制度的负面影响恶性膨胀，并畸变为左右教学的目的，从而异化了教育，也异化了受教育者，使之成为片面发展的人。[②]

1984 年，党中央领导同志从世界新技术革命的特点出发，指出，

① 邓小平. 邓小平文选：第二卷. 北京：人民出版社，1994：40.

② 谢作栩. 素质教育的由来及其前瞻[J]. 东南学术，1997(4)：10-11.

"要现代化,关键是提高人的素质"①。1985年《中共中央关于教育体制改革的决定》把提高民族素质作为教育体制改革的根本目的。此后,教育政策、教育实践、教育理论等各界关于人才"素质"的讨论渐渐众多,并在讨论中衍生出"素质教育"这一术语,以代表那种"以提高人的素质为目的的教育"的命题②。

譬如,随着20世纪80年代中期纠正片面追求升学率现象、全面提高学生素质的呼声日益高涨,教育理论界开展了关于教育思想的讨论,如《教育研究》杂志于1986年第4期至1987年第4期开设"端正教育思想,明确培养目标"专栏,重点讨论了树立正确的人才观和提高民族素质等问题。1987年,时任国家教委副主任柳斌在中国教育学会第三次全国代表大会上的讲话中使用了"素质教育"一词,他说,"尽管基础教育比九年制义务教育的外延要广,它包括了高中教育,但就其性质而言,还是国民教育,也可以说是社会主义公民的素质教育。基础教育要为促进社会主义两个文明建设服务,要为提高民族素质服务";"我们的教育不要搞成'知识或智能中心'而应注重'全面发展'。教育体制如果搞成了'应试体制',就钻进了死胡同"。③1988年《安徽教育》发表时任安庆教委主任刘日亮《坚持"四全"变升学教育为素质教育》的文章,是对安庆市"在深化教育改革中抓住了当前基础教育中一个棘手问题即片面追求升学率的错误倾向,进行调查研究、分析原因,然后采取对策……变升学教育为素质教育"这一改革经验的总结和推介。④稍后,江苏常熟、湖南汨罗、云南昆明等地的教育实践者与管理者围绕"素质教育"开展的教改实验,采取面向全体受教育者、促进学生全面发展的改革举措,以削弱"升学教育"的负面影响,提出了从"升学教育"到"素质教育"等呼吁与认识。⑤与此同时,也有理论研究者撰文,肯定了"把升学考试或就业教育转变为素质教育"的教改新气象,并认为《中共中央关于教育

① 胡耀邦,赵紫阳.注意研究世界新的技术革命和对策[N].中国教育报,1984-06-26(1).

② 谢作栩.素质教育的由来及其前瞻[J].东南学术,1997(4):10-11.

③ 该讲话的摘要作为论文发表,见柳斌.努力提高基础教育的质量[J].课程·教材·教法,1987(10):1-5.另,有研究认为,与素质教育同时出现的一个概念是"应试教育",指那种脱离人的发展和社会发展的实际需要,单纯为应对考试争取高分,片面追求升学率,违背教育规律的一种教育训练活动;"应试教育"通常被打上引号,作为贬义词使用。见"素质教育的概念、内涵及相关理论"课题组.素质教育的概念、内涵及相关理论[J].教育研究,2006,313(2):3-10.

④ 刘日亮.坚持"四全"变升学教育为素质教育[J].安徽教育,1988(Z1):3-5.

⑤ 譬如,可见常熟市张桥初中.从"升学教育"转向"素质教育"[J].江苏教育,1989(10):8;王海.从升学教育到素质教育[J].教育研究与实验,1989(4):16-17;刘铁奇.必须变"升学教育"为"素质教育"[J].湖南教育,1990(Z1):12;周金碧.围绕素质教育进行改革实验[J].人民教育,1990(10):23-25.

体制改革的决定》提出的“把提高民族素质作为教育体制改革的根本目的”,“实质上就是主张实行素质教育”。[①] 90 年代以来,“素质教育”类的文章日益增多,譬如《天津教育》、《教育导刊》、《江苏教育》、《山东教育科研》等杂志在 90 年代初几乎全年连续登载“素质教育研究”方面的文章。

但是,对于“素质”、“素质教育”、“转轨”等说法的由来,也存在稍有不同的观点,萧宗六经考察后认为:[②]

“素质”一词 80 年代初就开始广泛运用。1985 年的《中共中央关于教育体制改革的决定》第一句话是“教育体制改革的根本目的是提高民族素质,多出人才,出好人才”,最后一句话是“把全民族的文化科学素质和精神境界提高到一个崭新的水平”,该《决定》的开头和结尾都强调“全民族素质”,从此,报刊上经常出现“民族素质”、“人才素质”、“教师素质”、“干部素质”、“学生素质”等提法,但还没有出现“素质教育”这一概念。1993 年的《中国教育改革和发展纲要》多次提到“提高劳动者素质”、“提高全民族素质”、“全面提高国民素质”,也提到“全面提高学生的素质”、“全面提高农村从业人员的素质”、“建立一支具有良好政治业务素质、结构合理、相对稳定的教师队伍”,但也没有出现“素质教育”这一概念。1994 年印发的国务院《关于〈中国教育改革和发展纲要〉的实施意见》,同样没有出现“素质教育”这一概念。据查,“素质教育”第一次出现在中央文件中,是 1994 年 8 月 31 日印发的《中共中央关于进一步加强和改进学校德育工作的若干意见》,该《意见》共 25 条,其中第 9 条是“增强适应时代发展、社会进步,以及建立社会主义市场经济体制的新要求和迫切需要的素质教育”。可以肯定的是,这里所说的“素质教育”是指德育而言,不是后来说的“全面素质教育”,也不是与“应试教育”相对立的“素质教育”。具体指的是艰苦奋斗教育、法制教育、道德教育、艺术教育和

① 燕国材.关于素质教育的几个问题[J].教育科学研究,1990(2):1-3.

② 下一自然段引自萧宗六.高等学校何必套用“素质教育”[J].江苏高教,1999(1):56-60.

青春期卫生教育。这些,显然都属德育范围。那么,现在大力提倡的"素质教育"是什么时候提出来的呢?据权威人士分析,是"80年代后期90年代初期"提出来的(《柳斌答〈中国教育学刊〉记者问》,《中国教育学刊》1996年第3期)。这个说法时间跨度很大,不够具体。有些学校总结经验说他们从1985年起就进行了"素质教育",并已取得了不少经验和成果云云,这就把"素质教育"出现的时间提前了好多年,显然与事实不符。这一概念是怎么提出来的,是谁提出来的,是针对什么问题提出来的?据中央教科所一位同志透露,是北京市某中学一位校长在讨论《中国教育改革和发展纲要》的一次会议上首先提出来的,是针对中小学"应试教育"的弊端提出来的,上级领导当即予以肯定,于是很快流传开来。我是相信这个说法的,因为该《纲要》第7条在谈到基础教育时有一段著名的论述:"中小学要由'应试教育'转向全面提高国民素质的轨道,面向全体学生,全面提高学生的思想道德、文化科学、劳动技能和身体心理素质,促进学生生动活泼地发展,办出各自的特色。"尽管这段话并没有说"应试教育向素质教育转轨",尽管"全面提高国民素质"与"素质教育"并不完全相等,但"转轨"之说是从这里引申出来的。从此,"推进素质教育","应试教育向素质教育转轨"的说法风靡全国。

综合以上,似乎可以这样说,教育实践者、教育理论研究者、教育决策者对于"升学考试"重压的感同身受,使他们从1985年《中共中央关于教育体制改革的决定》"把提高民族素质作为教育体制改革的根本目的"的表述中提取了"素质",进而衍生了"素质教育"概念,并批判了"升学教育"、"考试教育",进而萌生了从"升学教育"到"素质教育"的朴素愿望。客观上,这为日后素质教育上升为法律意志和国家的教育方针作了铺垫和准备。在此意义上,也仅仅在此意义上,我们认为,很难判定素质教育究竟是由各级行政指令而始,还是由教育实践自觉而为，抑或是由政策文件事先而定，更难说是由出版商为利益驱使而谋，这几者更多的是共生的关系，是“交响”的关系。但是，“素质教育”这种或是不约而同，或是阴差阳错，或是共与“合谋”的交响曲之所以能够奏响而且响彻至今并有可能继续响彻下去，是有其深厚的“时代背景”[①]的：第一个背景就是20世纪80年代中后期以来中国基础教育中存在的以应付考试为目的的教育，即所谓“应试教育”的弊端，这种弊端至今犹存，而且，即便不是愈演愈烈，至少也是无甚缓解；第二个背景就是，面向21世纪，教育需要培养高质量的人才，也就是高素质的人才，那种唯书本知识中心的教育已难以适应时代发展的步伐，培养全面的高素质人才是时代大势所需。

正是基于教育实践的急需改革与发展，以及时代的挑战与使命，素质教育逐渐上升为具有法律约束力、代表国家意志的教育方针。

二、素质教育：由“行政号召”到“政府文件”再到“法律意志”

在形成当前素质教育“大格局”的影响力中，与“有限到可忽略不计”的教育理论研究者的言论相比，政府可谓素质教育的“原创者”和强力推进者，因此，要理解素质教育指的是什么，就不能不对政府一系列相关的决策性文件进行梳理和辨识。[②]而决策性文件的出台，其实也是与决策者及领导者的讲话号召及著述言说相辅相成的。在前文所述素质教育的背景中，就有上自党和国家领导人，中至国家教委领导人，下至市县教委（教研室）负责人和中小学校长等各级决策者、领导者和负责者的积极影响[③]。但素质教育要能够在全国“全面推进”，除了不同地区“遍地开花”的教改实践的烘托和一线教改者的著述推介而外，更多的或者说主要的，还需由决策者付出关键的推力，尤其需要政府文件和国家法律的规定与保障。这就有必要对政府关

① 顾明远．浅谈素质教育的时代背景[J]．上海教育，1997(1)：5.

② 叶澜．清思　反思　再思——关于“素质教育是什么”的再认识[J]．人民教育，2007(2)：17.

③ 关于领导讲话、素质教育经验交流会及素质教育政策出台等几方面的关联与互动，可见“素质教育的概念、内涵及相关理论”课题组．素质教育的概念、内涵及相关理论[J]．教育研究，2006，313(2)：3-10.

于素质教育的文件加以解读。

在此方面,叶澜进行了深入的研究。在综观20年来有关素质教育论述的相关文件后,她发现,素质教育相关文件有"保持一贯性的"和"存在区别的"两大类不同的表达:[①]

第一,以提高民族素质为宗旨,是决策层对素质教育的一贯表达。1985年发表的《中共中央关于教育体制改革的决定》(以下简称"85决定")是我国改革开放以来第一个有关教育改革的文件,在这个文件中明确指出,"教育体制改革的根本目的是提高民族素质"。此后,提高民族素质一直被当作基础教育的根本目的。如1993年中共中央、国务院颁布的《中国教育改革和发展纲要》(以下简称"93纲要")第一次以中央文件的方式提出"中小学要由'应试教育'转向全面提高国民素质的轨道"[②]。1997年国家教委下达《关于目前积极推进中小学实施素质教育的若干意见》(以下简称"97意见")第一次对素质教育作了规范性的表达,其中的第一句话就是"素质教育是以提高全民族素质为宗旨的教育"。此后有关素质教育的展开式表述出现区别,但关于"宗旨"的提法却一直持续至今。然而,我们在讨论素质教育问题时,忽视了对这个一贯性表述的关注,不是首先在作为教育宗旨的层面上来认识"素质教育",而是把重心放到"素质教育"与"应试教育"的对峙以及政府文件中有关素质教育的更为具体的表述上。这可能是造成认识上、实践中出现误区的重要原因。

第二,实施素质教育的范围、要求、重点随形势和认识的变化而有不同表述。从范围的角度看,素质教育在"93纲要"中明确限于中小学,而在1999年中共中央、国务院颁布的《关于深化教育改革全面推进素质教育的决定》(以下简称"99决定")中,素质教育已经扩大为各级各类学校都要推行,涵盖了教育的全部时空和内容。自此以后,素质教育成为一个泛用词运用至今。究竟在什么意义上,素质教

① 叶澜.清思 反思 再思——关于"素质教育是什么"的再认识[J].人民教育,2007(2):17-18.

② 需补充说明的是,也有学者更具体地认为,1996年3月17日第八届全国人民代表大会第四次会议通过《中华人民共和国国民经济和社会发展九五计划和2010年远景目标纲要》,在其"科教兴国战略"部分中,明确提出要"改革人才培养模式,应试教育转向全面素质教育"。于是,到此为止,"素质教育"终于从一种行政性的号召,变为具有一定法律约束力的国家意志。见葛新斌,李罡.我国学校与考试关系的历史考察——兼议"素质教育"与"应试教育"问题[J].清华大学教育研究,1998(3):63.

育才具有普遍性，这也是一个值得反思的问题。从素质教育推进的重点放在哪里的角度看，政府文件经历了从体制改革（“85 决定”）到教育现代化、加强德育、减轻负担（“93 纲要”）等方面，再到以培养新人为核心，在基础教育领域里全面推进教育改革的深化（“99 决定”），新世纪发表的第一个相关文件《2003—2007 年教育振兴行动计划》（以下简称“04 计划”）又出现了以课程改革为核心，进行与课程改革相关的考试改革、探索现代学校制度等新要求。这些实际上是政府每一阶段的工作重点，通常被称作“抓手”，它随改革的重心而变。但由于缺乏对重心与系统、过程及宗旨的关系的认识与分析，重心就可能变成一个个“点”被强化，甚至把某些“点”或者是“线”、“块”的改革当作素质教育的全部。

除上述两点发现之外，叶澜进一步分析道，从素质教育由总体指向民族素质到对学生素质要求的角度看，政府文件的表述也有变。“93 纲要”的提法是“面向全体学生，全面提高学生的思想道德、文化科技、劳动技能和身体心理素质，促进学生生动活泼地发展”。其中“科技”、“身体心理素质”与以往一贯对学生的要求在提法上有不同的方面。“97 意见”的表述在点明了“素质教育是以提高全民族素质为宗旨的教育”之后，紧接着强调：“它是依据《教育法》规定的国家教育方针，着眼于受教育者及社会长远发展的要求，以面向全体学生、全面提高学生的基本素质为根本宗旨，以注重培养受教育者的态度、能力，促进他们在德、智、体等方面生动、活泼、主动发展为基本特征的教育。”这段话可以说是至今为止政府文件中对素质教育的“根本宗旨”与“基本特征”相对清晰、完整的表达，它突出了素质教育关注学生“全体”和要求“全面”提高其“基本”素质，突出了“基本”之所指是学生的“态度”、“能力”（接下去的文字又将“基本”展开表述为“学会做人、学会劳动、学会生活、学会健体和审美”），突出了“基本特征”,进而还强调了中小学素质教育为培养学生“成为有理想、有道德、有文化、有纪律的社会主义公民奠定基础”的性质。从以上分析中,我们不难看出在这一文件中,素质教育的价值和着力点在于人的长远发展、在于基本素质、在于奠定基础,因此在具体要求上显得比“93 纲要”更为概括和强调人的发展的根本方面。“99 决定”与前面的区别,一是强调“以培养学生的创新精神和实践能力为重点”;二是对受教育者如何达到目标,提出了坚持“四个统一”——“坚持学习科学文化和加强思想修养的统一,坚持学习书本知识与投身社会实践的统一,坚持实现自身价值与服务祖国人民的统一,坚持树立远大理想与进行艰苦奋斗的统一。”这“四个统一”就内容而言无可非议,但“四个坚持”之间的逻辑关系及其与素质教育宗旨的特殊关系都不甚明了,很容易停留在一般论说的水平上,也很难在实践中得到贯彻。以上两个区别是与当时社会发展的水平与需要相关的,但对“素质教育是什么”的认识而言,与“97 意见”比并无原则意义上的重要突破。因此,可以说,“97 意见”中关于“素质教育”的论述,可以作为我们认识政府决策部门对“素质教育是什么”的界定的基本和重要依据。

沿着上述时间顺序我们也发现,进入 21 世纪后,政府文件对素质教育赋予了更宽广的含义,并要求“扎实推进”。如 2001 年《国务院关于基础教育改革与发展的决定》就“深化教育教学改革,扎实推进素质教育”方面作出规定[①]:“实施素质教育,促进学生德智体美等全面发展,应当体现时代要求,要使学生具有爱国主义、集体主义精神,热爱社会主义,继承和发扬中华民族的优秀传统和革命传统;具有社会主义民主法制意识,遵守国家法律和社会公德;逐步形成正确的世界观、人生观和价值观;具有社会责任感,努力为人民服务;具有初步的创新精神、实践能力、科学和人文素养以及环境意识;具有适应终身学习的基础知识、基本技能和方法;具有健壮的体魄和良好的

① 这一规定成为指导 1949 年以后中国内地推行的第八次基础教育课程改革的总目标。

心理素质，养成健康的审美情趣和生活方式，成为有理想、有道德、有文化、有纪律的一代新人。”

而2006年，在中国基础教育改革领域里，可以说是再次将素质教育推向社会瞩目的重要地位的一年。这突出表现在素质教育由政府文件上升为具有法律约束力的国家意志。2006年6月29日颁布的新《义务教育法》第一次将“实施素质教育，提高教育质量，使适龄儿童、少年在品德、智力、体质等方面全面发展，为培养有理想、有道德、有文化、有纪律的社会主义建设者和接班人奠定基础”作为义务教育必须贯彻国家的教育方针的要求，以法律形式作出了规定。同年10月11日中共中央十六届六中全会通过的《中共中央关于构建社会主义和谐社会若干重大问题的决定》，在与教育相关的部分再次强调了“全面实施素质教育，深化教育改革，提高教育质量……保障人民享有接受良好教育的机会”的要求。[①]

基于上述政府文件解读的脉络，也不妨说，政府是素质教育的“原创者”和强力推进者，素质教育在我国是由政府明确提出的，且具有行政指令、法律规定、代表国家意志的特征。

但撇开究竟是“政府是素质教育的‘原创者’”还是（这里所说的）“素质教育是一场决策层、实践界、学术圈的混合交响”不说，在形成当前素质教育“大格局”（毋宁说是“大交响”）的影响力中，教育理论研究者的言论恐怕是不能低估或者简化为“有限到可忽略不计”的。事实上，在2006年11月，根据中央领导指示，由教育部等国家有关部门领导、组织开展，有学者参加的长达一年多的素质教育系统调研所形成的系列研究报告（以《共同的关注》为名结集出版），就回顾与总结了已经提出20年的“素质教育”在实践领域多层面的开展状态，重点分析了存在的问题，给出了深入推进的建议，并明确提出“全面推进素质教育依然任重道远，一些新情况、新问题值得高度重视”[②]；

① 叶澜.清思　反思　再思——关于“素质教育是什么”的再认识[J].人民教育，2007(2):16.

② 素质教育调研组.共同的关注——素质教育调研[M].北京：教育科学出版社，2006:10.

“这种直面问题的精神在以往由政府相关部门组织的调查报告中是不多见的”①。正因为如此,也因为本报告突出的教育学“学术”发展的重大问题,所以,在以上分析了素质教育这场“交响曲”中的决策主体(包括行政号召、政府文件、法律法规)的力量之后,有必要转入实践者及理论者之力量的分析。

① 叶澜.清思 反思 再思——关于“素质教育是什么”的再认识[J].人民教育,2007(2):16.

三、实践主体:轰轰烈烈、效果不佳与认识偏差

在决策层对于素质教育的“步步高”式的引领和“全面、扎实推进”的召令下,在社会各界对所谓“应试教育”的阵阵讨伐声中,在所谓“应试教育”重担的挤压下,素质教育的实践显得轰轰烈烈。在有限的意义上,素质教育也可以说是实践者为了革除“升学教育”(考试教育、应试教育)的弊端而自发摸索的产物。但鉴于中国现阶段的国情以及升学压力的长期存在,也鉴于决策者对于素质教育的理想要求,素质教育的实践往往显得效果不佳,甚至可以说教育现状并未因素质教育的推行而发生显著变化,有时还被戏讽为“轰轰烈烈喊素质教育,扎扎实实搞应试教育”。在现实中,“素质教育的推进虽有成效,但形势却并不令人乐观,‘应试教育’年年批,高考制度不断改,高校扩招超常规发展,照理,应试的压力应该轻了,但大量事实表明并非如此。高考成绩竞争依然是各学校之间竞争的核心因素,是牵涉到无数学生、家长乃至于地方党政领导的一件大事。近年来还出现了未落榜生复读的现象,全家送子上考场的景观,出国留学低龄化的趋势,出版社大出应考书的局面,以及学校争夺生源大战、迎考复习大战、入学竞争重心下移等与素质教育旨趣相差甚远的状况,而且年复一年,变的是花样,不是实质”②。

② 叶澜,李家成,杨小微,范国睿.推进素质教育:转换思路才能打开新局面[J].人民教育,2005(21):11-13.

何以如此?其中原因固然复杂,但实践主体本身不失为一个重

要的因素。素质教育自上而下的推进策略，造成实践者缺乏作为改革主体的意识和能力，加上外界其他因素的影响，实践主体的认识差异以及各地区、各学校的基础状态的不同，具体实践所呈现的状态与行政要求、期望有很大距离与偏差，或者将行政指令中原本存在的偏差作了更为夸张的放大、更为多样的表达。概括地说，在中小学教育实践中，对“素质教育是什么”的认识误区和主要偏差主要有如下三点：①

第一，对素质教育的宗旨缺乏深入认识，往往将其当作一种运动式的口号②，或是一种不同于以往教育模式的新的可以操作的模式去实践。对素质教育是一项长期、艰巨、涉及学校整体和全体师生的深刻变革，缺乏足够的认识。因此改革的目标流于表面化、肤浅化和短期化，模糊、抽象、一般化是其主要的表现特征。

第二，对学校教育中存在的问题的批判简单化、狭窄化。正因为仅把“应试教育”作为素质教育的对立面来看，素质教育能否实施反而成了外部的问题，而不是学校内部的需要。一系列认为学校不能实施素质教育的理由大量出现，诸如：高考不改，学校无法改；社会、家长不可能不要求学校的高升学率，素质教育难以被社会接受；教育行政部门衡量学校办学质量的标准最看得见的是升学率，此项标准不变学校无法动；等等。推进素质教育“条件论”盛行，使实现学校素质教育的主体处于消极、被动的状态。而“条件论”的出现与将素质教育、应试教育对峙而提相关。把应试教育当作对以往教育否定的理解也招来对素质教育的反对与抵触。

第三，对素质教育理解的局部化与孤立化，也是影响素质教育推进有效性的重要因素。最初，相当一部分的实践工作者，把素质教育理解为加强学生的课外活动，与改革开放早期教育改革中提出的“第二课堂”、“第二渠道”联系在一起，出现了“素质教育”唱唱跳跳、轰轰

① 叶澜．清思　反思　再思——关于“素质教育是什么”的再认识[J]．人民教育，2007(2)：16-19．对中小学实践中素质教育的误区及其实施状态的更多分析，另可见顾明远．教育现代化与素质教育[J]．中国教育学刊，1998，(3)：3-5；叶澜：实施素质教育与学校整体变革研究报告[M]//共同的关注——素质教育系统调研．北京：教育科学出版社，2006：242-250．

② 补充说明：岂止是中小学实践者把素质教育当作运动式的口号，就是教育理论研究者，亦有直呼“素质教育运动”者。譬如，可见谢作栩．素质教育的由来及其前瞻[J]．东南学术，1997(4)：10-11；甘剑梅．素质教育：以儒学文化为根基的教育运动[J]．扬州大学学报：高教研究版，1999，(3)：5-9．

烈烈,“应试教育”(指主课教学)扎扎实实、寸时必争的双重局面。而后,又将课程改革甚至只将社会实践活动课、综合课、校本课程等新课程体系中的某些课程看作是实施素质教育的全部,忽视学校教育系统整体变革。这些点状的思维方式以及由此出发而形成的行为方式,同样影响了素质教育的全面推进和真实效应。

也有学者认为,素质教育是中国基础教育改革与发展的必然趋势,但是,学校教育中的角色化而非社会化、竞争而非合作的实践取向,将不利于学生主动性的发挥、个性的形成和心理的健康,使学生失去道德发展的内在动力,缺乏合作精神和能力。同时,学校生活中的一些违背教育目的的非道德因素也将阻碍素质教育的发展。[①]

针对上述问题,相关研究提出了具体的改进策略与建议:[②] 第一,合理区分农村与城市地区素质教育的改革策略与具体目标。在当前背景下,中小学素质教育的推进有以城市教育为理想模板,以城市教育尤其是发达城市教育为典范,推广到农村去的倾向,这一改革策略与目标忽略了中国农村与城市之间,东部、中部与西部之间的明显差异。研究者主张进一步推进中小学素质教育,需要在城市地区和农村地区有重点区分,农村中小学素质教育的重点在于切实实现九年义务教育达标,逐步提高办学质量,稳步推进内部综合改革的进程,在当前我国农村发展战略的基础上逐步构建适应新型农村地区发展战略的农村教育形态;城市中小学素质教育的重点在于探索性地建构新型学校,在新型学校制度建设、学科教学的深度改革、学校整体转型的初步形成等方面着力;同时要加强农村教育与城市教育的沟通,形成城乡教育协调发展的新局面。第二,关注教育改革中教育理论研究的作用,促进教育理论研究与教育改革实践良性互动、双向建构局面的形成。当前,中小学素质教育实践中存在着轻视教育理论的倾向,这影响了教育改革的理性、力度、内在一致性和视野

① 陆有铨.素质教育值得注意的几个问题[J].北京大学教育评论,2003,1(3):5-9.
② 叶澜,李家成,杨小微,范国睿.推进素质教育:转换思路才能打开新局面[J].人民教育,2005(21):11-13.

的开阔。研究者主张：要改变当前素质教育推进中所遭遇的困境，必须提升理性意识，提高教育理论在实践改革中的地位；当前迫切需要提升各层面教育领导的教育理论素养，要尽快提高校长对于素质教育的认识水平，并促成校长、教师有改革意义的新行为方式的生成，促成教育理论与教育实践之间的良性互动、双向建构。

四、理论主体：事实判断、价值判断与审美判断

与决策层的大力倡导和全面推进相比，与实践者的轰轰烈烈而又效果不明显相比，与家长对于素质教育的不甚关切相比，理论界对于素质教育的态度和行为显得更为复杂也更为多样，极力推崇者有之，深入研究者有之，明确质疑者有之，漠不关心者亦有之。就是在推崇者之间、在研究者之中、在质疑者之内，关于素质教育的研究也莫衷一是，甚至连"素质教育是什么"这个"牵一发而动全身的、关键的、实质性的问题"，也就是素质教育问题领域中的"第一问题"[①]都难说达成了基本的共识。有学者甚至说，"素质教育"一语从酝酿至显赫以来已十几年有余，但目前还是一个没法进行国际比较的对象，无论从理论上还是从操作上说，都缺乏惯例或标准来评判高见或缪见；"素质"和"素质教育"也有"科学判断"（事实）、"价值判断"（意义）和"审美判断"（理想）的原则性歧见或事实、价值和理想编织的开放天空；在认识事实上，未见实验心理学家对"素质"提供的研究报告，在解释"素质"时，把"可能的意义"当作"应有的意义"，在构造"素质"的理想境界时，自觉不自觉地陷入了"教育决定论"；因此，"在这个论题上没有什么可谈的"。此论并非仅仅或者主要不是针对教育理论研究者的，而且即便是针对教育理论研究者的，仍有必要呈现关于素质教育研究的主要状况——不管是科学判断、价值判断还是审美判断。

① 叶澜.清思 反思 再思——关于"素质教育是什么"的再认识[J].人民教育，2007(2)：16.

1.“结构说”

分类列举素质的类别与结构是素质教育研究最初也最常见的方式之一。燕国材提出了“两类六种结构”:[①]所谓素质,就应当是指人们先于先天自然和后天社会的一系列特点、品质,具体地说,素质就是人们身体的、政治的、思想的、道德的、专业的和心理的一系列基本特点和品质的综合。从这点出发,所谓素质教育,简言之,就是提高人们的自然素质和社会素质;详言之,则是身体素质、政治素质、思想素质、道德素质、专业素质和心理素质的有机结合。在这个结构中,身体素质是基础、是前提,政治素质和思想素质是统帅、是方向,道德素质和专业素质是必要条件,心理素质是内部依据。六者应当紧密联系、统一展开,不可偏废。

① 燕国材.关于素质教育的几个问题[J].教育科学研究,1990(2):1-3.

班华则提出了素质教育“三分结构”,即身体素质教育、心理素质教育、文化素质教育[②],认为教育是为促进素质发展服务的,教育应适应素质发展要求而不是相反。因此,教育的分类应以素质的划分为依据而不是相反(当然教育也可依据社会需要分类)。素质分类也可有多种依据,但都应符合逻辑分类原则,分类依据应统一。根据素质类别,素质教育可划分成三类。我们把主要地、直接地促进身体的或生理素质发展的教育称作身体素质教育,把主要地、直接地促进心理素质发展的教育称作心理素质教育,把主要地、直接地促进社会文化素质发展的教育称作社会文化素质教育。这里要特别指出的是,这样的教育分法是从对各类素质“主要”、“直接”的意义上说的。各种素质是相互渗透的整体,各类素质教育的功能也是这样。因此不能把各类教育的功能与各类素质的发展看成简单的一一对应关系。我们说身体素质教育具有促进身体素质发展的功能,仅是在“主要”、“直接”这个意义上说,并不意味它没有促进心理素质、社会文化素质发展的功能。同理,心理素质教育、社会文化素质教育都有促进其他

② 班华.素质结构·教育结构·素质教育[J].教育研究,1998(5):10-14.

各项素质发展的功能。人的素质是一个整体,素质教育的各部分也是相互渗透、相互联系、相互作用的一个有机整体。提出这样的分类不是否定通常已有的分类,而是为了更好地认识问题。同时,他强调:第一,这种分类与通常所说的“五育”基本上是一致的,身体素质教育主要通过体育实施,因此身体素质教育和体育是对应的。而社会文化素质教育主要对应于智育、德育、美育。第二,素质教育虽然只分三类,但内涵丰富,它包含了与其对应的体育、智育、德育、美育。此外,还包含了心理素质教育,这对保证心理教育在整个素质教育中的地位是有积极意义的。第三,按素质构成对教育分类,有助于对教育分类及其相互关系的认识。多年来,在教育分类上,人们认识不完全一致,有分三育、四育的,有分五育的,各有其理由。分法不一致是由于人们对问题的认识、理解有差异造成的。在各育关系中,认识上也有种种分歧,素质和素质教育的分类有助于厘清对这些问题的看法。最后,班华还就实施素质教育中处理各育的关系提出了一种思路:德育具有核心地位和导向作用;心理教育为其他各类素质教育提供优良心理基础;促进学生整体素质发展。

2.**“关系说”**

对于素质教育的认识,不少学者是从与其他事物的比较中来鉴别的。其中首推“素质教育”与“全面发展”的关系论说。在这一论说中,首先是比较常见的“等同观”,不少研究者把素质教育与全面发展等同。特别是在起初阶段,对素质教育的认识只是沿着全面发展教育的思路,列举与全面发展内涵差不多的各种素质条目,只是数量不等罢了。所以不少人认为,素质教育就等于全面发展教育,并无新意,大可不必标新立异。也正是基于这个缘故,又有不少研究者或试图限定或努力扩展素质教育的内涵或外延,以期与全面发展有所区别。还有更多的研究者将素质教育与全面发展进行粘连性的表达,并不刻意清晰化二者的区别,譬如,“在教育学意义上,对于素质教育的概念可以作如下概括:素质教育就是培育、提高全体受教育者综合素质的教育。它以促进人、社会、自然的和谐发展为价值取向,以德智体关注人的发展作为素质教育的灵魂、核心和目标。素质教育注重在教育过程中把人的全面发展放在中心地位,注重人的整体素质的全面提高、个性发展以及创新精神和能力的提高,发挥人的潜力和能力,为人的发展提供条件,并使人有能力掌握自身的发展,将个体的发展与社会发展统一起来”[①]。但认为素质教育与全面发展实质相同的观点仍是比较典型的,譬如,针对把素质教育与全面发展教育对立起来这一认识误区,有学者从素质教育提出的本源上指出,“素质教育其实质就是全面发展教育,正是因为全面发展的教育方针受到‘应试教育’的干扰,才提出素质教育来,目的在于克服‘应试教育’的弊端,更好地贯彻全面发展的教育方针。许多同志对‘转轨’的提法有意见,似乎过去走的道路(轨道)错了,现在要转过来。对这个问题可以这样来理解:所谓‘转轨’,不是指方向的问题,而是指方法的问题;是指教育思想的转变,不是指教育方针的转变;是克服弊端,而非改变教育全部。我想‘转轨’这个词不能确切表达当前教育改革的内涵,最好不要再使用这个词”[②]。

在关于素质教育与全面发展的关系论说中,还有论者提出了“阶段论”[③],认为应试教育、素质教育、全面发展教育是教育发展的三个阶段,三者是分别适应于不同社会历史发展阶段的教育类型:应试教育是适应追求温饱型社会历史时期的教育,素质教育是适应追求全面小康社会历史时期的教育,全面发展教育是适应追求共产主义社会历史时期的教育。三者是处于不同的历史时期的,它们是整体与部分、低级阶段与高级阶段之间的关系。应试教育追求的知识与技能,是素质教育目标体系之中的一部分;素质教育的目标除了知识技

① “素质教育的概念、内涵及相关理论”课题组.素质教育的概念、内涵及相关理论[J].教育研究,2006,313(2):3-10.

② 顾明远.教育现代化与素质教育[J].中国教育学刊,1998,(3):3-5.

③ 张正江.应试教育、素质教育、全面发展教育:教育发展三阶段,上海教育科研,2005(3).

能以外，还包括智力、能力、品德、情感态度、审美、价值观、人生观、精神人格等。应试教育是教育发展的初级阶段，是为社会和个人的生存服务的，它体现了教育的工具价值，它遮蔽了教育的本质，因为它把考试这一测量、评价教育结果的工具变成了教育教学追求的直接目标。而素质教育相对于应试教育是教育发展的比较高级的阶段，它既体现教育的工具价值，又开始体现教育的育人价值，它使教育的本质逐渐开始显现。相对于全面发展教育，素质教育又成了部分，素质教育只是全面发展教育的一部分，成了全面发展的初级阶段，全面发展教育才是教育发展的高级阶段，它实现和达到了教育的本质，使教育真正成为人类神圣的事业。此论虽别出新样也勇于创新，但是，如果说关于素质教育的“结构说”、素质教育与全面发展的“等同观”或“关联说”还是基于“素质教育”这个具有“中国特色的社会主义教育新概念”[①]来进行价值判断，还是不脱素质教育出炉语境来进行审美判断的话，那么这种“阶段论”就多少有些游离问题语境与天马行空的臆测之嫌了。

①潘懋元.试论素质教育[J].教育评论，1997(7):6-8.

“关系说”中，还有学者就教育现代化与素质教育、教育公平与素质教育的关系进行了辨析。就教育现代化与素质教育的关系来说，学者认为素质教育与教育现代化是现在教育界的两个热门话题，是从两个不同的侧面来谈当前的教育改革。教育现代化是我们追求的目标，素质教育是教育现代化的重要内容。社会的现代化包括人的现代化，教育的现代化是实现人的现代化的重要途径。《中国教育改革和发展纲要》明确提出了“经过几十年的努力，建立起比较成熟和完善的社会主义教育体系，实现教育的现代化”的目标。而教育现代化的内容很多，包括教育思想、教育内容(课程)、教育制度、教育手段和方法、教育管理等的现代化，而它的最终目的是要把人的素质提高到空前的高度，以适应现代社会对人的要求，这就是素质教育。就教育公平与素质教育的关系而言,学者认为:只有做到教育公平,素质教育才能全面推行;要想全面推进素质教育,必须做到教育公平。当然,绝对的公平是没有的,在基础教育阶段尤应做到相对的公平,要特别关注弱势群体的利益,在政策上有所倾斜。所谓优先发展,就是教育经费比别的地区多,教师编制多,班级小。我们对薄弱校也应实行优先发展的政策。[①] 与其他关系论有所不同的是,教育现代化与素质教育关系论、教育公平与素质教育关系论的意义,并不仅仅在于澄清"素质教育是什么"这个"第一问题",更在于呈现素质教育实践的状况,诊断素质教育收效甚微的原因,寻求素质教育推进的道路。

① 顾明远.教育现代化与素质教育[J].中国教育学刊,1998,(3):3-5;教育公平与素质教育[J].教育发展研究,2002(1):10-11.

3.**"(非)对立说"**

这是从"素质教育"与所谓"应试教育"的关系来界说素质教育的。"对立说"是最初的也是最突出的一类观点。其依据有三:一是现实依据。20 世纪 80 年代中后期以来愈演愈烈的升学考试竞争,考试异化为教育目的,导致人们往往把以往的教育视为"应试教育"加以批判。二是理想依据。在批判"应试教育"(升学教育、考试教育)的同时,人们也在实践中摸索、在思想上萌发了追求替代"应试教育"的理想物,即"素质教育"。三是政策依据。1993 年中共中央、国务院颁布的《中国教育改革和发展纲要》,第一次以中央文件的方式提出"中小学要由'应试教育'转向全面提高国民素质的轨道",这成为"对立说"("转轨说")的主要政策依据。

随着实践的开展和研究的深入,不少学者对"对立说"、"转轨说"进行了质疑、批判或纠正,并相应给出了破解所谓"应试教育"的思路。

譬如,实施素质教育,"并不排除考试,考试是一种教育手段,是评价、检查学习效果的一种方法,也是选拔人才的方法,运用得法可以促进、激励学生学习。特别是检查性考试,可以反馈给学生,使其了解自己的学习效果，改进学习方法。但是如果把考试这种手段当作目的，以应付考试为目的，或者把它作为教育评价的唯一手段，则消极作用是非常大的"[①]。"在应试教育与素质教育之间不仅仅是要不要考试，或是片面重视知识教育还是重视学生全面素质培养这样一种较为简单的问题。……关键在于从应试教育向素质教育的转变中隐含着一个更为重要的教育理念，即人的发展——学生的发展与教育的关系在于：学校教育不再是发展的手段或作为生产性的手段，在学校教育中，教育更应看作是学生发展的一个基本内容和目标。此种教育理念可以概言为'学生为本'，其根本目的是使学生的能力得以充分地发展和展现。……由此，基础教育的发展观念和目标定位无疑需要加以必要的转变。……变成'才'教育为成'人'教育。"[②]

又譬如，"素质教育的推进不必以竞争、考试为对立面，否则，与当前我国社会主义市场经济需要提升人的竞争能力、创造能力的大背景不符。多年来将素质教育与'应试教育'对立的观念，在教育改革实践中也引起许多的误解，在事实上'抬举'了'应试教育'，刺激了相应需求，强化了不利于推进素质教育的舆论氛围和文化心理。多年来'应试教育'愈演愈烈的症结之一，并不在人们通常认为的高考弊端上，而在高校现行的招生制度上。如果我国的高等院校不能真正承担起自主招生的责任，那么，目前这种由国家计划一统天下的沉闷格局就难以打破。因此，要研究如何在保证基本公平的前提下，创造不拘一格选人才的合理机制"[③]。

再譬如，"人们把素质教育解读成一种与以往的教育根本不同的全新事物，把考试竞争简单概括为'应试教育'，是人为地制造了一种两难困境，让误解它的人们愈加误解。我们对素质教育误解的症结在于把目标解释成了教育内容。理解素质教育的关键不是教育是什么，而是教育的普适性素质目标是什么，这是个教育目标观念转换问

① 顾明远.教育现代化与素质教育[J].中国教育学刊，1998，(3)：3-5.

② 丁钢.学生为本：素质教育的基本内涵[J].上海教育，1997(1)：9-11.

③ 叶澜，李家成，杨小微，范国睿.推进素质教育：转换思路才能打开新局面[J].人民教育，2005(21)：11-13.

题。所以素质教育与考试竞争之间不存在非此即彼的关系,‘转轨’之说不合逻辑,它与考试竞争中的如何考试、如何竞争、竞争什么之间是亦此亦彼相辅相成的关系”[①]。

而在上述质疑、批判之前,还有更突出的“对立说”(“转轨说”),这就是“应试教育辩护说”[②]。该说认为,设定1977年至1995年这十七年来的基础教育主流或“本质上”、“基本上”、“根本上”是“应试教育”,不妥。并论证道,“应试教育”如果真是现今我国基础教育的主流,那么它因在极其有限的教育物质资源中,以最大限度的努力满足尽可能广泛的社会阶层的教育意愿,符合最广大的社会阶层的教育利益,而成为“穷国办大教育”的可选择模式。换言之,应试教育是有群众基础的,是利益驱动的,教育工作者只不过受人之托、为人民服务——赤胆忠心为人民者,何罪之有!进而,“应试教育”的“弊端”和“局限”,不管是其“功能失调”,还是其“器官残缺”,无一根基于教育工作者,也不是这个“十七年”(1977—1995)独有的,甚至不是中华人民共和国教育史上特有的。所以,应转变的是某些教育决策的那种通过制造新的局限来加剧既有局限的思维方式,还是教育实践第一线的“第一性的”创造,向古朴天真、一劳永逸、头痛医头脚痛医脚的机械主义转变?设定“应试教育”是万恶之首,那就等于说“应试教育”胆大妄为,居然在一个真正尊重独立人格,人人视学习和工作为第一需要,人人都是通过学习和工作中的嬉戏、消遣和休闲来证明自己是不折不扣的“主体”,并且从不是“异化的主体”的社会中,我行我素;“应试教育”陈腐迂阔、不自量力,在一种人人自吹自擂、自我标榜并且人人信以为真的“时代精神”中,居然死守着考试的潘多拉之盒,怀疑一切、打倒一切、摧残一切进而使群魔乱舞,引蛇出洞,毁灭了教育和教义的神话和欺骗;“应试教育”一叶遮目、不见泰山,视政治、经济、文化和荣誉的权力和机缘“均等”的社会现实而不见,执意

① 杨启亮.困惑的思考:在素质教育与考试竞争之间[J].课程·教材·教法[J].2007,27(11):3-7.

② 董标,胡中锋.应试教育的辩护——评价新时期十七年基础教育发展的基本原则[J].海南师院学报:人文社会科学版,1997(3):40-42.

与“教育机会”的原则对着干从而动摇了“我们的信仰”；“应试教育”应有乌托邦教育的全能或本能，去培养“适应”“社会发展需要”的各种人“类”，包括适应社会的“腐败发展”需要的那一类人和安于歌舞升平的贫困的这一类“人”。

纵如上述，并不意味着“对立说”已然偃旗息鼓。“对立说”本身亦在自我认识的过程之中不断更新认识。一个跨过21世纪的、规范性的观点，通过区别对待“应试”与“应试教育”，并特指化和贬义化“应试教育”、特指化和褒义化“素质教育”而支持了“对立说”。该观点认为：从事实的角度看，“应试”仅仅是一个中性词，它既不必然是贬义的，也不必然是褒义的。但“应试教育”与“应试”不能混同，“应试教育”并不是因为教育中存在着“应试”的“事实”，而是因为有其特定的“价值”，故“应试教育”在根本上是一个价值判断而不是一个事实判断。从价值判断的意义上讲，应试教育是一个特定的贬义性概念。同理，对与之对应的“素质教育”的概念亦当用这样的思维方式来把握。对“素质教育”与“应试教育”概念的把握方式以及怎样理解“对立”的内涵，是认识两种教育是否具有对立性的关键。[①] 这种通过褒义化“素质教育”、贬义化“应试教育”而支持“对立说”的新近研究，毋宁说是“对立说”的回归或“重申”，因为“素质教育”与“应试教育”当初就是在此逻辑之下萌发进而被“认定”的。

① 刘朝晖，扈中平．论“素质教育”与“应试教育”的对立性[J]．课程·教材·教法，2005，25(10)：3-8.

4.“悖论说”

“悖论说”实际上是对“素质教育”本身的质疑，是“应试教育辩护说”的近亲，因为假如“素质教育”不存在，或者不具合理性，那就没有“对立说”，进而也就间接地辩护了所谓的“应试教育”。该观点认为，人们对“素质教育”存在相左的看法，倡导者与支持者的理性思考见诸报刊者众，但一直停留在对“提高整个中华民族素质”的社会呼唤的回应上，停留在对“素质”概念的引申上，停留在用“全面发展教育”

的内涵对素质教育的套释上,还没有找到"素质教育"赖以确立和存在的自身的质的规定性。而歧异者的批评,达到的深度十分有限,可以说对素质教育的内在矛盾仅仅处于直觉性敏感的认识层次。因此,对素质教育,无论就确证而言还是就反证而言,当务之急均是深化理论研究。提出"素质教育悖论"这一命题,正是出发于此,意在深入价值、功能和意义等层面,对素质教育的有关问题进行剖析。总之,素质教育作为一种理论、一种思潮和一场运动,无论在语义上、逻辑上,还是在文化上,均存在自我相关、自我缠绕的矛盾性和不合理性。[①]进而,作者指陈了素质教育五大"负面效应":在教育目的观方面引起了人们的观念混乱,在教育价值方面带来了观念裂变的威胁,在教育领导方法上以口号代替了科学,在教育行政方面加重了教育管理主张与教育实践行为的分离,在教育的创新方面束缚了教育改革实验的发展;指出素质教育负面效应的两大根源,也就是素质教育的两大悖论,即素质教育的逻辑悖论与素质教育的文化悖论;并谨慎而又决绝地呼吁,要组织力量对素质教育负效应和悖论进行全面的包括正面的和反面的研究,求取比较一致的、深刻的、全面的和科学的认识结果,若证实了,再进行全社会的提倡和推行,若证伪了,则毅然决然地放弃它。[②]

① 黄甫全.素质教育悖论[J].北京师范大学学报:社会科学版,1996,137(5):81-87.

② 黄甫全.素质教育的负效应及其根源[J].江西教育科研,1996(3):14-17.

这种研究热忱呼吁着实令人期待。可惜,迄今尚未目睹其吁请者意义上的证实或证伪之类的科学研究,素质教育实践更是不等什么证实或证伪而照样"全面、扎实推进"。倒是在"素质教育悖论"话音未落之际,听到了一个斩钉截铁的判言——素质教育理论不存在悖论:"素质教育及其有关思想,不是逻辑的产物,而是在中国教育发展进程中出现的,它有其深刻的历史背景。因此,应从事实与逻辑、历史与逻辑的统一来对其加以分析,并非纯粹逻辑论证。具体的悖论皆有其存在的范围。悖论是对于某个理论来说的,是其自身而并非外加的。理论发展的某个阶段存在悖论，而在进一步发展中悖论又被消除的例子屡见不鲜。正在发展完善之中的素质教育理论并不存在语义悖论、逻辑悖论之类。素质教育是否反映了教育思想的改革与进步，最有力的论证还是实践。”[①]

其实，“悖论说”并不孤单，与之相似的还有对于素质教育的质疑及对于“应试教育”的辩护。对于素质教育，特别是对于高等学校“套用”素质教育，萧宗六并不赞同，提出了独特的观点。他认为，基础教育和高等教育是两种完全不同的教育制度，它们的改革和发展任务有很大区别，它们存在的问题各不相同，这在1993年《中国教育改革与发展纲要》中都有详细阐述。它们的培养目标，总的方面是相同的，即教育方针所指出的“培养德、智、体等方面全面发展的社会主义事业的建设者和接班人”。这是各级各类学校共同的培养目标。但是各级各类学校又有自己具体的培养目标。新中国成立以来，我国高等学校的培养目标，虽然各个时期文字表述不完全一样，但有一点是相同的：培养专门人才。50年代的提法是“培养高级建设人才”；60年代的提法是“培养为社会主义建设所需要的各种专门人才”；“93纲要”的提法是“培养高级专门人才”，“培养高层次专门人才”；新近公布的《中华人民共和国高等教育法》的提法是“高等学校的任务是培养具有创新精神和实践能力的高级专门人才”。基础教育的培养目标是什么呢？“文化大革命”前的提法是“为社会主义建设事业培养劳动后备力量”，“为高一级学校培养合格的新生”；“93纲要”指出“基础教育是提高民族素质的奠基工程”。基础教育要求受教育者在德、智、体等方面打好基础，是打基础阶段，还谈不上是人才，更谈不上是专门人才。培养目标不同，培养内容、方法、途径、模式当然也不同。[②]

在对于“应试教育”的辩护方面，有研究者认为，“素质教育”的提

① 张楚廷．论素质教育的科学性——与《素质教育悖论》商榷[J]．北京师范大学学报：社会科学版，1997，141（3）：18-25．此后，张楚廷对素质教育进行了更多研究，譬如，见张楚廷．素质：中国教育的沉思[M]．武汉：华中科技大学出版社，2001．

② 萧宗六．高等学校何必套用“素质教育”[J]．江苏高教，1999（1）：56-60．

出,实质上是要注重人的能力和全面培养,而非仅限于培养"应试"技能。然而,在学校教育中形成性和评价性考试同样是培养学生能力的一种重要途径;即使是选拔性考试,也是促进人的素质形成的一种重要手段,是一种长期的、从外部起作用的激励学生学习的力量。不能因为在一些学生身上存在着所谓的"高分低能"现象,就认为"应试教育"培养出来的人才全部能力低下。应该看到,在选拔性考试中考出较好分数者,多数人的基本素质还是比较好的。"应试能力也是一种素质"的提法,其实蕴涵着深刻的真理。以"素质教育"反对"应试教育"者,恐怕谁也没有真正认真统计过到底是"高分低能"者的比例大于"高分高能"者呢,还是恰好相反。认为目前的基础教育培养的人中间存在着"高分低能"现象就全盘否定之,实在不是一种认真负责的科学态度。其实,即使是到了共产主义社会,社会生产力高度发达了,人的能力体系也得到了全面发展,人既无失业之忧,也无自由流动障碍,也仍然会存在人才的选拔问题。因为,总得承认,人还有一种不断向着完善进步的本性,为此,社会就必须对人们的工作作出合理安排。可以说,这一普遍深刻的人性特性,也使选拔性考试有了存在的长期必要性。[①]

素质教育交响乐中的干戈相击声远不止以上所陈。不过,这里还是让我们松弛一下紧绷的神经,权且来听听"共识说"的观点。

5.**"基本问题共识说"**[②]

该说认为,经过几年来理论工作者的探索和实际工作者的实践总结,虽然对许多问题尚有不同的看法,经验尚不成熟,运行机制尚不完备,理论体系尚未形成,但对一些基本问题逐渐取得共识,在认识上总的来说有所发展和加深,主要表现有四:

第一,概念的理解逐渐统一。素质教育这一新概念刚推出时,心理学界和教育理论工作者有不少人反对,认为"不科学"。主要理由

① 葛新斌,李罡.我国学校与考试关系的历史考察——兼议"素质教育"与"应试教育"问题[J].清华大学教育研究,1998(3):63.

② 潘懋元.试论素质教育[J].教育评论,1997(7):6-8.

是“素质”一词，辞书的释文一般是指“人的先天的生理解剖特点，主要是指感觉器官和神经系统方面的特点”(《辞海》)。也就是说，“素质”是先天的，教育是后天的，后天的教育培养不出先天的素质。但是，更多的学者认为先天的素质只是提供人的发展的生理基础，后天的环境与教育可以发展先天的潜能，提高和完善人的素质结构。人们一般所说的“人的素质”，是先天遗传的禀赋与后天环境影响、教育作用的结合而形成的相对稳定的基本品质结构。因此，“素质教育”这个概念是科学的，可以成立。我们反对没有科学依据与实践需要的杜撰，但也不应拘泥于引经据典而阻碍新认识、新思想的产生。

第二，内涵丰富了。起初对素质教育的认识只是沿着全面发展教育的思路，提出思想道德、文化科学、身体健康等要求，失之笼统，也难以操作。近年来，人们从教育学、心理学、社会学、文化学角度对素质教育进行理论探讨，在教育实践上提出了种种方案进行试验，总结了情境教育、愉快教育、成功教育以及汨罗市中小学改革的成功经验，借鉴国外科学教育与人文教育整合的理论、我国港台地区所提倡的“通识教育”，使素质教育内涵逐渐丰富、充实。

第三，外延扩大了。素质教育开始时只对中小学教育而言。如今，人们感到，不同层次、不同形式的教育都应重视素质教育，不过侧重点上可以有所不同。例如，高等教育虽是培养专门人才的教育，但专门人才不仅要以其专业知识与技能适应社会的需要，而且要具有优良的素质才能对社会作出贡献。中小学的素质教育是针对“应试教育”提出的，高等教育的素质教育则是针对单纯科技教育、过分狭隘的专业教育而提出的，更侧重于人文文化素质，使科学教育与人文教育整合，培养出高科技与高素质结合的专门人才。素质教育的外延已从基础教育扩大至高等教育。不仅如此，人的素质的提高与完善是一个终身的过程，不但学校教育阶段要提倡素质教育，终身教育、继续教育也应强调素质教育。例如,成人教育已在进行素质教育的探讨与试验,职业培训也强调职业知识技能培训与职业道德教育并重,这就进一步地扩大了素质教育的外延。

第四,意义提高了。素质教育提出的意义只是为纠正"应试教育"的片面性。这个意义固然很重要,但毕竟它的普遍性是有限的,而且易使人误以为只是一种暂时性的政策措施。现在,人们开始认识到这是面向 21 世纪教育改革与发展的指导思想。

之所以说"权且"来听取"共识说",实因只能"权且";关于素质教育的"共识",如果不是不能达成的话,那至少也是极难达成。真可谓说起"素质教育"易,说清"素质教育"难矣。

五、反思:说清"素质教育"难,实施"素质教育"更难

从以上的陈述不难看出,尽管素质教育几乎成了时代的最强音,但要说清"素质教育"委实不易,而要全面推进素质教育则更难。面对理论的困惑和实践的困境,教育学人不得不对素质教育进行反思,在反思的基础上深化这一主题的研究,以便推进素质教育的实施。在此方面,已有学者作过不少努力和尝试。

鉴于人们虽屡屡尝试,但仍无法就"何为素质、何为素质教育"等基本问题达成较为有说服力的共识,石鸥撇开"素质教育是什么"的直接发问,从"我们究竟从素质教育那里期望什么"入手,进而追问"我们期望什么样的素质教育"以及"我们期望素质教育培养什么样的学生"等问题。他认为,人们期望素质教育能在宏观上带来教育结构大调整,造就不同类型与层次的人才,微观上素质教育主要培养学生的一种精神、一种追求,养成现代人的现代品质以及充实生活的态度,而不仅仅是使学生获得某种具体实用的知识技能;人们期望的素

质教育在结构上是一种全时空的立体教育，在过程上是一种多途径的整体教育，在性质上是一种以人为中心以社会为基础的主体教育，在目标上是一种培养多种人才的复合教育，在师资上是一种人人参与的全员教育；就培养的学生而言，人们期望素质教育同时以个体的发展和社会的发展为归宿，将人本位与社会本位融为一体，彻底填平不自觉的人本位与社会本位的鸿沟，素质教育应超越单一人才培养模式，同时培养返世俗的新型劳动者和理想主义价值取向的学术精英，为此要以高质量的基础教育为重点，大力发展职业教育，并从微观上改进教育教学活动，以实现对不同人才的不同素质的培养与提高。[①] 此论虽显繁复，但对于素质教育研究来说，不失为另辟新途的一种尝试。易而言之，不妨这么说，"素质教育表达了相应的教育事实与愿望，满足了人们的用词需要，发挥着与全面发展教育不同的启发作用，引起了人们的思维和教育理论的某些变化，是富有价值的教育概念"[②]。

关于"素质教育"与"应试教育"的关系问题，与教育学界往往进行价值判断或审美判断色彩较浓的质疑、批判、辩护不同，秦晖提出了"两种范畴论"这一科学判断色彩较浓的观点。他指出，"素质教育"与"应试教育"二者是不同类型因而也就不可类比，但又完全可以交叉、重叠的范畴："素质教育"是就教育目的而言的，它以全面提升人的素质为目的，与之可比的是以培养某种"信仰者"为目的的意识形态教育，以培养好勇斗狠者为目的的尚武教育(斯巴达式教育)，以增加"工具理性"为目的的唯智教育，以培养对某人的忠诚为目的的奴性教育，等等；而"应试教育"则是就教育过程(包括过程阶段性起终点的入学、毕业等)中成就评估、资源竞争、资格认证的一种测量手段而言的，与之可比的是不以分数而以个人的赏识为标准的"推荐、保送教育"，以出身为标准的"伯乐相马式教育"，以长官意志(或

① 石鸥. 我们究竟从素质教育那里期望什么——素质研究之一[J]. 我们期望什么样的素质教育——素质研究之二[J]. 我们期望素质教育培养什么样的学生——素质研究之三[J]. 分别见湖南师范大学社会科学学报，1996，25(5)：110-115；1997，26(4)：80-85，1998，27(5)：118-123.

② 熊川武. 素质教育与全面发展教育[J]. 中小学管理，1997(5)：7.

以可轻易强奸的“民意”)为标准的“种姓教育”、“成分教育”,以财力为标准的商业化教育,等等。[①]

如果我们不仅仅拘泥于素质教育“纲领性”文件的解读,而是从学术义理上考究“素质教育”与“应试教育”的关系,秦晖“两种范畴论”确有非凡的启发价值。这是因为,如果仅仅拘泥于“素质教育”纲领性文件的解读,则就教育目的而言,必然得出培养社会主义“接班人”是1949年以来中国内地教育一以贯之的“素质”要求(其他各种素质都服从于、服务于、统摄于这个“素质”)。[②]正是在这种意义上,有学者就“教育的根本任务是提高全民族素质,培养德、智、体等方面全面发展的社会主义事业的建设者和接班人”这一“素质教育”的提法(表述)提出了质疑,认为“素质教育”这个概念本身具有不确定性,词义含混,可以为任何性质的教育所使用(它是一个中性词);况且,(现代)社会不是由“接班人”和“建设者”组成的,而是由“公民”组成的,何不把教育目的直接定性为培养合格的公民?[③]

与此同时,也不可否认,“素质教育”是个具有中国特色的概念(甚至在英语中找不到与之对应的译词),它有着特殊的中国语境。它发端于政府倡导、实践摸索及研究者推介的多重背景,同时也影响了并将继续影响政府决策、实践探索及学者探究。在此意义上说,研究“素质教育”,是无论如何也绕不过其中国语境的。就此而论,叶澜关于“素质教育”的“三思”颇值记录于此。她立足于厘清“素质教育是什么”这个素质教育问题领域中的“第一问题”,从政府决策和教育实践上下两个层面,对素质教育主要问题进行了“清思”与“反思”,在此基础上,对素质教育进行了深入的“再思”,要者有四点:[④]

第一,再思首先指向已经提出的“素质教育是以提高民族素质为宗旨的教育”这一提法(政府对素质教育最基本内涵的规定)的合理性与针对性,认为从宗旨的意义上理解的素质教育,意味着素质教育

① 秦晖.问题与主义:秦晖文选[M].长春:长春出版社,1999:469-470.

② 关于此点,可见程天君.素质教育的历史脉络与未来取向——兼理新中国教育目的之演进[J].教育理论与实践,2007,27(11):8-11.

③ 墨公.“素质教育”能培养现代公民吗?[N].南方周末,2005-8-18(D27).

④ 叶澜.清思 反思 再思——关于“素质教育是什么”的再认识[J].人民教育,2007(2):16-20.

处于一切教育活动之魂的地位，而不是一个规定化的教育活动的模式。素质教育作为一种教育宗旨的实现，要通过广大教育实践者和理论工作者的创造来完成，要充分重视学校自身状态、承担任务和环境的差异性。要求各级各类学校都实施素质教育，只有在"宗旨"这个最为一般的意义上是合理的。从宗旨的意义上理解素质教育，是我国教育改革已转向重视教育内在规定性的表现。进一步看，作为宗旨的素质教育，是针对忽视教育内在规定性，以"工具主义"和"功利主义"为代表的其他教育宗旨。而应试教育只是工具主义和功利主义的一种表现，它还不足以成为在宗旨意义上的"素质教育"的对峙者。作为应试教育之根，教育上的工具主义、功利主义藏在更深处。将"应试教育"与"素质教育"对峙，实际上依然是没有在宗旨意义上理解素质教育内涵的表现。今后"素质教育"的推进，要从与"应试教育"的简单纠缠中走出，这不是说不要否定仅以应试为目的的教育，而是要以素质教育的建设性的推进，以其真实的成效来取代应试教育。光靠批判解决不了应试教育的问题，只有变革的实践才是从根本上解决问题的力量。

第二，素质教育具有时代性。素质教育在实践中的具体表现因时代而变化，呈现出多样性和发展性。在"素质教育"中所指的"素质"，是当代社会对人的素质的要求。当前处在社会转型时期的中国教育中，明确转型的方向与不可逆转性，认识这一转型的发展价值，研究社会转型对人的素质新的要求与变化，是理解素质教育内涵的实质性任务。[①]

第三，提出了素质教育时代性与可能性的统一。这里强调的可能性与强调"条件论"的区别在于，"可能性"作为认识的一个维度，所关注的不只是对时代性在普遍向特殊转化中的不可或缺性，同时也强调可能是潜在的，是可变的，是指向未来的，是在落实素质教育时需要开发和拓展的方面，因此是一种积极的而不是（像"条件论"那

① 关于此点，可详见叶澜."新基础教育"论——关于当代中国学校变革的探究与认识[M].（第三、五章）.北京：教育科学出版社，2006：64-98，121-145.

样)消极的取向。

第四,要强调的是,素质教育的性质要求教育实践作整体的转型性变革。在宏观层面上,不仅要求教育系统内部的整体变革,而且要求社会相关领域、制度的变革。社会与教育系统的关系不是相互索取,而是相互支持,形成大系统与小系统、母系统与子系统间的良性循环。这里的前提性要求是作为大系统的社会,要关注教育变革与发展的需要,要认识和尊重教育系统的特殊性和专业性。在学校层面上,同样也需要作系统的转型性变革,而不是停留在点状的改革设计上。①

面对素质教育虽已推行多年,但实践中的教育状况并未得到实质改进这一困境,不少研究探讨了素质教育的实施问题。《素质教育政策支持系统研究》一书以素质教育的全面实施为背景,深刻分析了影响素质教育实施的现实和历史原因,通过对素质教育实施的社会调查和国际比较发现,推进素质教育的体制性障碍在于缺乏素质教育的政策支持系统。围绕这样一个全新的话题,全书分《中国素质教育政策研究》和《外国素质教育政策研究》两卷,全面探索了新时期推进素质教育政策创新的理念、重点内容和操作性措施。②还有学者提出了基础教育学科教学实施素质教育的基本路径,那就是变“双基”为“四基”(基本知识、基本技能、基本思想与基本活动经验),变“双能”(分析问题与解决问题的能力)为“四能”(加上发现问题与提出问题的能力),尤其需要变长期因袭的单向演绎思维训练为演绎思维与归纳思维并重。③

顾明远则在新近指出,素质教育的推进有思想观念问题和制度障碍问题。推进素质教育之所以步履维艰,是因为教育不单纯是教育内部的事,而是社会各种矛盾的集中反映,因此解决这个问题也需要思想解放和制度创新。要敢于抛弃旧的人才观、学生观、教学观,树立只要具有社会责任心,尽心尽责为社会作出贡献的就是人才,人

① 关于此点,可详见叶澜.“新基础教育”论——关于当代中国学校变革的探究与认识[M](第四、八章).北京:教育科学出版社,2006:99-120,199-238.

② 袁振国.素质教育政策支持系统研究[M].济南:山东教育出版社,2004.

③ 史宁中,柳海民.素质教育的根本目的与实施路径[J].教育研究,2007,331(8):11-14.

人都能成才的人才观，爱护每一个学生。特别是要改变重学术轻技术的传统教育观念，当前这仍然是推进素质教育的思想障碍。推进素质教育还有许多制度性障碍。大家都说教育竞争是社会竞争的反映，但是教育内部的制度不当也加剧了这种竞争。许多地方仍然在发展重点学校，许多学校变相地办重点班，教育竞争始终存在，各地政府把升学率作为评价学校和教师的指标，这都加剧了教育的竞争。教育模式的单一、教育方法的僵化、教育评价的划一，都不利于素质教育的推进。还有当前“三好学生”的评选、各种竞赛的加分都加剧了教育的竞争，增加了学生的负担。其实，教育部门一纸命令取消一切入学的附加条件，各种评选和竞赛就会销声匿迹。为什么下不了这个决心，无非是思想不解放，认识不统一。[①]

关于素质教育的研究，只得概述到此，权且收笔。因为，其著述数量之多、著者人员(次)之广、著述内容之丰，在教育学重大问题中恐怕都是无可匹敌的，亦是难以穷尽的。以“篇名”为检索项，以“素质教育”为检索词，对中国期刊全文数据库进行“精确”匹配检索发现，仅在1994年至2008年间，在篇名中出现“教育本质”的文章就有34945篇；若进行“模糊”匹配检索，这一数字则是38786篇。这场万人(次)合奏的大交响，着实令人欢欣鼓舞。可以预料，素质教育研究将继续热烈，素质教育实践将继续推进。

① 顾明远.进一步解放思想 深化教育改革[J].中国教育学刊，2008(7)：卷首语.

第三章 “教育产业化”冷热辩

紧随素质教育交响曲之后兴起的另一重大“事件”是“教育产业

化"争论。争论的对象包括"教育是否产业"的属性问题、关于"教育如何产业化"的策略问题以及"关于教育是否已产业化"的事实问题等。

"教育产业化"的命运与素质教育迥然相异:素质教育自始至终得到决策层的高扬与坚挺,而"教育产业化"则始终没有得到决策层的认可。2004 年,教育部有关领导明确表态:"教育部从来没有'教育产业化'的提法","教育部坚决反对'教育产业化'"。[①] 此后,"教育产业化"便受到了广泛的批评与指责,从而在实际上承担了或者被要求承担了"教育乱收费"、"祸害教育事业"的责任。但尽管如此,"教育产业化"争论对处于改革和发展过程中的中国教育的影响是广泛的,在某种意义上说甚至是长期的。

一、由商品经济而市场经济:"教育产业化"的出场

说起"教育产业化",很多人把"大学扩招"跟它联系起来。因此,有人把汤敏[②] 称作"教育产业化之父"。对于这个称号,汤敏本人在 2007 年接受采访时表示并不喜欢,也不愿意接受,甚至觉得委屈,因为谁也说不清什么是教育产业化,而且在他建议大学扩招前两年就有很多人开始讨论教育产业化了。

不论是谦虚之辞还是推脱之辞,汤敏所言确实不谬。正如前文关于教育本质大讨论时已述,1990 年前后教育本质"产业说"与"非产业说"的论争,就其学术渊源来讲,可追溯至 20 世纪 80 年代前后围绕"生产力说"而展开的"教育是否生产部门说"之争。一般而言,"生产部门说"是"生产力说"的逻辑延伸。"生产力说"明确指出,教育劳动基本上是生产劳动,教育基本上是生产力,教育部门基本上是生产部门。最初,持"生产部门说"者较多;而持"非生产部门说"者比

① 钟岷源."教育产业化"缘何背负骂名[J].南风窗,2007(2下):30;周兆军.2004:中国"教育产业化"神话终结年[J].上海教育,2005(01A):12.

② 汤敏系亚洲开发银行中国代表处副代表兼首席经济学家。他在 2007 年接受采访时说,1998 年他回国探亲时发现有些孩子上不了大学,加之当时亚洲金融危机正在蔓延,很多人手里拿着钱不愿意去消费,各方面都希望找到一个突破口启动内需。他认为,居民教育投资是当时拉动内需的一个重要力量,居民可能不会去买彩电买汽车,但是让孩子上大学肯定会投入的,于是他就建议大学扩招。此建议引起了决策层的高度重视,中国大学扩招就在这以后开始。

较少，且往往只得援引诸如“马克思主义经典作家从来没有认为教育是生产部门”之类的话语来论证。随着与国际经济“接轨”，“生产部门”更多地被称为“产业”了；而“非产业论”常常只能呼吁说，“产业论”扭曲了教育培养人的活动的本质特点。由此观之，“教育产业化”说确是多年以前“教育商品说”的变种[①]，更不脱教育本质“生产力说”的底色。

① 董标.试论教育与市场经济取向的关系[J].现代教育论丛，1994(4)：13.

譬如，1989 年就有研究者基于教育与经济的关系提出，社会主义初级阶段的教育是经济发展的战略重点之一，是社会第三产业的重要组成部分；商品经济的发展对教育和各类产业提出的必然要求就是教育要走向产业化，产业要实现教育化，这也是教育必须为社会主义经济建设服务，经济建设必须依靠教育的必然反映。[②]几乎与此同时，有人断言，新中国成立以来高等教育最大的失误是教育观念和指导思想的错误，高等教育的一切弊端，皆源于把高等学校看作事业单位，不承认高等教育的产业性质，致使高等教育走上一条官教化、政治化的道路；“大锅饭”、“铁饭碗”这种难以根治的痼疾，使高等教育经费短缺、效益低下、缺乏动力与活力，从而陷入“低工资、低效益、低水平”的恶性循环，出现了令人忧虑的危机局面。基于此，作者对“高等教育的产业性质与产业化”这个“既是重大实践问题，又是重大理论问题”的意义进行了论证。[③]

② 韩宗礼.教育产业化 产业教育化——试论社会主义商品经济下的教育趋向[J].教育与经济，1989(1)：31-34.

③ 邵森万.高等教育的产业性质及其产业化的意义[J].高等教育研究，1989，37(3)：32-35.

上述两方面的事例——教育规模、教育机会不能满足教育需求以及教育由政府包办、教育效益低下——引出了“教育产业化”说出场的表面原因和深层缘由。

表面上看，提出“教育产业化”命题的主要理由有三：一是多年来教育在我国一直作为公益性事业来加以运作，而且又是穷国办大教育，忽视了教育所具有的商品属性和私人产品的特点；二是与穷国办大教育的困难（教育规模和机会远不能满足广大群众子女渴望受教育的需要)相对照,全国居民储蓄余额,特别是为子女接受高等教育而储蓄的数额不断增加,教育市场似乎潜力巨大;三是我国教育体制僵化,学校内部缺乏激励机制,人员流动较为困难,需要以“教育产业化”来激活。

从深层缘由看,更有不少学者陈述了“教育产业化”的理由(经济计算):[①]把教育视为由政府包办,只讲投入不讲经济回报的公益事业,是陈腐的传统观念,必须抛弃。按产业化观念办教育可以一举多得:政府彻底放权,谁都可以办教育,增收学费不加限制,让百姓的高储蓄消费在子女的学费投入上。这既能满足百姓让子女逐级受教育的需要,又能使办学者增加经济收入,不仅能改善办学条件,提高教育者的工资待遇,又能解除政府办学投入不足的困难。更为诱人的是,认为这种“教育产业化”不仅能让投资办学者得到丰厚的即时性的利润,同时还能从这种“创收”中上缴给政府一部分,为国家和地方政府增加财政收入,是“富国”的良策。有的报道则更为坦白,认为“教育是个大产业”,“投资教育,相当于买到本世纪(20世纪)最后一只原始股”,是“一本万利”的“大财源”。而在不少地方,这种观点已经开始付诸实际行动,言论和行动都在不断加大力度。“教育产业化”就是这样很快地热起来的。

以上表层理由和深层理由不外表明,我国公共财政对教育投入不足,是“教育产业化”论的直接动因[②];而由产品经济到有计划的商品经济再到社会主义市场经济的转轨,则是“教育产业化”论的宏观社会背景。尽管早在1992年国务院的一次常务会议上就提出,到2000年我国的公共教育经费占GDP的比例应达到4%,并把这一目标写入1993年《中国教育改革和发展纲要》,但至今也没做到,2001年中国教育经费只占GDP的2.6%,在全球120个国家中的排序位于第96位,是世界上对教育投资最少的国家之一。2004年为

① 关于这些理由的具体陈述,见王逢贤.中国“教育产业化”热点问题的冷思考[J].东北师范大学学报:哲学社会科学版,2004,212(6):5-14.

② 廖海青.进退失据的教育产业化[J].经济,2006(4):103.

2.79%,2005 年为 2.8%。2006 年《中共中央关于构建社会主义和谐社会若干重大问题的决定》再次把这个数字写入其中,并称到 2010 年"逐步"达到这个目标。面对现实,有人不免这样思考,囊中羞涩的教育特别是高等教育应该(或者只能)转换脑筋,面向市场,瞄准钱袋,放下身段,索性"下海",实行"产业化"。[①]

"教育产业化"这个命题(假设)要得以成立,进而从思想言论演化为现实力量,就必然希望得到政策方面和理论方面的支持。

在政策方面,"教育产业化"热衷者所凭借的依据包括:1984 年 4 月国家统计局把教育划分在第三产业的第三个层次;1992 年《中共中央、国务院关于加快第三产业的决定》明确指出,"教育事业作为对国民经济具有全局性、先导性影响的基础行业,归属于第三产业","包括教育事业等现有大部分福利型、公益型和事业型第三产业要逐步向经营型转变,实行产业化管理";1999 年江泽民在第三次全国教育工作会议上也明确要求,要"切实把教育作为先导性、全局性、基础性的知识产业和关键的基础设施摆在优先发展的战略地位"。

在理论方面,首先出现依据的是"教育市场论"。有人指出,目前,95%的商品和服务都处于供过于求的状态,只有教育消费呈现出严重的供不应求。近 2/3 的考生难圆大学梦,而数千亿的储蓄却被拒之门外。与此同时,新一轮的"留学热"正在掀起,让子女去国外大学深造成为很多具备一定经济实力的中国父母所热衷的选择,中国学生留学"低龄化"的所谓"少年留学热"也随之升温。这些现象又激发了一些人的妙想——与其让中国的钱流向外国,刺激外国的消费和增收,还不如在国内让教育彻底走向市场化之路,调动民间投资教育的积极性,扩大教育的规模,让想受教育的人都能得到机会,这就形成了一个非常大的教育市场。其次,在学理上能够支持"教育市场化"逻辑的,是经济学中的"人力资本理论"。早在 1960 年前后,以美

① 王逢贤.中国"教育产业化"热点问题的冷思考[J].东北师范大学学报:哲学社会科学版,2004,212(6):5-14.

国舒尔茨为代表的一些西方经济学家,就提出了"人力资本理论"。作为一个具有里程碑性的理论范式,"人力资本理论"及其教育的经济价值理论,是"教育产业化"的热衷者们最为青睐的理论证据。一时间,"教育产业化"呼者甚众,推行力度愈来愈大。

二、"有底线的"欢呼:义务教育其实也未能免受"教育产业化"的影响

有媒体总结说,"教育产业化"的支持者都是经济学家,反对者都是一般民众。此说显然以偏概全,并遗漏了"管你说不说,只管闷头干"(产业化)的教育实践以及一些教育学者反对的声音。但是,"教育产业化"说确实多是基于经济—财政视角立论的。譬如,著作《教育产业论》[①]的理论基点主要就是,将教育视为经济现象,是经济产业的一个部门,其活动完全应受经济规律的支配。厉以宁认为,把教育视为由政府包办,只讲投入不讲经济回报的公益事业,是陈腐的传统观念,必须抛弃;"教育是一种特殊的第三产业","教育具有产业属性,这是没有疑问的","即使在社会主义社会中,即使人均国民生产总值和人均收入达到较高水平以后,也不可能使教育产品全部成为公共产品";"教育产业化是大势所趋,是不可抗拒的";"教育产业化包含两层意思:第一,把教育事业作为产业来经营,第二,表示一种动态,就是说教育要走向产业经营的道路";"整个教育产业要有效地经营,一个个教育单位也要进行有效经营"。[②]

"教育产业化"论者把教育即经济学家眼中的"教育产品"("教育服务")——这些字眼似乎就带有预先设定教育为"产业"的嫌疑——区分为以下四类:[③]第一,"具有纯公共产品性质的教育服务",包括义务教育,特殊教育,以广播、电视等形式进行的公共教育,国家公

① 张铁明.教育产业论[M].广州:广东高等教育出版社,1998.

② 厉以宁.读《教育产业论》[J].教育研究,1998(9):74-75;关于教育产业化的几个问题[J].北京成人教育,1999,211(7):6-9;马国川辑."教育产业化"之争[J].中国改革,2006(5):58;关于教育产品的性质和对教育的经营[[J].教育发展研究,1999(10):9-14.

③ 厉以宁.关于教育产品的性质和对教育的经营[[J].教育发展研究,1999(10):9-14.

务员教育。第二,“基本具有公共产品性质的教育服务”,包括政府投资建立的各类高等学校、中等专业学校、高级中学、职业技术学校的教育,政府提供经费的各类成人教育,政府提供经费的学前教育,政府提供经费的其他形式的教育。第三,“具有准公共产品性质的教育服务”,包括:某个社会团体、集体组织、协会以自己的成员及其子弟,或主要以自己的成员及其子弟作为招生对象而建立的各种学校、培训班、补习班;某个企业以自己的职工及其子弟,或主要以自己的职工及其子弟作为招生对象而建立的各种学校、培训班、补习班;某些由政府提供经费的学校,为了增加自己的收入,在正常招生之外还招收若干自费生,或设立了一些自费班,由于自费生或自费班使用的教室、教学设备、师资等仍然主要依靠政府提供的经费来维持,因此不同于私人产品性质的教育服务,但又不同于公共产品性质的教育服务,所以可以视为一种准公共产品性质的教育服务。第四,“具有纯私人产品性质的教育服务”,可能有下列形式:个人充当家庭教师,为一定的家庭服务,并收取私人付给的报酬;个人招收纯粹学艺性质的学徒,向学徒传播知识与技能,并收取学徒付给的报酬;或者个人招收主要具有学艺性质的学徒,向学徒传授知识与技能,学徒以无偿或低报酬的方式为师傅帮忙;个人(或若干名个人)建立学校补习班、职业培训班等,招收学生,并向他们收取费用,作为办学经费。

这些理论上的区分,似乎也表达了无论“教育产业化”的支持者还是反对者都基本接受的大致“共识”[①]:教育是复杂的社会现象,有自身特殊的规律;教育要适应市场经济,同时要加强宏观管理;教育投入要多元,教育成本应分担;政府要担负好教育的责任;学校要开源节流,提高办学效益。这种“共识”实际上也是“教育产业化”说的初衷或旗帜。尽管几乎所有的“教育产业化”的支持者与反对者都坚持认为基础教育——尤其是义务教育——不在“产业化”的范围之内,但伴随着“大学城”的拔地而起和高额收费的滚滚进账,包括基础

① 王秀成,王连森.“教育产业化”学术论争:分歧与共识[J].山东师范大学学报:人文社会科学版,2008,217(2):139-143.

教育、学前教育在内的教育都未能避免“教育产业化”浪潮的冲击。其实,即使没有“教育产业化”这个口号,教育,包括义务教育,甚至主要是义务教育,也早已被“产业”化了——在教育谋利、教育寻租、教育投资不足或不作为的意义上。因此,“教育产业化”这股浪潮,并不像许多人所以为的那样,只体现在高等教育领域,而是“已经蔓延到了全国各级各类教育”[①]。根本上看,是国家的政策和行为为教育的产业化提供了必要的制度保障;总结来看,中国“教育产业化”合法性的获得经过三个步骤:首先是确立非国家办学(称为民办学校)机构的合法性,继而确立公办学校转为民办经营的制度合法性,最后给予学校获取教育经营利润的合法性。[②]

一旦“教育产业化”说付诸实践,复杂的问题便接踵而至。有研究者列举了“教育产业化”的“误区”:教育产业化就是“教育收费”,教育产业化就是“全部市场化”,教育产业化就是“政府退场”;陈述了“教育产业化”的“困境”(毋宁说是“后果”):一部分学校尤其是一部分中高等学校打着“教育产业化”的旗号违规招生,违规收费,大幅度提高学费、杂费等费用;与教育产业化相伴而生的是民办教育热的出现,但不可否认的一个事实是,在民办教育的旗帜下,不少地方出现了一种名为“贵族学校”的中等、初等乃至学前教育机构;在推进教育产业化的过程中,还存在着赋税问题、行业规范问题以及法律空白问题等。[③]

说义务教育未能避免教育产业化思想的影响,似可从以下事例看出一斑。据张玉林按照教育经费占GDP4%的差额预算,从1985年至2003年,政府欠教育的经费总计为10100亿元。这个天文数字应验了海南省省委书记、省长卫留成说的一句心里话。至2006年底,该省经过一年半的努力,实现全省乡村“最美的地方是校园,最好的建筑是学校”的目标。面对赞誉卫留成发出肺腑之言:“我欠老百姓的教育账还多着呢!”[④]其实,早在20世纪80年代后期,教育经费

① 王逢贤.中国“教育产业化”热点问题的冷思考[J].东北师范大学学报:哲学社会科学版,2004,212(6):5.

② 马国川辑.“教育产业化”之争[J].中国改革,2006(5):56-58.

③ 赵公明,张荣伟.回眸与展望:中国教育产业化[J].教师博览,2004(1):23-27.

④ 钟岷源.“教育产业化”缘何背负骂名[J].南风窗,2007(2下):32.

不足等原因就酿成了一场教育危机，以致其时有学者呐喊："不是危言耸听，而是出自一名教育工作者良心的呐喊；不是理论上的深层思考，而是亿万人都可感知的现象；没有作出普遍周密的调查，却有俯首可拾的事实——中国的教育正面临着危机！"危机的主要表现就是：教育经费严重不足，学校教育在"歧道"上行进；体脑倒挂，知识、知识分子贬值，教师队伍不稳；"读书无用论"思潮泛滥，流生现象不可遏止；教学改革停滞不前，思想教育更是莫衷一是。[①] 而 1986 年中国《义务教育法》颁布后，因在"钱"上遇到障碍，只能依靠"人民教育人民办"这种方式，把义务教育的过半费用推给农民和企业承担，以致我国"20 年来的义务教育是以加重农民负担为代价取得成就"的。[②]

以上事例说明，政府无力或不愿投资教育，转嫁甚至克扣教育经费，不是变相的教育"产业"化，又是什么？至少，这与"教育产业化"论教育投资主体多元化、多渠道化的主张异曲同工。不花"本该花的钱"，甚至克扣已经下拨的教育经费，这其实是一种变相的或暗隐的教育"产业化"。

对于呼声很高的"教育产业化"说[③]，也有研究者表达了"慎重而行"的观点。2000 年《学术研究》（第 7 期）杂志开辟专栏，着重探讨教育产业化的"合理边界"问题。劳凯声则提出教育市场的"限度"问题，认为，由于教育能给学习者带来巨大且明显的回报，原先由政府包办并根据社会的需要来发展的教育，正在出现某种私人消费的倾向，教育市场初见端倪，市场的介入使中国教育的面貌发生了深刻的变化，人民群众享受到了更多的受教育机会。但与此同时，消费文化向学校领域的渗透正在引起一系列的教育伦理问题，由于市场的驱动机制是私益而不是公益，如果缺少对教育市场必要的限制，则对于私益的追逐就会演变成为一种无序状态，甚至改变教育的公益性质，

① 鲁洁．值得每个中国人担忧的教育危机[J]．教育研究与实验，1988(2)：10-13.

② 义务教育，这 20 年为何这么难？——对话全国人大常委会委员、国家教委原副主任柳斌[J]．南方周末，2006-10-12（A3-4）.

③ 它在实践中主要表现为：教育高收费和乱收费、"择校热"、"转制学校"以及"独立学院"政策等。详见杨东平．中国教育公平的理想与现实[M]．北京：北京大学出版社，2006：97-143.

因此教育不能简单地等同于一般的商品,单纯依赖市场渠道不能平衡社会对教育的供求关系,为了保证教育的公益性质,必须对市场的介入作出必要的限制。[①]

逐渐地,对于“教育产业化”的批评的声音日益压过支持的声音。不过,有必要指出的是,与许多其他命题一样,“教育产业化”刚一出场,就有不同的声音,只是“教育产业化”经历了由时髦而暗淡的命运起落罢了。

三、“教育产业化”:由时髦而暗淡的命运起落

早在20世纪80年代末以至90年代,就有学者提出“正确对待商品经济对高等教育的冲击”、“高等教育不能产业化”、“教育产业化:一个似是而非的口号”等观点。[②]

针对“教育产业化”论——尤其是“高等教育产业化”论——的热潮,甚至被不少地方政府领导将其作为制定政策的理论依据这一现象,王英杰明确提出“高等教育不应也不能‘产业化’”的观点。他认为,产业和高等教育的性质不同、社会功能不同、基本点迥异,二者不能画等号,不能把高等教育办成产业;高等教育应该学会利用市场机制,但如果违反高等教育规律,将高等教育完全推向市场,把整个高等教育当成产业来办,甚至还要“产业化”,这在理论和实践上都是行不通的,硬要推行,就会不可避免地给高等教育发展带来灾难性的影响。第一,教育产业化可能会淡化政府的职责从而造成高等教育的制度危机;第二,高等教育产业化势必会将高等教育的负担主要地转嫁到学生身上,这对学生家长显然是不公正的,因为他们通过向国家纳税已经负担了高等教育发展的一部分经费;第三,高等教育产业化会危及教育公正,改变学术优异是进入高等教育的决定性因素这一

① 劳凯声.教育市场的可能性及其限度[J].北京师范大学学报:社会科学版,2005,187(1):15-21.

② 潘懋元.正确对待商品经济对高等教育的冲击[J].高等教育研究,1989,37(3):1-7;刘宝存.高等教育不能产业化[J].山东大学学报:哲学社会科学版,1993(4):152-155;龚放.教育产业化:一个似是而非的口号[J].教育发展研究,1999(8):48-50.

高等教育的基本特征，进而危及社会公正这一理想目标的实现；第四，高等教育产业化会使高等教育短视，唯市场需求而变化，只重视市场需求急迫的学科和专业，忽略那些对社会长远利益有至关重要影响的基础学科和人文学科；第五，高等教育产业化将使高等学校把利润原则作为其运行的第一法则，从而使高等教育这一理性的明灯变暗淡乃至泯灭。[①]

进入新世纪，有人指出了“教育产业化”的三大风险：第一，可能在一定程度上使政府推卸在调解社会公平上应负的责任；第二，可能使教育特别紧密地向经济价值倾斜，致使那些对培养人文精神有益却与市场没有直接联系的学科和专业得不到市场的认可，并在两者相抵触的情况下处于劣势；第三，可能使贫困人口在失去了政府体现社会公平的因素的制约后，陷入“先要挣钱再去读书”的困境，而下岗职工再就业的培训也将无法开展。[②]

2004年，王逢贤撰文指陈了“教育产业化”热中的八大盲点和疑点：[③]其一，“教育产业化”热认为教育是“生产”、是“产业”，其“产品”或“商品”即“教育服务”，具有使用价值和交换价值。这只看到教育具有经济功能和价值，而忽视了教育同时也具有政治的、文化的、科技的、军事的、伦理的、美学的、宗教的、生态的多种功能和价值。教育的这些多方位功能和价值不论其历时态还是共时态，总是客观地存在着，不可能被取消。目前我国以经济建设为中心，强调发挥教育的经济功能是必要的，但如果人为地以此来抹杀或放弃教育的全方位功能，其后果是不堪设想的。我们应牢牢记取以往曾过分注重教育的政治功能的教训，也要防止现在走向另一极端而只注重经济功能。

其二，说教育是国民经济的一个部门，归属为第三产业，这是我国政府一个决策部门一时的提法。但仅从将教育作为第三产业的定位与同时将教育作为是“具有全局性、先导性影响的基础性行业”的

① 王英杰. 高等教育不应也不能“产业化”[J]. 中国高等教育，1999(21)：18-19.

② 张人杰. “教育产业化”的命题能成立吗?[J]. 教育评论，2000(1)：4-6.

③ 王逢贤. 中国“教育产业化”热点问题的冷思考[J]. 东北师范大学学报：哲学社会科学版，2004，212(6)：5-14.

定性来看,二者在逻辑上并列显然是不合理的。如果说教育具有全局性、先导性和基础性,其作用就不能只限于国民经济部门,而应是对整个社会的各行各业而言。这样的现代教育就应走在社会各行各业变革的前面,不是培养、复制现型人,而是用培养超越型、创造型新人去推动或拉动各行各业向前向高处发展。

其三,说“教育服务”是“产品”、“商品”而不提“受过教育的人”或“人的素质全面发展”或什么样的社会成员是教育的真正“产品”,是难以令人接受的。经济学对产业的定性是生产物质产品和精神产品的活动,市场化、企业化、商品化、投入和产出、成本和利润、等价交换、公平竞争、优胜劣汰,是其不可缺少的基本属性。教育这一培养人的行业,虽也有经济的投入,但其“产品”与其说是“教育服务”,不如说是这种服务的结果,即所培养的新人。而新人既不是物质的也不是纯精神的,而是重新建构的发展了的由一定德、智、体、美、技等素质构成的具有个性化的主体。如果从经济学角度把教育的功能萎缩、窄化为仅有经济功能,进而把教育质变为经济活动和行业中的一种,完全按经济产业的一般规律办教育,实际上等于否认教育特殊规律和全方位多种社会功能的存在。

其四,在市场经济条件下,从经济学视角将教育投入视为教育成本,在社会发展程度尚未达到由国家承担全部教育成本的阶段,由受教育者承担部分成本是合理的。问题在于在不同发展水平的国家和地区,不同类级的教育,成本究竟多少是合理的,受教育者应分担多少是合理的,目前尚未有精确的核算。在我国,尽管政府三令五申各级各类教育包括民办教育不得营利,可是事实上各级各类学校巧立名目“乱收费”、“高收费”的不正之风仍屡禁不止。更令人不安的是,有人以“教育产业化”为名企图“发大财”,高唱办教育不仅不需要国家任何投入,而且还能上缴可观的“教育创收”,拉动“内需”,增填国库,获得即时经济效益,这真是罕见的奇谈。

其五,在"教育产业化"中,学校兴办企业和科技园区,将学校的后勤部门社会化、企业化,开展收费性的社会服务,为学校"创收",有人误认为这是教育产业化。问题在于学校兴办的"创收"性产业,尽管它不是教育活动,但由于创办这类企业的主体是学校,这就要研究在规模、产权、投资、收益分配、管理体制等问题上,如何既能维护和强化学校的教育性质,提高教育质量,又能不挤占和挪用教育经费,不分散教育精力和教育队伍,不使校办产业喧宾夺主。在这个问题上一旦出现不利于强化学校教育性能的弊端,那就要受到限制,限制不住就应走上校企分离之路。

其六,"教育产业化"必然引发校际间激烈的抢夺生源的竞争。这是"产业化"学校生存和"创收"的前提。学校为此就要努力改善自己的办学条件,优化教育过程,提高教育质量,树立良好形象和知名度。有些办学者为抢夺生源、创收,甚至会不择手段。应看到,在这种竞争中又会产生"择校"、"排行"风险和社会纠纷。这里的问题在于对"招生与收费"、"办学规模与条件"等方面应否有个规范。

其七,关于激发居民将高储蓄投入教育消费并得到相应回报问题,一般来说,这是社会文明消费发展的趋势,应予以鼓励。问题在于如何看待中国居民的"超储蓄"情况。从整体情况看,大多数储户的消费能力并不高,从储蓄目的看,"教育产业化"带来教育费用持续攀升,为了应对子女未来高昂的教育费用,居民必然相应地削减当前消费开支,降低消费比重,加大储蓄力度,以求得对预期收支的心理平衡。这种结果恐怕是"教育产业化"论者也不愿意见到的,因为它将直接颠覆他们过于乐观的理论预期,即靠教育产业化以拉动内需的梦幻。

其八,假如真的全部教育都产业化了,教育与经济的关系由于教育已异化为经济而消失了，教育不再姓"教"而成为经济产业的一个企业部门，完全按市场经济规律运营，那么政府是否可以不再负有办教育的职能，不再设置教育行政管理机构，不再进行投资，从而教育再也不是全民的公益事业？这里的问题在于，我们说教育具有产业属性，是对经济产业这个概念的泛用，而实际上教育与工农业和其他服务业有很大区别。这主要由于教育本质规定它所培养的是属人性"产品"，不论其对家庭、个人、企业的投入带来何等回报，都不等于完全是私人产品。

2005年前后，"教育产业化"被人形容为"人人喊打的过街老鼠"，招致了严厉批判乃至清算。2006年年初，纪宝成对教育产业化的危害、社会根源及其恶劣影响进行了"清算"，并就"为什么教育不能产业化"、"反对教育产业化不等于不鼓励民间办学"等问题进行了阐述。[①]接着，《求是》杂志发表了题为"教育产业化不是教育政策的方向"的文章，明确提出：教育产业化与教育的公益性和公平性原则相悖；非义务教育的成本分担与教育产业化有着本质区别；发展民办教育不等于教育产业化；教育产业化不是国际教育发展的趋势。[②]在《2005：中国教育发展报告》(社会科学文献出版社)一书中，20多名学者对2005年中国教育发展情况作了归纳和总结，其中突出的主题之一，就是"'教育产业化'被叫停"(或遭狙击)；不过，有学者同时也提醒，所谓"教育产业化"的思潮还非常严重，虽已开始叫停，但其过程仍将复杂和漫长。[③]

这个提醒想表明的是，"教育产业化"思潮虽广遭批评，但口号的中止并不表明行动的终止。这似乎也是个普遍性问题。2008年，周作宇就指出了"高等教育中经济主义倾向"。他认为，在过去几十年里，世界高等教育发展呈现出趋同趋势，多样化办学模式的出现和市场力量的介入是其显著特征。在市场力量介入、发挥积极作用的同

① 纪宝成.清算教育产业化[N].南方周末,2006-03-23(B15).

② 国家教育发展研究中心专题组.教育产业化不是教育政策的方向[J].求是,2006(7):51-53.

③ 学界评说2005中国教育[N].中华读书报,2006-03-08(1).

时，高等教育发展过程中也出现了“经济主义”倾向，主要表现为高等教育的经济功能被强化，包括由经济价值界定高等教育的目标，由经济关系界定高等教育机构的外部关系，由经济投入界定高等教育的内部质量，由经济利益诉求界定学术人员的行为驱动力。经济主义对高等教育的性质和大学的身份具有深远影响，潜在的结果是：由于夸大高等教育的经济价值使大学的功能窄化；由于服从于外部的现实利益而使大学的独立性受损；由于大学组织与经济组织的边界模糊化而改变大学成员的行为，进而改变着大学的身份。[①]

① 周作宇．论高等教育中的经济主义倾向[J]．北京师范大学学报：社会科学版，2008，206(2)：5-15．

四、教育与产业：归于理性的反思

综观而言，近年来，教育乱收费问题成为群众投诉之首，这是引发教育产业化大讨论的导火索。我国改革开放以来，关于教育产业和产业化的讨论共有三次：第一次是从 1992 年开始，在关于建立与社会主义市场经济体制相适应的教育管理体系和办学模式的探讨中，教育产业和产业化的话语开始浮出水面。第二次是 1999 年扩招政策前后，关于教育具有产业属性的讨论。这次讨论达成了学术和政策的共识，即“教育是一种准公共产品，具有产业属性”。第三次是 2005 年前后的讨论，与前两次讨论的根本不同之处在于，它发生在公共媒体上，具有强烈的批判色彩，主要是一种社情民意的表达。在主题上，“教育产业化”之争除了争论谁的“过错”，事实上还潜藏着一股“教育产业化是不是背了黑锅”的争论。“中国的教育问题，不是产业化惹的祸，而是产业化不彻底所致”的观点仍然在教育界和某些学者间很有代表性，赞成教育产业化的学者多半是经济学背景出身。而反对者，尤其是激烈批判的人士则多半是普通民众。由于现实教育中的种种乱相，饱受其苦的家长和社会舆论几乎一边倒，强烈声讨

"教育产业化"。可以预言,"教育产业化"之争将直接影响中国下一步的教育改革取向。[①]

① 马国川辑."教育产业化"之争[J].中国改革,2006(5):56-58.

面对教育产业化思潮争论的此消彼长、复杂而又漫长的过程,学人似当摒弃对"教育产业化"问题进行或出于情绪或谋于利益的争论。无论"教育产业化"的命题是否可取,无论"教育产业化"的支持者抑或反对者,不妨至少都需要澄清张人杰提出的这样一些问题:

"教育产业化"是一个"稳固的事实",或者只是一种"有倾向性的现象"?

"教育产业化"是教育演变的结果,还是产业的必然的成功?

是否不必将"教育中的产业化"与"教育产业化"加以区别?

"产业化"与"商业化"是否可谓意义相似的两个概念?

信息与通信技术适用范围的扩大,难道不会有助于"教育产业化"吗?[②]

② 张人杰."教育产业化"的命题能成立吗?[J].教育评论,2000(1):4-6.

如果还能补充,这里似可补充三则:

第一,"教育投入不足—教育投资主体多元—教育产业化—教育投资不作为"这个"教育产业化"的逻辑,是否陷入了悖谬性的怪圈,从而与"教育产业化"的初衷南辕北辙?而且,这个逻辑也容易遭人诟病。一如有论者指出,"平心而论,千夫所指的'教育产业化',并不是魔鬼,问题的关键在于产业化的主体是谁。在大多数的发达国家,产业化教育通常指的是那些由社会投资的教育,政府投入的教育则是义务教育和半义务教育的;但我们这里,用纳税人的钱建立起来的公立学校却成了教育高收费的主力军,政府以'产业化'的名义减少投入,学校以'产业化'的名义大肆收费,专家的建议起到了'为虎作伥'的结果";[③]而"中国有些人反对教育产业化,其实是有人把教育产业化的概念搞浑水了,有被'有心人'利用之嫌"[④]。

③ 张毅.教育产业化的始作俑者为什么改弦易辙?[J].教育与职业,2006(1):81.

④ 马国川辑."教育产业化"之争[J].中国改革,2006(5):57.

第二,"能说'教育是产业'(或者'教育具有产业性')但不提'教育产业化'"这个常常用来调和"教育产业化"说与"非教育产业化"论的折中命题，究竟是什么逻辑？若是事实判断（教育"已经"是产业），何需再以产业而"化"之？更不必提"教育产业化"了。若是价值判断（教育应该是产业、教育应该具有产业属性），则其潜台词就是，"教育本不是产业、本不具有产业属性"，[①]现在"教育应该'变成'产业"——这不是要以"产业"而"化"教育又是什么？至于提不提"教育产业化"，又有何妨？实质是要以产业"化"之。

① 或者，教育本就是产业，只是以前没发现，现在应该发现"教育是产业"这一事实，如此，又变成了事实判断。

于是，便有第三，"只说'教育是产业'（或者'教育具有产业性'）但不提'教育产业化'"这种看似两全而又辩证的逻辑，除了给人以不是"掩耳盗铃"就是"迷惑他人"的口实而外，是否还有一种"调节无谓争论的无谓折中"的嫌疑？杨东平说，市场经济发展到今天，教育具有某种产业性质，需要引入部分市场机制以增强活力、提高效率，个人分担一部分教育成本等概念应当说已经被社会普遍接受；无论支持还是反对"教育产业化"，在这些方面都是有共识的，争论主要在教育产业"化"与不"化"的认识上；但这种文辞之争其实并没有更大的理论意义，虽然官方政策没有提"教育产业化"，但事实上"产业化"的问题之严重，是那些市场化程度更高的国家所没有的；我们评价公共教育政策，主要依据政策本身所体现的价值、导向，而不是管理者的声明。[②]

② 马国川辑."教育产业化"之争[J].中国改革，2006(5)：57；杨东平.中国教育公平的理想与现实[M].北京：北京大学出版社，2006：100.

无论有无道理，北京大学教授周其仁的观点实际也实用："反对教育产业化"是一句空洞的口号。什么是"当下我国教育面临的根本问题"？我认为不是"产业化"或那根本子虚乌有的"市场化"，而是教育严重不能满足人民群众日益增长的需要。现在广招批评的"教育乱收费"，恰恰是教育不能满足需要的一种表现。教育政策的当务之急和长远任务，是动员社会多种资源和力量大力发展各类教育的数量，提升教育的质量。空喊口号贻误时机，只会越来越被动。教育当然有自己独有的特点和特殊的规律，但是这并不意味教育与国民经济的其他产业部门之间就完全没有一点相通之处，更不应该以"反对产业化"为由，拒绝从其他产业部门怎样从严重的"短缺经济"转向"买方市场"的成功经验里，结合教育的实际情况来一点学习和借鉴。[①]

第四章 教育实验研究的蓬勃推进

教育实验可谓教育理论与教育实践联系的桥梁，合作研究的纽带。与纯粹的教育理论研究相比，教育实验研究少了许多"清谈"；与朴素的教育实践相比，教育实验研究则少了许多"盲目"。改革开放伊始，我国教育学人就提出，"教育科学的生命线在于教育实验"[②]，"发展教育科学必须进行教育实验"[③]。"教育实验研究不仅是教育科学发展的生命线，而且是改革教育、提高质量、开发智力、培养人才的好参谋。从这个意义上说，一个国家的教育事业和教育实验研究的蓬勃开展，是一个国家的建设事业兴旺发达的重要标志之一。"[④]这是本书没有选择"教育理论与教育实践关系"问题而选取"教育实验"作为一个重大问题的原因之一。

原因之二在于，虽然自新中国成立至80年代初的三十来年的时间里，我国"没有广泛、深入、持久地开展教育实验研究"，"教育实验研究在教学改革中(也)没有应有的地位"，[⑤]但在改革开放最初的十来年里，随着教育改革的不断深化，教育实验普遍地开展起来，从中学到小学，从城市到农村，搞教育实验的人越来越多，实验的范围也越来越广，形成了一股"实验热"[⑥]。此后迄今，全国各地开展的教育

① 马国川辑."教育产业化"之争[J].中国改革,2006(5):58.
② 刘松洵,等.教育科学的生命在于教育实验[J].教育研究,1980(2):21-32.
③ 杜殿坤.发展教育科学必须进行教育实验[J].教育研究,1980(2):33-38.
④ 刘荣才.关于教育实验研究的几点浅见[J].华中师范大学学报:人文社会科学版,1983(6):43.
⑤ 刘荣才.关于教育实验研究的几点浅见[J].华中师范大学学报:人文社会科学版,1983(6):43.
⑥ 孙文正.实践在呼唤着理论的指导——"教育实验的理论与实践"学术讨论会综述[J].教育理论与实践,1989,9(2):22-24.1988年10月,中央教科所和《教育研究与实脸》编辑部在武汉联合召开了"教育实验的理论与实践"学术讨论会。会议对这一时期的"教育实验热"进行了总结,对改革开放最初十年中教育实验的特点和意义进行了基本估价,对其中的问题及原因进行了诊断,对今后的教育实验前景进行了展望。《教育研究与实验》杂志在1988年至1990年间连续刊发教育实验研究成果,总结民国时期教育实验遗产,展示改革开放以来教育实验成果,阐述教育实验理论、规范与设计等问题,对教育实验研究起到了积极推动作用。

实验持续不断，可谓蓬勃发展，百花争艳。本书鉴于丛书编撰的规格要求，选取主要由中国高校教育学人主持的、影响较大的教育实验若干，大致以实验开始时间为序，展示其基本概况。

在教育实验的百花丛中，较早绽放，且在全国各地开展，甚至形成一股"热潮"者，当首推"教育整体改革"实验。它与其说是一家实验，莫如说是多家之实验；与其说是各自实验，莫如说是相互切磋；与其说是实验者独自求索，莫如说是学人共同会诊。

一、"教育整体改革"的实验研究

1. 概况[①]

改革开放初期，我国小学教育界掀起了整体改革实验热。对于这股热潮，当时也曾有人认为并不新鲜，他们早已思考过，甚至一直在这样做。也有人感到难以理解和操作。投身于这股热潮中者也对整体改革实验提出了许多疑问。为了提高认识，交流经验，探讨问题，共同协作，全国部分省市从事"整体改革实验"的 85 名代表于 1987 年 10 月聚会华中师范大学，共同探讨了有关小学"整体改革实验的理论和实践"问题。

什么是整体改革实验？经过几年来的实践摸索，人们对这一根本问题有了新的认识。华东师范大学教科院和华东师范大学附小、北京市教科所和西城区宏庙小学、杭州大学教育系和天长小学、华中师范大学教育系及其十多所实验小学是开展整体改革实验较早的四个实验点，他们对于整体改革实验的理解有所不同，在名称上也有差异，有的叫"综合实验"，有的叫"整体实验"，有的叫"整体结构改革"实验。经过近 6 年的实践以及相互交流探讨，四个点在实验的指导思想上逐步趋于一致，对于整体改革实验的基本含义有了一个大体相同的看法，那就是，所谓整体改革实验，是根据系统论的原理，以学

① 旷习模，翟天山．小学教育整体改革实验的新探索[J]．教育研究与实验，1988(1)：70-72.

生的德、智、体、美、劳全面发展,促进学生的个性和谐发展为目的,促进教育内部各要素和教育过程的各个环节的整体优化,从而发挥学校教育系统的最佳功能的教改实验。具体地说,“教育整体改革实验”具有如下几个特点:

第一,整体教改实验的目的在于全面贯彻党的教育方针,全面提高教育质量,促进全体学生的整体发展,为更好地实现普及九年义务教育的历史使命,提高中华民族素质而探索我国小学教育改革的有效途径。

第二,教育整体是在系统论原理的指导下建立的。系统论原理表明,任何系统的整体功能,等于各孤立部分之和加上各部分相互联系而产生的功能。

第三,整体改革实验以教育内部结构改革为中心,从纵(幼小过渡、低高过渡、小中过渡)横(教学、管理、课外活动、评价等)交错的结合点上探求整体提高教育过程的效率。

第四,以整体改革实验调动人的积极性为着眼点。这项实验虽然对办学条件有比较高的要求,但是,它更重视在现有条件下如何通过调动教育者与受教育者的积极性,以及提高其教育工作水平,达到提高教育效率的预期目的。

进行整体改革实验的主要原因有三:

第一,社会发展和改革开放向教育提出了新的要求,在人才素质上要求把学生培养成具有时代精神、开拓精神、竞争精神、自立精神和创造才能的人才,而传统的教育模式又不适应于新形势的需要,所以,必须进行教育改革。

第二,由于生产的高度社会化和科技发展综合化的需要,我们对学生的发展就必须有整体的要求,而目前的小学教育中又恰恰是重智轻德、重知轻能、重统一要求轻个性发展,为了纠正这种片面化的倾向，不但要进行教育改革，而且必须进行整体改革。

第三，由于教育改革是一项复杂的系统工程，要使学校教育达到预期的效果，就需要进行整体改革实验。

整体改革实验的效果如何？经过各实验点对前一阶段实验工作的总结和评价，大家一致认为，整体改革实验是成功的，它已经取得了初步的成果。

第一，为深化普通教育改革探索出了一条成功的道路。整体改革实验证明，要提高教育质量，就必须进行教育改革，而且必须进行整体改革；而要进行整体改革又必须以教育实验为依据，按教育规律办事，而不能赶时髦或是仅仅凭经验办事。

第二，为提高教育效率提供了可行方案。整体改革实验注重发挥教育的整体功能：在教育环境上，加强了学校、家庭、社会的联系，建立了“高效教育场”；在教育内容上，加强了学科之间的相互关联、相互渗透；在教育形式上，建立了课内外结合的教育模式；在教育方法上，强调了教法与学法的一体化。同时，特别注重儿童身心发展规律的要求，实施幼小过渡、低高过渡、小学向初中过渡的教育程序等，这些措施都大大提高了教育效率。

第三，促进了小学生的全面发展，提高了学生质量。验收的结果表明，实验班的学生质量普遍比普通班要高。具体地说，实验班的学生有如下几个特点：文明，习惯好，双基掌握牢，智能水平高，兴趣爱好广，自主能力强。这些特点与实验中所采取的措施是密切相关的。

鉴于这类实验虽然名称上有所差异(有的叫“综合实验”，有的叫“整体实验”，有的叫“整体结构改革”实验)，但经过几年的实践以及相互交流探讨，几个实验点在实验的指导思想上“逐步趋于一致”，对于整体改革实验的基本含义有了一个大体相同的看法，所以这里以旷习模主持的“小学教育整体改革实验”为例来进一步说明。

2. 以“小学教育整体改革实验”[①]为例

(1)实验的提出与组织

1983年春天，华中师范学院教育系决定成立教改实验组。实验组首先考虑的实验项目就是在农村普及初等教育的过程中，如何有效地提高小学教育的质量，真正使全体学生都得到相应的发展，成为国家“四化”建设有用之才。其次，他们认为一个人的成长，特别是青少年学生，无论是德、智、体、美、技诸方面，及知、情、意、行等心理特征的发展，都并非某一方面的因素孤立影响而成，而是整个外部的各种因素通过个体内部因素相互作用、相互促进的。所以，教育实验必须从系统的整体观点来研究人的培养，调控影响人的发展诸因素的关系，使教育的各方面组成一个协调的、统一的整体，有效地影响学生。为此，他们的实验定名为“小学教育整体结构改革实验”。实验的指导思想概括为“三全”，即全面贯彻党的教育方针，全面提高教育质量，使全体学生都能得到发展。

基于这样的设想，1983年5月上旬，实验组与华中师院附小的两位教师访问了华东师范大学教育科学学院的小学综合实验组，参观了华东师范大学在他们附小的实验班和上海市静安区第一中心小学，接着去杭州参观访问了天长小学、安吉小学，之后，实验组一方面进一步学习了国内外有关教育实验的资料，初步制订“小学教育整体结构改革实验方案”试行稿，另一方面积极着手组织实验队伍，在与有关地、市(县)的同志一起认真讨论以后，确定第一轮实验试行点为华中师范学院附属小学。

(2)几项实验的基本情况

① 幼小过渡的实验

这项实验的要求是，让孩子们了解和逐步适应小学生活，进而喜欢学校生活，乐意学习，使之在生理、心理等方面都得到相应的发展，

① 旷习模．一年来小学教育整体结构改革实验工作的回顾[J]．教育研究与实验，1984(2)：100-106；旷习模，杨小微．“幼—小”过渡期教育模式的探讨——小学教育整体结构改革实验报告之一[J]．教育研究与实验，1985(1)：49-55；旷习模，杨小微．小学教育整体结构改革实验的三个特色[J]．课程·教材·教法，1987(7)：4-7.

克服以往小学新生发展停顿甚至下降的状态。1984年1月，实验指导组对半年来的工作进行了总结，大家一致认为通过实验证明，在一年级上学期，安排三个学月的时间为过渡期，基本上可以完成幼小过渡的任务，孩子们身体各部略有增加，养成一些良好的学习习惯和文明礼貌行为，已经达到了幼小过渡实验的目的和要求。

② 常规教育的实验

小学一年级新生入学，抓好常规教育极为重要。打好这个基础，孩子们养成了良好的学习习惯和生活习惯，对他们来说可能是影响一辈子的事。为此，各个点的实验班都根据本校的实际情况提出有关的常规教育要求，比如，涌师附小实验班从七个方面对学生进行常规训练；老河口市第六小学从学习、作息、品德、兴趣、劳动、卫生等六个方面提出常规训练的要求。从实验的情况来看，效果比较显著。

③ 教学结构初步改革的实验

内容包括：调整教学计划的周课表；对统编教材作适当调整；安排课间游戏；改革考试方法等。

(3)结果和讨论

提出了“幼小过渡期教育模式”，包括“小向幼靠”(下靠)、“幼向小靠”(上靠)、“小幼互靠”三种模式，各种模式的利与弊，尚需根据具体情况来权衡。

实验结果表明，一年级上学期安排三个学月的幼小过渡期既是必要的，也是可行的；必须重视新生的常规教育；教学改革必须迅速跟上；必须把后进生教育问题纳入实验；做好家长工作是搞好实验班一个重要的因素。

通过三年的实验，一方面，实验组发现，小学整体结构改革实验的确是在探索一条全面提高小学教育质量的途径，有利于全面贯彻国家的办学方针，克服片面追求升学率的倾向；另一方面，又感到这个实验难度很大,理论水平跟不上,同时受到人力物力上的限制,很多问题也难以解决,尚需有关方面的大力支持。

(4)实验的三个特色

一是全面提高农村小学教育质量是实验的基本方向;二是整体结构的优化是实验的基本途径;三是发展过渡期衔接实验是全面推进整体改革实验的主轴。

3."教育整体改革实验"向何处去

自20世纪80年代后半期以来,我国中小学的教育整体改革实验逐渐形成了一股浪潮,许多教育行政部门的领导有意无意地把促进学校竞争的杠杆放在教育整体改革实验上,许多学校的领导自觉或不自觉地把推动本校发展的"赌注"押在教育整体改革实验上,许多教育科研人员则或多或少把探索教育模式、建构教育理论的希望寄托在教育整体改革实验上,教育整体改革实验事实上已成为当前我国中小学教改实验的热点与重心所在。但已有实验经历或正在进行实验的学校却越来越感到教育整体改革实验的复杂与困难,许多在单改实验包括单科实验与单项实验中从未遇到的问题在整体改革实验中出现了,不少在单改实验中较易解决的问题在整体改革实验中变得难以解决了,而一些在单改实验中属于老大难的问题在整体改革实验中则也大都依然如故,整体改革实验终于出现了突破不了、深不下去、原地踏步的困境。教育整体改革实验进入了"高原期"的困惑[①],甚至被认为"不可行","研究整体的结构与功能,乃至使整体优化,这是很有价值的课题,它应该用系统研究方法来进行,而不适宜用实验法来进行"。[②]

对此,有学者认为,我国中小学教育整体改革实验与其说进入了"高原期",不如说正处于"十字路口":在实验的可行性、目的、核心、控制及指标等一系列重要问题上,教育整体改革实验似乎都面临着

① 雷实,杨小微.教育整体改革实验的困惑与反思[J].教育研究与实验,1993(3):1-5.

② 叶澜.关于我国教育实验科学性问题的思考[J].教育研究,1992(12).

"去向选择";教育整体改革实验能否切实深入下去并真正取得成功,首先取决于实验者在一些重要问题上能否作出正确的去向选择。这些问题包括:[①]

(1)可行还是不可行

所谓可行还是不可行,是指教育整体改革到底能否作为实验的课题或者说教育整体改革能否用实验法来研究。从各地的经验与教训来看,教育整体改革实验可谓既不可行又可行。只要不滞留于一般地验证"整体和谐的教育之功能强于整体中各部分相互分离的教育之功能"之类的原理,只要不硬套自然科学实验的标准,那么,教育整体改革实验就是可行的。

这样一来,也就可以对教育整体改革活动的水平加以区分,学校中的教育整体改革活动可分为三种水平:一是执行水平,即学校按照上级教育行政部门的部署或教师按照学校领导的要求进行整体改革,这种整体改革无异于一般意义上的教育实践;二是试验水平,即摸着石头过河,根据实践效果不断加以调整,这种整体改革是带有一定创造性并含有一定科学成分的教育实践;三是实验水平,即一切按照事先确定的研究规范,提出假说、操作实验变量、控制无关因素、对假说进行验证,这种整体改革乃是刻意创新的、科学化了的教育实践。

(2)求真还是求善

"求真还是求善"意为实验目的何在。所谓求真,通俗地讲就是揭示"真相"。这里的"真相"是一个宽泛的概念,它包括关系、机制、规律等,是客观存在的东西。所谓求善,亦即寻求"善策",包括途径、方法、技术、规范、程序等,是主观期盼的东西。"求真还是求善"并非教育整体改革实验所特有的问题,而是对所有教育实验都可发问的一个问题。

① 详见吴康宁.对教育整体改革实验若干问题的思考[J].教育研究,1995(1):37-42.

在教育实验的研究目的问题上,似当"真善分求"。就最终目的而言,教育实验求真还是求善的争论并无多少意义,因为任何教育实验最终都是为了改进教育实践,亦即"求善"。但就直接目的来说,教育实验当有求真与求善之分。有些教育实验的直接目的只是为了寻觅良策,而有些教育实验的直接目的则只在于寻找规律,以便为其后的寻觅良策提供科学依据。强调教育实验在研究目的上真善分求,也就意味着两点:一是教育实验在总体上包括求真的与求善的两大类,两者都是改进教育实践所需的科学实验,我们不应褒此贬彼;二是具体的教育实验不是求真的,就是求善的,两者必居而且只能居其一,实验者大可不必有真善同求的压力,也不应有真善同求的奢望。事实上,迄今为止,还未见有哪一项教育实验是通过验证假说而能真正达于"真""善"同求的。

不过,也需注意两点。第一,即便是求真的实验,也要考虑到教育活动本身对"善"的要求。它包括两层含义:一是实验者必须考虑到假说的验证应该能为制定正确的教育方针政策提供科学依据;二是实验者必须确保实验活动本身不会损害实验对象的身心健康。第二,即便是求善的实验,也应时刻牢记科学实验本身对"真"的要求。这里也有两层含义:一是求善的假说必须有其真正的科学依据;二是对实验的结果必须实事求是,不能只愿证实,不愿证伪,从而对"非善"的结果进行虚假的"善化"。

(3)刚性核心还是弹性核心

教育整体改革实验都是整体实验。由于整体说到底是一种结构,因此,教育整体改革实验实际上亦即教育活动整体结构重组的实验,实验的自变量便是重组后的教育活动整体结构。那么,如何来设计这一自变量呢?比较普遍的做法是,首先抓住一个核心,然后围绕这个核心形成整体结构框架。从我国教育整体改革实验十多年的历程来看，不少学校是把课程改革作为整体改革实验之核心的，它们围绕课程来重组教育活动整体结构，通过课程改革来牵动教学形式、教学方法及教学管理等各方面的改革。

在这里就遇到了难题，作为实验自变量的教育活动整体结构到底是需要一个刚性核心，还是可有一个弹性核心？这里的关键似乎在于以什么作为确定核心的依据。如果说核心的确定必须基于理论逻辑的话，那么，这个核心就只能是刚性的，因为理论逻辑不允许既可以是这个，又可以是那个。至于这一刚性核心究竟是否就是课程，则另当别论。这样，即便作为实验自变量的教育活动整体结构允许有多样化，这种多样化也并非体现为核心本身的不同，而是体现为具有相同核心的教育活动整体结构中其他各种要素的具体组构方式的不同。如果说核心的确定可以主要从学校实际情况出发的话，那么，教育活动整体结构的核心就可以是弹性的，即是说，一个学校的教育整体改革实验便可以根据本校实际情况，将某一要素确定为教育活动整体结构的核心。而且，由于各个学校的实际情况不尽相同，教育活动整体结构的多样化首先也就表现为结构的核心本身的多样化。

两种核心各有其难。刚性核心的确定有其自身的理论依据，因而符合实验的科学标准。但若这一核心是“课程”之类的受到国家既定计划制约的要素的话，则围绕该核心重组教育活动整体结构工作的实际可行性较小。弹性核心的确定依赖于学校的实际情况，因而重组教育活动整体结构较为容易，但问题是：核心不同的教育活动整体结构同样都能实现结构的优化吗？对于学生的发展都具有相同的功能吗？如果答案是肯定的，则“刚性核心”实际上即为“唯课程核心”，将受到致命的挑战；如果答案是否定的，则今后的教育整体改革实验只能坚持“唯课程核心”，尽管这将使有能力进行教育整体改革实验的学校大为减少。

(4)严格控制还是宽松控制

控制是实验研究与非实验研究相区别的重要特征，没有控制就没有实验。在教育整体改革实验问题上，人们对于控制的必要性并无多少异议，但对于控制的程度则看法不一，问题是"严控"、"宽控"还是"尽控"(尽量控制)。

对于教育整体改革实验来说，苛求的严控与有意的宽控都是不合适的，两者实际上已被教育整体改革实验的实践证明是行不通的，唯有尽控才能同时兼顾科学实验与教育整体改革活动的要求。我们无论在什么时候都应当坚持尽量控，防止苛求的严控与有意的宽控。但与此同时，有必要指出以下三点：

第一，就当前来说，我们强调尽控的主要目的在于克服有意的宽控。这是因为，当前对教育整体改革实验的科学化真正具有威胁的，并不是苛求的严控，而是有意的宽控。宽控论的出现起初只是由于技术方面的原因，即认为教育实验的控制很难完全按照自然科学实验的标准，而应当考虑教育活动的实情。这本无可非议。但到后来，宽控论的背后已夹杂了不少非技术方面的原因，其中一个十分值得注意的动向便是，不少学校并未把教育整体改革实验真正作为一项严肃的科学研究，而只是视为提高本校地位的一个筹码，或应付整体改革潮流的一种差事。这些学校所追求的只是"好"的实验效果，至于实验过程是否科学，则很少考虑乃至全不考虑，其实验自始至终都存有"唯证实"的倾向。这样，一些本应严加控制的无关因素便被有意无意地放松了控制，甚至任其作用而不去控制。平心而论，这些学校的所谓教育整体改革实验实际上已经达不到试验的水平，而宽控论正好为这些学校放松实验控制提供了借口。在教育整体改革实验问题上，当前似乎出现了一股宽控论的潮流，甚至近乎无控、失控，这一潮流与我国整个教育实验日渐显露的非科学化倾向相吻合。

第二，既然尽控是尽可能控制主要的无关因素，则实验者首先应弄清对于其正在进行的教育整体改革实验来说，到底哪些因素属于"主要的无关因素"，哪些则不然，凭何而定。其次应明确界定"尽可能控制"的内涵，究竟到何种程度可谓"尽可能控制"？因为若无明确的界定，则"尽可能控制"便会在实际上成为"宽控"的通行证。

第三，"尽可能控制"这一点应成为验证假说时的参考。即是说，一方面允许教育整体改革实验尽可能控制主要的无关因素，而不提过于苛刻的严控要求；另一方面也强调在验证假说时，必须把在实验中未能控制以及未能严格控制的那些无关因素的影响考虑进去，把由这部分影响产生的"虚假效果"扣除掉。这同时也是实验评价的一项重要工作。但遗憾的是，无论是实验者在验证假说时，还是评价者在评价实验效果时，大多未进行这项"扣除"工作。

(5)捆扎式指标还是组合式指标

一项实验，无论其目的是求真还是求善，其"真"或"善"求得与否及其程度如何，最终都必须通过对实验假说的验证结果来说明。而验证假说的一项基本工作便是对与假说要求相符的各项指标进行检测。这里，教育整体改革实验又遇到了单改实验所未遇过或者即便遇过也不像对整体改革实验这样至关重要的问题，即对检测指标的整体性要求。不少学校的教育整体改革实验搞到最后收不了尾，还剩下验证假说这项工作难以完成，为什么呢？就因为缺少一套与假说要求相符的、能体现整体性的检测指标。

目前，大部分学校在检测实验结果时，所采用的都是"捆扎式指标"。其通常的做法是把有关学生的学习成绩、个性测量结果、身体素质达标数据、获奖人次、先进事例以及各方肯定评价等凡是能检测到、搜集到的各种单项指标统统罗列出来，堆积在一起，用以说明作为实验因变量的学生发展状况。

但这种做法严格来讲是不科学的。这不仅是因为无论我们多么细致,都不可能无一遗漏地罗列出能标示学生发展状况的所有单项指标,而且是因为对于整体实验来说,重要的并不在于检测指标是否全面,而在于这些指标能否标示出学生发展状况的整体特征。将各种单项指标简单地罗列出来,堆积在一起,充其量只能表明学生发展的有关方面所达到的具体程度或状况,但却不能展示出学生发展的整体特征,因而不能说明其发展是否达于优化。因此,教育整体改革实验作为一种整体实验,在检测实验结果时所需要的乃是一套"组合式指标",即是说,不是只将各种单项指标简单地罗列出来,而是将这些指标加以科学的组合,使之形成一个合理的结构,各个具体的单项指标在这一结构中都占有特定的位置。这样,各单项指标有差异的组合,便可标示学生发展的各种不同类型与不同水平,从而也就可明示出学生发展的具体优化程度。

因此,教育整体改革实验不能用捆扎式指标来检测实验结果,而应用组合式指标。但组合式指标说起来简单,真正设计起来却并非易事,因为它首先需要教育理论工作者对于学生发展的类型与水平作出真正科学的概括。如果目前暂难设计组合式指标,有没有过渡的办法,这是有待认真探讨的问题。

二、"集体性教学模式"的实验研究[①]

20 世纪 80 年代末 90 年代初,伴随着我国关于"教育模式"的研究,南京师范大学几位研究者与无锡市西新中学合作进行了"班集体建设与课堂教学的实验研究",创构了"集体性教学模式"。他们认为,学生既是一种"个体性存在",又是一种"群体性存在",教育不但要培养"智能人",而且要培养"社会人"。在这个意义上,课堂就是一

① 本节内容综合参见吴康宁,等.课堂教学社会学[M].南京:南京师范大学出版社,1999:231-298,353-357;王晓柳,等.建立集体性教学模式的尝试[J].南京师范大学学报:社会科学版,1989(1):2-8;南京师范大学教育系课题组,无锡市西新中学.论集体性教学[R].班集体科学理论研究报告,1991-11.

个“小社会”，课堂教学是一种“社会活动”。为此，他们侧重对课堂这个小社会以及课堂教学这种社会活动进行了社会学研究，最终创构了课堂教学的一种社会学模式——“集体性教学模式”。

1. 主要目标

通过在课堂教学中导入“集体性活动”，一方面为所有学生提供更多的课堂参与机会，全面提高课堂教学的效率，另一方面为所有学生提供更多的竞争与合作机会，培养学生的群体意识与群体活动能力，从而使课堂教学同时具有培养“智能人”与“社会人”的双重功能。

2. 基本假设

第一，作为身心尚处于发展过程中的学生，他们对于自身的社会性发展怀有天生的、强烈的需要。在他们的心目中，社会发展至少与知识的获得同等重要，而且前者往往更为重要。而来自成人社会的片面的知识获取的压力使学生的这一需要难以得到满足。

第二，在课堂教学中展开真正意义的集体性学习活动，增加学生之间的自主性直接交往，将十分有利于学生的社会性发展，而且其作用是其他活动所难以替代的。

第三，通过将集体性教学活动导入课堂教学，将有助于学生在课堂学习中的有效合作与合理竞争，提高课堂教学的质量。

3. 重要概念

(1)社会人。当今社会，一个人只是掌握技术知识、仅仅成为“智能人”是远远不够的，他还必须获得良好的社会性发展、成为真正意义上的“社会人”，其中包括：能够在社会情景中积极展示自己，敢于与他人碰撞，与他人交流，与他人竞争；能够在社会中认真奉献自己，善于理解、帮助他人，与他人合作；能够在社会中挺身而出，代表自己的集体。

(2)集体性教学活动。中国中小学传统的课堂教学基本上只能称之为“个体性教学”,因为学生之间的相互启发在课堂中缺乏有机的“组织联系”,以至于学生在事实上只是一个个“孤独的个体”。与之不同,集体性教学活动将“集体”与“教学”紧密结合起来,融为一体,变成一种实实在在的“教学”活动和名副其实的“集体”活动。其中,“学习集体”不再是一种徒有虚名的形式,而是一种与个人相关的切切实实的存在。

(3)有效课堂学习集体。传统的“个体性教学”缺少有效的课堂学习集体,作为“大集体”的班级基本上只是作为制约学生课堂行为的一种静态的集体背景而未发挥动态的作用。而“集体性教学”则要求建立“有效课堂学习集体”,即课堂学习小组。建立原则有三:小组内部成员沟通;小组之间的素质达到同一水平;不同学科的小组之间尽量避免人员重复。

(4)课堂教学空间形态。指课堂参与者人际组合的空间表现形态,很大程度上制约着课堂教学方式的选择及其效果。在我国中小学,课堂教学的空间形态基本呈现为同一格局:桌椅横竖成行列,学生前额对后脑、左肩临右肩,可形象称之为“秧田型”。集体性教学则采用了“马蹄组合型”空间形态:上课按照学习小组就座,每个小组的座位排成马蹄型,每个马蹄型便成为相应的课堂学习小组的“集体活动空间”。这有利于集体性学习和集体归属感的形成。

(5)课堂教学的时间结构。从社会学角度来看课堂教学时间结构,主要指作为人际交往的课题教学活动在时间上的内部构成。我国中小学课堂教学时间结构一般由教师讲授、师生交往及个人学习三部分时间组成。在集体性教学中则由四部分组成:除上述三项时间外,增加了学生交往时间,规定每节课一般须安排10至15分钟让学生进行集体性学习活动。

4.**展开过程及初步成效**

实验从1987年9月起在无锡市西新中学正式开始。实验的准备性工作包括：建立有效学习集体；改变课堂教学空间形态；调整课堂教学时间结构。然后按照以下四个基本环节展开：独立思考、小组讨论、组际交流、集体评价。每个环节都有其相应的目标、形式及内容。

5.**社会系统**

集体性教学模式的社会系统是权威与民主并重、个体与群体共存的社会系统。权威与民主并重处理是就教师与学生的角色及其相互关系而言的。在集体性教学模式中，教师仍然具有权威的地位和作用，从独立思考到集体性评价各个环节及其内容与形式，以及对于学生个人与课堂学习小组的学习结果与学习行为本身的最终评价，基本上都是由教师进行、决定的。只是在集体性教学模式中，教师个人权威不以个人专断为特征，而是带有民主的成分，扮演着决策者、组织者及评价者的角色。

个体与群体共存是就学生自身的“社会存在形态”来说的。在“个体性教学”的课堂社会系统中，“学生”有两种社会存在形态，即“学生个体”与“学生班级”；与之相应，课堂交往的类型有四种：(1)教师与学生个体的交往，(2)教师与全班学生的交往，(3)学生个体相互之间的交往，(4)学生个体与全班的交往。而在集体性教学的课堂社会系统中，学生还有第三种社会存在形态，即“学生小组”——“课堂学习小组”。因此，课堂教学的交往类型除了上面的四种之外，还有另外四种类型：教师与学生小组的交往，学生个体与学生小组的交往，学生小组相互之间的交往，学生小组与全班学生的交往。其结果，学生个体的课堂行为便可能含有群体动力的机制；学生，既是一种个体性存在，又是一种群体性存在。

6. **效果与问题**

通过三年集体性教学实验，实验组深刻感受到，集体性教学模式确实有着个体性教学模式所不具有的许多优点，起码可以收到以下效果:能更充分地调动学生的积极性;能更普遍地提高学生尤其是差生的学习成绩;能更有利地促进学生集体的形成。

在取得成效的同时，集体性教学模式的实践也受到了一些客观因素的制约，诸如:课堂教学的“唯知性”色彩很浓，学生的社会性发展问题基本上被弃置一边;班级人数较多，课堂空间相对较小，很难将课堂教学的空间形态由“秧田型”改为“马蹄型组合”;等等。现在，情况逐渐发生了变化，随着素质教育思想的逐渐被强调，课堂教学促进学生社会性发展的问题也开始得到重视，班级规模小型化的问题也开始被提到议事日程上来。这些都是运用集体性教学模式的有利条件。

7. **课堂教学的社会学模式**

通过对“集体性教学模式”实验的总结与拓展，该教育实验的研究者进一步深化研究了“课堂教学的社会学模式”。

(1)课堂教学的社会学模式的内涵

首先，区分了“应是模式”与“实是模式”两种类型。这是要说明课堂教学的社会学模式研究的对象与方式，以及其依据。区分表明，我国有关教学“模式”的研究基本只局限于“应是模式”，而未同时包括“实是模式”;研究方式主要只是进行价值判断、阐释和引导，而忽视或较少进行逻辑的分析、比较与示明。因此，这些模式并未真正收到其推广者所期待的良好的范型效益。加强“实是模式”的研究，已经成了“应是模式”获得真正成功的一个必要前提。因此，课堂教学的社会学模式研究既要注重“应是模式”研究，也要注重“实是模式”研究，也就是说在研究对象上，课堂教学的社会学模式研究含有“实是模式”与“应是模式”两种类型，并将前者作为后者的基础，在方式上，不仅局限于价值判断。

其次，阐明了“课堂教学模式”与“课堂教学的社会学模式”的关系。这是要揭示课堂教学的社会学模式的特有内涵，关键要说明“课堂教学的社会学模式”与已为人们耳熟能详的“课堂教学模式”之间究竟有何区别，是何关系。指出：一方面，“课堂教学的社会学模式”与“课堂教学模式”是“局部”与“全部”、“层面”与“整体”的关系；另一方面，社会学模式并非只为某些课堂教学活动所专有，它其实是任何课堂教学（整体）模式都含有的“社会学成分”。而课堂教学的社会学模式本身，有三大要素构成，即角色及其行为、人际网络、活动规范。

（2）“实是课堂教学的社会学模式”的分类

课堂教学的社会学模式研究首先研究“实是模式”，对“实是模式”进行理论的分析与比较；然后再探讨“应是模式”，对“应是模式”进行实际例证的分析与评价。而研究“实是模式”、对“实是模式”进行理论的分析与比较的基本途径就是分类。分类的依据，主要根据处于课堂系统中的教师和学生两者的状况对“实是课堂教学社会学模式”的影响来进行。为此，有必要提出并考察教师与学生之间的“即时社会距离”——教师和学生在课堂教学系统的运行中所各自实际呈现的角色面目及其相互竞争——这一制约课堂社会系统之运行的最基本因素。

首先，是教师在课堂教学社会系统中的状况。以往，对教师在课堂教学活动中扮演的角色研究多半是基于教育学角度（如“知识传递者”、“能力培养者”、“人格熏陶者”等），或是基于心理学角度（如“动机激发者”、“资源提供者”、“行为评价者”等），尚不足以说明教师在课堂教学社会系统中的“角色面目”。而从社会学角度来看教师与学生之间的“即时社会距离”，便可按照教师的领导力度大小，将教师在课堂教学活动中扮演的角色分为三大类，即权威、顾问、同伴。

其次，是学生在课堂教学社会系统中的状况。对于课堂教学社会系统的运行来说，最重要的学生因素并不是其扮演的角色，而是对其角色扮演起决定作用的因素之一——“学生势力”(这个概念用以表达学生所具有的保护自己、表现自己乃至扩展自己的力量)。若班级群体的凝聚力高，则学生在课堂教学活动中容易具有保护自己、表现自己乃至扩张自己的较大力量，即所谓“势力强”；若班级群体的凝聚力弱，则学生缺少保护自己、表现自己乃至扩张自己的足够“社会基础”，即所谓“势力弱”。

再次，将教师角色与学生势力这两方面因素组合起来，便可提出“实是课堂教学社会学模式”的分类框架，并区分出九种基本类型：指令—服从；指令—交涉；指令—抗争；建议—采纳；建议—参考；建议—筛选；参与—胁从；参与—合作；参与—支配。我国课堂教学的社会学模式以“指令—服从”型最多，“建议—采纳”型次之，“指令—交涉”型及“建议—参考”型较少，其他类型几无。

(3)“应是课堂教学的社会学模式”探索

在以上“实是课堂教学社会学模式”的基础上，从“应是”的角度介绍与分析了几种比较有价值的课堂教学的社会学模式。其中之一，就是前述的“集体性教学模式”；此外，还有“群体调查研究模式”、“角色扮演模式”及“训练小组模式”等。

三、“目标教学”的实验研究[①]

1986年，美国教育心理学家本杰明·S.布卢姆《教育目标分类学：认知领域》及《布卢姆掌握学习论文集》中文版出版，同年，布卢姆应华东师范大学邀请来华讲学。自那算起，我国的目标教学研究已

① 首先需说明的是，20世纪80年代中后期以后，目标教学理论在我国的引介及其学习、目标教学的实践及其研究、目标教学实验及其推广是交织、互动的，也是在全国不少地方进行的。综合来看，各地目标教学实验当兴起于20世纪80年代末90年代初。这里仅以全国目标教学专业委员会“目标教学的理论与实验研究”(1997年开始)为例，主要展示其实验成果，同时也关联性地述及目标教学理论的引介及其学习、目标教学的实践及其研究等相关背景。关于全国各地目标教学实验中存在的比较突出或普遍的问题、不足，亦多有学者进行分析，譬如，可见尹泉.关于目标教学实验几个问题的思考[J].中国教育学刊，1999(3)：42-44；高慎英.目标教学实验若干问题探讨[J].教育导刊，1997(2、3)：32-34.

走过20余年历程。目标教学研究作为一项群众性的教学改革，已从最初的上海、山东、陕西、江苏、辽宁等省市的部分地区发展到全国29个省市、自治区。可以说，“星星之火，已经燎原”；就其规模、效果以及对我国中小学教学改革产生的广泛影响而言，目标教学改革堪称新中国成立后自上而下学习凯洛夫教育学以来的又一次影响深远的自下而上的群众性教学改革。[①]我国的目标教学在国际、国内教育发展的基础上迅速地开展起来。它经历了几个阶段：最初是以一种教学方法提出来的，后来作为一种整体教育改革进行实验，再后来发展成为一种教育思想的转变（约在90年代初期）。[②]

1. **目标教学产生的背景及其研究发展历程**[③]

(1)背景

改革开放以来，随着党和国家工作重心向经济建设的逐步转移，我国教育事业的发展也面临着一系列新的挑战。上述挑战归结到一点，就是社会经济的发展迫切需要教育为其提供大量的合格人才。在这种形势下，转变教育教学观念，确立新的教育教学质量观已成为广大中小学教育工作者面临的迫切任务。在这里，新的质量观有了新的内涵和本质规定：一是从教育与社会发展的关系看，教育所培养的人要适应社会经济发展对一代高素质的劳动者的需要，教育教学质量的高低最终要体现在一代劳动者素质的高低上；二是从教育与人的发展的关系看，中小学教育要面向全体学生，教育教学质量的高低最终要体现在全体学生的全面发展上。

目标教学正是在这种教育教学改革背景下，在我国一些地方广泛开展的“单元过关”、“分类指导”、“从起始年级抓起”等教学实践经验的基础上，以学习和借鉴布卢姆的掌握学习教学理论为契机应运而生。瞿葆奎曾经指出，遍布许多省市的目标教学研究和实践，是党的十一届三中全会以来我国教育领域借鉴国外教育、教学思想，从我

① 张志勇，徐明祥．我国目标教学研究的回顾与展望[J]．教育研究，1997(10)：57-64.
② 王文延．目标教学实验的回顾和展望[J]．课程·教材·教法，1993(4)：4-8.
③ 张志勇，徐明祥．我国目标教学研究的回顾与展望[J]．教育研究，1997(10)：57-64.

国国情出发，深入开展群众性教学改革的一个成功的范例。

(2)历程

我国目标教学的研究和发展大体经历了如下四个阶段：第一，介绍引进阶段(1982—1985)。上海市为了探索科学的成绩评定办法，促进平面几何教学的改革，从1982年开始借鉴布卢姆的“认知领域的学习水平分类”理论，进行“初中平面几何学业成绩评定的初步探索”，这是我国借鉴布卢姆教学理论组织教学改革的发端和前奏。与此同时，我国学者从1982年也开始陆续在一些书报刊上评介布卢姆的掌握学习教学理论。

第二，学习借鉴阶段(1986—1988)。1986年《教育评论》第1期发表了刘佛年教授的《大面积提高教学质量的探讨》一文；1986年9月布卢姆应邀到华东师范大学讲学，同年8月福建教育出版社出版《布卢姆掌握学习论文集》，9月华东师范大学出版社出版布卢姆等编著的《教育目标分类学·认知领域》。与此同时，刘佛年等学者在《光明日报》、《教育研究》、《上海教育》等报刊上发表了大量的评介文章。随着我国《义务教育法》(1986)的颁布及提高民族素质，大面积提高教学质量的需要，教育目标分类学、教学评价理论、掌握学习策略等在我国得到了迅速传播，产生了广泛的影响。

第三，发展创新阶段(1989—1991)。1989年“全国中小学目标教学研讨会”召开，从此，我国的目标教学研究进入了发展创新阶段。这种发展创新主要表现在以下三个方面：将布卢姆认知领域的教学目标六级分类理论分别转化为中学的“记忆、理解、运用、综合”四级分类和小学的“记忆、理解、运用”三级分类；在借鉴布卢姆掌握学习教学模式的基础上，提出了一系列新的教学模式和达标教学策略或方法，诸如单元达标教学的基本模式、前置补偿课教学模式、理科当堂达标教学模式、单元综合课教学模式、单元矫正课教学模式以及小组合格达标教学策略等；在教学评价方面，不少地方开展了学科题库建设，提出了新的教学质量评估方案等。

第四，理论构建阶段(1992—1995)。经过6年多的学习、借鉴、发展、创新，我国的目标教学研究进入了一个目标教学理论的收获期。主要标志是从1992年起的短短四年时间内，先后召开了八次全国性的目标教学研讨会，出版了九部(套)具有全国影响的目标教学理论著作。

九部(套)具有全国性影响的目标教学理论专著依次是：①1992年5月北京师范大学出版社出版了山东省课题组的《中小学大面积提高教学质量的实验与研究丛书》，包括《教学目标实验与研究》、《教学模式实验与研究》、《教学评价实验与研究》、《教学管理实验与研究》四个分册，对全国的目标教学研究产生了积极的影响。②1992年5月香港中华科技出版社出版了王文延的《目标教学实验与研究》。③1992年9月中国人民公安大学出版社出版了李蔚、祖晶的《掌握学习理论与教学技巧——目标教学面面观》。④1992年12月四川教育出版社出版了张映雄的《当代目标教学》。上述三部著作在调查研究和理论概括的基础上，对全国的目标教学研究所取得的成果进行了全面的探讨，对目标教学的理论构建作出了积极的贡献。⑤1993年9月辽宁教育出版社出版了张晖的《学科教学目标体系及其达成策略研究》。该书对构建具有我国特色的教育目标分类体系、建立素质教育的教学评价机制等问题进行了有益的探索。⑥1994年11月山东教育出版社出版了山东课题组的《义务教育教学新体系——单元达标教学实验与研究》，全面地阐述了单元达标教学的教学思想体系、教学目标体系、教学模式体系、教学评价体系和教学管理体系，标志着一种新的义务教育教学体系的初步形成。⑦1995年7月电子科技大学出版社出版了景庆云等的《目标导学通论》，着力探讨了以教育目标为外部控制的教学系统如何与学生学习的内在心理活动机制有机统一问题,是对目标教学的一个发展。⑧1995年8月光明日报出版社出版了重庆市沙坪坝区教师进修学校编的《目标教学管理——以目标教学为中心的教学常规管理体系研究》,构建了一种区域性的导教、导学、导管的教学管理体系。⑨1995年9月北京大学出版社出版了河南新乡教研室武镇北的《目标教学新探》,从理论与实践相结合的角度,在目标教学理论、模式、操作等方面提出独到见解。

2.目标教学实验[①]

为了进一步加强和深化目标教学研究,全国目标教学专业委员会于1996年申报,1997年获准立项承担了全国教育科学"九五"规划重点课题"目标教学的理论与实验研究"。

(1)理论基础

目标教学经过十多年的研究和探索,一方面,在实践上对广大中小学教师的课堂教学产生了广泛的影响,初步实现了教学质量的大面积提高。另一方面,在理论研究上也取得了较大进展,这集中反映在以下七个方面:①从理论和实践上真正确立了"大面积提高教学质量"这一具有中国特色的教学思想;②形成了"教学目标是一切教学活动的出发点和归宿"的教学观念;③制定了以知识单元为基本结构来设计和组织教学的单元达标教学策略;④探索出了教学设计的基本规律和活动形式;⑤创立了多变量可控制的教学模式;⑥完善了自我矫正的教学评价系统;⑦构建了对教学质量全程控制的教学管理机制。"融会百家,发展创新"是目标教学研究一贯坚持的重要策略。课题研究着重吸收和借鉴了下列理论:①素质教育的理论;②教育的整体优化思想;③和谐教育和主体性教育理论;④情感教育理论;⑤活动教学理论;⑥学习科学理论等。另外,现代认知心理学、脑

① 李建刚,张志勇.目标教学的理论与实验研究.北京:学苑出版社,2000;张志勇,李建刚.目标教学的理论与实验研究报告[J].教育研究,2001(10):14-18.

科学以及结构主义教学论等，也为目标教学的理论与实验研究提供了理论指导。

(2)内容

包括以下三个方面：①理论研究。包括目标教学的基本理论、教学目标分类体系、目标教学操作规律、目标教学评价体系、目标教学管理体系等方面的研究。②实验研究。以课堂教学的改革为核心，着重进行前置补偿、单元新授、单元综合、单元矫正四课型教学实验，教学设计与教学模式实验，活动教学模式实验，分层达标教学实验，异步达标教学实验，主动性学习实验，学科学习指导实验等。③推广研究。包括系统整理、升华前十年目标教学成果，编写普及性目标教学读物，收集、筛选、整理、加工、制作能体现目标教学基本课型特点的各学科课堂教学录像，教改成果普及和推广规律研究等。上述三个方面，理论研究是先导，实验研究是关键，推广研究是目的。三者紧密联系，相辅相成，辩证统一。其重点是尝试建立义务教育教学体系。

(3)方法与过程

研究的方法包括以下四个方面：①理论研究主要采用文献法、比较法、归纳法、经验总结法、调查法等；实验研究采用单因素实验法；推广研究拟采用行动研究法。②选择实验学校的标准是办学条件、师资水平一般或一般偏上，具有承担该项研究的条件。要求实验班要随机取样组成，各实验单位要设对比班，取样方法相同，个别学校因生源所限，不设对比班，采用单组实验法。③实验教师的选择与培训。实验教师接受过师范专业训练(中师、师专毕业)，有较强的教学能力，热心教育，积极从事教育科研。自实验研究开始，组织实验教师集中备课，对实验教师定期进行培训。④实验辅助教材。实验学校要使用与教材配套的由课题组编写的教学指导书，其主要内容有教学目标、学习指导、课内题组训练、单元达标测试题等。

研究过程历时四年,分以下三个阶段:①方案设计阶段(1997年3月—1997年8月)。在对全国目标教学进行系统回顾和总结的基础上,完成课题研究方案的设计工作,召开开题会,部署课题研究工作;对参与课题研究的实验教师进行培训;做好课题研究的其他准备工作。②实验研究阶段(1997年6月—2000年8月)。各分课题组按照各自的研究方案全面实施研究工作。③总结验收阶段(2000年9月—2000年12月)。对课题研究情况和所取得的成果进行全面的总结,完成研究报告的撰写等工作,组织课题鉴定。

(4)成果[①]

在理论研究方面,一是加强了对"教学目标"与"目标教学"两个基本概念的研究;二是拓宽了目标教学理论基础的研究;三是开展了对教育目标分类体系的研究;四是进行了对目标教学操作规律的研究;五是深化了对目标教学体系的研究。

得出如下结论:目标教学是普及义务教育、实施素质教育的有效途径;目标教学不仅能够大面积提高教学质量,而且能够促进学生的全面发展;目标教学操作规律的研究为目标教学发展提供了新的生长点;目标教学推动了我国群众性教学改革的发展,为当代教学改革作出了独特的贡献;目标教学推动了我国教学论流派的繁荣。

对目标教学的发展进行了展望:一是要拓宽研究领域;二是要注重理论研究;三是要重视当代教育思想研究;四是要重视创新素质培养目标研究;五是要构建多维互动的课堂教学体系;六是要建立多元教学评价和管理模式。

① "目标教学的理论与实验研究"通过鉴定[J].教育研究,2001(3):28.

四、"主体教育"的实验研究[①]

"主体教育"实验最早由裴娣娜主持,起步于20世纪90年代初。1992年邓小平南方谈话带来了粉碎"四人帮"之后的第二次思想解放,从事主体教育研究的同志也深受鼓舞,进一步打消了被扣上资产阶级自由化大帽子的顾虑,重新活跃起来,主体教育思潮逐渐形成,在教育理论界及实践界的影响也与日俱增,越来越多的教育实验以主体教育理论为指导思想。在此背景下,主体教育实验在我国诞生并成长,成为教育实验百花园里一朵具有特色的奇葩。[②] 据此,有必要先述及主体教育思想研究。

1. 主体教育思想研究

(1)理论准备与实验基础

主体教育是近年来我国教育改革与发展研究的重要课题,是当前我国实施素质教育的核心问题,符合世界教育改革的潮流。主体教育问题的研究,不仅在教育理论上是一个突破,而且对现代教育观念的确立,新教育体制、内容和方法的建立,提高基础教育质量,也具有重要的实际意义。主体教育思想的产生可追溯到20年前。20世纪80年代初,顾明远撰文提出"学生既是教育的客体,又是教育的主体"。(《江苏教育》1981年第1期)1982年,顾明远、黄济主编的中等师范学校的《教育学》教材将此命题作为专节论述。在哲学界、文学界、历史界等对主体、主体性问题形成研究热点的同时,我国教育理论界对主体性问题进行了积极探索。涂艳国指出,主体教育问题经历了从教学领域师生关系的探讨,到80年代末开始在教育基本理论层次上进行理论思考的历程[③]。尤其是王道俊、郭文安对主体教育理论的研究,王策三对教育主体哲学的研究[④],为我国主体教育实验

① 除另有注明外,本部分主要引自武思敏.主体教育的理论与实验——访北京师范大学裴娣娜教授[J].教育研究,2000(5):50-54.

② 李英.我国主体教育实验的回顾、反思与展望[J].教育理论与实践,2001,21(9):9-13.

③ 涂艳国.主体教育理论的现状与趋势[J].教育研究与实验,1995(3):1-4.

④ 王道俊,郭文安.让学生真正成为教育的主体[J].教育研究,1989(9);王策三.教育主体哲学刍议[J].北京师范大学学报:社会科学版,1994(4):80-87.

的深入开展作了重要的理论准备。

在实验研究层面,我国教育工作者关于以促进学生生动活泼主动发展的各种实验,如李吉林的情境教学实验,魏书生的六步教学法,卢仲衡的中学数学自学辅导实验,北京海淀区28所学校的"和谐教育"实验等,为主体教育研究提供了坚实的实践基础,主体教育研究正是在已有教育改革实验基础上的再创造。

(2)时代背景

主体教育思想产生的时代背景,可以从以下三方面分析。

第一,弘扬人的主体性是现代社会发展的主题,主体教育思想的产生正是时代精神的体现。面对现代科技的迅猛发展,生产过程日益智能化以及新科技革命带来的挑战,现代社会急需创新性人才。教育应主动适应社会发展的要求,加强对学生主体性的培养,为社会培养既具有相应的知识技能,又具有开拓进取的创新意识、竞争和合作精神,以及随机应变、办事能力强、工作效率高的人才。现代教育最重要的特征就是高扬人的主体性,这一点已取得共识。

第二,主体教育的理论与实践正是针对传统教育中严重忽视人的发展这一问题提出来的。长期以来,受封建教育传统的影响,以及教育自身存在的问题,学生在教育教学活动中应该表现出来的高度的自主性、主动性和创造性受到压抑。主体教育实验研究正是以学生的主体性发展作为改革的起点和依据,对传统教育中不合理的行为方式和思维方式进行变革,促进实验学校主体教育的教师真正实现教育观念的转变,逐步确立以主体教育为核心的现代教育观念。

第三,主体教育是推进素质教育的必然。中国的基础教育正面临一场深刻的变革,推进这场变革的关键在于素质教育的实施。素质教育是着眼于受教育者及社会长远发展的要求,以面向全体学生、全面提高学生的基本素质为宗旨,以注重培养受教育者的实践能力、创新能力，促进他们在德智体等方面生动活泼主动的发展为基本特征的教育。基于对素质教育的核心是促进人的全面发展这一基本命题的理解，可以说，“以主体教育为核心的素质教育”是促进学生全面发展的基本途径。

2.“主体教育”实验的目标

主体教育解决的是人的构成的哲学层面的分析，研究的是人的良好素质的全面构建。主体教育关于尊重学生主体性的思想，关于促进学生个性自由充分发展的思想，关于发展自主性、主动性和创造性的思想，使素质教育有了一个高的目标定位。主体教育为素质教育提供了新的教育价值观念及实现人的全面发展的基本途径，而不是实施素质教育若干模式的一种。

正是基于对主体教育内涵的理解，研究者确立了主体教育实验的如下目标：一是立足于现代教育高度，从哲学角度反思我们现代教育各种问题；二是关照教育改革方向，确立新的教育观念，为素质教育的实施提供一种新的理论框架；三是寻求促进青少年儿童生动活泼主动发展的基本途径。

3.“主体教育”实验发展历程

1992 年，北京师范大学部分学者主持的“少年儿童主体性发展实验”在河南安阳人民大道小学正式实施；1993 年，华中师范大学部分学者主持的“学生主体性素质的构建实验”在湖北荆门象山小学以实验班为点，以其他班为面，点面同时起步。[①] 迄今，主体教育实验走过了十几年的历程，研究进程大致可分为三个阶段。

第一阶段：1992 年 1 月至 1993 年 8 月，形成理论构思及前期准备阶段。在实验研究的起始阶段，理论研究与实践研究结合，中心是建构主体性发展实验的理论框架。实验者围绕以下几个问题多次举办理论研讨会：人的主体性和人的全面发展及现代教育的关系；主体

① 李英.我国主体教育实验的回顾、反思与展望[J].教育理论与实践，2001，21(9)：9-13.

性概念的内涵、本质特征和建立主体性结构层次的理论依据;小学生主体性结构及行为表现;怎样建立小学生主体性发展水平评价和测评的指标体系;什么样的教育和教学有碍学生的主体性发展,影响小学生主体性发展的基本因素分析;学生主体性发展和现代教育主体性原则的建立。理论研究的结果是形成了"少年儿童主体性发展实验"的基本框架和基本思路。实践研究主要是对那时即将进入实验小学学前班的学生进行逐个的全面认真细致的调查,以及为期1年的学前教育准备性实验。

第二阶段:1993年9月至1996年5月,在实验校低年级进行了实验研究。实验研究的问题涉及:少年儿童主体性发展指标体系的层次结构问题;小学低年级学生主体性的具体行为表现;建立主体性发展教学系统问题;小学低年级养成教育及社会适应性培养问题;小学生体质测查与健康教育问题;家长教育观念的转变以及家长主体参与;提高教育实验科学化水平的有关问题。实验采用自然实验法,实验班采用北京师范大学编的"五四"学制教材。在实验校建立了发展小学生主体性的德育系列、学科系列、活动系列和家庭教育系列四条主要渠道。

第三阶段:1996年以后实验进入全面发展时期。在1996年12月天津会议上,由北京师范大学和华中师范大学分别牵头正式成立主体教育理论与实验研究协作组。以协作组牵头,就交往问题、主体教育基本理论、课程改革等问题召开了四次专题学术研讨会,研究取得突破性进展。主要表现在:一是对主体教育的基本理论丰富内容的更理性把握;二是主体教育实验,"区域性研究与以校为本相结合"的格局的形成,使实验在自我调节、自我控制中得到发展;三是形成教育理论工作者与教育实践工作者结合,多所高校、教育科研机构及中小学参与的、优势互补的、有很强凝聚力的科研群体。从1992年至今，已完成了小学阶段第一轮的完整实验，研究还从小学推进到中学，参与实验的中小学近百所，同时，实验产生了辐射效应，在四川、河南等地更大范围内推广。

4. **主体教育实验方法论**

将“主体教育”这样一个包容性强的富有哲理的抽象概念，转化为具体的可操作的实验目标，采取的主要措施有：一是通过组织系统的理论学习及专题讲座，将主体教育思想转化为参与实验课题的成员的观念，在主体、主体性、主体教育等基本概念，马克思关于人的发展学说（实验的理论基础）以及发展性教学策略等重要问题上取得共识；二是将理论研究与实践研究结合起来，通过构建主体性发展三级指标体系，使“主体性”这一核心概念转化为可观察的外显行为，有助于实验教师把握主体性的内涵及行为特征；三是以学科教学为切入点，配备学科教学指导力量，通过确定各学科明确的、有层次的操作性强的发展性教学目标以及对课堂教学的现场指导，使实验教师能很快进入实验的角色；四是将归纳法与演绎法结合起来，让实验教师经历“观察—明确研究问题—再观察—总结提高”的过程。

实验者认为，方式方法可以多种多样，而且随着教育实验的深入发展，还会不断形成新经验，产生新方法。但要保证实验研究方法的科学合理，认识以下两点是十分重要的。

首先，主体教育实验是一种教育思想实验。与自然科学、心理学的实验研究相比较，它具有以下特征：一是理论性。强调形成立论点高的理论构思，不仅要明确界定“主体性”等核心概念，而且要有明确具体的研究问题域（不是一个笼而统之的大问题）。二是社会性。强调在教育教学实践情境下来研究少年儿童主体性发展的特点和规律以及促进其发展的教育对策，将定性理论研究与定量实证研究结合起来，采用整体性观点和综合性方法，不追求唯一的因果解释，从而充分显示实验的社会性。三是主动创造性。作为一种教育思想实验,是一种参与性研究,实验主体的水平对于教育实验的发展起了十分重要的作用。参与实验的干部和教师是实验研究的主体,这充分体现了教育实验主体与客体的双向建构。四是综合整体性。主体教育实验,由于其理论构建层次高,多因素多变量参与以及开放性、实践性、综合性强的特点,体现了多学科参与的综合性。

其次,主体教育实验的发展是分层次分阶段的。主体教育实验作为一种教育实验,同样要经历三个发展阶段。一是搜集事实材料为主的确认阶段,用了近三年时间寻求"小学生主体性发展的行为表现是什么"这一问题的答案。二是以研究内在效度为主的探索阶段。通过专题性实验研究,深入揭示主体教育的教学、德育、学校管理及家庭教育的基本规律。三是转入以研究外在效度为主的验证推广阶段。

5.主体教育实验的主要渠道及其成绩

(1)课堂教学

主体教育实验开始以来,一直在探讨课堂教学中如何体现主体教育思想,因为课堂教学是最生动的实践,也是理论最生动的体现。而今,"主体教育实验新的研究进展就是回到课堂教学,回到学生主体发展的原点,探讨在课堂教学中学生是如何实现真实、真正发展的"①。

这方面研究的主要进展有以下表现:一是发展性教学策略体系的形成,初步构建的发展性教学包括主动参与、合作学习、差异发展、体验成功四个基本策略;二是集体教学、小组合作学习及个别辅导相结合的新教学形式的探索;三是体现主体性发展的有效课堂教学基本特征及其评估,体现主体性发展的有效课堂教学的基本特征是以促进人的发展为根本宗旨的教学目标、科学合理的教学内容、学生主动学习的教学策略与方法、教师较强的教学能力。

① 孙德芳.回到课堂教学之原点——论主体教育实验研究的新进展[J].集美大学学报,2006,7(4):9-13.

(2)课程

主体教育实验的课程改革研究是1999年左右启动的，研究分两步进行。第一步，结合中小学各学科教学，着重探讨如何更新教学内容以加强课程的综合性、实践性，培养学生的实际操作能力以及创新精神，旨在解决课程的观念问题。第二步，准备在实验学校中进行语文、数学、外语，小学科学、社会，中学"科学探究"课(新建课型)的课程改革实验，着重探讨主体教育与基础教育课程目标的确立、中小学生主动探究学习的心理过程与课程的发展性、主体教育的课程实施与学生学习方式的变革等问题。

要建立新的基础教育课程体系，关键在于确立现代教育的课程观。也就是说，以主体教育理论为基础，一是课程应着眼于学生发展，以人与社会协调发展，为学生获得终身学习能力、创造能力、实践能力以及生存与发展能力打好基础作为课程的基本目标；二是适应现代科学综合化发展趋势，符合学生学习认识发展规律，应强调课程的综合性，并使人文与科学结合；三是强调课程的特色和个性，为教师和学生留有自主选择的时间和空间；四是强调课程应面向社会和学生生活实际，让学生体验过程，习得某种经验、经历或体验，使学生在研究现实问题中进行学习。

(3)德育

学校德育是体现主体教育的重要方面，如何在总结和发扬各实验学校丰富的经验基础上，从主体性发展这个角度进行调整和进一步创新，建立主体教育德育的新目标，也是主体教育实验者思考和探索的重要问题。一方面请从事德育研究的专家作指导报告，另一方面在实验校就欣赏型德育模式的构建进行探索性实验研究。针对长期以来我国德育界所主要信奉的德育过程"转化"理论(强调"灌输"及"内化")，对学生作为德育主体的严重忽视，提出了"主体德育"，认为德育过程的本质是价值引导情境中德育学习主体的自主建构。从这一命题出发,主体教育德育的实施,强调教与学平等、自由、真实的交往关系,绝对真理与相对真理统一的教育内容,尊重与要求统一的教学方法(檀传宝《主体性德育——欣赏型德育模式论要》,《深圳教育学院学报》1999 年第 1 期),围绕主体教育德育的目标及主要特点,确定了要研究的五个问题:一是主体教育德育目标及其评价问题;二是人对人的理解,主体教育德育的基础;三是主动建构德育主体;四是道德实践活动与学生道德发展;五是合作交往与学生道德发展。

6. **展望**[①]

主体教育实验研究只是刚迈出了坚实的第一步。为适应 21 世纪中国教育现代化发展的新要求,我们准备通过"十五"教育规划科研课题的申报,再用 6 年的时间,实现主体教育实验研究的第二步目标,这就是:构建主体教育理论,实践"教育主体思想",探索培养高度自觉能动性和创造性人才的模式和途径。具体计划是:在前期经验概括基础上,逐步完善主体教育的教学、德育和管理三个主要领域的理论体系。研究内容涉及:主体教育课堂教学的目标、设计、策略与评价,语文、数学、外语等学科教学内容的改革与学生主体性发展,主体教育德育的主要特点,欣赏型德育模式的理论与实施策略,以及主体教育的学校教育管理专题研究等问题。正式建立"发展性教学实验室",它是教育理论探索、为基础教育改革与发展服务、培养教育改革实验家三位一体的教育实验基地。发展性教学实验室将以马克思主义学说为指导,坚持党的教育方针,依托高校和科研机构的学术力量,理论研究与实验研究相结合,教育理论工作者与实践工作者相结合,及时总结主体教育实验研究的丰富成果,为从事主体教育研究的同志提供探索创新的园地。发展性教学实验室是开放的、富有生命力的研究基地,它分别建在北京师范大学、华中师范大学、天津教科

① 这是裴娣娜 2000 年的展望。关于主体教育实验与研究的新近发展,可参阅裴娣娜,王本陆,沈湘平,张广君,张天宝.主体教育的理论探析(笔谈)[J].教育研究,2004,293(6):13-22.

院和四川省教科所，研究成果不定期以蓝皮书形式发表。

五、“新基础教育”的实验研究

“新基础教育”实验研究由叶澜主持，先后经历了三个阶段：第一个五年（1994—1999）为“新基础教育”探索性研究阶段（以下简称“探索性”阶段）；第二个五年（1999—2004）是“新基础教育”推广性、发展性研究阶段（以下简称“发展性”阶段）；2004 年 9 月进入“新基础教育”研究的第三个阶段，即创建新型品牌学校和创建“生命·实践”教育学派阶段（以下简称“创建”阶段）。

1.“新基础教育”之“新”[①]

早 1994 年开始“探索性”阶段的时候，“新基础教育”概念即已提出。当时正是各式“×××教育”盛行之时，叶澜就用了一个尚未被其他人当作专用名词使用过的“新基础教育”来命名“探索性”研究的课题，因为她感到用其他的词都无法涵盖这一时代对基础教育系统更新的要求。在“新基础教育”研究与实验中，“新基础教育”是个专用名词，有特指的含义，并且其含义随着研究的推展而得到不断的丰富、深入和系统化。

“新基础教育”研究的最初界定（1994）是：“‘新’是相对于现有的基础教育而言的，包括理论与学校实践两方面。在理论上要对与基础教育相关的重要问题作重新探讨，形成新的理论体系；在实践上要构建体现时代发展要求、体现新基础教育理论，服务于 21 世纪的九年义务教育的学校教育实践模式。”[②] 1998 年，对“新”的理解又集中到“教育理念、教育目标、培养模式三方面的更新”上，并阐述了三者的关系：“观念更新和目标更新领先，模式是在新观念指导下，为实现新目标服务的，是观念具体化和实现目标的工具”，与此同时，还指出

① 主要参阅叶澜．“新基础教育”论——关于当代中国学校变革的探究与认识[M]．北京：教育科学出版社，2006：1-7.

② 叶澜．“新基础教育”探索性报告集[M]．上海：上海三联书店，1999：1.

了除这三个相对鲜明的领域,还有更为根本的目的,即为了形成新人——"新的能适应21世纪社会发展需要的学生和创造新教育的新教师"。[①]可见,"三方面"之新实为"两方面"之新的细化与进一步阐发,而且指明了"三新"为"一新"("新人")。这一表述,初步构建了"新基础教育"研究涉及的基础教育的三个基本的不同形态的变革:观念形态(包括"教育价值观"、"学生观"和"教育活动观")、学校实践形态(包括教学、班级建设与学校管理)和学校中人的存在形态(包括学生与教师的发展)。

在2000年,经过五年的"探索性"研究(1994—1999)之后,叶澜对其范围作了更准确的概括和阐述,即"基础教育观念系统的更新"、"学校日常活动方式的更新"和"师生学校生存方式的更新"[②]。与此同时,还把"新基础教育"追求的学校效应概括为四句话:"把课堂还给学生,让课堂充满活力;把班级还给学生,让班级充满成长气息;把创造还给教师,让教育充满智慧挑战;把精神发展主动权还给师生,让学校充满勃勃生机。"这四句话生动地勾勒了转行前后学校日常实践的不同形态,呈现出"新基础教育"理念所追求的"生命活力"、"教师智慧"、"学生成长"和"主动发展"等主题,在更广的范围内被接纳。

随着其他冠以"新基础教育"的著述越来越多,叶澜公开表达了其"新基础教育"的专门含义,要求自2002年下半年起,用"新基础教育"这一名称时一律加引号,以示其为有自己特殊内涵的专用名词,专指"新基础教育研究"这个项目。[③]

而在"发展性"研究阶段结束后,对于"新基础教育"之"新"的内涵有了更为深入、丰富和系统的认识,被集中表达为"新基础教育"之"十新"[④]。"十新"一方面涉及了"探索性"阶段提出的"学校改革"三大"更新"的所有问题,这反映了两个阶段研究的相关性和连续性;另一方面又呈现出两个阶段研究的发展性,即研究的中心已经从批判

① 叶澜."新基础教育"探索性报告集[M].上海:上海三联书店,1999:7.

② 三个更新的概要阐述,可见叶澜."新基础教育"推广性研究教师指导用书(初中部分)[M].上海:上海三联书店,2000:5-6.

③ 王建军,叶澜."新基础教育"的内涵与追求——叶澜教授访谈录[J].教育发展研究,2003(3):7-11.

④ 叶澜."新基础教育"发展性研究报告集[M].北京:中国轻工业出版社,2004:19-30.

走向建构，从局部走向系统，从一般走向具体，从目标走向过程。

总之，“新基础教育”的内涵，不只是对一种当代中国理想学校教育的性质和形态的揭示，更是对如何通过变革实践，实现从现实走向理想的转型变革过程的揭示；而“新基础教育论”，是当代中国及其基础教育转型性变革的一种理论。

从“两方面”到“三大更新”再到“十新”，“新基础教育”研究与实验之“新”的内核始终是观念、学校实践、师生的存在三方面形态的更新，涉及的变革议题（载体）系统而全面，包括课堂教学改革、班级建设改革、学校领导与管理变革等[①]，这里只选取若干要者，列述如下。

① 叶澜.“新基础教育”论——关于当代中国学校变革的探究与认识[M]（第九、十、十一章）. 北京：教育科学出版社，2006：239-391.

2. 更新教育观念

对于教育观念的更新，“新基础教育”研究是从把握时代发展的精神入手的，以改革过去的教育观，重视对真正充满生命活力的人的教育，树立与时代精神和新教育对象观相适应的新教育理想。重点从认知能力、道德面貌和精神力量三方面对新教育理想的核心——新人形象进行了描述。

（1）时代精神呼唤人的主体性[②]

② 叶澜. 时代精神与新教育理想的构建——关于我国基础教育改革的跨世纪思考[J]. 教育研究，1994(10)：3-8.

中外教育发展史已清楚地表明，只要时代发生深刻的变化，教育或迟或早也会发生相应的变化。凡在教育思想和教育实践中产生深远影响的教育家，都是时代精神在教育领域中的代言人，他们思想的光彩是时代精神的独特折射。夸美纽斯是这样，卢梭、杜威也是这样。当代，也许很难再出卢梭式的个别人物，但是，我们完全有可能，也有必要来共同再塑一个 21 世纪的“爱弥儿”。新世纪的新型学校创建，无疑需要自理想新人的目标重建始。

身处“全球化”、“信息化”、“后现代化”世界变局之中，当代中国的主题与时代精神是“社会转型与民族复兴”。[③]就时代精神与教育目标而言，呼唤人的主体性是时代精神最核心的内容。在一个高速

③ 叶澜.“新基础教育”论——关于当代中国学校变革的探究与认识[M]（第一编）. 北京：教育科学出版社，2006：12-98.

变化的时代,谁还抱残守缺,不思对现状的变革,不思未来发展的需求与趋势,不思自身对变化适应性的提高,谁就必然会被时代淘汰。变化要求人能用发展的眼光、用未来的要求来对待今天、促进今天的变化,而不是用停滞的、昨天的眼光来看今天,满足于已有的一切。这必然要求人发挥自己的主体性,以适应变革时代的需要。与此同时,发展加速、竞争激烈,使人类的生存环境呈现多变、多元、多彩、多险的飘忽迷离状态,平稳而单一的局面被打破,不确定性和可选择性同时增强。因而每个人或社会在求发展的同时,必须学会选择。选择同样需要人的主体性。

一个呼唤人主体精神的时代已经真实地到来了。这个时代需要能在多样、变幻的社会风浪中把握自己命运、保持自己追求的人,需要靠这样的新人来创造未来。于是,培养新人的任务就历史地落到跨世纪的教育工作者身上。

(2)理想新人精神素质的“三维双向”目标①

理想新人的形象体现了时代精神和新教育对象观的综合,这一综合主要从人的认知能力、道德面貌和精神力量三个不同维度进行,每一个维度又包含着对外和对内两个方向,体现出知、情、意等人的生命的多方面的统一。

第一,认知能力。认识活动是人类一切活动中都存在的一种活动,认识能力是人类适应社会和实现个体生存发展的基本能力。“新基础教育”与原来的教育的区别,不在要不要关注认知,而在关注认知的哪些方面,在认知的结构、重心和内在关系上发生了变化。具体地说,“新基础教育”注重以下三个方面:要有善于捕捉、组织各种信息和判断各种信息价值的能力;要有善于认识自己的各种需求、能力、思维品质与策略、态度和行为等的反思能力,以及根据反思的结果自觉进行自我调控的能力;要有新的思维方式。

① 叶澜.“新基础教育”论——关于当代中国学校变革的探究与认识[M].北京:教育科学出版社,2006:202-215.

第二，道德品性。人之为人，除了具有可发展的智慧外，还必须有德性。任何一个社会，都对人有道德的要求。培养“新人”必须养成具有终身基础意义的道德品性，主要包括处世之道、行事之道和立身之道。

第三，人格力量。这是当代信任形象中最富有特征，又是以往教育最为忽视的一面。在一个纷繁复杂、变化迅速的社会中，人的生存与发展，不仅与外界社会的需要，与每个人所面临的具体环境、机遇等外部因素相关，而且与个人内在的力量，即人格力量密切相关。所谓人格力量是人的心理、智慧、能力、意志、情感和理想、信仰等综合而形成的一种力量，它在个人对待人生中一系列重大问题时，在人与环境相互作用时显现出其价值。我们提倡当代新人所必需的精神力量集中表现在下列几个方面：首先，理想的新人必须有自信心；其次，理想的新人必须有迎接挑战的冲动勇气；再次，理想的新人必须有承受挫折和战胜危机的顽强意志。

(3)教育观念的系统更新①

基础教育的观念系统更新，至少涉及三大方面，其中包含着十大观念。

第一，价值观。

价值观要回答的问题是：我们为什么要办基础教育？它的最重要的价值是什么？这是一个关系到基础教育定向和定位的老问题，它的答案却是随着时代发展、人们对教育的需要和认识的发展而变化的。正值社会转型时期的中国教育不可避免地要重新思考和回答这个古老而又新鲜的问题。

抽象地说，把基础教育的价值定位在“打好基础”，这也许是永远不错的答案，但它并没有回答什么是“基础”，也没有涉及打基础的目的是什么这样一个实质性问题。在我们现行的中小学教育实践

① 综合参见叶澜．更新教育观念，创建面向21世纪的新基础教育[J]．中国教育学刊，1998(2)：6-11；“新基础教育”论——关于当代中国学校变革的探究与认识[M]．北京：教育科学出版社，2006：216-230.

中,较普遍地存在着对“基础”认识狭窄化、短期化问题。所谓狭窄化,就是把“基础”具体理解为学好学校开设的主要科目,它们往往是那些要考试的、知识性强的,如语文、数学、外语等,或者是当前社会上较重视和强调的,如计算机等。不少人还认为,加强了外语和计算机教学,就算体现新的基础要求了。所谓短期化,是指强调基础教育对近期的、可测量的考核、评比标准的满足。比如,把学科教学的价值定在考试成绩提高,把思想品德教育的成效对准文明评比,把体育、美育的成功归结为参赛得奖,把学校工作计划对准上级本学期要抓的中心任务,把教育质量等同于升学率等。其后果是学校围绕着“考”、“评”、“赛”、“查”等具体要求转,尽管大家工作得辛苦又到位,但却渐渐丢失了中小学教育更为根本和长远的价值——对社会发展和青少年发展的奠基性价值。

针对上述与基础教育价值取向密切相关的问题,“新基础教育”研究认为,必须强调基础教育的“未来性”、“生命性”和“社会性”。

① 未来性。基础教育是人生接受正规教育的起步阶段,它的价值不只是满足眼前的需要,还要为“未来”的发展奠定基础。这个“未来”是指我们所处的社会的未来和作为个体的人生的未来。概括地说,未来社会是应该更体现变化与发展的社会,其变化的速度、幅度和深度都将远远超出历史上的任何时期,而人类文化知识、科学技术的发展也呈加速趋势。因此,像以往那样,把继承和掌握人类历史上积累的基础性的科学、文化知识,作为基础教育的最重要价值的判断,显然是不够的了。对于一个变动不居的社会来说,它更要求其成员具备终身学习和发展的意识与能力。也只有具备这种意识和能力的人,才能在面对一个陌生的世界时不惊慌失措,善于运用自己的学习和创造能力,去解决挑战性的新问题。所以,从未来而不只是从历史的角度来规定基础教育的“基础”之含义,要求中小学为学生的终

身学习与发展奠定基础，就是对基础教育"未来性"的最基本的界定。

② 生命性。提出基础教育的"生命性"，是为了改变现在中小学教育中存在的重学科知识传授和技能训练价值，轻学生个体生命多方面发展价值的弊病。这些弊病是学校领域里见物不见人的最突出的表现，也是目的与手段关系的倒错。强调在中小学教育价值观中增强生命性，就是要使每一个教师都强烈地意识到我们的工作直接面对生命，关系到人类最宝贵的财富——生命的成长。在一定的意义上可以说，教育是一项直面生命和提高生命价值的事业。中小学学生正处于生命中成长最快、最富有学习可能，也是最需要学习的重要时期，处在个性发展、形成的重要时期。这一阶段的教育影响的价值，将远远超出本阶段而延续到终身。在教育中还有什么东西的价值能比生命的成长价值更为重要？因此，教师的心目中不仅要有人，而且要有整体的人，要处处从发展、成长的角度去关注人，去做好自己的教育教学工作。

③ 社会性。这是基础教育价值取向中又一个重要的观念，包括两方面的含义：一是基础教育是社会公共事务，它关系到千家万户和社会未来的发展，因此，必须把社会发展的需要和对人的要求的变化作为学校教育必须满足的重要任务，不能因学生年龄小和中小学教育教学内容的基础性就忽视时代、社会的变化，甚至拒绝、抱怨社会的变化，试图保持那份稳定和宁静。社会性的另一个含义是：教育过程也是学生社会化的过程，青少年是未来的公民，教育必须使学生认识到社会和自己应尽的各种社会责任，热爱自己的祖国与民族，为自己民族的优秀文化和杰出人物而自豪，立志为祖国和人民奉献自己的才华和智慧。我们所要培养的是把自己的生命与人民的命运紧密相连的优秀公民，而不是只顾个人利益、无视社会义务，只知向社会索取、不知尽社会责任的极端个人主义者。

综上所述,21世纪新基础教育的价值观可表述为:基础教育应为社会发展和学生的终身发展服务;学校应把每个学生的潜能开发、健康个性发展、自我教育、终身学习的意识和能力的初步形成,为祖国为人民奉献、创造的志向的确立,作为最根本的任务。

第二,学生观。

现实中常见的观念是把学生主要当作需要接受教育的被动者;重视对学生的现实状态的评价,忽视学生的潜在发展可能性;习惯于按统一的标准和尺度去衡量、要求学生,不注意学生的个别差异性。为此,在学生观的更新上,"新基础教育"突出的是要认识和关注学生的"主动性"、"潜在性"和"差异性"。

① 主动性。在中小学教育中,要看到并切实地发挥学生的主动性,不是一件容易的事情,学生年龄越小就越难做到。教师往往会低估学生的能力,或者说,因为期望他们能做得像成人那样而不放手让他们自己去做。事实上,哪怕是小学一年级的学生都已经具有主动性。因为他们已经具备了不少的经验与知识,有了初步的交往、合作和思考问题的能力。更主要的,学生是学习活动不可替代的主体,又是教育活动中复合主体的重要的一半。没有学生学习的主动性,没有学生在教学中的积极主动参与,教育就可能蜕变为"驯兽式"的活动,其后果不仅是学习质量和效益的降低,更严重的是压抑了学生作为人所必须具备的主动性和能动性的发展。所以,能否承认学生的"主动性",就成为教育中能否关注学生主动性的发挥和发展的重要前提。

② 潜在性。认识和重视学生的"潜在性"是指教育者要看到学生存在着多种发展的潜在可能性,它是相对于学生已经表现出来和达到的现实发展水平而言的。教育在学生多种潜在发展可能性向现实发展确定性转化的过程中起着重要的作用。有了这样的观念,一

方面,会对学生可能变化和发展到更高水平持有信心,不犯把学生看死、定型化的毛病。另一方面,就会创造各种条件,为学生发展可能的实现提供各种舞台;就会在日常的教育中,努力去发现每一个学生身上都存在的,仅仅表现为“希望”、“喜欢”状态的新苗子,即可能性。

③ 差异性。承认每一个学生都具有自己的独特性,承认他们每个人都是唯一的这一个,相互之间存在差异,这是学生观中“差异性”的主要含义。有了这样的观念,就能注意克服教育中追求完全趋同、整齐划一的弊病。更为积极的态度是,研究差异、发展个体的特长、使学生群体呈现出丰富的统一,为各种人才的成长打好基础、提供条件。这样,差异就不是被当作教育中令人头痛的问题。强求一致,肯常导致扼杀天才。一个真正出色的教师,能教各种类型的学生,并能使他们每一个人都得到发展。

以上学生观如果在教育者头脑中扎根,教育者就会以新的眼光看待学生,发现他们中蕴藏着的巨大能量;就会从他们稚拙的行为中看到明日的辉煌;就会千方百计让学生自己去发现和实践,为他们独立性的成长而自豪。

第三,学校教育活动观。

学校教育活动是学校教育的实践部分,是师生学校生活的核心,是沟通教育理想“彼岸”和学生发展“此岸”的具有转换功能之“桥”。没有教育活动的开展,就不可能产生教育影响,也无所谓教育效果。学校教育活动观就是有关学校教育活动及其相互关系特性的本质认识,具有指导、构建学校教育实践的重要价值。

“新基础教育”提出的关于教育活动的认识,主要强调教育活动的“双边共时性”、“灵活结构性”、“动态生成性”及“综合渗透性”。前三个“性”是对教育活动特殊性质的概括,最后一个“性”揭示的是教育活动间的相互关系。

①双边共时性。双边共时性强调教育活动由师生双方共同参与,教与学虽由不同的主体承担,但他们处于同一教育活动中,两类活动在时间上具有共时性,并时时产生交互作用,而且其作用方式是多向的:不仅有师与生的相互作用,而且在学生个体间、群体间、个体与群体间都可能产生相互作用。因此,教育活动的策划与进行,关键是要在把教与学两类活动真正组成共时、多向、相互作用的有机整体上下功夫。要使每一个学生自觉、主动地活动,成为积极的参与者和探索者,而不只是被动的接受者;要使教师的教在对学生学的诱发、组织、辅导、调节、反馈等方面发挥作用,而不只是传授现成的知识与结论;要使师生积极的相互作用形成促进学生发展的合力,在教育活动中培养学生善于发现问题、提出目标、形成策略、完成任务、反思过程、自我矫正等一系列自我教育的意识与能力,真正实现从"学会"到"会学"、由"教"到"不教"、从"社会文化"到"个体成长"的真实、有效的转化。

②灵活结构性。教育活动的灵活结构性,是针对把教育活动程式化或烦琐化而言,与上面提到的要培养学生自我教育的能力直接相关,主张教育活动的内容、方法与过程在设计上都应呈现合理的结构状态。只有呈现出合理的结构状态,才能产生积极的整体效应。所以,认识教育活动的结构性是提高其效率的重要条件。另外,教会学生掌握包括知识的、方法的和过程的结构,是最有效地教会学生学习的途径。学生掌握了结构,就具备了解决不熟悉领域新问题的工具。教育活动中体现结构性,还能促使学生思维方式发生深刻变化。在"结构"前还加上"灵活"二字,主要是为了强调结构本身具有灵活的特征。结构的包容性和可迁移性,正是通过多种变式来体现的。

③动态生成性。教育活动的目的性、计划性、预设性,常常会使教育工作者不关注过程本身,把过程看作是预定计划或方案的简单

体现，从而使最有活力的教育过程僵化。强调教育活动的“动态生成性”，是突出教育活动作为一个复杂过程的特征。由于参与教育活动的双方都是具有能动性的人，由于影响和参与教育活动还有诸多复杂因素，因此，教育过程的发展有多种可能性存在，教育过程的推进就是在多种可能性中作出选择，使新的状态不断生成，并影响下一步发展的过程。它是生气勃勃的、极富动态性的。教师对教育过程的高超把握就是对这种动态生成的把握，其教育能力可以说已上升到教育智慧的高度。突出了教育活动的动态生成性，同时也就突出了教育过程的生命性。

④ 综合渗透性。综合渗透性是从学校各项教育活动关系意义上提出的观点。它针对的是学校存在的把教育目标与任务的分别表述当作对教育活动功能割裂定位的依据的问题。我们通常用德育、智育、体育、美育等来分别表述教育目标，学校还设立了相应的部门，分工负责管理。但真实的教育活动却以综合为特征，并对人的发展具有综合作用的功能。因为教育活动由具有生命整体性的教师与学生参与，教育活动的进行需要人的多方面而不是单方面的投入。教育活动本身的综合性，又使其产生的影响不是单一而是丰富的，不仅有显性的、直接的、即时的，还有隐性的、间接的、长期的。确立“综合渗透观”，克服因校内管理分工和对教育任务的分解所带来的对教育活动功能单一化的认识与规定，才能开发教育活动的多方面功能。

综上所述，教育者的全部智慧与艺术，最终要落实和体现在对教育活动的设计和创造性的开展上，落实和体现在使每个学生积极投入，使活动充满生命力并充分发挥促进学生发展的综合功能上。

3. 重建课堂教学

教学，尤其是课堂教学（其中最基本的是必修课的课堂教学），过去是，当今依然是我国小学教育活动的基本构成部分。近年来，随着课程改革(新中国成立后第八次基础教育课程改革)的开展,不少学校冲破了必修课一统天下的局面,增设了选修课和活动课,丰富了课堂教学的内容和形式,但在必修课的课堂教学中却大多还保留着习惯的方式,顽强地展现传统教育思想。集中探讨课堂教学改革问题,就具有推进、深化学校部教育改革的全局性意义。而课堂教学改革,是学校教育改革中的一场攻坚战,已有教学理论传统之长,深入实践主根之深,形式硬壳之坚,传习的可接受性之强,都使今日教学改革面临着强劲的真实"对手";攻坚战之艰巨性还来自课堂教学综合研究之不足。[①]

(1)传统课堂教学的主要问题[②]

深化课堂教学改革首先要回答:传统课堂教学的主要问题是什么?为何会存在这些问题?这些问题曾有过讨论,人们的认识也有进展。如认为过去的课堂教学主要关注教师的教,忽视学生的学;重视知识的传递,忽视能力的培养,忽视学生学习中的非智力因素;等等。然而,这些认识的进展,尽管起了拓展思路、丰富认识的作用,但仍然局限在对教学性质的传统认识中,并未跳出原有的"大框架"。今天,课堂教学改革的深化首先要求我们重新审视这一"大框架"的合理度。

所谓"大框架",即指把教学活动的性质框定在"特殊认识活动"范围内的教学观。它具有广泛影响并至今活跃在教学论界,故揭示教学作为认识活动的特殊性,历来是教学论的基本任务。现被普遍认同的观点大致如下:在教学中,学生不是独立地学习,而是在教师指导下进行学习的;学习的内容不是随意、自发产生的,而是经过选择和教育学加工的人类已经创造出来的、最基本的文化知识;教学过程是有目的、有计划、有组织的活动过程,不是日常生活中随机进行的认识过程。

① 叶澜.让课堂焕发出生命活力——论中小学教学改革的深化[J].教育研究,1997(9):3-8.
② 叶澜.让课堂焕发出生命活力——论中小学教学改革的深化[J].教育研究,1997(9):3-8.

上述教学理论在实践特别是在教师的课堂教学行为中的表现，一般呈现出如下特征：一是完成认识性任务，成为课堂教学的中心或唯一目的。教学目标设定中最具体的是认识性目标，浅者要求达到讲清知识，深者要求达到发展能力。其他的任务，或抽象或附带，并无真正的地位。二是钻研教材和设计教学过程，是教师备课的中心任务。教学过程的设计除了课程进行的程序外，重点是按教材逻辑，分解设计一系列问题或相关练习，在教师心目中甚至在教案上都已有明确答案设定。三是上课就是执行教案的过程，教师的教和学生的学在课堂上最理想的进程是完成教案。教师的任务就是努力引导学生，直至得出预定答案；学生在课堂上实际扮演着配合教师完成教案的角色。于是，我们就见到这样的景象：课堂成了演出“教案剧”的“舞台”，教师是“主角”，学习好的学生是主要的“配角”，大多数学生只是不起眼的“群众演员”，很多情况下只是“观众”与“听众”。

以上就是传统课堂教学模式的大框架在理论和实践中表现出来的基本特征。这种认识是有局限的，有必要进一步思考以下两个指向不同层面的问题。第一，现行理论是否已经把握了作为认识活动的教学的特殊性？传统理论在区别教学与其他认识活动的同时，是否忽视了它们之间的联系？第二，对课堂教学的认识是否仅仅在认识论层次上就足够了？换言之，“特殊认识活动论”能否概括课堂教学的全部本质？

从生命的高度用动态生成的观点看课堂教学，包含着多重丰富的含义。首先，课堂教学应被看作师生人生中一段重要的生命经历，是他们生命的有意义的构成部分。对于学生而言，课堂教学是其学校生活的最基本构成部分，它的质量直接影响学生当前及今后的多方面发展和成长；对于教师而言，课堂教学是其职业生活的最基本的构成部分，它的质量直接影响教师对职业的感受、态度和专业水平的发展、生命价值的体现。总之,课堂教学对于参与者具有个体生命价值。其次,课堂教学的目标应全面体现培养目标,促进学生的全面发展,而不是只局限于认识方面的发展。再次,问题要进入对课堂教学过程的探究。课堂教学蕴涵着巨大的生命活力,只有师生的生命活力在课堂教学中得到有效发挥,才能真正有助于新人的培养和教师的成长,课堂上才有真正的生活。正是基于上述教学实践中生命价值的缺失,"新基础教育"研究才主张重建课堂教学价值观。

(2)新教学价值观的三重结构①

其一,教学共通价值观。新教学价值观的重建,在认识上还必须从一般整体共通的层次上开始,即重新认识教学在育人中的价值,以及为培养怎样的人服务的问题。"新基础教育"形成的教学共通价值观的核心理念是:当前我国基础教育中课堂教学的价值观需要从单一地传递教科书上呈现的现成知识,转为培养能在当代社会中实现主动、健康发展的一代新人。学科、书本知识在课堂教学中是"育人"的资源与手段,服务于"育人"这一根本目的。"教书"与"育人"不是两件事,是一件事的不同方面。在教学中,教师实际上通过"教书"实现"育人",为教好书需要先明白育什么样的人。只关注现成知识传递价值的教师,实际上是在"育"以被动接受、适应、服从、执行他人思想与意志为基本生存方式的人。青少年学生内在于生命中的主动精神和探索欲望,在这样的课堂教学中常常受压抑,甚至被磨灭。这种情况不改变,教育将成为阻碍社会和个人发展的消极力量。"新基础教育"主张今日中国的中小学教育,应把形成学生主动、健康发展的意识与能力作为核心价值,并在教育的一切活动中都要体现这一价值。

其二,学科教学价值观。课堂教学价值观重建的第二个层次是学科教学价值观的重建。这是教师认同了一般层次上的新教学价值

① 综合参见叶澜.重建课堂教学价值观[J].教育研究,.2002,268(5):3-7;"新基础教育"论——关于当代中国学校变革的探究与认识[M].北京:教育科学出版社,2006:249-258.

观后，能不能落实到教学行为上必须实现的一种转换。因为它关系到每个教师如何认识自己任教的学科的具体价值，只有认识上明确了，才可能从教学进程前的设计活动起就把对教学价值观的认识落实到具体的教学行为的策划之中，为教学实践的开展提供一个与价值取向符合的“蓝图”。否则，一般层次的新教学价值观依然只是一些停留在口头的空话。新基础教育通过学科教学改革方案的研究、个案设计、实践与评析和对学科教学设计的研究等途径，实现使教师将认同的教学共通价值观向学科教学价值观的转换与渗透。这一转换主要通过以下两大方面来实现：一是深入研究和开发具体学科的丰富育人价值；二是深入研究学生生长需要与具体学科教学的关系。

其三，课堂教学设计中价值观的具体综合。有了上述认识以后，学科育人资源的开发，还需要教师在教学设计时对现有教学内容进行两方面的重组与加工。第一，把学科的书本知识按其内在的逻辑组成由简单到复杂的结构链，基本上以结构为大单元进行教学内容的组织，贯穿教学的认知主线是结构的逐步复杂化。第二，将结构化后的以符号为主要载体的书本知识重新“激活”，实现与三方面的沟通：书本知识与人类生活世界沟通，与学生经验世界、成长需要沟通，与发现、发展知识的人和历史沟通。

“新基础教育”正是通过对统一制定的确定性的教学内容的深度开发、重新组合和多向激活，正是通过把弹性因素和不确定性引入教学过程的设计，使教学设计为师生课堂教学的实践留出了主动参与、积极互动、创造生成的可能；使教学要为学生的主动、健康发展服务的价值观，落实转化为教师对自己教学行为的预先策划，并为这一价值观最终渗入和体现为教学实践，提供了“实战前”的“作战方案”式的支撑。

(3)重建课堂教学过程观[①]

课堂教学的过程改革研究，是“新基础教育”研究中有关课堂教学改革研究的核心构成。如果说，课堂教学价值观的重建是为了弄清什么是当今中国学校课堂教学所要追求的最有价值和最为根本的目标，那么，课堂教学过程观的重建则要回答，在价值观认定以后，教师需要怎样重新认识课堂教学的过程，并如何以新的过程观为指导，去创建新的课堂教学实践，以实现新的价值观由理想向现实的转化。

首先，课堂教学的性质与任务特殊性分析。立足于“新基础教育”的课堂教学价值观在教学过程中的实现，可把教学过程的基本任务定位为：使学生努力学会不断地从不同方面丰富自己的经验世界，努力学会实现个人的经验世界与社会共有的“精神文化世界”的沟通和富有创造性的转换；逐渐完成个人精神世界对社会共有精神财富富有个性化和创生性的占有；充分发挥人类创造的文化、科学对学生“主动、健康发展”的教育价值。

这一教学过程任务的定位，表达了“新基础教育”对教学过程中必然出现的两个“世界”的多重变换关系的认识，对如何教学式地处理这些关系的基本立场，以及教学需要完成的任务与目标的关系。尚需进一步略作说明的是关于学生对社会共有精神财富的“个性化和创生性的占有”这一要求。其中，“个性化”是指个人的动机、需要、基础、兴趣、特长、倾向性、学习的风格和思维方式等因素的组合，使每个人从共有精神财富中获取的内容、方式都带有个人的选择和特征，并形成其个人精神世界的特质和促进个性化的丰富与发展。

其次，课堂教学基本要素的结构分析。教师、学生、教学内容是课堂教学不可缺失的三个基本元素，而如教学方法、教学手段、教学技术等，无疑都是课堂教学的构成因素，但这些构成要素在教学过程中所处的地位与前三者不同。教师、学生、教学内容作为不可缺失的

① 综合参见叶澜.重建课堂教学过程观——“新基础教育”课堂教学改革的理论与实践探究之二[J].教育研究，2002，273(10)：24-30；“新基础教育”论——关于当代中国学校变革的探究与认识[M].北京：教育科学出版社，2006：258-281.

基本元素是基质性也是原初性的要素，它们在学校教学萌芽状态时就已存在，并内含着现代课堂教学中逐渐独立出来的其他要素。其他一些要素则是服务于教师与学生的教学活动，是因教师、学生选择而进入教学过程，在一定意义上也受制于教学内容的性质和相对于学生而言的难易及熟悉程度。概而言之，这些因素在教学中的形成与作用的发挥，服务并受控于前列基本元素，它们是一些派生性的、居于第二个层面的要素。

而那种为了反对或改变传统教学中强调教师中心、教材中心而突出教学中学生的主体与中心地位，主张教师只要把学生如何学的原理弄清楚了，就可以按学习的原理进行教学的观点，实际上又把教师放在附属于学生的地位，让“教”围着“学”转。这一观点在方法论上依然没有跳出传统教学过程观的思维方式。应该看到，传统教学过程观已经指出了“教学过程一方面包括教师的活动（教），同时也包括学生的活动（学）。教学是同一个过程的两个方面，彼此不可分割地联系着”。

再次，重建课堂教学的过程逻辑。根据上述对教学过程价值、任务和基本元素及关系等方面的理解，“新基础教育”的学校教学“研究性改革实践”在对每一堂研究课进行反思、评析，找出传统教学观的消极影响和教师对教学过程的真实理解的同时，努力尝试课堂教学展开过程的重建，并逐渐形成对有利于学生主动发展的课堂教学过程展开的内在逻辑的认识，这是一个改革实践与理论的双重重建过程。

改革的第一步是从“还”字做起的。课题组向实验老师提出了“把课堂还给学生，让课堂充满生命气息”的要求，其目的是要改变教学过程中大多数学生的大量时间不是在听老师讲就是在听老师与其他同学一问一答这种被动“听”课的局面，要求教师在课堂上努力为每个学生的主动参与教学提供广泛的可能性。课题组认识到，新的教学过程的形成，首先必须让学生的内在能量释放出来，让他们在课堂上“活”起来，从原有的静听模式中走出来。如果没有学生的主动参与，就缺乏重建过程的基质。而学生能不能“活”起来，在改革的初期，则取决于教师愿不愿、敢不敢“放”和变不变自己习惯的教学方式。实验第一阶段结果表明，以上一系列措施，确实对解放学生、活跃课堂起了推进作用，学生的学习积极性、对课堂的情感态度发生了上升性的变化，每个班级都出现了一批在课堂上主动性强和发展水平明显变化的学生，他们成为课堂教学过程重建的新的生力军。

改革在这样的背景下迈出了第二步，研究和实践的主题是：怎样在课堂教学过程中实现师生积极、有效和高质量的多向互动？也就是说，以“还”为基础，向上跨一台阶，达到“多向互动”。在第二步的改革研究中，主要从三方面要求和帮助教师实现改革的目标：一是加大课前“教学设计”的研究力度，使教师在设计中就有“结构”意识和形成“弹性化”方案，思考师生活动的合理配置与目标，用新的设计去支撑新教学过程的构建。要求教师对自己设计的方案、思路、目标、过程在课前就娴熟于心。二是在上课时，教师要学会倾听，把注意力主要放在学生身上，要学会及时作出合适的应答(包括评价、追问、启发、判断、组织等)，通过多向交互作用，推进教学过程。三是加强课后的反思与研究，以“积极”、“有效”、“高质量”为标准，结合自己在教学中的真实体验来进行。

第三步是改革行为逐渐走向日常化和系统化。那就是帮助教师理解和实施课堂教学过程的新结构，对课堂教学过程整体逻辑，能结合具体学科在实践中灵活运用，提高每个实验教师在教学实践整体、重建课堂教学方面的自觉意识与能力。在此过程中的主要抓手，就是实验者和实验教师一起开展“学科教学改革指导纲要”的研究，首先由实验中涌现的新型优秀教师作为研究骨干，在研究教学内容和学生发展需要关系之外，开展学科范围不同年级别的“类典型案例”的系列建设。

上述探索形成了两个关于教学过程如何动态生成的重要的新认识。首先，在教学过程中，教师不仅要把学生看作“对象”、“主体”，还要看作是教学“资源”的重要构成和生成者。其次，教师在教学过程中的角色，是知识的“呈现者”、对话的“提问者”、学习的“指导者”、学业的“评价者”、纪律的“管理者”，更是课堂教学过程中呈现出信息的“重组者”。

(4)课堂教学评价改革①

所有教育教学改革都会面临改革与已有评价体系的矛盾、参与改革的实践者与改革之外具有评价权的评价者之间的矛盾，这也是“新基础教育”自探索性阶段起就遇到的尖锐问题。“新基础教育”研究采取了评价改革贯穿于教学改革研究与实践全过程的策略，改变了评价者在改革之外，评价过程外在于改革过程的传统，使课堂教学评价成为课堂教学改革的认识深化和实践推进中不可缺少的重要构成，把课堂教学改革实践的深化过程与阶段成果不断转化为评价改革的深化过程与重要资源。“新基础教育”课堂教学改革评价系统的形成大致经历了三个阶段：第一阶段以诊断性评价与常规性评价为主要构成；第二阶段以原则性评价与比较性评价为主要构成；第三阶段以全程整体性评价与阶段系统性评价为主要构成。

4. 创建“生命·实践教育学派”的努力②

创建“生命·实践教育学派”是“新基础教育”实验与研究第三阶

① 叶澜，吴亚萍. 改革课堂教学与课堂教学评价改革——“新基础教育”课堂教学改革的理论与实践探索之三[J]. 教育研究，2003，283(8)：42-49.

② 为“生命·实践教育学派”的创建而努力——叶澜教授访谈录[J]. 教育研究，2004，298(2)：33-37.

段的一个主要目标。

(1)教育的生命基础

叶澜《让课堂焕发出生命活力》这篇文章之所以会触动这么多的学校和教师,是因为它触及了教育的基础性问题、原点性问题,并且与教师们的教育体验和生命体验联系在了一起。她在试行"新基础教育"的学校和课堂里听课的时候,在与许多教师、学生交流的时候,深切地感受到了"生命"对于教育的重要性。

教育除了鲜明的社会性之外,还有鲜明的生命性。人的生命是教育的基石,生命是教育学思考的原点。在一定意义上,教育是直面人的生命、通过人的生命、为了人的生命质量的提高而进行的社会活动,是以人为本的社会中最体现生命关怀的一种事业。然而,长期以来,在学校实践中,不少教师依然心目中有教书无育人、有知识无生命,从不真正把学生作为一个鲜活的生命个体来看待。这种对个体特殊性以及个体生成方式的忽视,最严重的后果是导致教育和教学成为重复性的机械劳动,变为不需变革的一次次封闭的循环过程,使教师的角色被定位为知识的传递者,各种教育要求的执行者、操作者,而不是思考者与创造者。

"新基础教育"研究与学校改革试验不仅关注学生,而且关注教师的职业生存状态与生命质量的提升,通过教育实践创生化的变革,使教师体验到教师职业的尊严与欢乐,体验到教育是一种充满了智慧挑战的工作。它看重的是每一个普通人的生命价值,每一个人都是珍贵的不可替代的。正是以这样一些感悟、实践和思考为依据,叶澜提出了"教育的生命基础"的问题。其内涵在于:

第一,主张生命价值是教育的基础性价值,教育具有提升人的生命价值和创造人的精神生命的意义。换句话说,对生命潜能的开发和发展需要的满足,教育具有不可替代的重要责任,因而生命构成了教育的基础性价值。

第二，认为生命的精神能量是教育转换的基础性构成，教育活动就其过程的本质来看是人类精神能量通过教与学的活动，在师生之间、学生之间实现转换和新的精神能量的生成过程。

第三，师生主动、积极地投入学校各种实践，是学校教育成效的基础性保证，是人的发展的重要内在保证，也是人的生命特征的本真体现。让师生的生存基调变为被动受控，是对生命原生状态的扭曲，是学校在人本身的自然生态上的严重破坏。

所以，“新基础教育”并不是要强行改变什么，而是要使原本就因生命存在而充满内在生机的教育从被传统教育弊端造成的“沙漠状态”重新转回到“绿洲”的本真状态，从这个角度看，可以说是教育的“生态工程”，是教育上的返璞归真。

(2)教育学的人性假设：“具体的个人”

从中国教育学的理论更新的角度看，主张把“生命”作为教育学的原点，把生命体的基本特征作为教育学不能丢失的基点去思考，进而再研究人的生命的独特，提出教育学的人性假设。而作为个体的具体的人是人的生命存在的基本单位。教育学中的“具体的人”[①]，是在环境中与环境相互构成的人，是具有自然、心理、社会和精神文化三个层面特质相互渗透、丰富而复杂的人，是既有唯一性又有普遍性的人，是具有内在发展需求和能力，在生命过程中不断实现发展的人。

另外，教育学对“生命”的解读，还应与当代社会“知识”和“知识观”的转变联系在一起。在信息、知识爆炸的社会，人对信息、知识的选择能力和信息、知识对于人的意义，都与个体生命的经验、需要联系在一起。为什么选择这个不选择那个，跟个体生命的价值取向有关。生命的成长发展与当代知识观的两种转变有关。一是从静态向

① 叶澜.教育创新呼唤“具体个人”意识[J].中国社会科学，2003(1):91-93.

动态的转变,原来的知识观是现成的、结论性的,现在的知识是一个过程,是形成中的,需要个体生命主动调动自己的体验去活化和内化。二是公共知识与个人知识的相互转变,在个人知识生产力的提升中,在个体参与的社会创造性的实践活动中,通过个体的创生而丰富或改变公共知识的结构,由此知识与生命就有了内在的联系,书本世界与生活世界有了内在的联系。这个联系的过程,就是生命如何在实践中主动运用自己的各种经验、体验,让知识活化的过程。教育学就要研究这一过程。

(3)生命与实践的关联

通过对教育理论与教育实践关系的新解析①,"新基础教育"的研究又突出了实践对理论的滋养与创生价值。研究者认为,教育实践是对人类所进行的教育活动的总称,它是人类社会活动不可缺少的组成,有独特的对象与领域,教育以有意识地影响人的身心发展为直接目的。唯有教育这项人类社会的实践活动,是以直接影响人的发展为宗旨的,这是其与别的社会活动领域的标志性区别。讨论教育理论与教育实践的关系应该以这个区别作为起点和入口。教育学作为以教育为研究对象的总称,它具有事理研究的特殊性。从这个意义上,可以说教育学内含着实践的品质。但这并不意味着教育学没有或不需要对教育问题作基本理论的研究,只是教育学的基本理论有其独特性,因而也使教育学知识具有自己独特的形态。

生命与实践之间的联系之所以存在,首先在于教育学的特殊性。教育学关注的是生命的主动发展,以教育这一影响人本身的成长与发展为核心的实践活动为主要的研究对象。对教育学特殊性的进一步认识仍然需要置于理论与实践关系的背景之中。在教育学的视野中,二者理想的关系应是积极互动和相互构成的关系,围绕着教育主题的相互影响,在互动中实现理论与实践的相互影响和相互构成。

① 叶澜.思维在断裂处穿行——教育理论与教育实践关系的再寻[J].中国教育学刊,2001(4):1-6.

这一点在当代中国教育学的转型式构建中具有特殊重要的意义。教育学的原点是对“生命的体悟”，教育学必须有对生命的体悟，这种体悟甚至称得上是教育学研究的前提。强调体悟是中国传统文化和中国智慧中最富有特色和值得珍视、发扬的方面，人只有进入“体悟”、经过体悟，才能真正与周围世界、与他人建立起“我—你”关系，而不是停留在“我—他”关系之中。体悟是个体与世界、他人实现内在沟通和对话的重要方式。教育学不仅是“生命”的学问，或“实践”的学问，而是成为以“生命·实践”为“家园”与“基石”的学问。正是近十年来对教育基本理论、教育研究方法论和“新基础教育”的一系列研究，叶澜逐渐明晰了自己对教育和教育学的理解与追求，明晰了想做什么，还需要做什么和可能做成什么，这就是为形成“中国教育学”而不是“教育学的中国化”而努力。

就目前而言，就是将其远则近 20 年近则 10 年里所作的研究，即已经具有一定理论积累和实践基础的研究成果在“生命·实践教育学派”的名称下，作一集聚与梳理，并愿与所有对这样一个研究旨趣有兴趣和追求的人同行，一起创建一个共同的、开放的、有自我和具有对话能力的学术空间，为中国教育学的发展作出尽力而为的奉献。叶澜理想中的学术空间服务于两个基本目标：一是追求 21 世纪中国教育学理论的发展，二是推进中国教育学家队伍的建设。

六、"理解教育"的实验研究

"理解教育"是国家教育科学规划"十五"课题，从1999年起进行实验，由熊川武主持。该实验主持者与很多高校教授有不同之处，一是30年来，学前幼儿、小学生、中学生、师专生、本科生、硕士生和博士生，他逐一教之，至今偶尔执教中学讲台，语文、英语、数学兼及；二是他研究教学方法，目的在于提高学生成绩，提高学校的升学率，同时减轻师生的负担。或许是因为这样的缘故，他的"理解教育实验"操作性强，实践效果明显，颇受欢迎。譬如，在2002年9月上海市"加强初中建设工程"会议上，"理解教育"实验学校上海市平乐中学作为唯一的中学代表，在会上介绍实施"理解教育"，提高教育质量的经验(《文汇报》2002年9月13日报道)。同年12月，"理解教育"被确定为上海市专家领衔的培训项目，60名初中校长接受"理解教育"课题培训。现在，"理解教育"有上海、深圳等大型推广区。[1]

1. 说"理解教育"

(1)理解理论[2]

理解教育以理解理论为基础。因此，它的内涵取决于人们对理解的理解。大致说来，理解有如下几方面的含义：

其一，理解既是智慧活动，又是德行。作为智慧活动的理解，普见于对教学内容的观察、记忆与思维等，不言自明。理解之所以为德行，盖理解主体善解人意的心态意味着对他人保持一种大度与宽容，有利于减少一些纠葛与误解，使道德生活更加和谐。特别是教育者尽力理解教育对象时，这种理解本身就是责任感，是职业道德水平高的表现。

其二，理解包含认知与感情。从认知方面看，理解包括信息输

① 熊川武.论基础教育改革中教师态度的转变——以"理解教育"的实验与推广为例[J].北京教育：普教版，2004(9):10-13.
② 熊川武.说"理解教育"[J].高等师范教育研究，2002，14(2):34-38.原文注释为夹注，这里改为脚注。

入、加工与输出等环节，是完整的信息加工过程。同时，理解以感情为基础。理解由相互作用的三个要素组成：亲情度（affinity）、现实（reality，即一致性）与交流（communication）。亲情度“意味着爱、喜欢或其他情感”[①]，是人与人之间有效交流并达成一致的基础。因为善解人意本身使人赏心悦目，会减少不快与误解。这也有利于理解主体的身心健康。美国心理学教授魏特丽的研究证明，一个人如果老是去想新仇旧恨，时常活在不愉快的过去里，对健康肯定是不利的。相反，如果能理解别人并原谅其过错，让自己减少压力，充满正面的感受，就会有益于自己的健康。魏特丽进行实验时发现，实验对象在记仇怀恨时，心跳加快，血压上升。相反，实验对象心怀慈悲、原谅“仇人”时，心跳就会减慢。

其三，理解既有常规的又有创造的。按照解释学的观点，对文本的理解只可能是创造性的，这种创造性表现在“误读”（不是错误的读，而是有差别的读）或“创读”，没有常规性理解可言。因此这里的常规的理解，特指读者实实在在的没有创造动机的阅读（理解），只期望把握文本的原意，即使不自觉地读出了差别，也视为常规的理解。而创造的理解是读者自觉地将自己的心意融入文本的原意中从而形成文本新意的理解。

其四，理解既是主体相互的又是主体自身的。主体相互的理解以主体间性为基础，借助移情作用实现；主体自身的理解是自我认识与反思的统一，是在自我解蔽过程中的自我发展。

其五，理解既是工具又是目的。作为认识手段与智慧过程的理解，本质上是人们利用的工具。但理解同时是目的，因为它是人的存在方式。后现代思想家海德格尔（M. Heidegger）认为理解的本质是作为“此在（Dasein）”的人对存在的理解，是此在的存在方式本身[②]。在这种意义上，人们对理解的追求就是对自身生命意义的追求。

① 罗恩·哈伯德·L.有效理解的窍门[M].杨红秋，译.北京：三联书店，1988：46.

② M. Heidegger. Being and Time[M]. The Camelot Press Ltd., 1962:195.

(2)理解教育[①]

在学术上,"理解教育"被定义为:以理解理论指导的作为理解主体的师生与理解对象沟通,在感情、认知与行为上筹划并实现生命可能性的过程。师生与教育文本对话并达成共识是教育理解的生成机制。教育文本包括文化文本(自然与人文)与人际文本(自我与你我),判断理解文化文本的标准是正确性(自然文本)和共识性(人文文本),判断理解人际文本的标准是实践接纳性。顺利对话应具备一定条件,听者要有倾听品格和对语用力量的敏感性,以及较强的"理话"能力;说者应富有说服力,能把言说的"合知理"与"合情理"统一起来。教育理解坚持有利于师生生命可能性的筹划与实现的价值取向,努力消除误解,增进理解以提高教育质量。

从这个定义可以演绎出,"理解教育"强调师生同益、感情先行、强德富智、笃行不懈。理解教育是消除误解增进理解使教师与学生更好地理解自己与他人从而获得较好发展的过程,是作为理解主体的师生在与教育文本(理解对象)对话的过程中在感情、认知与行为方面不断筹划并实现自己的生命可能性,它具有工具性与目的性、求真性与向善性、占有性与超越性、智慧性与感情性、理论性与实践性。

分析起来,理解教育的主要特点有:一是师生相互理解、共同发展。理解存在于师生之间,而且师生之间的误解是影响学生较好发展的根本原因之一。因此师生相互理解在理解教育中具有极为重要的地位。二是以培养学生善解人意的素质为基础,促进学生整体素质的发展突出"德行",使学生在做人与为学上齐头并进。三是将认知与感情贯穿全部教育过程,使教育过程中学生的感情生活质量得到提高。四是把理解作为教育目的之一,使通过理解而教和为理解而教融为一体。五是成批转化因误解造成的后进生,形成"后进生大步前进,优秀生更优"的教育格局。

① 综合参见熊川武.说"理解教育"[J].高等师范教育研究,2002,14(2):34-38;教育理解论[J].教育研究,2005,307(8):3-8;熊川武."理解教育"的实质、步骤与发现[J].教育科学研究,2005(10):19-22.

2. 看"理解教育操作"

(1)理解教育(理解性教学)的步骤[①]

"理解教育"始于理解观念的形成,经思想工作与课堂教学等实践环节,获得"全体学生共同进步"之大益。其基本步骤如下:

第一,理解氛围的营造。其一,确立理解性校训。校训因校而异,譬如,"理解教育"第一所实验学校上海平乐中学的校训是:"理解学生,教在心灵;理解教师,勤学奋进;理解自己,塑造人生。"其二,宣传理解性警言。在学校引人注目之处张贴有利于理解的口号与隐喻。如提醒教师的警言:"为师不忘童年梦,常与学生心比心。"提醒学生的警言:"我知教师用心苦,莫让教诲付东流。"其三,吟诵"理解歌"。"理解教育"开发了教师、学生、家长理解歌,并要求他们联系自己的体验对相应理解歌进行批评、修改,然后吟诵。其四,建立理解室。理解室是供师生发泄不满情绪、调节心态的场所,主要有三个空间:发泄空间、舒缓空间和对话空间。理解室不同于心理咨询室,它不仅发挥心理咨询作用,而且发挥教育作用。其五,使用理解牌。理解牌是置于学生课桌上的教师暗示学生的三面体,各面分别涂成红、黄、蓝色,表征不同的意思,如红色表示"你表现很好",以鼓励学生,黄色表示"请注意听讲",以提醒学生,蓝色表示"行为正常,要持之以恒"。当然,学生亦可用红、黄、蓝表示不同的意思,以暗示教师。

第二,理解观念的促成。理解氛围的营造有利于理解观念的形成,但仅此甚是不够。通常还要组织师生习练理解操和施教理解课,逐步加深对理解的理解,形成理解的观念。实践证明,要教师和学生破除一种根深蒂固的旧观念,形成一种新观念,仅仅通过几次理论学习几乎是不可能的。因此,在学习理论的基础上,组织习练理解操是加速观念形成的重要环节。当然,这仍然只能解决部分人的问题。对某些师生来说,理解观念的形成要经过漫长的实践过程。理解操

① 综合参见熊川武."理解教育"的实质、步骤与发现[J].教育科学研究,2005(10):19-22;说"理解教育"[J].高等师范教育研究,2002,14(2):34-38;论理解性教学[J].课程·教材·教法,2002(2):16-20.

是一种心理操，分课外与课内两种。其基本功用在于，促使师生克服某些心理障碍，调节心境，以愉快的情绪进入教学过程。

第三，“理解教育”的课程实施。“理解教育”主张课程实施要有想象力。施教理解课的主要步骤有：其一，心理准备，通过做理解操集中注意力，形成愉悦的学习心境。其二，沟通理解，师生通过相互言说，掌握有关理论知识或交流思想感情。这一步要特别注意由实读（读懂原意）转向创读（读出新意）。其三，解题理解。通过运用所学理论解决问题，学以致用。这一步要做到先解书面题（掌握理论），接着解实际题（增强实践能力）。其四，反思理解，当堂总结正反经验，思考改进办法。其五，跟踪理解，根据课后练习情况，建立学生学习进步档案，将课堂中因人多无法因人点拨改为把学生的问题分散在一个相对长的时距中的不同的时间点上，逐步解决，把因材施教变成现实。

第四，理解型道德教育场建设。理解型道德教育场是指以传播道德、体验道德与实践道德为手段提升师生善解人意的德性的学校环境，其基本点在于加强学校道德教育中道德体验（即深层理解）环节，把作为手段的道德（调节人的行为）变成手段与目的统一的道德（道德成为目的即道德是人的素养，是人幸福的标志）；让全体师生投身道德教育场建设，出谋划策，亲身体验道德规范，追求更合理的道德教育机制。

（2）理解教育（理解性教学）的策略[①]

理解教育的策略广泛应用于思想教育工作和课堂教学之中，是消除误解、增进理解的基本手段。这里阐述已经形成的十几个策略中的主要几个。

一是情绪发泄策略。当学生受较大委屈情绪冲动不能自制时，教师可让其进“理解室”发泄。理解室有供发泄的模拟对象，有各种

① 综合参见熊川武.“理解教育”发凡[M]//熊川武，郑金洲，周浩波.教育研究的新视域.锦州：渤海大学出版社，2003；熊川武.论理解性教学[J].课程·教材·教法，2002(2)：16-20；说“理解教育”[J].高等师范教育研究，2002，14(2)：34-38.

发泄手段与缓解情绪的音乐，还有供观赏的录像节目等。当学生的情绪稳定后，心理咨询的教师或当事教师与他交谈，诱导其说出心里话。这种策略能有效消除胸中闷气，不仅有利于学生身心健康而且能增进理解。

二是态度改变策略（又叫中介策略）。面对态度严重对立、相互不理睬的情况，教师可以学生感兴趣的话题为中介，在这个中介上达成共识后，再扩大对话的范围，直至态度改变。这种策略主要是减少态度改变的痛苦，使理解在不知不觉中加深。

三是校内留学策略。如果学生感到班级对他发展不利，他可以选择校内留学。校内留学有两方面含义。一是自选新的学习班级。任何班级都要欢迎这些校内留学生，并在可能的情况下委以重任如担任班干部等，为他提供有利于发展的空间。在新班学习一段时间以后，他可以长期留下，也可回到原班。如果想再选新班级，学校也支持。二是自主决定学科学习班级，即学籍在 A 班，可到 B 班听数学课、英语课等。实施理解教学的学校一般都根据学生的学习情况，分出不同程度的学科教学班，供学生自主选择。

四是感受成功策略。这一策略主要帮助学生维持成功感或产生对成功的期待，包括强化“第一体验”，在第一体验的基础上形成连续的成功体验。这要求在较长期的教学目标的基础上确定相对短期的教学目标，使目标容易达成。同时引导学生将学习成就与目标对照，以便看到自己实实在在的进步。此外，允许学生在一定程度上控制自己的学习，根据自己的基础和能力自定学习步调，包括自己命题考自己。

五是教师奖励策略。对那些长期被人误解甚至轻视且已心灰意冷的学生，教师可把自己个人的资源如时间等和个性品质如热情等作为奖品奖给学生，感动学生以消除误解。如与学生共进午餐或开展文娱活动等。

六是暗示意会策略。师生之间的沟通,有时不便直说。比方有些学生形成了顽习,一时难以改掉,如果教师当面指出,不照顾学生面子,容易产生误解。因此,师生之间可借助一些手段相互暗示,彼此照顾面子,又让对方意识到。如在学生课桌上放置三面体"理解牌"。

七是罚后安抚策略。理解教学不是没有批评或惩罚,对严重影响群体行动以至教学活动无法正常进行的学生不予批评,那不是理解恰恰是误解。因此,对这样的学生要进行适当的批评或惩罚。但批评或惩罚之后,应注意安抚,让学生没有隔阂。

八是生命周期策略。所谓生命周期是指由不成熟、初步成熟、比较成熟、成熟构成的人的生命连续体。即使是同班的学生,也往往处于不同的生命周期段,对不同成熟度的学生采用不同的教学方法,往往更少误解。

应该指出,这些策略各有侧重,只能有效地消除有关误解。要消除因多种因素引起的误解,必须将这些策略综合起来使用。同时,这些策略虽然被描述得如此简单,但实际上有非常具体的操作程序,不按照应有的程序办,往往效果不佳。也就是说,误解或理解的复杂性决定了教育策略的使用不能简单化。

3. 听"理解教育歌"[①]

"理解教育"开发了教师、学生、家长理解歌,并要求他们联系自己的体验对相应理解歌进行批评、修改,然后吟诵。三种理解歌如下:

(1)《教师理解歌》

教书育人事,理解乃至要;实践得此理,个中有奥妙。

善解学生意,沟通障碍少;一叩得三鸣,事半功倍高。

解读心灵路,何止千万条;此处说若干,引玉把砖抛。

一曰初交往,话语权力交;为师倾心听,学生把心掏。

① 熊川武."理解教育"的实质、步骤与发现[J].教育科学研究,2005(10):19-22.

二曰多实践，解题知深奥；实践中理解，境界会升高。
三曰善反思，相互启发到；方法对了头，要害抓得巧。
四曰要移情，心与心比较；感悟与生同，见怪不怪了。
五曰长追踪，细察见秋毫；学生有个性，因材而施教。
以上五环节，位置可以调；循环往复时，误解逐渐消。
理解有方略，种类实不少；择要而述之，用时再创造。
学生遭误解，易把情绪闹；如若谈不拢，宣泄是一招。
彼此误解深，态度甚微妙；欲求态度变，中介去烦恼。
家中有难处，学生被困扰；代为解忧愁，前嫌不计较。
班级有嫌隙，学生想分道；校内留学处，舞台有新貌。
善待学生者，魅力多奇妙；言行皆奖励，学子尽欢笑。
使用激励多，惩罚也必要；罚后再安抚，可把隔阂扫。
学生屡失败，自认前途渺；观察加等待，循循善诱导。
恶习令人厌，明斥生内耗；暗示成意会，逐步改变掉。
人之成熟度，本可分大小；生命周期论，用之有回报。
学生有进步，及时强化好；成功感受深，信心向云霄。

(2)《学生理解歌》

我们在学堂，求知受教忙；知晓德智体，发展有方向。
德行位居首，须臾不可忘；交往知礼仪，应对循法章。
勤学且好问，见多识又广；创新有意识，闪烁智慧光。
体为人之本，务必保健康；机能发展快，体质紧跟上。
发展求全面，特长亦需养；个性与共性，相得两益彰。
求学过程中，与师常交往；心中有委屈，敢于大胆讲。
一番宣泄后，换位把师想；为师不容易，心血育我长。
老师要求严，语重心意长；忠言虽逆耳，一生可受享。
同学有误解，不往心中装；沟通说分明，心境倍开朗。

家中有困难，一人无法扛；说与老师听，大家都会帮。
环境不如意，洁身是首桩；黄赌毒不染，远离游戏房。
陋习一上身，终日苦难当；痛心将非改，优点得弘扬。
生活宜俭朴，衣着重大方；内养兼外修，气质不寻常。
学习遭挫折，心中不要慌；尽心如下事，前景有辉煌：
一是定目标，大小要适当；课后自评价，成功感受强。
二是讲策略，细算方法账；择选适宜者，效果不一样。
三是忌浮躁，潜心做文章；格物致知事，一步须一夯。
四是常反思，圆缺都打量；成绩虽不菲，不作孤芳赏。
磨砺宝剑锋，苦寒梅花香；持志日长久，百炼必成钢。

(3)《家长理解歌》

身为家之长，重任担在肩；统筹家务事，育人应当先。
子弟心本净，耳目易濡染；言行两垂范，家长尽职全。
家长务正业，子弟奋争先；长辈好玩乐，小辈不思贤。
和睦家之宝，童稚身心健；家破单亲在，孩儿受熬煎。
家教如登峰，意志要刚坚；粗暴训儿者，失败在眼前。
启智要重视，立德不可鲜；物欲适满足，重把精神炼。
家庭要求多，一致是关键；严宽搭配当，子弟可履践。
厚望寄儿女，本是常人愿；量其力而行，帮在适宜间。
子弟有不足，大可不必嫌；耐心启迪之，日久成效显。
家庭与学校，信息一线牵；有无常通报，共把教育研。
家长善支持，老师信心添；无忧敢作为，教人妙法见。
老师本常人，难免失周全；家长善理解，愉悦向明天。

4. 用“理解教育模型”[①]

为继续这方面的研究，理解教育设计并实验了“反思创读、多重循环”的教学模型(以下简称模型)。人们知道，理解教育，简而言之，

① 熊川武，江玲. 论“反思创读、多重循环”——“理解教育”的教学模型[J]；“反思创读、多重循环”在教学实践中的运用[J]，分别见上海教育科研，2004(11)：26-31；2004(12)：45-49；熊川武，江玲. 理解教育论[M]. 北京：教育科学出版社，2005：202-240.

开动脑筋办教育，其理论预设是“教育本是脑力活，巧用智慧才成功”。从学术的角度说，理解教育是“理解理论指导的作为理解者的师生与理解对象沟通在感情、认知与行为上筹划并实现生命可能性的过程”。为使这些观念走向实践，本模型要求师生对教育进行整体性理解，注意教学中的感情因素，用切实可行的方式减轻教学负担，以便有较多时间自己筹划并实现生命可能性；同时通过反思与创读的多重循环，将培养学生创新精神与实践能力的期望变成现实。

具体来说，本模型包括由反思到创读再到反思的课内循环，借助档案跟踪实现的反思、创读再反思的课外循环和课内与课外循环结合的多重循环。其关键在于形成课内与课外、过程与结果的完整的教学回路，尽量减少因教学环节的不严密而造成的教学效益的流失。

(1)课内循环的主要步骤

第一，心理准备。主要目的是调节学生心态，让学生带着愉悦的心情开始学习。具体方法多种多样，做心理操是有效方法之一。除此之外，紧密联系教学内容，用简短的故事、奇妙的演示等帮助学生形成良好的心理环境。

第二，反思诊断。旨在增强学生相互理解与合作研究的能力以及反思自己学习行为的意识，并减少教师批改作业的时间。具体方法是：学生在小组(4～5 人一组，各种学力层次的学生搭配)内交换“解题册”，讨论解题中遇到的重要问题(有话则长，无话则短)，并根据老师给出的参考答案互相批改，然后将解题册退还本人，本人将做错的题标记在“习题册”(习题册与解题册分离，习题册用于学生标记错题，解题册用于解题)上，再将解题册上交老师。

第三，创读求新。创读的方式不胜枚举，理解教育只是重点运用“猜想”(即提出假说)、“生熟互换”与“外显思维”等方式，让学生掌握思维上“求新”的规律性。已开发出的创读方式主要有猜想式、反思式、实验式、编写式、遐想式等。

第四,再次反思。经过创读后,学生做课堂练习,目的不仅仅是检查学生理解和掌握知识、技能等的情况,而且要发展学生解决实际问题的能力。因此,课堂作业除教科书上的题外,要适当引入生活中存在的实际问题,这是因为书面题与实际题有本质的区别。

应该指出,在"反思(诊断)"、"创读(求新)"与"(再次)反思"的循环中,许多小的环节被省略。此外,各个环节相互渗透,创读即在读中存在反思,反思中也有创读。

(2)课外循环的主要步骤

这一循环主要围绕"解题册"展开,大致有如下几步:

第一,教师批改错题,反思错源。如前所述,在课内循环的第二步"反思诊断"结束后,学生将解题册交给老师。老师批改作业时不要再看学生"做对"的题,而把主要精力放在研究学生做错的题上,努力做好如下工作:一是发现普遍或典型问题,找出犯错误的规律性;二是给重要错误命名(命名的目的在于让师生记住这类错误,以免再犯);三是将典型错误记入相应学生的"进步档案"。

第二,师生围绕错题,共同创读。在这方面,学生当天要反思做错题(非一般错误题)的原因,有条件的要向老师或老师委托的小先生报告。如果学生独立更正错题确有困难,可在老师或小先生的启发下完成。此外,学生还要在第 7 天和第 14 天再温习两次(要做原题也可做变通题),直到彻底巩固。这样老师把学生的学习问题分散在相对长时距的不同点上,逐个解决,使因材施教成为现实。

第三,根据具体情况,再次反思。比如这样做教学效果是否明显以及原因何在等。

这一切构成了反思、创读再反思的课外循环。应该指出,本模型不是机械的,因具体情况而变。每一步的时间可长可短,不要平均分配,有的步骤还可多次重复。此外,课内循环虽在课内进行,但它通常不是在一节课完成的;课外循环的周期较长,要根据档案密切跟踪,不要流于形式。还有,这些循环步骤只有与具体学科的特点和教学内容紧密结合在一起时,才会变成具有活力的课堂实践。

七、"新教育"的实验研究

由朱永新主持的全国教育科学"十五"规划课题"新教育理论的实践及推广研究",2002 年 7 月启动,教育部 2003 年 12 月立项,2007 年结题,简称"新教育实验"。这是一项具有民间性、自发性、草根性的校本行动研究。目前,全国已有分布在 20 多个省的数百所学校正式加入"新教育实验"中来。"新教育理想"正在行动之中被具体化、系列化,实验学校师生取得了显著的成果。[①]

1.缘起

"新教育"实验由朱永新主持,缘起于其《我的教育理想》和《新教育之梦》这两部个人专著。其中,他试图对"旧教育"、"问题教育"进行诘问、批判,试图以一种哲学的视角对当今时代的"新教育"——"理想的教育"进行解读和建构,书里始终贯彻着这样一个信念:一个没有理想的人不可能走得多远,一个没有理想的学校也不可能走得多远,一个没有理想的教育就更加不可能走得多远。为了更好地宣扬"教育理想",为了能够携起手来一起圆"新教育之梦",朱永新于 2002 年 9 月在江苏省昆山市玉峰实验学校启动了"新教育实验",提出了实验的核心理念、基本观点、基本原则并规划设计了"六大行动"实验项目。接着,另有其他地区的近二十所学校也主动地参加了首批实验。为了进一步推动实验的发展,也为了使研究更加科学和规范,后来申请了"新教育理论的实践及推广研究"这样一个全国教育

① 张荣伟."三新鼎立":历史谱系与本真意义——"新基础教育"、"新教育实验"与"新课程改革"考察报告[J].校长月刊,2005(6):4-8.

科学“十五”规划重点课题,到2003年12月,被全国教育科学规划领导小组正式批准立项。“新教育实验”自然就成为这一课题操作过程中的核心方案。①

此外,该实验的缘起,还得到“新基础教育”实验和“新课程”(新中国成立后的第八次基础教育课程改革)的启发:②

对于“新基础教育”实验,朱永新说,新基础教育实验的核心是生命教育,比较重视主动和互动,比较强调教师和学生双方的生命价值的体现。这个实验的价值观是强调未来性、生命性和社会性,学生观是强调潜在性、主动性和差异性。学习目标不仅在认知能力上而且在道德面貌和精神力量上都能让学生比较好地发展。叶澜老师的主要观点有四句话:把课堂还给学生,让课堂充满生命活力;把班级还给学生,让班级充满成长气息;把创造还给教师,让教育充满智慧挑战;把精神发展主动权还给师生,让学校充满勃勃生机。这四句话是新基础教育实验的灵魂。但他认为难以操作,而且他认为,从“新基础教育”实验者所做的工作看,新基础教育的基本定位的重点还是在课堂。

对于“新课程”,朱永新认为,新课程改革的核心理念是为了每一个学生的发展,提出“为了每位学生的发展,为了中华民族的复兴”,这是一个前提,但没有作为核心理念。它的价值取向主要有五个方面:教育民主、国际理解、回归生活、关爱自然、个性发展。其主要观点,在知识观方面,走出课程目标的知识技能取向,重视过程与方法、情感态度与价值观。这次新课程改革,包括很多教材的编写,都是用新的知识观来统筹的。学生观方面强调个性发展,在课程的处理上确立了课程和生活的连续性,也就是强调课程和生活紧密联系,综合实践等都是如此。

综观二者,朱永新认为,新课程改革,其重点是课程,而新基础教

① 朱永新,本刊记者.“新教育实验”:意义、谱系与展望——朱永新教授访谈录[J].教育研究,2005,305(6):62-67.
② 朱永新.新教育实验的理论与实践[J].中国教师,2004(2):27-29.

育实验的重点是课堂。但课堂和课程不能构成教育的全部生活，不可能涵盖教育的所有内容，甚至于有的时候还不是重要的内容。因此，他在学习他们的一些做法的同时，一直在反思：新基础教育也好，新课程改革也好，尽管目标正确，都是强调能力，强调发展，强调知识情感价值观，强调精神世界、道德风貌，但毕竟是仅定位在课堂和课程，而且都没有一套深入微观的、具有可操作性的行动方案。于是，在构架"新教育"实验的时候，他试图在这两个方面能够作一些突破。

2. **理念**[①]

(1)核心理念

"新教育"实验的核心理念是：为了一切的人，为了人的一切。为什么没有提出为了每位学生的发展？因为没有教师的发展就没有学生的发展。提人，而不提师生，因为实际上教育是一个大教育的概念，比如，没有家长的发展能有学生的发展吗？教育本来就是为了人，人文精神的核心是关注人的生存状态，关注人的发展空间。不仅要关注教师，而且要关注一切的人，帮助校长，帮助家长，帮助社会上所有的人去发展。教育是为了人的一切，这才是"新教育"实验的核心理念。

(2)价值取向

价值取向是：只要行动，就有收获。每个人都有自己的梦想和对成功的渴望，但是，若你不去力行实践的话，再美好的愿望也等于零。事事成功的关键，不仅在于知之，更贵在行之，贵在持久不懈地全心投入。新教育实验的价值取向是：行动。我们相信：只要行动，就有收获。不要坐而论道。你去做，你就行；你去做，你就有可能成功。不要瞻前顾后，不要犹豫彷徨。从加入实验这一天开始，就要真正地行动起来。

① 综合参见朱永新.新教育实验的理论与实践[J].中国教师，2004(2):27-29;"新教育实验"的基本理论与实践探索[J].课程·教材·教法，2005，25(9):18-24;张荣伟."三新鼎立"：历史谱系与本真意义——"新基础教育"、"新教育实验"与"新课程改革"考察报告[J].校长月刊，2005(6):4-8.

(3)基本观点

第一,无限相信师生的潜力。唤醒潜能、激发力量、促进教师和学生走向成功,这是“新教育实验”的一个重要观点。他们相信,学生和教师身上的潜力你怎么去评估都不会过分。现代医学心理学认为,由于各种复杂的内部和外部原因,人的大脑机能存在着一种抑制现象,使得人们长期难以察觉自己的能力,但是,在恰当刺激的条件下则可以解除这种抑制,从而使蕴藏于人体内的潜能充分地释放出来,产生一种神奇的力量。科学家指出,人的能力有90%以上处于休眠状态,没有开发出来。如果我们能多挖掘自己一些潜能,那将会创造一道亮丽的人生风景线。这一点,“皮格马利翁效应”以及“期望值与孩子成长正相关”的心理学实验是最好的说明。就学生的发展而言,教师应该通过各种方式向他传达“你很优秀”的信息,使其感受到教师的关注。这样,就能够产生一种激励作用,促使其学习时加倍努力,进而取得好成绩。人们通常这样来形象地说明“皮格马利翁期待效应”:说你行,你就行,不行也行;说你不行,你就不行,行也不行。要想使一个人发展更好,就应该给他传递积极的期望。期望对人的行为有巨大影响。积极的期望促使人们向好的方向发展,消极的期望则使人向坏的方向跌落。在家庭教育中,父母如果能灵活运用“皮格马利翁期待效应”,也必将受益无穷。

第二,教给学生一生有用的东西。为什么新课程提出要从知识技能走向情感,走向价值观呢?其潜台词是:教科书对孩子有用,但不是一生的东西。因此你新教材编得再好,也不能解决学生所有的问题,甚至有时会误导学生的人生目标——因为几乎所有的学校、所有的老师毕竟还是把考取一所好大学作为我们基础教育的终结目标。以成败论英雄、以金牌论英雄、以大学校名论英雄,这种观点是错误的。在新教育实验的行动方案里面大家可以看到,大家在努力尝试，教一些让学生一辈子真正有用的东西。关键是怎么样让学生有一个真正辉煌的明天，而不是仅仅辉煌的今天。我们的教育太急功近利了，这是我们教育的悲哀。

第三，重视精神状态，倡导成功体验。培养一个人积极的态度非常重要，培养学生能够不断地感受成功，不断地体验成功，从而能够不断地相信自我，不断地挑战自我。

第四，强调个性发展，注重特色教育。特色并不意味着圆满，但特色就是卓越。企业如此，学校如此，凡事莫不如此。学校也是这样，没有自己的特色是谈不上辉煌的。对个体生命来说也是如此。

第五，让师生与人类崇高精神对话。在我们的教育中，如果说我们对人的问题已经开始注意，那么对于人类的问题，对于人类的命运，对于人类文化的发展延续，对于文明的进程，还没有引起足够的关注。文明有可能在我们这一代人身上，或者说在我们这一代教育者的手里走向衰弱。文明、文化的发展、延续，是人类发展和延续的根基。应该让我们的孩子、老师能够真正地融入社会，能够有强烈的社会责任感、使命感、正义感，不是逃避现实，不是逃避责任。

总之，"新教育"实验的目标追求是：追寻理想，超越自我。认为参加实验的所有学校的师生都应该有自己的梦，都应该给自己一种挑战自我的勇气、一种超越自我的精神。每一个教师、每一个学生都要找到成功的感觉，让相当部分的教师和学生都能够成才，最后有一定的成就，成长并快乐着。"新教育"实验追求这样四重教育境界：成为学生享受成长快乐的理想乐园；成为教师实现专业发展的理想舞台；成为学校提升教育品质的理想平台；成为"新教育共同体"的"精神家园"和共同成长的"理想村落"。

3. **行动**①

在操作层面，"新教育"实验设计了"六大行动"，即营造书香校

① 朱永新. 新教育实验的理论与实践（续）[J]. 中国教师，2004（3）：20-23；"新教育实验"的基本理论与实践探索[J]. 课程·教材·教法，2005，25（9）：18-24.

园、师生共写随笔、聆听窗外声音、双语口才训练、建立数码社区、构建理想课堂。

(1)营造书香校园

为了实现师生与人类崇高精神的神圣对话,新教育实验在充分研究、积极实践的基础上,形成了“营造书香校园行动计划”。实验学校把每年的9月25日设立为校园“阅读节”,并倡议这一天为全国“阅读节”。实验学校加强了图书馆、阅览室建设,并尝试建立开放式图书广场,每班配备图书架,重视超文本图书馆的建设,研究利用网络开展阅读。实验学校提供专门、足量的阅读时间给师生,鼓励学生家庭建设家庭图书架,形成“书香家庭”。实验学校图书馆向家庭和社区开放,并形成校际合作、区域流动。组织上百名专家在近万份问卷调查的基础上,历时6年拟定了《新世纪教育文库》,向小学生、中学生、大学生、教师推荐阅读书目各百种,以年度为界限正式公布。成立“书香俱乐部”,作为师生开展读书活动的基本组织形式,指导各实验学校开展形式多样的读书活动。昆山的柏庐小学,吴江的金家坝、同里小学,浙江宁波万里国际学校,江苏武进湖塘桥小学,等等,都开展了很多有效的读书活动。读书,读课本以外的好书,正在成为这些实验学校师生的一种文化自觉。

(2)师生共写随笔

就是倡导师生立足于每一天的教育、学习生活,在写随笔(日记)的过程中,体验生活,反思自己,促进超越自我。有人把写日记称之为“道德长跑”,实际上不仅如此。试想,我们的教师如果每天坚持写一篇千字文,写10年就是写了3650多篇,就有300多万字了,教书育人怎么可能不得心应手?当然,“写”只是形式,以“写”带动的却是阅读,是思考,是实践。阅读滋养底气,思考带来灵气,实践造就名气。再说,如果每个教师每天记点东西,以后教育家要研究中国的教育，这就是最好的研究资料。为什么要强调师生共同去做？学生也需要记录成长的履痕，反思自己的行为，倾诉心中的秘密。这是一个心灵的窗口、灵魂的寓所、青春的阳台。学生要在日记的写作中培养作文的兴趣，掌握做人的道理。现在，参加新教育实验的一大批教师（有的是学校）在网上交流平台——教育在线（www.eduol.cn）上开设了自己的专栏，坚持写教育随笔，江阴环南路小学参加新教育实验半年，就出了两本日记集，题名为《放飞希望》。

（3）聆听窗外声音

就是开展学校报告会活动，充分利用校外的教育资源，引导学生学会关心社会，激发学生形成多元的价值观，培养他们创造的激情。我们的教师和学生实际上是在一个相对封闭的校园里生活。他们虽然也接触世界，但是他们所接触的世界是没有经过选择的世界。他们所听到的声音主要是教师和家长的声音。他们所接受的教育就是从应试然后走上就业的教育。通过层层的考试，直到考取大学，大学毕业以后再通过考试来就业。我们培养出来的学生都是去抢饭碗的。但是饭碗本身又是有限的。到最后，就把教育归结为抢饭碗。我们的毕业生中如果能够有5%去创业，是去制造饭碗而不是抢饭碗，那么他就能够为另外的5%甚至是10%、20%的学生提供就业的机会。创业的冲动、创业的激情要靠什么呢？很大程度上都要靠窗外的声音去激发，去培养。把社会的名流、企业家，哪怕是一个普通人、农民请到学校，让一个孩子在校期间听100场报告，这是新教育的期望。说不定某一个报告就可以改变某一个孩子或者某几个孩子的人生，人是需要榜样的。这就是教育，这样的教育会给我们带来很多意想不到的东西。实验学校已经在行动，苏州工业园区和昆山的部分学校开始把世界500强企业的驻华代表请进课堂，张家港高级中学甚至初步形成了一个学生报告系列。

(4)双语口才训练

就是开展中英文听说活动,培养学生讲一口流利的中文和英文,培养学生终身受益的口头表达能力。讲话是一个人展示才华、征服别人的基本能力,是一个人展开交际的重要手段。可是我们现在的教育很少让孩子说大声的话,说流利的话,说自信的话。所以,要求实验学校创立学生论坛,让学生有当众说话的地方,说话时得体大方,声音洪亮,不畏首畏尾,敢于表达,清楚表达。课堂上,更要让学生有说的机会,老师讲的,能少则少。为了培养语感,无论是母语还是外语,都要背诵一些名篇。已编写出版的图书有:《中华经典诵读本》、《英文名篇诵读》、《科技英语阅读》。

(5)建设数码社区

就是要加强学校内外网络资源的整合,建设学习型网络社区,让师生进行网络学习、交流,在操作与实践中培养师生的信息应用能力。信息化是教育发展的一个很重要的前提。信息化不仅会改变教育的形式,而且在很大程度上会改变教育的状态甚至教育的本质。目前要做的是,所有的实验学校联合起来,把自己的资源让所有的学校共享,教案、学案、备课资料,甚至课堂在线。重复的开发、重复的劳动、重复的购买,那将是教育资源的巨大浪费。还要让每一个学生和教师都知道,我们生活在一个信息化的社会,生活在一个知识爆炸的时代。我们要形成快速获取信息的能力,并且学会在网上表达与交流。所有的学生都要利用校园网制作个人网页。目前,许多实验学校已经建立起校园网,还有相当一部分学生建立了个人主页。

(6)构建理想课堂

课堂是学校进行教育活动不可或缺的重要场所,学校的教学任务主要是通过课堂教学来完成的,课堂生活的质量直接关系着学生生活的质量和学校教育的成败。理想的课堂应该创设一种平等、民主、安全、愉悦的课堂气氛，应该由以知识本位、学科本位转向以学生的发展为本，真正对知识、能力、态度进行有机整合，因材施教，充分体现课堂的生活性、生命性和发展性。“插秧式”的课堂教学组织形式要求整齐划一，它在维护严格的甚至是苛刻的课堂秩序的同时，约束和限制了一个个活生生的灵性；“填鸭式”的课堂教学只突出了教师传道、授业、解惑的功能，却忽视了教师和学生的情感，激发不了学生感受知识魅力和价值的欲望；而“标准化”教学简单化了学生的思维，扼杀了学生的创新能力。因此，注重开放和生成，对于构建充满生命活力的课堂运行体系是十分重要的。但是，开放对应于封闭，生成对应于预设。课堂教学应当是预设与生成、封闭与开放的矛盾统一体。为此，提出了理想课堂的“六个度”：一是参与度，二是亲和度，三是自由度，四是整合度，五是练习度，六是延展度。

4. **成果**

作为一项综合性、整体性、长期性的改革实验，新教育实验的出发点在于进行“教育共同体及其生活世界改造”，也就是说，新教育实验的六个“自变量”可以初步理解和设定为“六大行动”，即“营造书香校园”、“师生共写随笔”、“聆听窗外声音”、“双语口才训练”、“建设数码社区”、“构建理想课堂”。当然，还包括有待进一步具体化的“培育学校特色”和“优化家校合作”等活动。“因变量”则体现在“十大领域”，即理想的德育、智育、体育、美育和劳动技术教育，以及理想的学校、教师、校长、学生和父母。而最为根本的三个变量则表现为“学生的生存状态”、“教师的行走方式”和“学校的发展模式”。所以说，新教育实验最明显的、可检验的成果将体现为“三大改变”：“改变学生的生存状态”、“改变教师的行走方式”和“改变学校的发展模式”。在此基础之上，在新教育实验推进的过程之中，另一个必然生成而又相对内隐的成果是：“改变传统的教育科研和教育改革范式”，即形成一套区域性开发和推广教育科研新成果的动态机制，开拓一条推动我国教育尤其是基础教育改革、创新、发展的理想道路。[①]

自2002年以来，“新教育”实验先是在苏州市昆山玉峰实验学校启动，不久被教育部批准为“十五”规划重点课题项目，现在全国已有24个省、市500所中小学加盟，5万名教师、80万名学生参与其中。这项实验极富现实性、针对性，对推进素质教育具有重要作用，目前已取得初步成效：一是由于实行“自愿加盟，来去自由”政策，极大地调动了参与实验学校的积极性；二是促进了参与实验的教师的专业发展；三是为学生快乐成长创造了有利条件，增强了学习兴趣，提高了学习成绩。[②]

当然，“新教育”实验在取得成效、获得赞誉之际，也遭遇不少质疑与批评，同时其自身也面临着困境与“再出发”的问题。[③]

八、“基础教育课程改革”的实验研究

与上述七项实验研究不同，21世纪初教育部开始在全国实施的基础教育课程改革，正是经过众多教育学者的通力合作，才编制了改革方案和新课程标准，最后作为“国家行为”而推进的；而且，此次基础教育课程改革坚持“先立后破，先实验后推广的”[④]的原则。鉴于此，本书也把它作为一项重大的实验研究，结合课程改革方案(纲要)与学术研究两方面，呈现相关主要成果。

1.课程改革的背景、目标及理念、策略

2001年开始在全国推行的基础教育课程改革，其初衷是为了推进素质教育。对此，2001年出台的《基础教育课程改革纲要(试行)》(以下简称《纲要》)明确指出：改革开放以来，我国基础教育取得了辉

① 朱永新.“新教育实验”的基本理论与实践探索[J].课程·教材·教法，2005，25(9)：18-24.

② 吴恒山.朱永新的学术研究成就与新教育实验[J].大连教育学院学报，2007，23(1)：10-17.

③ 随着负载“新教育理想”的新教育实验在实践中的展开，其影响日益扩大。《南风窗》将“新教育实验”誉为中国的“新希望工程”，2004年岁末，《21世纪经济报导》则以《“唤醒者”朱永新——一个官员的教育乌托邦》和《教育百年：一群理想主义者的背影》为题对“新教育实验”的历史意义进行了探讨和定位。(见张荣伟.“三新鼎立”：历史谱系与本真意义——“新基础教育”、“新教育实验”与“新课程改革”考察报告[J].校长月刊，2005(6)：4-8.)关于“新教育实验”面临的问题及其反思、评论及其对策，可见黄甫全.“必须警惕当代教育研究中的‘浮夸’风气——致苏州市副市长朱永新博士的公开信”，2006年3月13日“学术批评网”；陈桂生.关于“新教育实验”的《公开信》小议[J].教育发展研究，2006(5B)：13-13；“新教育实验”总课题组，张荣伟.“新教育实验”的基本理论与实践探索——《新教育理论的实践及推广研究》结题报告(下)[J].校长月刊，2006(4)：24-28；陈才安.新教育实验再出发[J].南风窗，2007(2上)：54-56.等。

④ 钟启泉，崔允漷，张华.为了中华民族的复兴 为了每位学生的发展——《基础教育课程改革纲要(试行)》解读[C].上海：华东师范大学出版社，2001：14.另，由李连宁主持、不少教育学者参与的国家社科基金“十五”规划国家重点课题的名称就是“国家基础教育新课程的研究、实验与推广”，它源于1999年的《面向21世纪教育振兴行动计划》的“跨世纪素质教育工程”(1999—2003)，后被列为“十五”规划国家重点课题(2001)。课题致力于构建面向21世纪具有中国特色的现代化基础教育课程体系，构建推进这一课程体系健康实施的课程政策、文件、工作方式及保障机制。

煌成就，基础教育课程建设也取得了显著成绩。但是，我国基础教育总体水平还不高，原有的基础教育课程已不能完全适应时代发展的需要。为贯彻《中共中央国务院关于深化教育改革全面推进素质教育的决定》（中发［1999］9 号）和《国务院关于基础教育改革与发展的决定》（国发［2001］21 号），教育部决定，大力推进基础教育课程改革，调整和改革基础教育的课程体系、结构、内容，构建符合素质教育要求的新的基础教育课程体系。新的课程体系涵盖幼儿教育、义务教育和普通高中教育。

《纲要》提出，课程改革的目标是：基础教育课程改革要以“教育要面向现代化，面向世界，面向未来”和“三个代表”重要思想为指导，全面贯彻党的教育方针，全面推进素质教育。新课程的培养目标应体现时代要求。要使学生具有爱国主义、集体主义精神，热爱社会主义，继承和发扬中华民族的优秀传统和革命传统；具有社会主义民主法制意识，遵守国家法律和社会公德；逐步形成正确的世界观、人生观、价值观；具有社会责任感，努力为人民服务；具有初步的创新精神、实践能力、科学和人文素养以及环境意识；具有适应终身学习的基础知识、基本技能和方法；具有健壮的体魄和良好的心理素质，养成健康的审美情趣和生活方式，成为有理想、有道德、有文化、有纪律的一代新人。

《纲要》规定，基础教育课程改革的具体目标是：改变课程过于注重知识传授的倾向，强调形成积极主动的学习态度，使获得基础知识与基本技能的过程同时成为学会学习和形成正确价值观的过程；改变课程结构过于强调学科本位、科目过多和缺乏整合的现状，整体设置九年一贯的课程门类和课时比例，并设置综合课程，以适应不同地区和学生发展的需求，体现课程结构的均衡性、综合性和选择性；改变课程内容“难、繁、偏、旧”和过于注重书本知识的现状，加强课程内容与学生生活以及现代社会和科技发展的联系，关注学生的学习兴趣和经验，精选终身学习必备的基础知识和技能；改变课程实施过于强调接受学习、死记硬背、机械训练的现状，倡导学生主动参与、乐于探究、勤于动手，培养学生搜集和处理信息的能力、获取新知识的能力、分析和解决问题的能力以及交流与合作的能力；改变课程评价过分强调甄别与选拔的功能，发挥评价促进学生发展、教师提高和改进教学实践的功能；改变课程管理过于集中的状况，实行国家、地方、学校三级课程管理，增强课程对地方、学校及学生的适应性。

为了实现上述总体目标，有学者提出，在新的历史时期，我国基础教育课程改革的理念与策略应该是：

第一，倡导全人教育。强调课程要促进每个学生身心健康发展，培养良好品德，培养终身学习的愿望和能力，处理好知识、能力以及情感、态度、价值观的关系，克服课程过分注重知识传承和技能训练的倾向。

第二，重建新的课程结构。处理好分科与综合、持续与均衡、选修和必修的关系，改革目前课程结构过分强调学科独立、纵向持续、门类过多和缺乏整合的现状，体现课程结构的综合性、均衡性与选择性。

第三，体现课程内容的现代化。淡化每门学科领域内的“双基”，精选对学生终身学习与发展必备的基础知识和技能，处理好现代社会需求、学科发展需求与学生发展需求在课程内容的选择与组织中的关系，改变目前部分课程内容繁、难、多、旧的现象。

第四，倡导建构性学习。注重学生的经验与学习兴趣，强调学生主动参与、探究发现、交流合作的学习方式，改变课程实施过程中过分依赖课本、被动学习、死记硬背、机械训练的观念。

第五，形成正确的评价观念。建立评价项目多元、评价方式多样、既关注结果更加重视过程的评价体系，突出评价对改进教学实践、促进教师与学生发展的功能，改变课程评价方式过分偏重知识记忆与纸笔考试的现象以及过于强调评价的选拔与甄别功能的倾向。

第六，促进课程的民主化与适应性。重新明确三级课程管理机构的职责，改变目前课程管理过于集中的状况，尝试建立国家、地方、学校三级课程管理制度，增强课程对地方、学校及学生的适应性。[①]

基于并为了上述目标、理念及策略，众多学者就课程结构、课程标准与教材开发、教学理念与策略、课程与教学评价、课程管理与课程资源、课程改革与教师发展等问题进行了研究与探讨。这些研究与课程改革相辅相成，促进了彼此的发展。其要者如下。

2.课程结构改革

关于课程结构，《纲要》规定：整体设置九年一贯的义务教育课程。小学阶段以综合课程为主。小学低年级开设品德与生活、语文、数学、体育、艺术（或音乐、美术）等课程；小学中高年级开设品德与社会、语文、数学、科学、外语、综合实践活动、体育、艺术（或音乐、美术）等课程。初中阶段设置分科与综合相结合的课程，主要包括思想品德、语文、数学、外语、科学（或物理、化学、生物）、历史与社会（或历史、地理）、体育与健康、艺术（或音乐、美术）以及综合实践活动。积极倡导各地选择综合课程。学校应努力创造条件开设选修课程。在义务教育阶段的语文、艺术、美术课中要加强写字教学。高中以分科课程为主。为使学生在普遍达到基本要求的前提下实现有个性的发展，课程标准应有不同水平的要求，在开设必修课的同时，设置丰富多样的选修课程，开设技术类课程。积极试行学分制管理。从小学至高中设置综合实践活动并作为必修课程，其内容主要包括：信息技术教育、研究性学习、社区服务与社会实践以及劳动与技术教育。强调学生通过实践，增强探究和创新意识，学习科学研究的方法，发展

① 钟启泉，崔允漷，张华，有宝华.为了每一个学生的发展——新世纪中国基础教育课程改革刍议[J].全球教育展望，2001(2)：3-8.

综合运用知识的能力。增进学校与社会的密切联系，培养学生的社会责任感。在课程的实施过程中，加强信息技术教育，培养学生利用信息技术的意识和能力。了解必要的通用技术和职业分工，形成初步技术能力。农村中学课程要为当地社会经济发展服务，在达到国家课程基本要求的同时，可根据现代农业发展和农村产业结构的调整因地制宜地设置符合当地需要的课程，深化"农科教相结合"和"三教统筹"等项改革，试行通过"绿色证书"教育及其他技术培训获得"双证"的做法。城市普通中学也要逐步开设职业技术课程。

有学者指出，改革开放以来，我国进行的历次基础教育课程改革，对于完善课程结构发挥了积极的作用，但与国际相对成熟的基础教育课程结构相比，我国基础教育的课程结构存在诸如课程类型单一、科目比重失衡、课程内容繁重和陈旧等严重问题；为此，课程结构改革应坚持三项基本原则——综合性原则、均衡性原则、选择性原则，从而实现课程结构调整的主要任务——构建多样化的课程类型结构、构建均衡的科目结构、完善与优化课程内容。[①]《纲要》提出的新一轮课程改革的重要目标之一，就是要构建体现多样化、选择性的课程结构，这在整个课程特别是高中新课程方案中得到了较为充分的体现。对此，有研究者认为，较之传统的高中课程结构，本次选择的高中新课程方案几乎是革命性的变化，它是克服传统课程弊端、培养多样化人才的需要；是由人的多样性决定的；多样化、选择性的课程结构是基础性的重要维度，是人的全面发展的本质要求，是真正的教学质量的基础。[②]

综合实践活动课程是一种与各学科课程领域有着本质区别的新的课程领域，是此次基础教育课程改革的结构性突破。研究者们对其含义、本质、理论基础及其实施与教学等问题进行了详细的探讨。相关研究指出，综合实践活动课程是基于学生的直接经验、密切联系

① 钟启泉，崔允漷，张华.为了中华民族的复兴 为了每位学生的发展——《基础教育课程改革纲要(试行)》解读[C].上海：华东师范大学出版社，2001：55-70.

② 石鸥.选择一种课程就是选择一种未来——关于高中多样化、选择性课程结构的几点认识[J].中国教育学刊，2003(2)：1-5.

学生自身生活和社会生活、体现对知识的综合运用的课程形态。这是一种以学生的经验与生活为核心的实践性课程。综合实践活动课程的性质、特点、理念、目标、内容、实施、评价、管理都与学科课程有本质的区别。在我国这样一个“分科主义”盛行的国度，设置综合实践活动课程不仅是一个结构性突破，而且体现了课程改革的发展方向。[①]综合实践活动课程的开发是适应当代新发展阶段论的必然结果，它是介于国家课程、地方课程和校本课程之间的一种课程组织形态；当代的课程观、知识观、发展观的转换，为其开发奠定了坚实的理论基础。[②]综合实践活动课程是一门立足学生的直接经验、回归学生的生活世界、关注学生的亲身实践的课程，在重建新时代的课程观、教学观、学习观方面具有巨大的潜力。为保证潜力的充分发挥，综合实践活动需要检讨三个问题：流于技术的操作，缺乏整体的规划；与学科课程割裂，缺乏探究的深度；以事实研究为目标，缺乏价值的关照。[③]综合实践活动课程具有实践性、开放性、自主性、生成性特点，其基本理念和主张是：坚持学生的自主选择和主动参与；面向学生完整的生活领域，为学生提供开放的个性发展空间；注重学生的亲身体验和积极实践，强调学习方式的变革。其实施要求处理综合实践活动课教师指导、评价原则和内容及实施过程中应协调好的几个关系等问题。[④]而综合实践活动课程教学注重过程，是过程的集合体，具体包含探究学习、体验学习、交往学习、媒体学习等综合性学习方式。综合实践活动课程教学过程是一个特殊的体验过程；强调体验过程与认识过程的互相转化，是经验动态转化、意义建构的过程；是一个交往/交流的过程。[⑤]

研究性学习是综合实践活动课程的主要内容之一。而随着近年来有关创新精神和创造能力培养的问题引起教育界和全社会的广泛关注，并成为当前基础教育改革的一个热点，不少学者对研究性学习

① 张华.论“综合实践活动”课程的本质[J].2001(8):10-18.

② 熊梅.当代综合实践活动课程开发的理论基础[J].教育研究,2001(3):40-46.

③ 钟启泉,安桂清.综合实践活动课程:实质、潜力与问题[J].北京大学教育评论,2003,1(3):66-69.

④ 田慧生.综合实践活动课程的基本原理与实施策略[J].教育科学研究,2003(7、8):10-13.

⑤ 李臣之.综合实践活动课程教学过程论[J].课程·教材·教法,2006,26(8):8-12.

进行了更多的关注与探讨。

相关研究认为,研究性学习是指学生在教师指导下,以类似科学研究的方式去获取知识和应用知识的学习方式,它具有重过程、重应用、重体验、重全员参与的基本特征。同时该研究强调,研究性学习是一种学习方式,它主要从学习者个体发展的需要和认识规律出发,提出了以“创造”为指向的学习形式及有关的学习内容。在学校教育和教学过程中,还需要更多地从教的角度来考虑与之相应的课程、教材、教法等问题。教育目的、教学目标的整体性和丰富性,使学生的学习方式也必然是多样而变化的。因此,研究性学习并不是要取代已有的学习方式,而是一种学习方式的必要补充。[①]还有学者指出,改造学生的学习方式是当代课程改革的焦点。研究性学习是一种“问题解决学习”,是一种跨学科的综合实践活动,是一种基于学习资源的开放式学习;课程行动研究是保障研究性学习得以实施、教师专业能力得以提升的基本策略。[②]也有学者探讨了研究性学习的评价问题,认为学习经验的选择和课程统整是研究性学习的课程组织所必须关注的重要课题,研究性学习的评价要充分发挥评价的形成性功能,强调学生对学习的参与过程和独特体验,同时注重学生的个别差异;评价方法不能局限于传统的纸笔测验,而应走向“真实评估”或“表现评估”。[③]当然,更有研究者在充分肯定研究性学习对基础教育课程改革的积极作用的同时,对其进行了“冷思考”,提出了“研究性学习,姓‘学’不姓‘研’”的命题与观点。[④]

3.课程标准与教材开发

此次课程改革的一个显著变化是以“课程标准”取代“教学大纲”。《纲要》规定,国家课程标准是教材编写、教学、评估和考试命题的依据,是国家管理和评价课程的基础。应体现国家对不同阶段的学生在知识与技能、过程与方法、情感态度与价值观等方面的基本要

① 张肇丰.试论研究性学习[J].课程·教材·教法,2000(6):42-45.

② 钟启泉.研究性学习:“课程文化”的革命[J].教育研究,2003,280(5):71-76.

③ 彭寿清.研究性学习的组织与评价[J].教育研究,2005,303(4):65-77.

④ 方展画.研究性学习:姓“学”不姓“研”[J].教育发展研究,2004(3):21-24.

求，规定各门课程的性质、目标、内容框架，提出教学和评价建议。制定国家课程标准要依据各门课程的特点，结合具体内容，加强德育工作的针对性、实效性和主动性，对学生进行爱国主义、集体主义和社会主义教育，加强中华民族优良传统、革命传统教育和国防教育，加强思想品质和道德教育，引导学生树立正确的世界观、人生观和价值观；要倡导科学精神、科学态度和科学方法，引导学生创新与实践。《纲要》还提出，教材改革应有利于引导学生利用已有的知识与经验，主动探索知识的发生与发展，同时也应有利于教师创造性地进行教学。教材内容的选择应符合课程标准的要求，体现学生身心发展特点，反映社会、政治、经济、科技的发展需求；教材内容的组织应多样、生动，有利于学生探究，并提出观察、实验、操作、调查、讨论的建议。完善基础教育教材管理制度，实现教材的高质量与多样化。实行国家基本要求指导下的教材多样化政策，鼓励有关机构、出版部门等据国家课程标准组织编写中小学教材。改革中小学教材指定出版的方式和单一渠道发行的体制，严格遵循中小学教材版式的国家标准。

就此有学者指出，在新一轮基础教育课程改革中，用国家课程标准取代我国沿用了几十年的教学大纲，目的在于充分体现素质教育的理念，充分吸纳现代课程论、教学论的基本思想和最新成果，积极借鉴国际上基础教育发达国家的经验。因此，课程标准是全新的，课程目标、基本框架、结构体例和表述方式都充满着鲜明的时代气息和特点。[①]

相关研究还探讨了课程标准的性质：课程标准主要是对学生在经过某一学段之后的学习结果的行为描述，而不是对教学内容的具体规定（如教学大纲或教科书）；它是国家制定（有些国家是地方制定）的某一学段的共同的、统一的基本要求，而不是最高要求；学生学习结果行为的描述应该尽可能是可理解的、可达到的、可评估的，而

① 彭钢．从教学大纲走向课程标准——课程标准所体现的课程理念与实施要求的解读[J]．当代教育科学，2003(21)：25-27.

不是模糊不清的、可望不可即的;它隐含着教师不是教科书的执行者,而是教学方案(课程)的开发者,即教师是"用教科书教,而不是教教科书";课程标准的范围应该涉及作为一个完整个体的发展的三个领域——认知、情感与动作,而不仅仅是知识方面的要求。[①]

新课程标准的主要特点是:[②]第一,努力将素质教育的理念切实体现在课程标准的各个部分。课程标准力图在"课程目标"、"内容标准"和"实施建议"等方面全面体现"知识与技能、过程与方法以及情感态度与价值观"三位一体的课程功能,从而促进学校教育重心的转移,使素质教育的理念切实体现到日常的教育教学过程中。第二,突破学科中心。课程标准关注学生的兴趣与经验,精选学生终身学习必备的基础知识和技能,努力改变课程内容繁、难、偏、旧的现状,密切教科书与学生生活以及现代社会、科技发展的联系,打破单纯地强调学科自身的系统性、逻辑性的局限,尽可能体现义务教育阶段各学科课程应首先服务于学生发展的功能。第三,改善学习方式。各学科课程标准结合本学科的特点,加强过程性、体验性目标,引导学生主动参与、亲身实践、独立思考、合作探究,从而实现学生学习方式的变革,改变单一的记忆、接受、模仿的被动学习方式,发展学生搜集和处理信息的能力、获取新知识的能力、分析和解决问题的能力以及交流与合作的能力。第四,体现评价促进学生发展的教育功能,"评价建议"有更强的操作性。各学科课程标准力图结合本学科的特点提出有效的策略和具体的评价手段,引导学校的日常评价活动更多地指向学生的学习过程,从而促进学生的和谐发展。课程标准中建议采取多种方法进行评价。第五,为课程实施提供了广阔空间。课程标准重视对某一学段学生所应达到的基本标准的刻画,同时对实施过程提出了建设性的意见;而对实现目标的手段与过程,特别是知识的前后顺序,不作硬性规定。这是课程标准和教学大纲的一个重要

① 崔允漷.国家课程标准与框架的解读[J].全球教育展望,2001(8):4-9.
② 刘兼.国家课程标准的框架和特点分析[J].人民教育,2001(11):23-25.

区别，从而为教材的多样性和教师教学的创造性提供了广阔的空间，为体现并满足学生发展的差异性创造了比较好的环境。

“课程标准”隐含着教师不是教科书的执行者，而是教学方案（课程）的开发者。伴随着此次基础教育课程改革，课程教材开发得到了特别的研究与实验。由魏国栋主持的全国教育科学“十五”规划国家重点课题“新基础教育课程教材开发的研究与实验”，以新基础教育带来的新理念和新观点，重新审视了基础教育课程教材的研究、开发、编制、使用和评价的全过程，探寻了义务教育和普通高中教育课程教材开发的理论创新和实践模式创新，以开发新的促进学生积极主动发展的课程教材，全面提高全体学生的综合素质。该课题主要研究了五个重点方面：一是新基础教育课程教材设计的基础研究；二是基础教育课程教材设计的研究；三是课程与教学资源的研究与开发；四是课程教学与信息技术整合的研究；五是基础教育课程教材实验与评价模式的研究。该课题的五个重要观点是：第一，新基础教育课程教材开发的核心是以学生的发展为本；第二，以创新的教材开发和设计培养学生的创新精神和实践能力；第三，超越教材局限的课程资源的开发是教材设计的有机组成部分；第四，利用信息技术整合拓展教材空间和功能；第五，教材开发需要教学评价和研究作支撑。①

① 程材，延凯，筠弢．全国教育科学“十五”规划国家重点课题“新基础教育课程教材开发的研究与实验”[J]．课程·教材·教法，2006(7)．

4．**教学理念与策略**

基础教育课程改革要求教学理念与策略的变革与转换。《纲要》提出，教师在教学过程中应与学生积极互动、共同发展，要处理好传授知识与培养能力的关系，注重培养学生的独立性和自主性，引导学生质疑、调查、探究，在实践中学习，促进学生在教师指导下主动地、富有个性地学习。教师应尊重学生的人格，关注个体差异，满足不同学生的学习需要，创设能引导学生主动参与的教育环境，激发学生的学习积极性，培养学生掌握和运用知识的态度和能力，使每个学生都能得到充分的发展。大力推进信息技术在教学过程中的普遍应用，促进信息技术与学科课程的整合，逐步实现教学内容的呈现方式、学生的学习方式、教师的教学方式和师生互动的教学方式的变革，充分发挥信息技术的优势，为学生的学习和发展提供丰富多彩的教育环境和有力的学习工具。

课程改革伊始，有学者就从素质教育的角度探讨了课程教学改革的问题，并以"对话"与"文本"的概念，分析了教学活动的本质，指出教学是"沟通"与"合作"的活动；阐述了教学规范的转型，认为转型的教学规范应具备丰富性、回归性、关联性、严谨性。[①] 也有学者提出，建立符合素质教育要求的基础教育课程体系，需要树立先进的教学观念：教学不只是课程传递和执行的过程，更是课程创生与开发的过程；教学不只是传授知识的过程，更是师生交往、积极互动、共同发展的过程；要改变重结论轻过程的教学倾向，注重学生探索新知的经历和获得新知的体验；学科教学要以学生的发展为本，服从、服务于学生的健康全面发展。[②]

在课程改革的推进过程之中，教学改革与转型得到持续而深入的研究。相关研究认为，新课程赋予教学以新的内涵，教学必须实现价值转型，切实关注学生作为"整体的人"的发展，引领学生学会生存和学会做人；教学变革的关键就是转变教师的教学行为和学生的学习方式，合理开发和利用课程资源，进而创建一种新型的课堂教学文化模式——思维型教学文化。[③] 教学是师生之间沟通的社会实践活动，学校中学科教学的主要作用就在于以这种活动作为源泉，引发学生的文化性发展；学生的活动得以形成的基本理论——"活动理论"，采用了辩证唯物主义关于活动与意识动态联系的观点，综合了理解人类行为的多种学术领域，发展出超越"个体"与"环境"的二元论的"活动"概念；建构性教学的"活动理论"是实践"学习者共同体"的理

① 钟启泉.素质教育与课程教学改革[J].教育研究，1999(5)，46-49；对话与文本：教学规范的转型[J].教育研究，2001(3)：33-39.

② 余文森.树立与新课程相适应的教学观念[J].教育研究，2002,267(4)：58-61.

③ 钟启泉，姜美玲.新课程背景下教学改革的价值取向及路径[J].教育研究，2004，295(8)：32-36.

论框架，可以为我国新型的课程体系与教学制度的确立，归根结底为学校的合作文化的重建，奠定坚实的基础。[①]

还有研究从知识隐喻的角度探讨了教学转型。研究者认为，从知识隐喻的角度考察知识论历史演进的线索，可以看到：一切真正的知识都具有活动的、实践的性质，应当原原本本地看待“认知活动”。不过，这些知识的隐喻尽管凸显了“认知活动”的关系性，但依然没有从近代批判哲学所固有的认识论中解放出来。因此，传统的“客观主义”知识论固然是不可取的，现代的“主观主义”知识论的局限性也不可轻视。立足于种种知识说给出的若干指标，考察我国的教育改革面临的问题，得出的启示是，素质教育的课堂教学需要克服两种片面性：既不能无视儿童已有的知识体系，单向地灌输知识，也不能走向轻视概念性知识、无视知识结构化的体验主义教育。[②]

教育改革的核心环节是课程改革，课程改革的核心环节是课堂教学，课堂教学的核心环节是教师的专业发展；而“有效教学”的理论与实践的研究，集中地体现了这个改革逻辑，它冲破了旧的教学法研究的束缚，立足于新的教学研究的视点；“有效教学”是寻求教学效益的活动，是转型教学规范的活动，是关注学生成功的活动。[③]有效教学是对教学的基本要求，优质教学是追求的目标，新课程呼唤优质教学；优质教学坚持三维目标整合的整体发展观，秉承注重思维过程、生活经验、开放建构和整体联系的知识观，倡导主动性、交往性、创新性和体验性学习的学习观，要求教师由传授者走向促进者，由拥有知识到拥有智慧；优质教学的核心是学生的优质发展，而促进学生的优质发展则需要优质的知识、优质的学习和优质的教师。[④]

伴随着教学改革与转型的研究，有学者还提出了“教学研究的转型”命题。学者认为，我国的教学研究面临着范式转型的挑战。我国教学研究尽管在不同历史时期各自积累了具有一定进步意义的成

① 钟启泉.教学活动理论的考察[J].教育研究，2005，304（5）：36-42.

② 钟启泉.知识隐喻与教学转型[J].教育研究，2006，316（5）：19-24.

③ 钟启泉.“有效教学”研究的价值[J].教育研究，2007，329（6）：31-35.

④ 余文森.优质教学的教学论解读[J].教育研究，2007，327(4)：66-71.

果,但一味追求“定型化”是我国教学研究的习俗。20世纪90年代末,出现了“学习共同体”与“反思性实践家”这两个概念,作为冲击“定型化”研究的矢量,开辟了教学研究新的平台。新课程背景下的教学研究,归根结底是一种新的“教师文化”的创造。当前,以“校本研修”为中心的教学研究,为中小学教师的教学研究注入了无穷的活力,也为实现教学研究的转型提供了诸多的启示和不竭的思想动力。但是,它离理想的境界还有一段距离,真正实现教学研究的转型尚需排除种种干扰。[①]

① 钟启泉.教学研究的转型及其课题[J].教育研究,2008,336(1):23-29.

5.课程与教学评价

《纲要》规定:建立促进学生全面发展的评价体系。评价不仅要关注学生的学业成绩,而且要发现和发展学生的多方面潜能,了解学生发展的需求,帮助学生认识自我,建立自信。发挥评价的教育功能,促进学生在原有水平上的发展。建立促进教师不断提高的评价体系。强调教师对自己教学行为的分析与反思。建立以教师自评为主,校长、教师、学生、家长共同参与的评价制度,使教师从多种渠道获得信息,不断提高教学水平。建立促进课程不断发展的评价体系。周期性地对学校课程执行的情况、课程实施中的问题进行分析评估,调整课程内容、改进教学管理,形成课程不断革新的机制。继续改革和完善考试制度。在已经普及九年义务教育的地区,实行小学毕业生免试就近升学的办法,鼓励各地中小学自行组织毕业考试。完善初中升高中的考试,考试内容应加强与社会实际和学生生活经验的联系,重视考查学生分析问题、解决问题的能力,部分学科可实行开卷考试。高中毕业会考改革方案由省级教育行政部门制定,继续实行会考的地方应突出水平考试的性质,减轻学生考试的负担。高等学校招生考试制度改革,应与基础教育课程改革相衔接。要按照有助于高等学校选拔人才、有助于中学实施素质教育、有助于扩大高等学校办学自主权的原则，加强对学生能力和素质的考查，改革高等学校招生考试内容，探索提供多次机会、双向选择、综合评价的考试、选拔方式。考试命题要依据课程标准，杜绝设置偏题、怪题的现象，教师应对每位学生的考试情况作出具体的分析指导，不得公布学生考试成绩并按考试成绩排列名次。

在这方面，相关研究认为，基础教育课程改革是否达到了初衷，是否在健康地发展，这些迫切要求一套新型的课程评价和制度来评鉴，这种新型的课程评价制度就是发展型课程评价制度。发展型课程评价制度就是要革除原有课程评价制度的弊端，创设新的促进课程发展和人的发展的评价制度：在评价理念上，发展型课程评价强调课程的发展、学生的发展和教师的发展，强调课程改革是一个不断发展、创生的过程，评价课程不只是看课程成功与否，还要看特定历史条件和文化背景下课程本身的适应性、发展性和创生性；在评价的主体上，发展型课程评价强调多元主体的参与，多元主体不只包括教育系统内部的主体，还包括多方面的社会主体；在评价内容上，发展型课程评价强调，要对课程活动的全程进行全面评价，具体包括课程设计评价、实施评价和效果评价；在评价对象上，既有对学生发展的评价，又有对教师发展的评价和对课程体系发展的评价；在对学生的评价上，既有对知识和能力的评价，又有对过程与方法、情感态度价值观等多方面发展的评价。[①]

① 和学新.课程评价制度创新与基础教育课程改革[J].教育研究，2004，294（7）：79-80.

也有学者就发展性课程评价的基本理念、方法、体系等问题进行了系列探讨，阐述了当前课程评价中应确立的三种基本理念——以学生发展为本的理念、促使课程不断改进和提高的理念、面向多元的理念；提出了在发展性课程评价中应确立理解性原则、多元化原则、现实性原则，建立课程评价方法的网状结构模型，并以行动研究作为发展性课程评价的基本策略；建构了由课程设计评价、课程实施评价、课程结果评价相互交融的开放的三螺旋结构,作为发展性课程评价体系的基本框架。[①]

在新课程的背景下,传统课程评价以学生学业成就评价为依据具有不合理性,因此对学生的评价应从学生学业成就评价走向学生学业评价,强调学业过程、学生发展和活动表现,让学生学业真正满足社会和个人未来发展的需要。[②]

另有研究总结了课程评价的现状、问题及出路。有研究者认为,教育理论界和实践界达成了一种共识:课程评价已经成了基础教育课程改革的瓶颈。在实际运行上,课程评价遇到了一个两难困境:理论的课程与实践的评价矛盾冲突,造成课程评价与以选拔为宗旨的考试对立,致使它不能左右逢源,找不到既与理论的课程一致又适合于评价实践的出路。走出困境必须实事求是、一切从实际出发,承认课程评价与以选拔为宗旨的考试评价应有的内在一致性,锐意进行制度改造,以建立根本的保障机制进行观念改造,以生成内在的支持精神进行方法改造,以寻求可行性的有效策略。[③]

课程评价是课程改革中的重要问题。当前,我国的课程评价工作主要表现为课程改革开始之前进行需求评价、对课程标准的事前评价与修订评价、深入开展教材评价研究、课程实施情况的评价。通过审视和反思这些课程评价工作,当前课程评价还存在诸如对课程评价的宽泛理解、缺乏系统的课程评价组织、地方和学校层面的课程评价缺失、过于强调行政意义上的评价等问题。为解决这些问题,促使课程改革良性发展,提升课程整体品质,未来的课程评价工作还要进一步加强课程评价理论研究,加强地方特别是学校层面的课程评价,建立有效的课程评价标准与合理的课程评价机制,加强课程评价过程中的对话与协商。[④]

① 刘志军.论发展性课程评价的基本理念[J].学科教育,2003(1):6-10;发展性课程评价方法的探讨[J].课程·教材·教法,2004,24(1):15-23;发展性课程评价体系初探[J].课程·教材·教法,2004,24(8):19-23.

② 毋小勇,薛菁.课程评价:从学业成就评价走向学业评价[J].教育理论与实践,2007,27(7):46-49.

③ 杨启亮.走出课程评价改革的两难困境[J].教育研究,2005,308(9):31-35.

④ 刘志军.课程评价的现状、问题与展望[J].课程·教材·教法,2007,27(1):6-12.

6. 课程管理与课程资源

《纲要》规定：为保障和促进课程对不同地区、学校、学生的要求，实行国家、地方和学校三级课程管理。教育部总体规划基础教育课程，制定基础教育课程管理政策，确定国家课程门类和课时。制定国家课程标准，积极试行新的课程评价制度。省级教育行政部门依据国家课程管理政策和本地实际情况，制定本省（自治区、直辖市）实施国家课程的计划，规划地方课程，报教育部备案并组织实施。经教育部批准，省级教育行政部门可单独制定本省（自治区、直辖市）范围内使用的课程计划和课程标准。学校在执行国家课程和地方课程的同时，应视当地社会、经济发展的具体情况，结合本校的传统和优势、学生的兴趣和需要，开发或选用适合本校的课程。各级教育行政部门要对课程的实施和开发进行指导和监督，学校有权力和责任反映在实施国家课程和地方课程中所遇到的问题。

对此，有研究者主张，课程管理体制的转型应以课程管理职能的重新定位为基础。我国传统的课程管理职能以"控制"为基本旨趣，正面临文化多元化、教育民主化和课程的地方化、校本化的严峻挑战，与分级课程管理形成尖锐矛盾。强化服务是我国课程管理职能的必要选择，有助于推进三级课程管理体制的落实。为此，需要改革我国的课程管理手段，充分发挥课程专家的作用。而课程管理手段与课程管理体制紧密相关。国内近年没有意识到课程管理手段变革的重要性，单一、老化的课程管理手段正阻碍着我国课程管理体制的变革。必须在改革原有限制性手段的同时，引进服务类手段，构建与分级课程管理体制相适应的新的课程管理手段体系，实现课程管理职能的转换。[①]

地方课程是我国基础教育课程体系中的中间环节，是新课程的重要内容，加强地方课程管理和地方课程开发是地方课程改革的主

① 郭晓明．从"控制"走向"服务"——论我国课程管理职能的转变[J]．高等师范教育研究，2002，14(4)：71-74；试论我国课程管理手段的改革——走向多样化和现代化[J]．课程·教材·教法，2002(3)：24-28.

要职责和基本任务。当前,地方课程管理的最大挑战是能力与职权的匹配,其发展的最高形态是服务,最高境界是鼓励创新。地方课程的开发应注意提高质量,形成地方特色,突出实践性、活动性和探究性,发挥地方课程的作用。①

有学者按课程资源的功能特点和空间分布的特点,将课程资源分为素材性课程资源和条件性课程资源、校内课程资源和校外课程资源;把课程资源的载体划分为生命和非生命两种形式。并详细探讨了开发教学活动资源的方法,就课程资源结构,教师队伍建设与课程资源开发,课程改革计划与课程资源建设等问题进行了阐述。②其中,地方课程资源具有多元综合性、动态生成性、可持续发展性、实践体验性、自主开发性等特点;地方课程资源开发和优化配置应与实施国家课程、地方课程和校本课程建设有机衔接,以一线教师的积极、主动参与为前提,促进理论工作者与实践工作者的合作,充分满足学生个性发展的需要;地方课程资源开发与优化配置的基本途径是开发专门的地方课程,形成国家课程某部分的补充材料,促进和完善校本课程开发,渗入各学科领域中,加强教师队伍建设;同时,还应重视地方课程资源开发和优化配置的管理,促进地方课程资源开发的优势互补和资源共享。③

7. 课程改革与教师发展

课程改革能否顺利推进的关键因素之一就是教师。就此《纲要》提出,师范院校和其他承担基础教育师资培养和培训任务的高等学校和培训机构应根据基础教育课程改革的目标与内容,调整培养目标、专业设置、课程结构,改革教学方法。中小学教师继续教育应以基础教育课程改革为核心内容。地方教育行政部门应制定有效、持续的师资培训计划,教师进修培训机构要以实施新课程所必需的培训为主要任务,确保培训工作与新一轮课程改革的推进同步进行。

① 成尚荣.地方课程管理和地方课程开发[J].教育研究,2004,290(3):67-71.

② 吴刚平.课程资源的理论构想[J].教育研究,2001(9):59-63.

③ 徐学俊,周冬祥.地方课程资源开发与优化配置的探索[J].教育研究,2005,311(12):43-48.

新课程改革背景下，教师专业化成为主旋律。有学者指出，课程改革给教育界带来的最大挑战莫过于对"教师专业化"的挑战，"课程即教师"，课程改革的成败归根结底取决于教师；阐述了世界教师"专业化"的理念及其制度的历史发展，讨论了我国实现教师"专业化"面临的挑战与课题；剖析了教师"专业化"的误区，论述了教师的"专业发展"应该具有的主要特点（一是专业发展含义的多面性：专业发展过程是教师经验与环境持续互动的过程，因此，教师的专业发展应从个人、课堂教学和学校发展等多层面来检视。二是专业发展方式的多元化：存在不同的学习方式与过程，包括参与研修训练、行动研究等均有其意义与价值。三是专业发展囊括认知技能与情意改变：认知与技能的发展固然重要，但过分偏重可能导致教师沦为教育技术人员，因此，教师专业化应兼顾情意的改变。四是专业发展发生在人际网络及情境之中，它总是基于学校的具体情境，教师面对教学环境中的不确定性与挑战，需要得到同事的鼓励与支持，因此，教师的专业发展必然表现在人际关系上）；论证了教师研修的模式与体制，认为，作为"专家"的教师是以"实践性知识"为基础和特色的，因此研究教师所固有的"实践性知识"具有重大的理论意义和实践价值，这种研究不仅导致临床教学研究的课题，也引出了改进教师研修的模式与机制、塑造终身学习时代"教师形象"的一系列课题；提出了我国教师教育制度创新的基本论题与课题。①

最后需要说明的是，在课程改革推进的过程中，在理论与实践上还存在着一些分歧与争论。对此，有学者认为，我国的基础教育课程改革正在驶入快车道。这是新中国成立以来第八次国家规模的课程改革，也是新世纪初最大规模的基础教育创新工程。从学术的角度来看，这次课程改革不同于以往七次改革的根本差别，就是以往的改革缺乏准确明晰的课程理念、缺乏对课程总体架构的思考，因而满足

① 详见钟启泉.教师"专业化"：理念、制度、课题[J].教育研究，2001(12)：12-16；"教师专业化"的误区及其批判[J].教育发展研究，2003(4、5)：119-123；教师研修的模式与体制[J].全球教育展望，2001(7)：4-11；我国教师教育制度创新的课题[J].北京大学教育评论，2008，6(3)：46-59.另，关于教师专业化的研究，还可见教育部师范教育司编.教师专业化的理论与实践[M].北京：人民教育出版社，2001；刘捷.专业化：挑战21世纪的教师[M].北京：教育科学出版社，2002.等。

于“分科主义”的枝枝节节的学科层面,甚至停留于教科书层面的所谓“改革”。所以,每当新一轮的教科书推出以后,便以为课程改革大功告成、万事大吉了。然而,这次课程改革在于寻求新的“课程范式”,旨在真正实现从“应试教育”向“素质教育”的转型。它提出的一系列“概念重建”、“队伍重整”、“文化重塑”的课题及由此形成的“冲击波”是以往的课程改革所没有的。并坚信,随着新课程的推进,新旧教育观念的冲突是不可避免的。改革与反改革的声浪,恐怕会持续改革的全过程。我们需要清晰地向整个社会传递这样的信息:素质教育是既定方针,不可动摇。课程改革要进行到底,倒退没有出路。[①]

同时也有学者认为,课程改革方向问题不能一概而论,要具体分析。要进行理论思考,研究具体事实和实际问题,梳理我国新时期课程改革发展的基本脉络,注意其一贯性、阶段性和曲折性,总结经验教训,修正、调整一些提法、做法,保护和发展课程改革的积极成果。[②]该学者还比较分析了“新课程理念”与学习凯洛夫教育学两种“运动”,认为:有学者主张要像新中国教育的早期建设、学习苏联教育学那样,开展“新课程理念”、“概念重建运动”;同时宣称,新中国成立以来我国教育科学“汲取的是苏联教育科学的糟粕——凯洛夫教育学”,它应该并已经被“抛弃”。这是否具有充分的事实和科学根据,值得认真研究。课程教学论当前面临这个现实重大课题。这两件事情或两个“运动”不能等量齐观,不可同日而语,很难相提并论。凯洛夫教育学反映了现代学校教育的基本规定性,提供了操作性强的教育实践规范,是现代教育学发展的重要历史成果。虽然它本身有局限和缺陷并时过境迁,但具有基本合理性,至今仍有意义。“新课程理念”反映了对现代学校教育局限性的忧虑和改革设想,有一定思想启发性和积极成分。但是它矫枉过正,本质上不符合现代学校

① 钟启泉.“教师专业化”的误区及其批判[J].教育发展研究,2003(4、5):119;中国课程改革:挑战与反思[J].比较教育研究,2005,187(12):18-23.

② 王策三.关于课程改革“方向”的争议[J].教育学报,2006,2(2):4-10.

教育基本规律，且思想驳杂，含混模糊，缺乏实践操作性，不能指导课程改革。基于理论和实践品格、意义和历史命运的强烈反差，两者在中国的境遇也截然不同：新中国成立之初学习凯洛夫教育学过程中虽有缺点，但主要产生了积极正面效应；"新课程理念"、"概念重建运动"脱离学校教育实际，并采取"大破大立"的激烈方式，不符合教育改革特点，因而时间或短或长，代价或小或大，人们终究不会完全接受，其理论是非和对实践的消极影响需要严肃反思检讨。[①]

无疑，所有这些观点，都会在实践中得到检验。

① 王策三."新课程理念""概念重建运动"与学习凯洛夫教育学[J].课程·教材·教法,2008,28(7):3-21.

第五章　教育公平的多维审视

"公平"是当代教育所追求的重要目标，是教育的一种基本价值观念与准则，也是世界各国教育发展和改革的基本出发点之一。30年来，特别是20世纪90年代中期以来，学人从不同视角对教育公平的意涵进行了不断探究，对新中国教育公平的历史进了细致梳理，对教育不公平的原因进行了多方查询，对实现教育公平的对策进行了全面考察。

一、教育公平的意涵探讨

何谓教育公平?它有什么意涵?这是教育公平研究首先要予以澄清的,也是容易产生分歧与争论的问题。比较有代表性的观点认为,教育公平是重要的社会公平,其主要内涵包括:人人享受平等的教育权利;人人平等地享有公共教育资源;公共教育资源配置向社会弱势群体倾斜("不平等"的矫正);反对各种形式的教育特权。教育公平是现代社会的产物,反映了现代化大生产的客观要求,是现代政治民主化的重要内容,体现了现代社会文化价值观。教育公平是现代社会的基础性公平,教育公平的实现和扩大对于促进整个社会公平程度的提高、保障人的发展的起点公平、消除知识鸿沟以迎接知识社会的挑战都具有重要意义。[①]教育公平包含教育资源配置的三种合理性原则,即平等原则、差异原则和补偿原则。教育资源配置的平等原则包括受教育权平等和教育机会平等两个方面,该原则强调教育起点平等和教育过程平等。教育资源配置的差异原则指根据受教育者个人存在的禀赋、兴趣和能力差异,差异性地配置教育资源,以满足其个性充分发展的需要。教育资源配置的补偿原则关注受教育者的社会经济地位的差距,并对社会经济地位处境不利的受教育者在教育资源配置上予以补偿。[②]现代意义上教育公平的具体内容和规则主要是:受教育权利的保证,亦即保证原则;机会平等,亦即事前的原则;按照能力或才能进行分配,亦即事后的原则;补偿原则。[③]

不少学者认为,教育公平具有历史性(经历了权利公平、能力公平、金钱公平)、发展性和相对性(社会的教育取向对教育公平有很大的影响)等特点。[④]因此,教育公平原则在不同发展阶段有不同的内涵:一般的说,在尚未实现教育普及时,公平是指人人都应享有受教育机会;已经实现了教育普及时,公平则是指人人都应享受到较高质

① 石中英.教育公平的主要内涵与社会意义[J].中国教育学刊,2008(3):1-6.
② 褚宏启,杨海燕.教育公平的原则及其政策含义[J].教育研究,2008,336(1):10-16.
③ 田正平,李江源.教育公平新论[J].清华大学教育研究,2002(1):39-48.
④ 郑晓鸿.教育公平界定.教育研究,1998(4):29-33;陈玉琨.试论高等教育的公平与效率问题[J].教育发展研究,1998(12):20-23;王善迈.教育公平的分析框架和评价指标[J].北京师范大学学报:社会科学版,2008,207(3):93-97.

量的教育。因此，只能按照在普及的基础上逐步提高的原则，确定公平和质量的现实目标。在普及教育中，首先应该做的是使适龄儿童都享有均等的入学机会。如果说普及教育的第一步是解决适龄人口有没有公平的受教育机会的问题，那么，接着就应该侧重于解决能不能使他们公平地接受高质量教育的问题。这可以说是教育公平目标的真谛所在，也涉及更为艰难、更为复杂的教育理论和实践问题。在理论上，在入学机会的公平目标实现之后，教育质量上的公平首先应该是保证基本的教育质量，这是普及教育的题中应有之义。在实践中，会遇到两个方面的难题：一是学校教育水平和教育质量总是有差别的，甚至在一段时间内可能差距很大；二是受教育者的禀赋、才能也有差别。应该承认，社会需求是多样性的，学生的才能类型也是多向性的，普及教育阶段特别是中学阶段，既然是为各种才能学生未来的发展打基础的阶段，那么基础教育质量标准就不应该只有一种尺度，而应该有符合多种发展方向的多种尺度。从这样的角度来看，公平就意味着在保证基本文化科学水准的基础上，为学生未来的发展创造条件。①

就当今高等教育公平而言，一方面，由于高等教育为个人提供了较多的升迁机会和较高的回报率，人们自然对其公平性予以更多的关注；另一方面，由于需要庞大的投入，高等教育仍为一种社会的稀缺资源，对这种资源的利用效率问题同样为人们所重视。而在当代以能力主义为特征的社会中，教育公平更多强调的是“教育应该使个人特有的能力得到发展”的教育公平观。所谓教育的效率，一般有两种含义：一是教育资源的有效利用程度，在一定条件下，当一切可利用的资源都被用于教育而没有被闲置或浪费时，可称之为实现了较高的效率；二是教育资源的投入与产出之比，在一定的教育资源下，提供的教育机会越多，所能培养的合格人才越多，教育效率就越高。②

① 谈松华．论我国现阶段的教育公平问题[J]．教育研究，1994(6)：14-18.

② 薛天祥．高等教育公平和效率的内涵及其关系[J]．高等教育研究，1998(4)：30-31.

分析教育公平问题时,还涉及一些深层次的理论问题,其中公平与效率、公平与自由、公平与优秀三对基本矛盾是比较突出的问题。这是因为它们影响到政府在教育资源配置中公平与效率的考量;影响到政府在扩大公共服务时如何防止行政权力的扩张,落实社会和学校的教育自由;影响到政府在促进义务教育均衡发展的过程中,如何认识学校教育培养"优秀"的功能,以及如何看待重点学校。[①]

① 杨东平.教育公平三题:公平与效率、公平与自由、公平与优秀[J].教育发展研究,2008(9):26-29.

很多学者认为,公平和效率是高等教育发展过程中的一对矛盾范畴,这对矛盾在不同发展阶段的表现方式不尽相同。在计划经济条件下,我国高等教育维持很低的入学率,竞争择优的招生政策虽有其合理、公平的一面,但这并不能说明被高考淘汰的学生就不具备受高等教育的资格。与计划经济形成明显对照,在市场经济条件下,大学入学制度已经出现多元化倾向(其中包括学生缴费入学),于是便有优秀但出身贫寒的青年被排除在高校大门之外的担忧,效率和公平此时便出现了冲突,但也不能因此而否定这种制度公平性的一面。[②]对此,有学者指出:公平与否、效率高低,没有绝对的标准,但有相对的标准。公平的相对标准是对大多数人的公平,效率的相对标准是对国家、对社会、对个体长远的效益。公平是人类社会的基本理念,学者更多关心的是这一崇高理念的实现;效率是现实的效益,务实的公务人员更加关注的是效率的高低。因此,从不同的角度探讨公平与效率问题,可能有助于打开思路,集思广益。[③]

② 薛天祥.高等教育公平和效率的内涵及其关系[J].高等教育研究,1998(4):30-31.

③ 潘懋元.谈高等教育的公平与效率[J].中国高等教育,2003(Z1):17-18.

进而,有学者提出,教育公平与教育平等、教育机会均等、教育差别有联系也有区别。他们认为,教育公平是一个绝对的命题和目标,也是教育改革和发展始终应该坚持的一个基本目标。与这个概念相关的两个基本概念是"教育平等"和"教育机会均等":前者指的是,人们不受政治、经济、社会地位和民族、种族、信仰以及性别差异的限定,在法律上都享有同等的接受教育的权利;而后者则是教育公平和平等在现代社会政策与教育政策上的一个具体目标，主要内容包括入学机会均等、接受教育的过程中机会均等以及取得学业成功的机会均等，等等。它的主要原则就是那些在物质、经济、社会或文化方面处于最底层者应该而且尽可能地通过教育系统本身而得到补偿。所谓的教育差别，指的是人们在普遍达到和接受了某些共同水平和程度的教育以后，所存在的教育需求满足上的差别。①

当然，也有学者认为，把教育公平与教育效率作为一对范畴来加以研究，是不符合范畴逻辑的。仅从教育机会层面上考察教育公平问题，并把教育机会均等作为教育起点的平等，忽视教育活动内部的教育公平问题，是无助于形成科学的教育公平观和解决教育公平问题的。从范畴意义上看，教育公平是一个反映相对性的范畴，而不是反映绝对性或确定性的范畴，是反映教育质的范畴，而不是反映教育量的范畴。教育公平与非教育公平是一对范畴，教育公平与教育效率只是一对相关范畴而非对应的矛盾范畴。教育效率的高低，并不取决于教育是否公平，而取决于教育活动的质量。从本质意义上看，教育公平包含教育平等及其合理性两重质的规定，其观念基础是平等理念。公平或平等可分为以下基本类型：自然平等和社会平等；起点平等、过程平等和结果平等；绝对平等和相对平等（比例平等）；外在平等与内在平等、形式平等与实质平；等等。从实质上说，教育平等作为一种社会性平等，包括教育权利平等和教育机会平等等组成部分。②

二、新中国教育公平的轨迹考察③

这是从纵向上对我国教育公平问题进行的梳理。该研究认为，教育公平包括教育权利平等与教育机会均等两个基本方面，从教育权利平等到教育机会均等，是认识 1949 年以来我国教育公平历程的

① 谢维和.教育公平与教育差别——兼谈教育改革与发展的深层次矛盾[J].人民教育,2006(6):8-9.

② 郭元祥.对教育公平问题的理论思考[J].教育研究,2000(3):22-24.

③ 除另有注明外，本部分主要引自杨东平.从权利平等到机会均等——新中国教育公平的轨迹[J].北京大学教育评论,2006,2(4):2-12；对建国以来我国教育公平问题的回顾和反思[J].北京理工大学学报：社会科学版,2000,2(4):68-71.作者原注从略。

基本脉络。新中国的社会发展和教育发展，可以清晰地划分为四个各具特点的不同阶段，即“文化大革命”前十七年、“文化大革命”时期、实行改革开放的20世纪80年代以及90年代中期以来。政治意识形态的变化、国家的发展目标和发展模式以及社会转型和市场化等因素消长交织，影响新中国四个时期教育公平的不同状态。90年代以来，随着我国社会发展加速和不同地区之间、社会阶层之间的差距拉大，教育公平问题进一步凸显，成为社会关注的热点。

1. 阶级内的平等

“文化大革命”前十七年教育作为计划经济时代的产物，奠定了我国教育体制、教育价值和教育模式的基本面貌。新中国成立之初的教育延续了解放区的教育方针，不仅具有很强的革命意识，而且具有很强的平民意识，十分重视教育平等的价值，强调教育面向大多数人，通过干部教育、业余教育、工农速成学校等多种教育途径使广大工农群众得以接受教育。这一方针直接来自马克思主义教育理论和追求公平、公正的社会主义理想。在五六十年代和“文化大革命”期间，由于对家庭出身和政治标准的强调，工农子弟在各级学校一直占有稳定的较高比例。

然而，就保障每一个公民平等的受教育权利而言，当时教育公平的成就掩盖了另一个事实：从阶级斗争理论出发，当时的教育平等强调的是“阶级内的平等”，主张工农子女享有受教育的“优先权”，实行对“非劳动人民”子女具有歧视性的“阶级路线”政策，严重侵犯了公民平等的受教育权利。“阶级”内部的利益也是等级化的，出现了干部阶层的教育特权。贯彻“阶级路线”，使干部子弟实际上获得更多重点学校的教育机会。基于家庭出身的政治评价，直接导致了“文化大革命”时期“血统论”的泛滥成灾。

新中国教育在其发展过程中，面临既要扩大劳动人民受教育的权利、迅速普及教育，又要通过正规化、制度化建设为实现工业化和国防建设培养专门人才的双重使命。如何既保持大众教育的公平价值和革命精神，又为实现工业化迅速培养大量专家，对于新中国教育而言无疑是一种艰难的选择和严峻的考验。这一教育发展中“公平—效率”的矛盾，在当时的官方话语中称为“普及与提高”的关系。1952 年开始，围绕国家迅速实现工业化的目标和向苏联学习的运动，那些来自解放区的非正规的教育形式逐渐变得不合时宜而被停止，教育价值发生了由大众主义向精英主义的转变。

“精英教育”与“大众教育”在价值上的区别，基于对这一问题有不同回答：对于国家和民族的振兴而言，重要的是培养少数出类拔萃的英才，还是使大多数国民接受必要的教育。在教育实践中，有这样一些比较重要的判据：国家教育发展、资源配置的重心是在城市还是农村；国家教育发展、资源配置的重心是在高等教育还是基础教育；中小学实行的是以培养合格公民为目标，以陶冶人格、提高素质、健康身心为主的普通教育，还是以高难度的学科知识为主、升学导向的教育；学校系统是面向大多数学生、比较平等的，还是两极分化、实行严格选拔淘汰的“尖子教育”。

1953 年 9 月，全国一届人大一次会议的《政府工作报告》提出：“为了适应经济建设的需要，教育部门应当首先集中力量发展和改进高等教育。中小学教育已有很大的发展，今后应当着重质量的提高。”这可以视为一个重要的转折点。1949 年 12 月确定的“在相当长的时间内以普及为主”的教育方针，仅仅实行了不到 4 年，就转为优先发展高等教育。

更为明确地体现精英教育价值取向的，是中小学教育的重点学校制度。1953 年 5 月，毛泽东主持中共中央政治局会议，决定“要办重点中学”。1962 年教育部颁发《关于有重点地办好一批全日制中、小学校的通知》,要求各地选定一批重点中小学,这些学校的数量、规模与高一级学校的招生保持适当比例,与高一级学校形成"小宝塔",并集中精力先办好一批"拔尖"学校。这些重点学校主要建立在城市和城镇。它奠定了一种等级化的学校制度以及以升学为主要追求的价值取向,深刻影响了此后基础教育的发展。

2. 平均主义时期

20 世纪 50 年代初,普及型的大众教育与其后培养专家的精英教育一直处于冲突之中。毛泽东从不掩饰对正规化苏式教育的抵触,强烈批评城市化、升学导向的教育,并在 1958 年和 1966 年两度发起"教育革命"加以冲击。

毛泽东的教育革命包括许多复杂的层面,一个核心价值是对教育公平的关注。与当时重点发展高等教育的方针不同,毛泽东强烈主张面向农村、面向基层的教育,强调劳动人民子弟普遍的受教育权利。"文化大革命"时期追求教育公平的实践,主要包括以下方面:改变城乡教育资源分布的格局;在农村扩大和普及高中教育;取消重点学校制度和各种学校的差别;缩短学制;简化教育内容;发展多种教育形式,扩大工人、农民子弟受教育机会;通过"七二一大学",从有实践经验的工人中培养技术人员;高校实行"开门办学";取消各级学校的考试制度,高校实行免试推荐入学,招收有实践经验的"工农兵学员";等等。

这些措施大多有某种合理的内核,也在"文化大革命"前不同程度地实行过。但毛泽东通过彻底否定知识分子、用政治批判和群众运动的方式推进其教育理想,是十分简单粗暴和极具破坏性的。最典型的当属取消学校考试制度和高考制度。"文化大革命"中企图打破和超越"文化资本"的积累,用"革命"的手段改变工农群众的文化弱势地位,这一努力是不成功的。他完全否定了相对而言最为公平的统一考试制度，免试推荐制度演变为严重的权力交易，从而损害了多数人的教育权利。

虽然“没有考试的教育”广为人知，但真正影响深远的是农村教育。“文化大革命”时期的教育呈现出一种奇怪的混合：在知识权威扫地、反智主义盛行的同时，出现了农村基础教育的大普及。通过全面下放教育管理权限，强调教育面向基层、面向农村，发挥地方的积极性，多种形式发展教育，使城乡关系、中央和地方关系出现了一种新的格局。因而，70 年代初，当高等教育奄奄一息之时，中小学教育却得到了大发展。教育重心下降，面向农村的发展是实质性的。

毫无疑问，如同“大跃进”时期一样，“文化大革命”期间中小学教育数量的发展是以降低质量为代价的。当时小学学制为五年，初中、高中各二年，取消了考试和留级，教学内容十分简单，实际的教育程度远远达不到“文化大革命”前的水平。但是，如果不是以“升学教育”的标准，而以实际的功用去评价，那么应当承认，这种低重心、实用型的教育毕竟在很大程度上满足了农村学生基本的学习需求，如同当时实行的农村合作医疗制度一样。许多今天在各个领域崭露头角的 60 年代生人，正是受惠于 70 年代农村的基础教育。

3.“分数面前的平等”

1976 年之后，对“文化大革命”教育的拨乱反正和对“左”倾错误路线的否定，重新确立知识的尊严，重新建立起以考试制度为核心、以学习能力为标准的公平竞争的制度，使建立在血统、家庭出身上的教育歧视迅速消除。随着从 1986 年起实行九年义务教育制度，教育公平的基本主题由教育权利平等转变为通过普及和扩大教育，追求教育机会均等。

虽然 1977 年恢复高考制度给新时期的教育提供了一个来自公平的强大推动，但是，在新的发展境遇中，对教育公平的关注马上就被发展科学技术、实行赶超型战略、实现现代化的国家目标所压倒。1978年,邓小平在全国教育工作会议的讲话中说:"学生负担太重是不好的,今后仍然要采取有效措施来防止和纠正。但是,同样明显的是,要极大地提高科学文化水平,没有'三老四严'的作风,没有从难从严的要求,没有严格训练,也不能达到目的。"他强烈地提出要"早出成果,早出人才",要求"尽快地培养出一批具有世界第一流水平的科学技术专家";提出集中人力物力举办重点学校,把最好的教师和学生集中在重点学校,保证培养出一定数量的高水平人才。教育重新建立起以高等教育和科学技术教育为重、培养尖子的价值观,蹈入精英主义的发展路线。

尽管在80年代教育公平并未成为突出的社会问题,当时显露的教育问题主要是教育经费严重不足、脑体倒挂、教师待遇低下、片面追求升学率等,但实际上当时农村学生辍学流失、危房坍塌、城乡教育差距扩大等问题已经相当严重。与此同时,在形式平等的外表下,基于"文化资本"、"社会资本"的阶层差距开始出现,工农子女在高等教育中的比例逐渐下降。如对北京8所高校1980年入学新生家庭背景的抽样调查显示,父亲职业为农民的占20.2%,工人占25.0%,干部占15.5%,专业技术人员占39.3%。1982年,胡建华等对南京大学、南京师范学院在校生的调查显示,父亲为农民的学生占在校生总数的22.7%,包括工人在内的"体力劳动者"的子女共占40%。据北京招生办统计,1990年北京共录取新生17248人,其中干部、军人、职员的子女占78%,工农子女占21%。

4."教育产业化"的影响

90年代以来的中国教育是以教育规模、数量的急剧扩张为主要特征的,从而使教育更具有全民教育的性质。向市场经济体制转型的社会变迁,使教育的外部环境发生了巨大变化,唯一不变的是教育的贫困。它成为一个致命的诱因，在实现国家主义的发展目标与追求经济利益的双重驱动下，旧有的制度性障碍在市场环境中的演化，产生转型社会特殊的教育问题。教育走上一条被称为“教育产业化”的路径。其基本特点是：

第一，教育改革以解决教育经费短缺为核心，以提高宏观效率为主要取向。“两基”达标、多渠道筹集教育经费、高校投资体制多元化等，都是从这一基本现实出发，围绕这一目标进行的。各级教育在数量和培养规模上的扩大，尤其是高校的大规模扩招，取得了很大成效。

第二，教育初步出现“多元化”的格局。单一公立学校的格局被打破，出现了投资、办学、管理体制的多元化，引导了教育价值的多元化，教育消费、教育服务、教育市场、教育成本分担、教育产业等概念得以建立，新的思想和模式开始涌现，学生和家长的教育权益开始受到重视。教育吸引了大量社会投资，而政府对教育的投入增长缓慢。

第三，“效率优先”的发展观，对教育公平比较忽视。各种名义的“市场化”改革在很大程度上损害了教育的公共性、公益性和公平性，加大了基础教育的城乡差距、地区差距和阶层差距。伴随高校扩招、普通高中的大发展，城乡之间、地区之间的教育差距在拉大，高校出现了庞大的贫困生阶层，高中和高校的阶层差距显现，阶层差距成为突出问题。接受高中教育、享受优质教育越来越成为家长社会经济地位的竞争。教育作为社会分层的工具，呈现出凝固和制造社会差距的功能。

第四，由于宏观的教育管理体制并没有改革，政府对教育资源宏观垄断的格局并没有真正改变，从而形成“宏观垄断、微观搞活”的扭曲格局。公办教育通过“转制学校”、“名校办民校”、“独立学院”等政策设租寻租，面向社会、家长强势地攫取经济资源，形成与民办教育的不公平竞争;民办教育受到歧视,发展艰难。愈演愈烈的择校热、巧立名目的乱收费和高额的"择校费",使教育支出成为民众的重负。单一的"分数—能力"标准被打破,以金钱换取学额被大规模地合法化,实质性地腐蚀着基础教育的品质,造成教育的社会声誉严重跌落。因而,中国教育在世纪之交突飞猛进的发展中,教育公平成为突出的社会问题,引起社会舆论的强烈关注和持续不断的声讨批判。

至今,教育公平仍无根本好转,平均受教育程度继续提高,男女之间、城乡人口之间差别较大;国家财政性教育经费占 GDP 的比例依然较低(到 2006 年刚刚达到 3%),还达不到世界平均水平。[①]

①《小康》研究中心.教育公平仍无根本好转 2007～2008 中国教育小康指数 64.6[J].小康,2008(6):60-61.

三、教育不公的原因分析

与教育公平的意涵研究、教育公平的历史轨迹研究相比,教育不公平的原因研究是学者们关注的关键之点,分别从教育政策、实证研究、数据统计等方面探察了导致教育不公的主要原因。这也表现了研究者清晰的学理意识与强烈的社会关怀。

1.教育政策研究的发现

面对严重的教育不公,教育政策与制度研究发生了新的变化。与以往更多的基于政令注解或章法操作的研究视角不同,新近的教育政策研究更多的是以对时代与经济社会发展的把脉为前提,以实证材料及其深度分析为依据,以公正、均衡的社会关怀为使命,以创建和谐社会为契机,以缩小差距、均衡化发展、和谐发展为主题,切实呼吁对导致教育不公、失衡的政策和制度进行除旧布新,加强新的制度建设与政策保障,并对教育阶层差距的扩大化问题进行了切中肯綮的剖析与批判,彰显了教育政策与制度研究的批判向度与学术意义。

譬如，有学者通过对20世纪90年代以来的多次调查资料的深入分析表明：高等教育的阶层差距在许多方面超过了城乡差距，农民与非农民子女接受高等教育的整体机会悬殊；而且，导致这一结果的制度性原因并没有随着高等教育的爆炸性扩张而消除，相反，大幅度增加的高校收费使低收入弱势阶层的子女在面对高等教育时遭遇更大的障碍；这样，在中国的高等教育基本实现大众化的同时，如何实现其质的结构性转变，促进位于高校金字塔顶端的“一流”或“重点”大学更多地向低社会阶层开放，就成为一项新的制度和政策课题。[①] 2005年，《教育研究》(第3期)和《高等教育研究》(第9期)杂志也分别刊发了“高考改革：完善制度、依法治考、凸显公平、走向多样”和“教育发展与和谐社会建设”的专题笔谈。可以说，“差距”、“公平”、“和谐”、“发展”是世纪之交以来诸多关于教育政策与制度的研究所使用的关键词。[②]

与此同时，有学者认为，在建构和谐社会的视野中，重视发展教育，保障和促进教育公平的公共政策在近年获得了新的进展：[③] 围绕落实科学发展观，建设和谐社会的目标，我国教育公共政策继续在宏观的转变之中，促进教育公平，保障农村义务教育发展和促进义务教育均衡发展，成为公共教育政策的基本价值；在基础教育领域，随着新修订的《义务教育法》正式实施，农村免费义务教育的进程正在顺利推进，确立了中央和各级政府分担的经费保障机制，全国农村开始实行“两免一补”的政策，义务教育均衡发展的概念正在得到贯彻，对借市场化之名，行营利之实的公办中学“改制学校”进入了强力清理的阶段；高等教育发展规模成为宏观调控的对象，从而将高等教育纳入内涵发展的轨道。与这些公共教育政策的推行相呼应，研究者也对这一政策的基本价值取向即教育公平进行了学理探讨与论证。《中国教育公平的理想与现实》[④]一书则对我国教育公平问题进行了

① 张玉林、刘保军. 中国的职业阶层与高等教育机会[J]. 北京师范大学学报：社会科学版，2005，189(3)：25-31.

② 譬如，可见周洪宇. 教育公平：和谐社会的重要内容、基础和现实途径[J]；杨东平. 试论促进教育公平的教育公共政策[J]. 人民教育，2005(7)；范国睿. 教育公平与和谐社会[J]；纪大海. 从建构和谐社会的要素看教育作为[J]；余雅风. 公共性：学校制度变革的基本价值[J]；马陆亭. 论高等教育的均衡发展[J]；李秉中. 西部地区义务教育阶段校际均衡的制度建设[J]，分别见教育研究，2005(4)，(9)，(4)，(10)，(5)。张乐天. 论教育为促进农村劳动力的继续转移服务[J]. 教育理论与实践，2005(4)。马维娜. 文化再制中的教育公平[J]；鲍传友. 中国城乡教育差距的政策审视[J]，分别见北京师范大学学报：社会科学版，2005(2)，(3).

③ 杨东平. 2006：中国教育的转型与发展[M]. 北京：社会科学文献出版社，2007.

④ 杨东平. 中国教育公平的理想与现实[M]. 北京：北京大学出版社，2006.

理论梳理和实证研究,内容涉及中小学"择校热"、重点学校制度、示范高中、"转制"学校、"校中校"、"名校办民校"、教育投入、教育乱收费、教育发展的城乡差异、高校招生中的不公现象、"教育产业化"等若干热点问题,以及义务教育、高中教育和高等教育公平的评价等。该项研究建立在长达一年半的实证调查基础之上,不但深刻剖析了中国教育不公的诸多症结,而且对症一一开出了医治方法,对教育投入、教育规划、教育政策等方面的深化改革,具有重要参考价值。此外,还有很多相关研究从关注弱势群体、揭示教育差距、主张教育均衡协调发展等方面,对教育公平问题进行了深度学理探讨。①

2. **实证研究的发现**

有学者认为,在社会贫富差距加大的背景下,教育本应发挥社会不平等的制衡器的作用,现在却蜕变成了凝固和扩大阶层差距的工具,形成了当代中国社会的教育排斥现象,并导致了教育阶层化的后果,进而形成了社会阶层间的封闭性机制。②

对此,相关实证研究发现,我国基础教育特别是义务教育发展从整体上看正在趋向均衡,但地区间财政性教育经费以及初等教育生均教育经费和中等教育生均教育经费的绝对差异仍然在拉大,我国中小学校之间教育经费投入差距还相当大,不同群体接受基础教育还很不均衡,主要原因在于基础教育资源配置不均衡。③另一项实证研究亦表明,随着高等教育机会总量的扩大,省际之间总体性不平衡程度明显下降,但个别省份之间的两极分化也在加剧。④

高如峰的实证研究则发现,自2001年始实行的以县级政府作为投资筹措主体的财政体制使政府投资主体的重心有所提升,中西部地区也获得了更多的中央财政转移支付资金,但由于县级政府大多缺乏足够的财政支撑能力,加之县以上各级政府财政支持力度还不能满足实际需要,因而农村义务教育经费仍缺乏稳定的保障,经费供

① 譬如,可见"关注弱势群体,促进教育公平"专题研究[J].北京大学教育评论,2006(2);余秀兰.文化再生产:我国教育的城乡差距探析[J].华东师范大学学报:教育科学版,2006(2);褚宏启.关于教育公平的基本理论问题[J].中国教育学刊,2006(12);吴德刚.关于构建教育公平机制的思考[J].教育研究,2006(1);杨银付.教育均衡发展需要体制创新[J].新华文摘,2006(4);马凤岐.受教育机会平等:不同的标准[J].教育学报,2006(5).等。

② 周国平.为今天的教育把脉[J].读书,2008(3);徐晓军.论教育排斥与教育的阶层化[J].广东社会科学,2007(2):184-189.

③ 翟博.中国基础教育均衡发展实证分析[J].教育研究,2007,330(7):22-30.

④ 刘精明.扩招时期高等教育机会的地区差异研究[J].北京大学教育评论,2007,4(4):142-155.

给总量依然严峻不足，各级政府投资结构不合理，公共资源配置不公平的问题没有得到根本解决。[①]

还有实证研究显示，改革以来中国教育机会总量的增加，特别是高等教育机会的扩大，并未如人们所预期的那样明显地缩小教育分层。改革前，由于政策干预对较高社会阶层特别是专业技术阶层教育需求的抑制，一定程度上缩小了教育分层；改革后，中国教育分层正显现出 MMI 假设的诸项特征：较高阶层在高中入学阶段具有稳定的优势，同时，专业技术阶层在大学入学阶段也具有一定优势。这表明，当前通过抑制较高阶层的教育诉求来实现教育分层最小化的政策干预已经终结；但是，在教育领域内实行“补偿原则”向中下阶层倾斜教育资源的发展思路也未能如人所愿，它并未改变中下阶层在较高教育阶段的不利状况。为此，作者提出，缩小教育分层状况的另一种思路在于，不断完善社会保障制度，全面缩小各社会阶层间的生活差异。[②]

3. 数据统计的发现[③]

制度的导向致使教育不公问题凸显，这在一些数字上很能说明问题。张玉林的研究从这一角度查询了教育不公的原因，要点有以下几方面：

其一，当大中城市重点学校的教师前往新、马、泰旅游的时候，遭受工资拖欠的乡村教师却成了各地上访队伍中令人瞩目的群体。

中国教育制度的最大缺陷在于它的二元分割性，其表现形式是，在城市和农村之间进行分割，形成农村教育和城市教育的天壤之别；在从幼儿园到大学的各教育阶段实行内部分割，形成“重点”学校和普通学校的两个世界。其实质内容是，政府有限的教育经费向着城市学校和各级学校中的“重点”倾斜。就城乡角度而言，强化这种制度的表现就是在农村推行分级办学制度，即实行县办高中、乡办初

① 高如峰. 中国农村义务教育财政体制的实证分析[J]. 教育研究，2004，292（5）：3-10.

② 郝大海. 中国城市教育分层研究（1949—2003）[J]. 中国社会科学，2007(6)94-107.

③ 张玉林. 从数字看教育不公[J]. 中国改革，2004(12)：22-24.

中、村办小学,相应的办学经费分别由县、乡镇和村支付,而城市的办学经费则由城市政府拨款。在这种制度下,中央政府的财政教育经费的绝大部分投向了高等教育。而由于初中和小学的管理责任主要在县以下,自省至县的地方政府的教育投入也主要流向了各自管辖的大学、高中,很少顾及农村义务教育。结果是农村义务教育资金的主要承担者变成了乡镇一级,乡镇财政由此成为"教育财政"。

问题是,弱小的乡镇财政无法满足农村教育的刚性需求,这就造成乡镇政权必须对农民进行二次、三次乃至N次的教育费用征收。在20世纪90年代的10年间,全国对农民征收的教育附加费和各种教育集资最保守地估计也有1500亿元。而乡村教师工资的拖欠,始于80年代后期,也即"分级办学"制度出笼和《义务教育法》颁布不久,到2000年4月,这种拖欠已上升到135.6亿元人民币,覆盖了北京、上海和浙江、西藏之外的27个省区。当大中城市重点学校的教师前往新、马、泰旅游的时候,遭受工资拖欠的乡村教师却成了各地上访队伍中令人瞩目的群体。

其二,农村教育绝对贫困:超过30%的农村小学粉笔论支有限发放,接近40%的农村小学交不起电费。

1999年全国2036个县和县级市中有1021个县的小学生均"公用经费"不足10元,与北京市的757.6元和上海市的747.4元形成鲜明对照,几乎到了"什么都不能干"的地步。而在农村义务教育列为教育和农村工作的"重中之重"后的2004年,根据《中国教育报》对174个地市和县教育局长的问卷调查结果,超过50%的农村中小学"基本运行经费难以保证",超过40%的小学仍然使用危房,超过30%的农村小学"粉笔论支有限发放",接近40%的农村小学"交不起电费、有电不敢开电灯",而缺少课桌凳的小学也接近40%。

其三,受教育者获得教育机会的不平等,表现在各教育阶段入学率和升学率的差距上，在城乡之间，这种差距随着教育阶段的升高而扩大，呈倒金字塔状的格局。

根据国家统计局公布的数据，早在《义务教育法》公布之前的1985年，中国的城镇已经普及了小学和初中教育，而当年农村的学龄儿童入学率不到95%，农村小学毕业生升入初中的比率只有65%，其中贵州、广西和西藏三省区不到50%。到1999年，农村小学毕业生的升学率上升到91%，但低于90%的省区仍然有15个，全国有130万的少年小学毕业后即走向社会。

自1986年《义务教育法》颁布到2000年的15年间，中国大约有1.5亿的农民子女没能完成初中教育。这其中包括未入小学的近3200万人、小学阶段失学的近3800万人、小学毕业后未能升学的5000多万人，以及初中阶段失学的3000多万人。

义务教育阶段存在的城乡教育机会差距，到了高中阶段进一步扩大。从初中毕业生升入高中（普通高中，不包括职业高中）的比例来看，城市的升学率从1985年的40%提高到了1999年的55.4%，而同期农村则从22.3%下降到18.6%，两者间的倍数差距从1.8倍扩大到3倍，人口大省山东和河南则分别达到4.4倍和4.5倍。

高中阶段机会的不平等，显然与学习费用的高涨、农村地区高中稀少造成的机会短缺，以及小学和初中阶段教育质量的低劣有关。但是，招生过程中向城镇倾斜的惯习也是不可忽视的因素。直至90年代末，在湖北省嘉鱼县嘉鱼一中——该县唯一的一所重点高中——的招生录取中，教育部门设定的录取分数线仍然是农村孩子要比城里孩子多出50～80分。如此安排的结果是，该校生源大约有七成来自该县城镇，而城镇人口只占该县总人口的两成。与此相仿，1998年山西省太原市的中专录取分数线也一直规定农村考生必须高于城镇考生，前者为532分，后者只有376分，二者相差156分。

其理由是“减轻城市就业压力”、“减少社会不稳定因素”。

其四，在全中国9亿农民中，能够进入北大和清华的人数不及一个北京市。

城乡分割的义务教育办学制度，使农村的少年儿童在通向学业成功的竞争中从一开始就处于劣势。进而，由教育部门掌控的高等教育机会的初次分配的失衡，以及强势社会成员以“腐败”参与的再分配，都决定着或拉大了高等教育机会的不平等。在以地区为单位的高校招生名额分配上，主管部门一贯采取在全国范围向北京和上海倾斜，在一省之内向省会城市倾斜的政策。以清华为例，在迄今为止的20多年间，它投放于北京市的名额始终超过苏、皖、鄂、川4省的总和，2001年则占到其招生总数的18%，而当年北京高中毕业生的数量只占全国总量的0.9%。1998年进行的一项对全国37所不同层次高校1994和1997级学生近7万人的调查表明，在城乡之间，机会获得的整体差距为5.8倍，在全国重点院校中则达到8.8倍，即便在最低层次的地方高校中也有3.4倍，超过城乡之间经济收入的差距。

各职业阶层间的差距则更加明显。农民与工人、党政干部、企业管理人员和专业技术人员的子女进入高等学校的可能性之比为1∶2.5∶17.8∶12.8∶9.4，其中在全国重点高校中是1∶4∶31.7∶22.6∶17.4。而农民阶层与整个非农阶层的整体差距是5.6倍，在全国重点高校中是9.2倍，其中与党政干部子女的差距则分别达到17.9倍和31.7倍。另外，作为体力劳动者的工人和农民的子女，与作为脑力劳动者的党政干部、企业管理人员和专业技术人员的子女的机会差距也很大：在高校总体中为9.6倍，在全国重点院校中接近15倍，工农子女的合计份额不到45%。

北大和清华更加令人惊叹。1999年两校招收的5080名本科生中，农村学生只有902人，仅为17.8%，与同年农村人口占全国总人口的近70%形成鲜明对比。两校在北京招生的情况则显示，在全中国9亿农民中，能够进入北大和清华的人数不及一个北京市。比如，在清华大学1990—1992年招收的三届本科生中，来自全国农村的学生为433、385和381人，而出自北京市的竟分别达到437、410和481人，1992年整个高出100人。

进一步的分析还表明，强势社会阶层子女在高校中的热门专业中所占优势更加明显，而工农子女特别是农民子女则多居于冷门专业。

四、教育公平的对策研讨

1. 政府要有远见[①]

“教育是民族振兴的基石，教育公平是社会公平的重要基础。”当今，教育公平问题受到我国社会的极大关注。这是因为我国教育发展极不平衡，存在着东西部差距、城乡差距、学校之间的差距。这里有历史原因，一个国家在教育资源极度贫乏的时候，只能集中资源办好一批学校，以便快出人才。这就是以前教育发展不平衡以及20世纪80年代初重点学校出现的缘由。时至今日，我国经济有了很大增长，教育资源已经比以前相对充足，国家已有财力支撑教育的均衡发展，因而教育公平问题就提到议事日程。

促进教育公平，需要对教育公平有一个认识。教育公平有三层内容：一是入学机会公平，二是教育过程公平，三是教育结果公平。今天我们讲教育公平主要是指为每个人提供入学机会的公平，提供教育过程（包括教育条件和师资）的公平，并不能保证教育结果的公平，或者说，所谓结果的公平只能理解为人人都得到了充分的发展。

① 详见顾明远.实现教育公平需要政府远见[J].中国教育学刊，2008(2)：卷首语；教育公平与和谐教育[J].比较教育研究，2008，219(4)：7-9.

这是因为人的天赋有差异,环境有差异,学生努力的程度有差异。今天讲教育公平就是要缩小这种差异,使每个人都有受教育的平等权利,而且给以教育过程的公平,也就是办学条件和师资配置上要均衡。

实现教育公平,不仅要提供入学机会的公平,在办学条件上要均衡配置教育资源,还应该特别支持弱势群体子女的教育。这也可以说是对他们的一种补偿。因为长期以来他们缺乏受教育的机会,因此,只有对他们特别予以照顾,教育资源向他们倾斜,才能补偿过去的不足,使他们跟上一般的水平。我国高等学校对少数民族子女降分录取,就是对弱势群体的一种倾斜。

当前要特别关注进城农民工子女的教育、农村留守儿童的教育。许多地方很重视这个问题。农民工子女大多数将来都会留在城市,变成市民,现在不去教育他们,将来会成为城市里的社会问题,因此还是应该及早让他们受教育。但是许多地方长官不这么想,他们总计算着经费问题,认为城市教育投入只包括有户籍的市民子女,不包括农民工子女,只算经济账不算社会账。其实农民工为城市增加财富,增加税收,为什么不能享受城市的教育?同时,农民工的提法也不确切,他们本来已经离开土地,成为城市里的工人,也就是实质上的市民,只不过没有户籍而已。既然是市民,他们的子女理应受到与城市市民子女同样的教育。当然,实际中会遇到一些难题,如农民工往往有多个子女,他们都到城市上学,城市负担加重。但孩子是我们的未来,总要设法让他们受到教育。

这是从宏观教育来讲的,国家要负起均衡发展的责任,增加教育投入,改造薄弱学校,扩大优质教育,不仅实现入学机会的公平,而且实现教育过程的公平,使每个学生都能受到良好的教育。这对促进社会的和谐有两重意义:一是教育公平是社会公平的基础,二是提高了全体国民素质，更有利于社会的和谐发展。

2. **注重农村教育**

农村教育是近年教育学界讨论教育公平问题时的一大重心。在“三农”问题受到社会特别关注的大背景下，农村教育研究发出了更多的声音。2004 年 8 月召开的中国教育学会第 17 次学术年会的主题即为“中国农村教育的改革与发展”，此次会议从不同角度深入思考和交流了当前农村教育的重点、热点及难点问题。会议认为，应科学定位农村教育，进一步明确农村教育的任务；要完善农村义务教育管理体制，落实教育经费四级投入模式；加速农村教育综合改革，大力促进“三教”统筹；认真审视、积极寻求解决农村教育问题的多种出路。

农村教育研究基本上可以用“探索出路”这四个字来概括。这种探索大致包括两个方面：一是关于农村教育的结构性矛盾的研究。研究者们着重针对农村教育体制改革后出现的教育资源严重不足、结构失衡的情况，探讨了教育经费的财政分担体制问题，提出了一系列对策。这些对策的一个总的思路，是以国家财政为公共财政作为制度背景，强调凸显高端财政在教育财政资源在分配中的职能，因地区而异地实行农村义务教育财政体制，诸如在东部地区实行以县级和省级、直辖市级政府作为投资主体的农村义务教育财政体制，在中部实行以中央和省级政府作为投资主体的农村义务教育财政体制，在西部地区则实行以中央政府作为投资主体的农村义务教育财政体制等。

不少研究者提出不宜简单套用“效率优先、兼顾公平”的提法，而应将教育公平作为一个独立的发展目标，义务教育阶段的入学机会主要应解决公平问题。更有研究者认为，当前为我国农村教育寻找出路已不再需要学者们去绞尽脑汁地编造什么额外的“政策建议”

了,只需要一种面对农村中国和农村中国人时最为缺乏的东西:政府的责任抑或行政伦理。

还有不少研究从社会变迁中的新发问题上着手,探讨出路。比如,在农民向城市流动、西部大开发、信息化发展等社会变迁大背景下,农村教育出现的特有问题,包括农民工子女就学问题、一费制调整问题、西部农村教师社会责任的功能性扩展问题、基础教育信息化区域性失衡问题、农村实施素质教育的师源性障碍问题、农村地区初中生辍学问题、社会转型期乡村社会的“代教”问题、西北地区少数民族女性教育问题、农村留守儿童教育问题以及西部地区的“高考移民”问题等。对这些问题,研究者们都进行了不同角度的观照,提出了相应的对策或建议。

在免费义务教育政策落实以后,有学者提出了新的问题。他们认为,在免费义务教育逐步得以实现的情况下,要关注农村儿童的后续教育。农村孩子免费读完了小学、初中的九年义务教育之后该怎么办?高中教育、大学教育仍面临巨大的经济负担,农村孩子又该如何跨越这一障碍?义务教育阶段全免费,并不能从根本上解决教育公平问题。其实农民最担心的是孩子义务教育后的家庭支付能力,因此,亟须为农民子女铺就义务教育后的发展道路。①

针对如何保证偏远地区农村教育的均衡发展,有学者提出了以下建议:首先,正确认识农村教学点的作用,慎重对待教学点的撤留问题;其次,理顺关系,对保留下来的教学点给予适当支持;再次,加强师资队伍建设,提高教学点的教育质量。②

还有学者提出“乡村文化与教育重建”问题,一方面,这缘于乡村文化的衰落与乡村教育的文化缺失的现实,另一方面,乡村文化与教育重建对整个社会的文化、教育重建以至整个社会的健全发展具有重要意义。而“重建”,首先是一个“重建乡村文化的尊严”问题,要重

① 袁桂林.新机制 新希望 新问题——农村义务教育财政政策回顾与展望[J].人民教育,2006(10):2-5.

② 范先佐.农村学校布局调整与教育的均衡发展[J].教育发展研究,2008(7):55-60.

新确认乡村文化在整个社会、民族文化中的价值和地位，重新确认乡村文化作为乡村教育和整个国家教育的文化资源的价值和作用；其次，要强调“乡村文化、教育的重建是我们自己的问题”，以警戒在讨论乡村文化、乡村教育以至乡村建设、“三农”问题时陷入“精英立场”。①

① 钱理群，刘铁芳．乡土中国与乡村教育[M]．福州：福建教育出版社，2008.

3. **关注高等教育**

我国高等教育在世纪之交经历了大规模的扩招，大学生就业形势日趋严峻，引发了社会对高等教育尤其是高等教育公平的广泛关注。为此，《北京大学教育评论》杂志组织了“毕业生就业与高等教育发展”专题笔谈，②邀请学科背景不同、学术个性卓尔不群的学者阐述他们的观点。陈平原认为，“大学生就业难”确与近年扩招有关，但提高大学生入学比例的国策没错；大学如何扩招以及如何教学应多听教育家而非经济学家的，大学扩招的主要目的是提高国民素质而非缓解就业压力或吸纳民间资金；不能保证充分就业将是中国高等教育的“常态”，政府、学校、学生都须为此重新定位。他还对所谓“热门专业”的选择、大学定位、高等院校的升级及其“评比”机制以及大学里的专业设置等问题中存在的流弊与“病根”予以深入剖析与批判。王义遒也认为，一些高校不管自身的社会环境与客观条件，一个劲追求上层次、攀高位、向研究型大学看齐等不切实际的做法，严重制约了毕业生的合理就业。所以，在当今高等教育大众化阶段，高等学校要满足多种多样的社会需求，使毕业生适应各种不同岗位，就要有多样化的办学理念和模式。学生就业再一次呼唤高等教育的多样化。谢维和论述了“对口”与“适应”这两种高校人才培养与劳动力市场的关系模式，呼吁进行一种新的制度设计和安排，以建立一种多样化、多层次、灵活和开放的人才培养机制，形成与劳动力市场人才需要之间的良性互动。李强提出本科生教育中应加强通识教育。

② 毕业生就业与高等教育发展：多学科的视野[J]．北京大学教育评论，2004，2(4)：7-18.

在关注高等教育大众化与毕业生就业的同时,对于"进门"后、"出门"前的在校贫困生的学业与生活困难,研究者也予以了关注。庞丽鹃等指出,20世纪90年代中期以来,我国高校贫困生问题日益突出,这在严重影响贫困生的生活与学业、引发家庭和社会问题的同时,也制约了我国高等教育和基础教育事业的健康发展。为此,论者从政府、学校和社会三个层面提出了切实解决这一问题的对策,其中政府统筹、政策导向、尽快完善贷学金制度是解决问题的根本。①

针对助学贷款中出现的问题,吕炜等提出应以引入风险准备基金的方式解决。②《北京大学教育评论》杂志为此也组发了"高校助学贷款的理论与实践"专题笔谈,邀请海内外研究者、实践者撰文,就学生贷款的理论基础、政策含义、中国国家助学贷款中存在的矛盾和问题以及他国经验、解决问题的途径和模式进行了深入而全面的探讨。③

总之,我国高等教育规模的快速扩张以及大众化进程使高等教育公平问题日渐凸显,并日益受到人们的关注。高等教育公平问题的实质可归结为制度问题,因此,高等教育公平要成为实践中可接受的现实,有赖于高等教育制度创新和政策调整。④

① 庞丽鹃,胡福贞,韩小雨.关注高校贫困生:问题、原因与对策[J].北京大学教育评论,2004,2(2):39-42.
② 吕炜,肖兴志,王晔.完善国家助学贷款制度,推进高等教育发展[J].教育研究,2004,293(6):28-33.
③ 学生贷款的理论与实践:对中国道路的探索[J].北京大学教育评论,2004,2(1):5-27.
④ 张应强,马廷奇.高等教育公平与高等教育制度创新[J].教育研究,2002,275(12):39-43.

4.**教育均衡发展**

首先,要把"缩小差距"作为教育政策的重大使命。教育差距的存在和持续拉大是当前教育发展的严峻现实,教育在城乡之间、区域之间、学校之间的差距日益扩大,教育差距大于经济差距,教育差距是教育和谐发展的严重障碍;导致差距的最主要原因是公共政策。因此,消除教育贫困,缩小教育差距是促进教育和谐发展的突出主题,是中国教育政策的重大使命,而其责任主要在政府;公共教育政策领域必须逐步实现从精英教育向大众教育的转型;缩小教育差距,制度建设是关键,政策保障体系构建是重点;当前,要逐步弱化并最终消除人为扩大教育差距的有关政策，要根据城市反哺农村、东部反哺西部的思想，制定新的政策，要对某些政策作必要的调整，以利于教育公平的实现。[①]

其次，要把教育公平作为教育决策的重要理念和依据之一。修正与调整那些与教育公平相悖的现行政策，并推动教育决策由对教育公平的被动适应到主动思考；补充和完善现行教育法律法规中有关教育公平的条款，并赋予其直接的司法效力，在教育实践中，加强监督机制，保证依法行政；公平配置有限的教育资源，关注贫困落后地区和边缘群体；提高教师素质，加强教育过程中的公平与公正。[②]

再次，把教育公平作为一个独立的发展目标。教育公平具有独立的价值，不宜简单套用“效率优先、兼顾公平”的提法，要走出“财政视角”的教育政策改革路径；义务教育是全民教育，必须坚持公平优先的价值；教育的公平与效率的冲突问题主要表现在教育资源的配置上，在义务教育阶段公平和效率是高度一致的，但在入学机会问题上主要是公平；公正的制度和政策设计问题与效率无关，政府是维护和促进公平的社会主体，其行为底线，至少不应人为地制造和扩大不公平。[③]

复次，统筹教育经费，建立教育经费分担机制。摆脱基层财政运行困境是增加农村教育投入的根本，高端财政（包括中央和省级财政）在财政资源再分配中的公平职能凸显，加大对欠发达地区基层财政的转移支付力度是保障农村义务教育投入的理性选择。[④]农村义务教育经费的筹措需要整体统筹与机制保障，解决农村初中薄弱学校现象需要统筹全局、标本兼治。[⑤]农村义务教育财政体制改革应以国家财政为公共财政作为制度背景，在公共财政框架下，明确各级政府的财政责任，充分重视农村地区差异，建立东部、中部、西部地区分级负担的政府农村义务教育经费分担机制：在东部地区的 7 省、直辖

① 袁振国．缩小差距——中国教育政策的重大使命[J]．北京师范大学学报：社会科学版，2005，189(3)：5-15；缩小教育差距促进教育和谐发展[J]．教育研究，2005，306(7)：3-11.

② 柳海民，段丽华．教育公平：教育发展质与量的双重度量——兼论我国的教育公平问题及对策[J]．东北师范大学学报：哲学社会科学版，2002，199(5)：104-111.

③ 杨东平．教育公平是一个独立的发展目标——辨析教育的公平与效率[J]．教育研究，2004，294(7)：26-31.

④ 张立承．基层财政运行压力：农村义务教育管理体制改革困境分析[J]．北京大学教育评论，2004，2(3)：53-59.

⑤ 李少元．用综合改革方法论指导实施农村教育改革[J]．教育研究，2004，292(5)：11-14.

市实行以县级和省级、直辖市级政府作为投资主体的农村义务教育财政体制;在中部12省实行以中央和省级政府作为投资主体的农村义务教育财政体制;在西部地区的12省、自治区则实行以中央政府作为投资主体的农村义务教育财政体制。[①]

最后,要明确政府责任,加强行政伦理。张玉林指出,在中国政府宣告以15年的时间于世界上人口最多的国家实现了普及义务教育这一"辉煌成就"之后不久,在中国的高等教育即将迈入"大众化"阶段的21世纪初,人们可以确凿无疑地看到,以教育者和被教育者的权利同遭侵害、以教师和学生的一道流失为集中体现,农村义务教育这一中国教育最为基础和庞大的部分,的确已陷入一种实实在在的危机,包括"教师工资拖欠"这个不该成为问题的问题、"危险校舍"这个终究带入了新世纪的问题、"教育负债"这个难以解决的新问题以及"辍学率反弹"这个"普九"冲刺后迎来的危机。鉴于1993年以来的10年间各级政府逾6000亿元教育经费的克扣是造成这场危机的一个相当重要原因,他认为化解这场危机不再需要学者们去绞尽脑汁地编造什么额外的"政策建议"了,只需要一种在面对农村中国和农村中国人时最为缺乏的东西:政府的责任,抑或"行政伦理"。[②]

第六章　教育改革的持续探究

30年来的教育发展过程可以说是一系列的教育改革过程[③]。对于30年来教育改革的总体进程及取得的成就,有研究者这样总结:

① 高如峰.重构中国农村义务教育财政体制的政策建议[J].教育研究,2004,294(7):18-25;对农村义务教育各级政府财政责任分工的建议方案[J].教育研究,2005,302(3):17-22.

② 张玉林.目前中国农村的教育危机[J].战略与管理,2004(4):38-48.

③ "教育改革"一词往往泛指教育领域中进行的不同范围、不同程度的变革,故含改革、变革、革命等方面的意思。参见叶澜.试论我国基础教育改革深化的若干认识问题——为纪念"三个面向"发表十周年而作[J].中国教育学刊,1993(6):19.

30 年来，中国教育事业，历经改革、创新和优先发展、科学发展，同样取得了辉煌的成就，主要表现在：第一，以恢复高考开端、调整整顿起步，教育领域走上拨乱反正第一线和改革前沿；第二，确立优先发展战略、科教兴国战略，各类各级教育改革开放谱写新篇、再展生机；第三，以科学发展导向、科学育人为本，高举旗帜齐奏和谐教育新华章、振兴国运。[①]

30 年来的教育学研究及其发展，也可以说是在教育改革过程之中、由于教育改革并为了教育改革而进行的。30 年来的教育事业发展与教育学术发展，是相互促进、彼此交错的过程，是历史与逻辑的统一过程。以下将依循为何改革、如何改革、谁来改革、谁支持改革以及如何继续改革的逻辑线索，展示学人就这些问题发表的见解及辩论。

① 张起生．中国教育改革与发展回眸[J]．黄埔，2008(2)：18-20．另，胡德海则对整个20世纪中国教育改革的因由、基本过程和主要经验教训等方面作了宏观的鸟瞰式的回眸、考察、探究与反思。详见胡德海．论20世纪中国的教育改革[J]．教育研究与实验，2003(1)：16-20．

一、为何改革：中国教育改革的政策背景

有学者认为，与那些来自教育第一线的教师、校长和地方教育管理者们的自下而上、适应当地教育和社会实际情况的教育创新不同，自上而下的、在某一宏大政策理念指导下的教育改革具有如下特点：第一，教育改革一般都是经权力机关和政府部门认可，通过教育政策的颁布、实施和授权适用来进行的，整个过程都处于行政监控之下。第二，教育改革往往有预定的目标和为实现这些目标而预先确定的各种具体措施，并且这些规划和预定的目标与措施，都是经过权力机关和政府部门准许的，因此，它具有确定性、规范性、可预见性、政治合法性和受保护的风险性等特征。第三，教育改革往往以某一时代潮流或宏大叙事为直接背景，具有一定的规模，经历较长的时期，在国家或较大范围的地区间展开竞争。第四，教育改革在其实施过程

中具有严密的组织和精密的计划,既定规划往往优先于实际情境,以保证自上而下的教育改革政策得到贯彻落实,因而在具体情境中其政策和策略大多只能发生有限的变形。第五,教育改革的实施过程实际上是一种任务参与过程,即行动者都是带着上级指派的任务去执行改革计划的,其中包含着赋权过程,改革者的行动背后有政府或权力部门的支持。第六,教育改革由于总是在某一宏观理念指导下自上而下地在一个较大范围内展开,因而往往表现出统一性和广泛性,具有普遍的、可迁移的价值,即改革的政策和策略是适用于整个规划范围的。①

① 项贤明.论教育创新与教育改革[J].高等教育研究,2007,28(12):1-7.

基于此,要考察"为何改革"这一问题,就有必要从政策文件上阐述教育改革的导向与进程。政策文件虽然不是研究者研究的成果,但它们是教育改革研究绕不过的背景,也是教育改革研究所常常凭借的依据。

1. 纠"左"需要

改革开放伊始,《关于建国以来党的若干历史问题的决议》(1981)就提出了教育改革的指导思想与基本要求。该《决议》规定:社会主义必须有高度的精神文明。要坚决扫除长期存在而在"文化大革命"期间登峰造极的那种轻视教育科学文化和歧视知识分子的完全错误的观念,努力提高教育科学文化在现代化建设中的地位和作用,明确肯定知识分子同工人、农民一样是社会主义事业的依靠力量,没有文化和知识分子是不可能建设社会主义的。要在全党大大加强对马克思主义理论的研究,对中外历史和现状的研究,对各门社会科学和自然科学的研究。要加强和改善思想政治工作,用马克思主义世界观和共产主义道德教育人民和青年,坚持德智体全面发展、又红又专、知识分子与工人农民相结合、脑力劳动与体力劳动相结合的教育方针,抵制腐朽的资产阶级思想和封建残余思想的影响,克服小资产阶级思想的影响，发扬祖国利益高于一切的爱国主义精神和为现代化建设贡献一切的艰苦创业精神。这一指导思想，拉开了教育改革及教育改革研究的序幕，奠定了教育改革与发展及教育改革与发展研究的基础。改革开放以来的教育改革及其研究，是从纠正"文化大革命"时期的极"左"倾向开始的。

2."现代化"需要

(1)"人才"需要

随着工作重心从以阶级斗争为纲转移到以经济建设为中心，人才问题成为头等大事。1985 年《中共中央关于教育体制改革的决定》提出，教育体制改革的根本目的是提高民族素质，多出人才、出好人才。该《决定》认为，今后事情成败的一个重要关键在于人才，而要解决人才问题，就必须使教育事业在经济发展的基础上有一个大的发展。教育必须为社会主义建设服务，社会主义建设必须依靠教育。社会主义现代化建设的宏伟任务，要求我们不但必须放手使用和努力提高现有的人才，而且必须极大地提高全党对教育工作的认识，面向现代化、面向世界、面向未来，为 90 年代以至 21 世纪初叶我国经济和社会的发展，大规模地准备新的能够坚持社会主义方向的各级各类合格人才。要造就数以亿计的工业、农业、商业等各行各业有文化、懂技术、业务熟练的劳动者。要造就数以千万计的具有现代科学技术和经营管理知识，具有开拓能力的厂长、经理、工程师、农艺师、经济师、会计师、统计师和其他经济、技术工作人员。还要造就数以千万计的能够适应现代科学文化发展和新技术革命要求的教育工作者、科学工作者、医务工作者、理论工作者、文化工作者、新闻和编辑出版工作者、法律工作者、外事工作者、军事工作者和各方面党政工作者。

(2)"教育优先发展战略"需要

随着现代化建设进程的加快，人才需求进一步突出。中国共产党第十四次全国代表大会明确提出必须把教育摆在优先发展的战略地位,努力提高全民族的思想道德和科学文化水平,这是实现我国现代化的根本大计。为了实现党的十四大所确定的战略任务,指导90年代乃至21世纪初教育的改革和发展,使教育更好地为社会主义现代化建设服务,1993年,国务院特制定《中国教育改革和发展纲要》。该《纲要》指出,谁掌握了面向21世纪的教育,谁就能在21世纪的国际竞争中处于战略主动地位。为此,必须高瞻远瞩,及早筹划我国教育事业的大计,迎接21世纪的挑战。1998年教育部发布《面向21世纪教育振兴行动计划》,这是在贯彻落实《教育法》及《中国教育改革和发展纲要》的基础上提出的跨世纪教育改革和发展的施工蓝图。该《行动计划》提出,在即将到来的21世纪,以高新技术为核心的知识经济将占主导地位,国家的综合国力和国际竞争能力将越来越取决于教育发展、科学技术和知识创新的水平,教育将始终处于优先发展的战略地位,现代信息技术在教育中广泛应用并导致教育系统发生深刻的变化,终身教育将是教育发展与社会进步的共同要求。该《行动计划》规定,要全面规划,突出重点,抓住关键,重在落实。该《行动计划》关于教育改革的主要目标是:深化改革,建立起教育新体制的基本框架,主动适应经济社会发展的需要。

3.**"新人"需要**

1999年《中共中央国务院关于深化教育改革全面推进素质教育的决定》明确提出,当今世界,科学技术突飞猛进,知识经济已见端倪,国力竞争日趋激烈。教育在综合国力的形成中处于基础地位,国力的强弱越来越取决于劳动者的素质,取决于各类人才的质量和数量,这对于培养和造就我国21世纪的一代新人提出了更加迫切的要求。全党、全社会必须从我国社会主义事业兴旺发达和中华民族伟大复兴的大局出发,以邓小平理论为指导,全面贯彻落实党的十五大精神，深化教育改革，全面推进素质教育，构建一个充满生机的有中国特色社会主义教育体系，为实施科教兴国战略奠定坚实的人才和知识基础。全面推进素质教育，培养适应21世纪现代化建设需要的社会主义新人。2004年教育部《2003—2007年教育振兴行动计划》进一步提出，百年大计，教育为本。要实现全面建设小康社会和中华民族伟大复兴的宏伟目标，必须坚持实施科教兴国战略和人才强国战略，把教育摆在现代化建设优先发展的战略地位。今后几年，要巩固成果，深化改革，提高质量，持续发展，办好让人民满意的教育。培养数以亿计的高素质劳动者、数以千万计的专门人才和一大批拔尖创新人才，把巨大的人口压力转化为丰富的人力资源优势；加强教育同科技与经济、同文化与社会的结合，为现代化建设提供更大的智力支持和知识贡献。为此，该《计划》明确提出了教育改革的两个重点：重点推进农村教育发展与改革；重点推进高水平大学和重点学科建设。

4.“和谐”需要

2006年《中共中央关于构建社会主义和谐社会若干重大问题的决定》规定：坚持教育优先发展，促进教育公平。全面贯彻党的教育方针，大力实施科教兴国战略和人才强国战略，全面实施素质教育，深化教育改革，提高教育质量，建设现代国民教育体系和终身教育体系，保障人民享有接受良好教育的机会。坚持公共教育资源向农村、中西部地区、贫困地区、边疆地区、民族地区倾斜，逐步缩小城乡、区域教育发展差距，推动公共教育协调发展。明确各级政府提供教育公共服务的职责，保证财政性教育经费增长幅度明显高于财政经常性收入增长幅度，逐步使财政性教育经费占国内生产总值的比例达到4%。

从上述政策背景中不难发现，改革开放以来的教育改革由纠“左”而始，随着现代化进程的推进而不断深化，从“人才”培养到“教育优先"发展需要,从"素质教育"推进到"科教兴国"战略,教育改革紧随国家经济、社会建设目标而持续进行。教育改革研究,正是在此背景之中而展开的。

二、如何改革:重大教育改革研究及争论

基于上述教育改革的背景,学人就教育改革问题进行了持续不断的探究。20世纪80年代前期至90年代末,关于教育改革的研究有三个主要特点。一是放眼看世界,译介国外教育改革动态。譬如,介绍苏联、日本、南斯拉夫、瑞士、美国、卢旺达、法国等国家的教育改革情况与趋势。二是回顾历史,整理我国教育改革的经验。譬如,总结先秦法家教育改革、王安石的教育改革、辛亥革命前后的教育改革、戊戌变法时期的教育改革等教育改革的经验。三是关注现实,探讨其时教育改革的出路。譬如,从科技发展与教育的关系论述教育改革的必要性,围绕"三个面向"来阐发教育改革的时代性,从现实的状况来呼吁教育改革的紧迫性。

20世纪80年代中期以来,特别是随着1985年《中共中央关于教育体制改革的决定》的颁布,中国教育改革研究逐步走向深入。关于教育改革的研究几乎涉及教育领域的所有①,这里不可能也不必要罗列全部,只选取重大问题予以陈述。

(1)基础教育改革②研究

80年代中后期,基础教育改革研究集中在如下"热点":基础教育的性质和任务问题、纠正片面追求升学率问题、农村基础教育的方向问题以及如何建设中小学教师队伍的问题等。③而《为了未来——我的教育观》一书,则从一个侧面,反映了我国基础教育改革的历史轨迹及作者对教育改革的深沉思考。④

① 仅以"教育改革"为题的著作就不下十余本,譬如主要有张健.教育改革必须从国情出发[M].上海:上海教育出版社,1984;孙陶林.深化教育改革的探索[M].上海:华东师范大学出版社,1990;瞿葆奎主编.教育学文集·中国教育改革[M].北京:人民教育出版社,1991;王宗敏,张武升.教育改革论[M].郑州:河南教育出版社,1991;袁振国.教育改革论[M].南京:江苏教育出版社,1992;郭福昌,吴德刚.教育改革发展论[M].石家庄:河北教育出版社,1996;郑新蓉.现代教育改革批判[M].北京:人民教育出版社,2003;萧宗六.教育改革与学术争鸣[M].北京:人民教育出版社,2003;黄首晶.教育改革的认识论基础反思[M].武汉:华中师范大学出版社,2007;丹增.为了人人都享有的权利:教育改革与发展笔记[M].北京:人民出版社,2007;马健生.教育改革论[M].合肥:安徽教育出版社,2007.等。

② 从宽泛的意义上讲,前述教育实验研究,特别是"新基础教育"实验研究、"教育整体改革"实验研究等,都是关于基础教育改革(变革)的探讨,只是侧重点不同而已。这里叙述的基础教育改革,不再重复教育实验研究部分,只从"面"上加以提取,展示重大研究成果。

③ 韦禾.基础教育改革问题综述[J].教育论丛,1988(3):16-20.

④ 吕型伟.为了未来——我的教育观[M].上海:上海教育出版社,1992.

在“三个面向”发表十周年之际，叶澜提出了基础教育改革依据的合理性问题以及基础教育改革深化的目标。[①]

就前者而言，她指出，无论从世界范围还是国内看，教育改革或者革命并不都是成功和如愿的，有的甚至带来破坏性的、持久的甚至无法弥补的消极影响，这就有必要反思教育改革依据的合理性。概要地说，其合理性的标准至少有三：一是改革目标的针对性是否切中现实教育弊病的要害；二是改革目标是否体现社会和教育发展的真实需要；三是改革目标是否适度，即顾及社会和教育实现该目标的可能。思考、判断这三方面就构成了一个改革目标形成的完整过程。缺少这个过程中的任何一个步骤，在任何一个步骤上作出错误的判断，或者忽视这三个步骤间的转化与联系，都会带来教育改革目标选择上的偏差或错误，从而在改革尚未展开时就埋下失败的“祸种”。

就后者而言，她依据 1993 年《中国教育改革和发展纲要》所提出的“全面贯彻教育方针、全面提高教育质量”的总体目标提出，在中小学十年教育改革的基础上，有必要在下列几个方面把改革推向深化：第一，在办学方针方面，学校在贯彻《中国教育改革和发展纲要》精神的同时，努力形成特色。第二，在培养目标方面，在坚持全面发展方针的同时，重视学生个性发展，重视学生主体性和选择能力的培养。第三，在课程、教学方面，在反映时代、社会发展变化时，把立足点放在基础性改革的一面，在满足教学计划基本要求的前提下，着力为学生发展个性提供多种选择的可能。第四，在思想政治教育方面，在坚持社会主义政治方向的前提下，着重于价值观的形成与健康心理品质的养成。第五，在学校管理方面，改革深化的重点在于一方面建立学校自主管理与政府宏观调控的模式，一方面把科学和人文的精神渗透到学校管理的各方面去，使管理真正发挥调动每个人的积极性，再把个体的能量整合到群体中，产生学校教育整体效应的功能。

① 叶澜.试论我国基础教育改革深化的若干认识问题——为纪念“三个面向”发表十周年而作[J].中国教育学刊，1993(6)：14-19.

认真贯彻教育与生产劳动相结合的方针,促进中小学由“应试教育”转向全面提高国民素质的轨道,是90年代初期深化基础教育改革中迫切需要解决的一个重要问题。1993年《中国教育学刊》[①]发表中国教育学会会长张承先《坚持教育与生产劳动相结合,深化基础教育改革》一文,对这个问题进行了深刻论述,并就此开辟专栏,对在新的历史条件下如何贯彻教育与生产劳动相结合的方针问题从理论与实践的结合进行讨论。关于这个问题的探讨一直持续到21世纪初年。

譬如,2005年,教育学界两位相知五十余载的道友就“劳动教育应否与体育、智育、德育、美育并列”的问题进行了一场值得称道的学术争鸣。黄济从劳动在人的形成和发展中的作用谈起,对劳动教育的意义、任务、内容和实施作了比较全面的论述;通过对马克思主义的劳动与教育结合思想与我国革命传统中的劳动教育的分析,提出在进行生产技术教育的同时有必要加强劳动观点和劳动习惯教育;最后建议将劳动教育并列为全面发展教育的一个组成部分,在基础教育中将德、智、体、美四育增补为德、智、体、美、劳五育。[②]对此,瞿葆奎提出不同见解,认为迻译马克思关于教育的一些语词需要辨析;人的发展包含身、心两方面,“心”的发展包含智、德或智、德、美,人的身、心发展的教育为体育、智育、德育、美育;劳动教育极其重要,然而,相对体育、智育、德育、美育来说,劳动教育是另一类别的、另一层次的教育,它不能也不应与体育、智育、德育、美育并列为人的全面发展教育的组成部分;“德、智、体、美、劳五育并举的理论体系”,不是一个正确的命题,因为它“不伦不类”,不符合逻辑。[③]

黄济对瞿葆奎从学理上对全面发展教育的组成部分的分析是赞叹的,但针对中国教育现实和青少年发展状况,他仍认为我国教育方针应该包括劳动教育;而瞿葆奎也并非不重视劳动教育的意义,只是

① 张承先.坚持教育与生产劳动相结合,深化基础教育改革[J].中国教育学刊,1999(2):2-3.在此之前,就有这方面的争论,譬如,见萧宗六.也谈新时期的教育方针——兼评张承先等同志的教育方针表述方案[J].中国教育学刊,1990(6):1-7;张承先.关于新时期教育方针的表述——与萧宗六同志商榷[J].中国教育学刊,1990(6):8-10;顾明远.教育同生产劳动相结合应该成为社会主义教育方针的重要内容——与萧宗六同志商榷[J].中国教育学刊,1991(2):11-14.

② 黄济.关于劳动教育的认识和建议[J].江苏教育学院学报,2004,20(5):17-22.

③ 瞿葆奎.劳动教育应与体育、智育、德育、美育并列?——答黄济教授[J].华东师范大学学报:教育科学版,2005,23(3):1-8.

在他看来，更应该反思过去不恰当地强调劳动教育给中国教育实践所带来的负面影响。由此说来，两位先生所针对的问题、所强调的观点虽有差异，但他们对中国教育发展的关切却是完全相同的。更可贵的是，两位学术前辈是在情当理当的商量中，让学识更加邃密，让友情更加深沉，而绝不是进行藐视前贤、菲薄同列或唯我独尊式的所谓“争鸣”。[①]

① 于述胜.教育学术应该这样争鸣[J].中国教师，2006(1)：22-24.

90年代中后期，有学者对其时基础教育改革的形势进行了分析，用四句话概括：一是取得了巨大的成绩；二是到20世纪末21世纪初整个事业发展和改革的走向已有明确的思路；三是在解决当前基础教育的紧迫任务——由“应试教育”向素质教育转轨方面，已积累和创造了一些先进经验；四是在改革实践中还存在一些值得注意的倾向。并就如何在基础教育的改革中加强群众观念，坚持群众观点，提出要解决好以下几方面的问题：坚持基础教育的根本宗旨；坚持办好每一所学校；坚持处理好重点中学与一般中学的关系；坚持杜绝各种形式的择校生高收费；坚持实施素质教育，全面提高教育质量。[②]

② 卓晴君.准确把握形势　推进基础教育改革[J].教育研究，1996(10)：10-12.

世纪之交，有学者基于“中西融通”的视野，阐述了面向未来的新文化观，从“对立统一”的哲学高度分析了文化的民族性与世界性等问题，指出中国基础教育改革所肩负的神圣文化使命，并具体探讨了“做人”—“做现代人”—“做新世纪中国现代人”的素质建构及其培养问题。这一素质建构框架吸收了陈鹤琴“做人”—“做中国人”—“做现代中国人”的精神旨趣，但把“现代中国人”改为“中国现代人”并非简单的文字游戏，而是突出了“现代人”与“传统人”的价值冲突，吸收了阿列克斯·英克尔斯“人的现代化”的合理内核，并以马克思主义者所阐发的“人的全面发展”和“四有新人”为指导思想，结合新时代精神进行理论再整合，强调当代中国“以素质教育为核心”的基础教育改革只能在前人研究的基础上寻找新的生长点，使新旧接续，推陈出新。[③]

③ 黄书光.论“中西融通”对中国当代基础教育改革的意义[J].比较教育研究，2001(5)：26-31；论中国基础教育改革的文化使命与人格理想[J].华东师范大学学报：教育科学版，2000，18(4)：1-7.

基础教育改革的世纪走向自然是研究者关注的问题。相关研究认为,在新的世纪,我国基础教育改革与发展的方向主要会表现在这样四个方面:走向文化,知识经济的时代特征以及教育自身面临的问题,都要求教育更多地与文化联姻,在创造出新型学校文化的同时,应对和关注各种相关的文化;走向个性,创新人才的培养总是与学生个性的张扬联系在一起的,基础教育需要树立个性化的教育观,将个性的发展放在突出地位;走向多元,多元文化的出现要求办学体制、学校类型、课程、教学模式等方面呈现多元的态势,用多元替代一统,用多样替代单一;走向校本,学校问题的复杂性使得校本在基础教育中愈益彰显其重要性,如何以校本研究为起点,校本培训为中介,校本课程的开发为落脚点,并以校本管理为保障条件,是基础教育改革与发展中必须加以探讨和实施的又一突出问题。①

也有学者对新世纪的基础教育改革进行了微观思考,就教育中的创新能力与问题意识、专门人才与高级人才、“授之以鱼”与“授之以渔”等问题进行了细致辨析。②

(2)基础教育课程改革的争鸣及评述

在基础教育改革研究中,一个比较重大的问题,就是对目前正在推进的新中国成立后第八次基础教育课程改革的反思与争论,故有必要单列出来,以示强调。

就在基础教育课程改革进入全面推广阶段的同时,中国教育学会教学论专业委员会第九届学术年会(2004 年 4 月)对基础教育课程改革和教学改革进行了反思。会议在充分肯定基础教育课程改革理念的正确性及其取得巨大成绩的基础上,分析了课程与教学改革中存在的如下问题:国外理论本土化问题;课程与教学研究中理论与实践脱节的问题;课改中来自中小学第一线的人员不多,需要他们的理解和参与;现代教育信息与课程整合的问题。③

① 郑金洲.基础教育改革与发展的世纪走向[J].华东师范大学学报:教育科学版,2000,18(3):1-10.

② 袁振国.问题与答案,哪一个更重要?——新世纪基础教育改革的微观思考之一[J];专门人才=高级人才?——新世纪基础教育改革的微观思考之二[J];授之以鱼,还是授之以渔?——新世纪基础教育改革的微观思考之三[J],分别见人民教育,2001(4),(5),(6).

③ 教学论专业委员会第九届学术年会[J].教育研究,2004(8).

值得一提的是，王策三提交此次年会的长篇学术论文《认真对待“轻视知识”的教育思潮——再评由“应试教育”向素质教育转轨提法的讨论》在《北京大学教育评论》发表后，[①]引起广泛关注和强烈反响。钟启泉等随即以《发霉的奶酪——〈认真对待“轻视知识”的教育思潮〉读后感》(《全球教育展望》2004 年第 10 期)予以回应，并在《全球教育展望》杂志开辟“素质教育与课程改革”专栏予以探讨。[②]由此，围绕课程改革尤其是“知识观”、素质教育等问题掀起一股热烈的“争鸣”。王策三认为：由“应试教育”向素质教育转轨提法的流行反映了一股“轻视知识”的教育思潮，干扰教育、课程改革，必须坚决克服；这股思潮有复杂的社会、思想根源和片面道理，要认真对待；它未能全面把握个人发展的社会机制和认识机制，误解教育改革；必须赋予素质教育以全面发展的内涵(建议用“全面发展”代替“素质教育”)；建议加强教育理论建设，倡导多样综合原则。在这篇长文中，王策三还表达了“应试教育”和素质教育不能对举、课程与教学要分辨、知识传授与知识传授中的缺点与错误要分开、接受学习与发现学习要辨正、课程改革应注意我国时空背景并要借鉴历史和他国经验等鲜明的观点。钟启泉的回应文章认为：王策三一文暴露出诸多理论问题。他结合人们在课改中的疑惑，从新课程所倡导的教育价值观、知识观以及新课程在基础与借鉴、追求理想与面对现实等四个维度，澄清新课程的基本理念。他认为王策三一文实为“阴魂未散尽”的凯洛夫教育学的“幽灵再现”，提出理论工作者要敢于放弃陈旧、“发霉”思想，坚持与时俱进，“树立良好学风”。

这场关于课程改革的争论，其实涉及三个基本问题：一是何谓“知识”的问题；二是何谓“课程”的问题；三是研究的“视角”问题。本书第十章将对此予以评述。

① 王策三. 认真对待“轻视知识”的教育思潮——再评由“应试教育”向素质教育转轨提法的讨论[J]. 北京大学教育评论，2004，2(3)：5-23. 先前的评论见王策三. 保证基础教育健康发展——关于由“应试教育”向素质教育转轨提法的讨论[J]. 北京师范大学学报：人文社会科学版，2001，167(5)：59-84.

② 就在王策三一文发表的 2004 年，针对其“商榷”或相关的文章共计 12 篇。请见《全球教育展望》2004 年第 10、11、12 各期的“素质教育与课程改革”专栏；另见钟启泉. 概念重建与我国课程创新——与《认真对待“轻视知识”的教育思潮》作者商榷[J]. 北京大学教育评论，2005，3(1)：48-57.

(3)大学改革研究——以北大改革为例[①]

关于高等教育改革的研究数量颇多,总体而言,这些研究表明:30年来,我国高等教育思想发生重大转变;高等教育规模从基本稳定到急剧扩张;高等教育质量成为重点问题;高等教育研究处于旺盛的发展期。[②]

这里仅以北京大学改革为例,展示大学改革研究的主要成果。

① 背景[③]

自2003年5月下旬以来,围绕北京大学出台的《北京大学教师聘任和职务晋升制度改革方案》(征求意见稿),在北大校内外引发了激烈的争论。北京大学校方本着民主讨论的精神,汇总各种意见,修订了最初的改革方案。从争论情况来看,基本形成了两大争论焦点:第一,关于我国大学改革的法律根据以及改革方案的合理性;第二,关于我国大学国际化的目标,以及华人大学理念与中国学术自主性等问题。

北大改革方案"第一稿"的基本特点是:(一)维持北大现有教授不受改革影响,均转为终身聘任,但对现有副教授和讲师则实行"择优和分流",并具体规定将有三分之一的讲师和四分之一的副教授会被解聘;(二)现有及今后聘用的讲师和副教授将采取三年合同制,其中讲师聘用最多两个合同,其间升不到副教授将解聘;理工科副教授聘用最多三个合同,文科副教授聘用最多四个合同,其间升不到教授将解聘;(三)今后"空缺教授岗位二分之一以上对校外公开招聘,对外招聘名额不得用于内部晋升";(四)除少数学科外,今后新聘教授应能用一门外文教学授课;(五)原则上不直接从本院系应届毕业生中招聘新教员;(六)"院系学术委员会应有不少于三分之一的成员由境外知名大学获得终身教职的教授担任"。

这个方案公布后首先在校内引发极大争议,《经济观察报》2003

① 关于大学改革更多的有见地的研究,譬如可见甘阳,李猛编.中国大学改革之道[M].上海:上海人民出版社,2004;张维迎.大学的逻辑[M].北京:北京大学出版社,2004;杨光钦.大学改革:功利的陷阱与出路[M].北京:社会科学文献出版社,2005;刘小枫,甘阳,等.大学改革与通识教育[J].开放时代,2005(1):4-44;杨玉圣.大学改革与大学的命运——对有关北大改革方案论争的初步回顾[J].学术界,2003(5);王洪才.重温北大改革[J].社会观察,2006(9);胡建华.科学研究在大学中的历史演进[J].南京师范大学学报:社会科学版,2006(4);眭依凡.大学的理想主义与人才培养[J].教育研究,2006(8).

② 雷洪德.高等教育改革与发展30年回顾——全国高等教育学专业委员会2007年度学术年会综述[J].高等教育研究,2008,29(2):107-109.

③ 北京大学人事体制改革争论综述[J].读书,2003(8):152-158.

年 5 月 31 日以“北大震动：人事制度尝试改革成休克疗法”为题作了报道，《南方周末》(7 月 10 日)及其他报章、网站也多以“北大激进变革”为题刊发相关文章。拥护者认为这是打破既有大学体制弊端，加强竞争，创建世界一流大学的良策；而反对者则认为此方案以市场竞争来取代中国学术自身的发展规律，是典型的休克式疗法，尤其青年教师认为这个方案主要针对无权无势的青年教师群体，是“挑软柿子吃”。

北大的这一改革，引发了学人关于大学改革的一系列研究：[①]

② 大学改革的合法性与合理性

甘阳《大学改革的合法性与合理性》一文首先以英国议会 1988 年通过的“教育改革法案”为例，说明大学改革需要由国家先行立法的必要性。他提出，中国同样有必要制定颁布“大学改革法”，“大学改革法”的目标，第一是“保护我国大学教师的基本权利和尊严，以免大学当局在大学改革的过程中以改革为名任意侵犯大学教师的基本权益或伤害大学教师的人格尊严”，第二则是为大学改革提供法律根据，并负责解释与其他相关法律如“劳动法”和“教师法”等的关系。

甘阳批评北大方案从头到尾没有提“保障学术自由”的问题，认为这表明北大主事者没有理解，美国体制等西方大学长期采用的“终身聘任制”其根据在于保障学术自由，而不是市场竞争。他具体比较了美国体制、英国体制以及目前北大改革体制的不同，认为按北大目前的方案，则终身聘任的级别应该定在副教授，而不是教授。在他看来北大方案缺乏内在理据，“既没有认真参考简明合理的美国体制，也没有参考通情达理的英国体制”，而主要是模仿了香港科技大学的一些做法，但香港科技大学恰恰最不适合北大。

孙立平则提出改革的合理顺序问题，认为，从顺序的角度说，首要的问题是解决大学的官本位问题，然后是以此为基础建立一种公

① 北京大学人事体制改革争论综述[J]. 读书，2003(8)：152-158.

正而有效的学术评价机制,这时才轮到有关职称晋升和淘汰的人事制度的改革,或者说是竞争机制的建立。如果不先解决前面两个问题,即使一种从原则上看起来很好的人事制度改革方案,在实行的时候也可能会走样变形,甚至从根本上失去这个方案所奉行的基本精神和原则。

③ 国际视野与华人大学理念

甘阳《华人大学理念与北大改革》一文认为,中国的大学改革正出现一种危险的倾向,这就是在"创建世界一流大学"的口号下,实际却恰恰可能把中国的大学变成注定只能成为三流的大学。其原因在于目前对所谓"世界一流大学"的理解似是而非,因此改革方案的设计往往从一开始就犯了方向性的错误。例如这次北大改革的基本指导思想是,认为"世界一流大学"的前提是教师应该多数为美国博士,这样才能确保多数教师都用英文写作论文到英美期刊发表。但按此方向改革,北大恰恰注定不可能成为"世界一流大学",而只能永远成为"北京留美预备大学"。

为此他提出,中国大学改革的总体目标是要尽快结束中国的留学运动,以中国自己培养的博士构成中国高等教育的主体,而不是要把中国的大学教师都换成留学外国的博士,因为从"华人大学的理念"出发,中国大学的根本使命是要加强中国人在思想、学术、文化、教育上的独立自主,而绝不是要使华人大学成为西方大学的附庸藩属。

丁邦新《香港高等教育何去何从》一文则主张,华人大学要坚持学术独立自主,必须解决最关键的三个体制性问题:第一,建立以中文期刊为主的评鉴标准;第二,要明确"写人文社会科学的论文用中文是天经地义的事";第三,在学术成果评鉴方面,不能想当然地认为"远来的和尚会念经",动辄请外国专家来评鉴。

甘阳就此强调，北大改革应该着重于提升北大自己培养的博士的水准，减少对国外博士的需求。北大在今后的聘任制度上，应该有三条原则：第一，主要面向国内博士；第二，在聘任国外博士时，主要聘用那些专门研究西学的人，因为中国需要大规模地研究西方；第三，一般情况不聘用那些作中国研究的国外博士，除非已经证明其人在中国研究领域是“领头学者”，要避免使中国的人文社会科学沦为“西方的中国研究”的一个附庸分部。

陈平原《国际视野与本土情怀》一文认为，目前在中国相当普遍的一种误解，就是将国际视野等同于外语能力或外国人著述，而在全球化的浪潮下，这种趋势将有增无减。因此今日谈论大学改革者，缺的不是“国际视野”，而是在全球化潮流之中仍然保持对“传统中国”以及“现代中国”的理解和尊重。

④ 中国学术自主性①

李猛在仔细阅读对北大人事体制改革草案提出的各种反对意见后认为，在中国的大学改革过程中，制度设计的核心问题不是如何分配利益，激励更高的“学术”产出，而是如何培养促进中国学术自主发展的学术传统。一个国家真正优良的大学制度，必定是能为本国自主的学术成长提供有效支撑的制度，而围绕这样的学术传统形成的理念和价值就是这个国家的大学制度的内在灵魂。大学改革的真正目标，就是塑造这样的学术传统，并建立能够传承和发展这一传统的制度架构。而只有以成熟自主的现代中国学术传统为基础的大学制度，才能包容和吸纳来自世界各国的学术营养，为中国学者创造真正“世界一流”的研究成果，甚至为具有历史意义的学术创新提供前提条件。否则，中国的学术，就只能在所谓“与国际接轨”的旗号下，仰赖美国学术传统的滋养，为美国学术发展提供初级产品和消费市场，在教育、学术乃至思想上都成为亦步亦趋的“尾随者”。

① 李猛.大学改革与学术传统[J].读书，2004(1):97-106.

李猛指出,在这次"大学改革"(北大)问题的争论中,忽视学术传统的现象,不仅体现在不尊重中国大学近百年来建构学术传统的历史努力,割裂"留学"与中国学术传统建构之间的复杂关系,还体现在严重低估近年来中国学者在学术和教育方面进行的各项探索和尝试。他认为,在近来的大学改革中,一个非常危险的倾向就是为了证明改革的合理性和合法性,将中国学术教育发展的现状描绘得一无是处,满眼黑暗,仿佛今天的大学改革是在没有任何有益积累的学术废墟上进行的,因此无论如何改革,都不会对学术带来损害,只会是有益未来的建设。

因此他主张,大学改革与学术传统之间的这种微妙关系,要求大学改革把重心放在培养和完善一种能够促进学术自主发展和教学相长的学术传统上。换句话说,大学改革的目标应该是"造血",而不是"输血",更不是"放血"。大学改革应该致力于建立具有长远考虑的学术制度,将一个国家的学术发展奠基在更宽厚的思想传统上,从而为未来的学术发展提供通畅的血脉。而这种传统的营造,往往需要一种宽容平和的学术气氛和不计功利的学术热情,这些经常会与大学改革中必然涉及的各项精心算计的管理目标发生冲突。真正目光长远的大学改革者,应该努力寻找二者的平衡点,而当二者发生不可避免的冲突的时候,知道什么才是中国大学真正的理想,什么只是一时的权宜之计,从而能够作出有利于学术和教育长期发展的抉择。没有什么现代大学可以逃避管理的约束,但管理本身绝不是大学的目标。没有学术自主的管理,也许会办出一所赢利的大学,但却造就不了具有真正高度的思想和学术,培养不出既有学识和德性,又勇于担当责任的学生,更不用说引导一个国家的教育了。

李猛总结道,北大改革方案虽然表面上强调区分企业逻辑和大学逻辑的不同,但最后却简单地把北大的问题理解为国有企业的低效率，放弃了寻找真正符合学术本身规律的努力。改革草案所涉及的竞争和流动机制，其实都嫁接在国际尤其是美国已有的评价体制上。但正因为改革方案只是追求表面上和发达国家的体制相似，却缺乏各种真正有效的学术机制，因此整个体制的运转仍将主要依靠旧的逻辑。[①]

三、谁来改革：教育改革的主体及其关系研究[②]

通常认为，教育改革（变革）是自上而下进行的，教育改革（变革）的主体是单一的，即决策主体；在有些情况下，教育改革研究并不明确教育变革的主体，而只是模糊性地处理这一问题。与之不同，叶澜提出了教育变革的复合主体，并理清了其相互关系，提出了"变教育变革单一主体观、模糊主体观为复合主体观"的观点，比较清晰地回答了应由"谁来改革"的问题。

叶澜认为，与人类社会的所有变革相同，教育变革是由人类社会中的主体发起和承担的。变革涉及的面越广，性质越复杂，任务越艰巨，需要的时间越长，主体的构成与相互关系就越复杂，主体的状态对变革的影响力也越大。从对教育变革作用的角度看，教育变革主体可以分为利益主体、决策主体和行为主体三大类。三大类中的每一类，还可以按主体所处的社会结构层分为政府、社会和教育内部三个层面，三个层面中的每个层面上又会有层级的区别。由此可见，教育变革主体的结构是多层面和多元的。他们之间的关系则更为复杂，既有合作又有差异，既有互补又有冲突，还有重叠、交叉和互换。认识不同类型主体的构成、分析各主体在教育变革中的作用和相互关系，是合理处理不同主体间的关系，使教育变革有效进行和健康发展的重要保证。具体说，叶澜从以下几个方面阐发了教育变革的主

① 北京大学人事体制改革争论综述[J].读书，2003（8）：152-158.另，关于北大改革的继续争论与研究，还可见李强，陈平原，孙立平，赵晓力，张鸣，李陀，于江生，唐晓峰，刘北成，高远东.大学改革路在何方？[J].读书，2003（9）：33-49.

② 叶澜.当代中国教育变革的主体及其相互关系[J].教育研究，2006，319(8)：3-9.

体及其相互关系问题。

1. 利益主体的构成及其相互关系

关于利益主体，叶澜提出，教育变革作为人为的社会行为，总是与人的利益需求相关。新的利益需求与原有教育供给之间的不适应，在一定意义上就成为教育变革的原动力。在社会变革中，新的社会需求往往通过政府意志的方式得到集中、合法的表达，因此，可以说政府是教育变革利益主体的首要构成。政府领导层又因行政级别、管辖领域与范围的不同，形成不同的级别。他们之间有共同利益，但也有区别，并存在着相互支撑和制约、合作与冲突等复杂关系。因此，各层级和领域的领导如何把握本层级对教育变革的利益需求，会直接影响该层级的教育变革的走向。当前，我国政府表达的政治利益反映了当代中国在全球化和信息化的国际背景下，改变社会经济技术落后、国力不强、社会生产力受束缚、人民生活水平和质量不高等问题的重要性与迫切性。因此近30年的改革开放，尽管困难重重，也出现了不少失误和新问题，但依然取得了发展和积极效果。

组成第二方面利益主体的是社会各领域对教育培养出来的人和服务于本领域发展的教育产品的需求者。在教育内部，利益主体主要由家庭、教育机构相关人员组成。在家庭方面，主要是受教育者本人和家长。受教育者本人从教育中获得进入社会的资格，并在此过程中得到身心发展，但这两方面不一定和谐，也可能有冲突。因此，教育变革与社会需求的吻合度，对人的身心发展的适切度和促进性，直接关涉到受教育者个体的人生利益。

教育机构相关的利益主体，主要指直接从事教育工作的教职人员。他们的利益直接体现在社会因对教育的需求的加强而重视和增大教育投入，教职人员工作条件、经济待遇和社会地位的总体性提高，以及为教师专业发展创造的机会增多、条件改善，这是从直接意义上看变革与教师利益的关系。从间接和转换的角度看，虽然教师在教育变革中通常被看作需要改变的因素，要求他们改变自己习惯了的教育观念、思维方式和工作方式，还要学习大量的新的内容。这一切对教师似乎是变革带来的额外负担和痛苦过程，是一种损失而不是利益。然而，如果转换一下角度看，当今中国的社会转型，在为学生提供新的发展可能的同时，也为教师的专业和个人发展提供了新的可能。因此，教师也是教育变革利益主体的构成，这是从个人发展意义上看变革与教师利益的关系。

由此叶澜指出，教育变革利益主体的利益性质有两种：一种是以享用"教育成果"方式体现的社会利益主体，他们存在于教育实践系统之外；一种是以在教育变革实践中获得个体发展和社会资本的方式体现的教育利益主体，他们存在于教育实践之内。前者对于教育变革以外部推动力的方式发挥作用，后者则以内部推动力的方式发挥作用。两种利益主体的关系有统一、转化的一面，也有冲突和相互抵制的一面。

2. 决策主体的构成及其相互关系

针对决策主体，叶澜认为，决策主体是指对教育变革拥有决定权和策划权的主体。显然，决策主体作用的大小首先与主体拥有权力的范围和在权力系统中所处的地位相关。以此为据，可以将决策主体分为国家和地方最高权力机构的决策主体、中央和地方政府分管教育部门的决策主体，以及相关下属部门与教育机构内部的决策主体。这一构成呈现出层级性和整体与部分交叉的关系。

具体地说，我国当前教育决策主体的构成，在国家层面上，党中央和国务院是最高决策主体，其决策的范围还有整体与部分的差别。整体决策是指党和国家关于社会变革的总决策，教育作为社会整体变革的构成也列入其中。其主要内容涉及教育的价值、地位、变革方向与主题，且都从与社会变革相关意义上提出要求，大部分体现在中共中央的重要文件中。部分决策是指党和国家关于教育领域变革的重要问题的专项决策，有些是对特定阶段的教育变革具有全局性的指导意义的决策，有些是对本国教育的性质、方针、目标、任务等具有全局性的、长远意义的大政方针作出的决策。因此，为了使决策能确实体现教育变革的发展需要，引领教育变革的方向，需要从两个方面去改变现状，一是教育决策主体的多元组合，二是教育决策的原则与程序的确立。教育决策主体的多元组合，是指在教育决策过程中除了权力主体之外，还需要有利益主体和行为主体的参与，以及与专业相关的研究主体的介入。教育变革决策原则与程序，是教育变革理论的重要构成，也为教育决策水平的提升作出理论与制度的保证。

利益主体参与决策过程的主要作用是提供不同层面的利益诉求以及如何满足需求的建议供决策参考。利益主体的表达不可避免地带有主观性和局限性，但同时也具有发展性和建设性。利益主体部分来自教育系统之外，他们会向教育系统提供了解社会的有益信息。站在不同立场上，利益主体提出的要求会有很大的差别，但也会有“交集”。“交集”则很可能就是决策需要解决的重要甚至是核心的问题。

叶澜强调，由于利益主体、行为主体、学科专业研究人员等多元主体在决策过程中的参与，决策就成为不单是一种行政权的实施，而是一个富有学习与研究、发现与选择、分析与综合、沟通与生成的过程，决策的科学性、有效性、创造性和可行性都将因此而提升。决策在教育变革中具有决定性作用，就目前状态而言，这是我国极需要提高的一个方面。决策主体的综合素质和决策能力的提高，又是其中的关键因素。

关于决策程序，叶澜提出了决策的“三案”。首先是“预案”，包括预案制定与预案审议两个步骤。“决案”是三案中的最后一案，它与初案的差异不只是在成熟度上，更重要的是决案要在实践中普遍推行并产生期望的效应，决案对于实践具有最大的影响面。决策失误给教育变革带来的影响是全局性的，无论在哪一层次都是如此。因此，在“问责制”的系统中，首先要解决的是“决策问责制”问题。

3. **行为主体的构成及其相互关系**

叶澜认为，行为主体是教育变革主体中最为基础性和人数最为众多的主体群，它由教育领域内居于基层的教育管理人员和教师构成。它与决策主体的主要区别是，行为主体无变革的行政决策权，但有参与权。行为主体的构成主要分为管理人员和教师及其他直接面对教育对象的教育工作者。在当代教育中，由于网络教育和各种面对不同年龄层教育对象的传媒、出版物、专题节目等教育服务的存在与兴旺，其中的成员也成为行为主体的组成部分。

叶澜同时强调，行为主体由于处于教育领域中的基层，其作用常常会被忽视。尤其易被忽视的是其强大的创造力和发展的可能；忽视其对决策的意义不只是过程中的参与，而且还包括执行中的丰富和执行后的反馈；忽视其同时作为利益主体的权利维护与实现。这样造成的后果是使实践缺乏生气与活力，行为主体成为变革的对象和消极的接受者、执行者，更为严重的是成为变革的阻力或反抗者。若要改变这种状态，不仅需要与行为主体相关的外部环境系统的变革和有利于行为主体实践、发展条件的创设，还需要行为主体学习、反思改变与丰富自己的角色意识，提升自己的创造性实践的能力，并在创造性的实践中实现自身的利益和价值。

4. **三类主体的特征**

在分别具体分析了三类主体的内部构成及其关系以后，叶澜从三类主体相互关系的角度对教育变革主体的特性作了概括：第一，教育变革的主体是复杂的复合主体,不同类型的主体在变革过程中起着动力、决策和实践的作用,因此,需要相互合作与协调,才能逐步完成对教育而言由外而内,再由内而外的教育变革过程。第二,教育变革的不同主体由于地位和作用、利益和权力、资源和能量的差别,相互之间会有矛盾与冲突。解决矛盾、冲突的原则应以社会发展和教育事业中人的发展为共同最高利益。第三,同一个教育变革主体或主体群,在教育变革的不同阶段、面对不同任务时,可能成为不同性质的主体。第四,教育变革主体的状态和积极力量的激发、聚集、现实化,是教育变革能否取得成功的决定性因素。

叶澜总结道,变教育变革单一主体观、模糊主体观为复合主体观,认清教育变革主体复杂和动态变化的相互关系,强调不同主体的积极合力的形成,提高不同主体的责任意识与能力,是当前我国教育变革深化和取得最终成效的重要保证。变"人"与变"事"的统一性,在有关教育变革的主体方面,同样是不可缺少的基本立场。

四、谁支持改革:教育改革的社会基础及其复杂性研究

如果说"谁来改革"更多的是关于教育改革主体的理想判断的话,那么,"谁支持改革"则更多的是关于教育改革的"社会基础"以及改革的"复杂性"的事实判断。

对此,有学者提出,确认教育改革的社会基础是实施教育改革的必要前提。从与改革的关系看,存在着教育改革支持力量、教育改革反对力量及教育改革中间力量。教育改革支持力量是一个"总体性的"人群概念,它既不是"价值共同体",也不是"利益共同体",而是"利益联合体"。除了教育改革反对力量的抵制及中间力量的旁观外,教育改革支持力量自身的复杂构成,也是导致改革过程变得复

杂、曲折与艰难的重要原因。这可以从实施改革的前提、三种力量、利益联合体三个方面逐层阐明：[①]

① 详见吴康宁.谁支持改革——兼论教育改革的社会基础[J].教育研究与实验[J].2007(6)：1-6.

1. 实施改革的前提

任何一项教育改革，在启动之前、启动之中乃至其后的整个实施进程中，都会强调改革的"必要性"，对改革加以"合理化"。从迄今中外教育改革的情况来看，教育改革启动者提出的改革理由，不外乎基于两种角度，即国家的角度与受教育者的角度。毋庸置疑，对于教育改革的必要性的确认，是实施教育改革的首要前提，但不是全部前提。不论从理论逻辑上讲，还是从实践经验上看，实施教育改革，都应有两个基本前提：一个前提是，对教育改革的必要性加以确认；另一个前提则是，对教育改革的成功可能性及其代价进行预估。

当然，从理论上讲，改革作为一种探索，既可能成功，也可能失败。因此，不能绝对地不允许失败，不宽容失败。否则，谁还敢去尝试改革？但另一方面，由于教育与其他活动不同，它是以作为其对象的学生的成长与发展为目标的活动，教育的失败可能会影响到学生的一生。在这个意义上，教育改革也就在相当程度上带有了一种只能成功不能失败，或者即便成功也不能代价太大的悲壮色彩。也正是由于这个缘故，为了避免改革失败，避免付出太大代价，教育改革启动者就有必要在确认改革的必要性的同时，对改革的成功可能性及其代价也有一个基本判断或大致预估。

然而，一个司空见惯的现象是，教育改革启动者，通常都充分强调实施改革的必要性，但却很少言及改革的成功可能性及其代价问题。在这方面，中外皆然。个中原委，不可一概而论。教育改革能否成功、将会付出多大代价，这取决于社会的经济、政治、文化乃至所处国际环境等诸多外部因素以及教育体制现状和改革者自身素质。从社会学角度来审视，一个特别重要的因素，是教育改革的社会基础。

迄今中外教育改革实践反反复复表明，改革的社会基础越是广泛、越是坚实，改革成功的可能性也就越大，代价也就越小。因此，辨识改革的社会基础，也就成了对教育改革的成功可能性及其代价进行预估的重要依据。而这种辨识，也就是要弄清：谁支持教育改革？

2. 三种力量

在教育已经成为个人发展、家庭幸福、单位繁荣以及社会进步的必要条件的国家中，几乎所有社会成员都与教育有着这样或那样的联系，都在一定程度上关注着教育，都对教育存有自己的一份期待。因此，从理论上讲，谁都有可能期盼教育的更佳状态，谁都有可能期盼教育改革，谁都有可能成为教育改革支持力量的组成部分。譬如，学生可能会因希望减轻学习负担而期盼教育改革，家长可能会因希望孩子学得既有效又轻松而期盼教育改革，教师可能会因希望享有更多的教育自由权而期盼教育改革，校长可能会因希望拥有更多的办学自主权而期盼教育改革，地方行政官员可能会因希望改变本地区教育现状、促进经济与社会发展而期盼教育改革，还有教育研究界、科技界、企业界、政界等，不一而足。

但这样的枚举存在着一种危险，即它很容易把学生、家长、校长、地方行政官员以及教育研究者、科学家、企业家、政治家等的“社会人群”，都分别视为一种利益一致、价值统一的所谓“共同体”。而事实上，这些社会人群的自身构成是复杂的。其成员相互之间，因存在“社会处境”的差别，而可能会有各自不同的利益诉求与价值追求，从而对教育改革有着不同的期盼。譬如，同样是学生，但所谓的“好生”与“差生”的期盼不同。同样是家长，但无温饱之忧的高级白领、知识精英与经济困窘的农民、下岗工人的关注不同。同样是教师，但所谓的“优秀教师”与“平庸教师”的介意不同……

因此，一方面由于不同社会人群(学生、家长、教师、校长、地方行政官员等）对教育改革可能怀有不同期盼，另一方面也由于在同一人群内部的“社会结构”中处于不同位置的成员（“好生”与“差生”、高级白领家长与下岗工人家长、“优秀教师”与“平庸教师”、“重点学校”校长与“非重点学校”校长、发达地区行政官员与贫困地区行政官员等）对教育改革的期盼可能也有所不同，因此，重要的问题，也就并不在于社会成员是否期盼教育改革，而在于他们期盼什么样的教育改革，在于正在进行的教育改革是不是他们所期盼的改革。按照这样的逻辑，对于某项具体教育改革，自然也就并非所有社会成员而只是部分社会成员怀有期盼了。这些怀有期盼的社会成员，便是该项教育改革的支持力量。正是这些支持力量，构成了支撑该项教育改革的社会基础。

于是，“社会基础”便成了对社会成员与教育改革之间的关系加以表述的一个概念。按照这种关系，便可以把社会成员区分为三种“力量”，即教育改革的支持力量、教育改革的反对力量以及教育改革的中立力量。

根据前面辨识教育改革支持力量的相同逻辑，也可以说，谁都有可能成为教育改革的反对力量。原因依然在于，几乎所有社会成员都与教育有着这样或那样的联系，都在一定程度上关注着教育，都对教育存有自己的一份期待。而一旦教育改革不能满足自己的这份期待，或者与自己的期待相左，那么，社会成员就有可能成为教育改革反对力量的组成部分。

但如果仅仅这样来解释导致人们反对教育改革的原因，也还是过于表浅了一点。因为它没有把教育改革反对者之所以反对教育改革的原因明确地同他们的切身利益问题联系在一起。只要采取实事求是的态度，就不难发现，教育改革反对者之所以反对教育改革，虽然可能既有利益上的原因，也有价值上的原因，但说到底，还是因利益维护所致。

至于教育改革的中立力量,顾名思义,也就是对教育改革既不支持,也不反对,而是持观望、中立态度的那部分社会成员。这些社会成员之所以对教育改革持中立态度,主要原因也还是在于利益。即是说,他们觉得教育改革同自己没有多少利害关系,改革的结果既不会增助自己的利益,也不会损害自己的利益,所以无需支持,但也不必反对。

在教育改革的起始阶段,坚定的支持者和坚决的反对者通常都是少数,中立者则一般都是面广量大。随着改革过程的推进而带来的相关利益格局的变化,同时也由于教育改革坚定的支持者与坚决的反对者在争取同盟军方面的努力,中立者队伍力量可能会发生一些分化。其中一部分人,可能会转变为教育改革的支持者;一部分人,可能会转变为教育改革的反对者;其余的,则可能依然保持中立的立场。

教育改革能否成功、代价有多大,从根本上讲,取决于上述三种力量之间的碰撞、较量及变化。因此,对于教育改革启动者来说,在改革启动之前以及启动之后的整个改革过程中,一项十分重要的工作,便是对这三种力量的对比有一个细致的了解和正确的判断。舍此,对教育改革的成功可能性及其代价的预估也就无从谈起。

3. 利益联合体

不过,对于教育改革启动者来说,有时需要仔细辨别与特别留意的,倒还不是教育改革的反对力量,也不是教育改革的中间力量,而恰恰是教育改革的支持力量本身。其原因在于,当某项教育改革成为一种主流运动时,当群体(地区、单位)或个人意识到参与改革的结果有可能给本群体或本人带来经济、文化乃至政治等方面的利益(经费、资源、机会、名誉、地位等)时,便会不断有人向教育改革支持力量

"投奔"而来,并积极设法参与到改革的实际过程中去。于是,教育改革支持力量的"阵营"也就逐渐"壮大"起来。与之相伴,本来就并非"铁板一块"的教育改革支持力量的自身构成,也就愈加复杂起来。

这意味着,所谓"教育改革支持力量",其实只是一种"总体性的"人群概念。在这种"总体性的"人群内部,存在着利益诉求与价值追求有所不同的诸多分支人群,存在着物质欲望与精神品性千差万别的众多"具体个人"。这些分支人群与具体个人,之所以会成为支持某项教育改革的同盟军,是因为他们都希望能从这一改革中获得自己所企求的某种利益、实现自己所期求的某种价值。换言之,他们虽然都是教育改革的支持力量,但作为生存于、生活于社会现实中的人群或个人,又都有一些基于自身利益与自身价值的"私己的考虑"。

诚然,人们可能也会基于某种"公共的利益"而支持教育改革。但是,不能不注意很容易被人们无意忽视或有意回避的两个基本事实。第一,并非所有的教育改革支持者都会考虑"公共的利益"。第二,即便是基于"公共的利益"而支持教育改革的人,这种"基于",也通常不会就是促使他们支持教育改革的唯一动机。不管怎么说,"私己的考虑"是普遍存在的。即使有仅仅基于"公共的利益"、完全没有"私己的考虑"而支持教育改革的人,这样的人也只会是凤毛麟角。

由于"私己的考虑"千差万别,由于相当一部分人只基于"私己的考虑"而不关注"公共的利益",因而,在教育改革的支持力量当中,虽然可能会有一些规模不大也不可能大的志同道合者的"共同体",但就整个教育改革支持力量而言,都不能说是一个"共同体"。不仅不是"价值共同体",而且也不是"利益共同体"——学生、家长、教师、校长、地方行政官员、政治家等,都有其各不相同的自身利益——而只是一种"利益联合体"。使教育改革支持者聚合在一起、联结在一起的主要力量,说到底,是改革这件事本身所可能给支持者带来的各自的利益,而未必是一些改革口号所标示的那些理念与理想,未必是蕴涵于改革之中并通过改革而体现出来的那些基本价值。看到教育改革的社会基础所具有的这种利益联合体性质,辨识教育改革支持者的不同动机,有助于教育改革启动者对改革本身保持一个清醒的头脑。

在上述三个层面的分析之后,吴康宁认为,问题并未到此为止,更麻烦的是,在教育改革支持力量这个"总体性的"队伍中,难免会有一些人以支持教育改革为名,行满足私己贪欲、损害公共利益之实。在中国当下现实中,借助于基础教育课程改革而大肆牟利的一些出版商,可以说是典型的例证。这些出版商也是"课程改革支持者",他们甚至比其他任何人都更加积极地支课程改革,希望课程改革不断进行下去,因为如此他们便可没完没了地兜售课改出版物而源源不断地牟取利润。这些出版商,是靠课程改革"吃饭"的人,他们实际上已经成了课程改革的"食利阶层",他们"需要"课程改革,同时也瓦解与破坏着课程改革。

由此,他总结说,不难看出,所谓教育改革支持力量,其实也是鱼龙混杂、泥沙俱下。即便撇开反对力量的抵制与中间力量的旁观不论,教育改革支持力量自身的复杂构成,也常常会导致改革的过程变得愈加复杂、曲折与艰难。

五、如何继续改革:教育改革的走向研究

在改革开放30年之际,顾明远总结说,改革开放30年来,教育领域取得的成绩是巨大的,这些成绩可以用"教育观念的转变、教育业的发展、教育制度的创新、教育科研的繁荣"四句话来概括。综观改革开放30年来教育事业所取得的成绩,无一不与解放思想、改革创新有关。现在社会上对教育改革有两种截然相反的舆论:一种认

为教育领域仍然是计划经济的最后堡垒，没有很好地改革；另一种意见则认为改革过头了，导致教育市场化、功利化，扩大了教育的不公平。这两种意见都有片面性。当前教育面临的挑战是巨大的，只有继续解放思想、克服障碍、制度创新，我国教育才能进一步发展。①

中国教育改革的下一步如何进行？新世纪中国教育改革的走向如何？在 21 世纪的初年，学人就这些问题进行了探索。

顾明远在总结 30 年来中国教育改革取得成就、剖析存在不足及其原因的基础上，提出了继续深化中国教育改革的出路：第一，切实把教育优先发展作为我国实现国家现代化的发展战略；第二，以科学发展观为指针，深化教育体制改革（要坚持六字方针四个统筹：六字方针为“普及、发展、提高”，即普及和巩固九年义务教育，有的地方九年义务教育虽然普及了但是还不巩固，普及的水平还比较低。要大力发展职业教育，努力提高高等教育质量，高等教育的发展速度要放慢，每年增长 6%—7%。四个统筹为统筹规模和效益，统筹各级各类教育的发展，统筹城乡区域均衡发展，统筹改革与稳定）；第三，建立以政府投入为主，社会各界共同投入的办学机制；第四，改变教育结构，大力发展职业教育工程，为提高劳动者素质特别是职业能力服务；第五，增加投入，改造薄弱学校，促进区域教育均衡发展；第六，改革课程和评价制度；第七，加强教师队伍建设；第八，全社会都需要转变教育观念。②

劳凯声基于我国社会转型的宏观视野，探究了世纪之交中国教育改革走向的制约因素及面临的问题。他提出，我国的社会主义市场经济体系正在逐步发育成熟，教育需要新的社会定位。教育的基本定位应是：教育是介于市场领域和政治领域之间的部分（第三部门），学校及其教育机构是介于政府和企业之间的非营利性社会组织；教育产品是非垄断性的公共物品，可以通过政府和非营利性机构

① 顾明远. 解放思想，30 年教育成就斐然[J]. 中国教育学刊，2008(6)：卷首语；进一步解放思想 深化教育改革[J]. 中国教育学刊，2008(7)：卷首语；解放思想是深化教育改革的金钥匙[J]. 教育学报，2008，4(3)：3-9.

② 顾明远. 中国教育改革与发展中的热点问题[J]. 大连教育学院学报，2007，23(3)：1-5.

两种资源配置机制来向社会提供。为此，市场应当有限介入，政府应当保持它的调节功能。他特别提出，20世纪90年代以来，依靠非政府的各种社会力量提供的教育服务逐步成为教育发展的一个重要方面，反映在教育领域中，市场的自愿交易关系和新的教育消费群体正在形成，中国的公共教育体制正在经受市场的挑战。它迫使学校教育机构这一相对保守的领域直面市场，从而促成一种新的教育资源分配方式和人才培养模式的产生。当前学校领域已经形成了一些不同的市场化运作形式，根据市场介入的程度不同，这种学校市场化运作可分为九种不同的类型。由此中国教育正面临一系列新的问题，这些问题集中地反映了市场介入教育所产生的教育公益性与营利性之间的矛盾。中国教育改革的未来走向及其基本面貌，将取决于如何认识和解决这对矛盾，以及如何建立一种有效的协调和制约机制。①

项贤明则从比较教育学的眼光出发，探析了当前国际教育改革主题与中国教育改革走向以及中国教育改革的教育学担当。就前者而言，他指出，20世纪90年代以来国际教育改革主要是围绕着这样一系列主题展开的：在新的意义上全面提高教育质量；重新调整教育公平与效率的关系；协调政府与市场在教育发展中的作用及其相互关系；调整中央与地方在教育管理中的关系；积极采取应对教育国际化的措施；建设学习化社会。进而他判定，我国教育改革总体上与国际教育改革的趋势是相一致的，在未来一段时期内，教育质量、教育公平、政府与市场的关系、分权与集权的关系、教育国际化和构建学习化社会，仍将是我国教育改革的重要内容。就后者而言，他阐明，我国教育改革和发展迫切需要比较教育学提供支持，而另一方面我们却惊呼比较教育学面临学科同一性的危机。这种矛盾的现象主要起因于比较教育学没有跟上教育改革与发展的步伐，也未能及时地

① 劳凯声.社会转型与教育的重新定位[J].教育研究，2002，265(2)：3-7；世纪之交的中国教育改革走向：教育与市场的关系问题[J].北京大学教育评论，2003，1(3)：10-16.

完成知识更新的任务。中国比较教育学要获得更好的发展，就必须回答好话语转换、队伍建设、学科关系等一系列基本问题。归根结底，满足教育改革和发展的实际需要，是中国比较教育学立足的根本。[①]

潘懋元则提出了21世纪高等教育思想的转变及高等教育办学模式的走向问题。就前者而言，他指出，走向21世纪，教育思想的转变，应着重转变教育价值观、教育质量观、教育发展观：把唯社会价值观或唯主体价值观转变为在满足社会需要的前提下，充分尊重人的主体价值，使社会价值与主体价值协调平衡的价值观；同时，适应知识经济时代，要把外在价值观转变为内在价值观；把传统的知识质量观转变为包含知识、能力等智力因素与非智力因素全面发展的素质教育观；把急功近利的教育发展观转变为可持续发展的教育发展观。就后者而言，他和邬大光预估了世纪之交中国高等教育办学模式的变化与走向，认为高等教育办学模式是高等教育改革与发展中的重大课题，改革开放以来，伴随着计划经济向市场经济的转轨，我国高等教育的办学模式正在发生巨大的变化，世纪之交，人们对高等教育的价值与功能赋予了更多的含义与更高的要求，在这样一种宏观背景下，我国高等教育办学模式的改革与调整必须加大力度，以应对21世纪的挑战。因此，21世纪我国高等教育办学模式的变革必须着眼于三个现实：高等教育经费不足的现实；我国加入WTO之后的教育现实；我国加快启动高等教育大众化进程的现实。[②]

叶澜在她主持的“新基础教育”研究的基础上，提出了新世纪初中国学校变革的走向，这就是“实现转型”，即学校教育的整体形态、内在基质和日常的教育实践要完成由“近代型”向“现代型”的转换。因为21世纪的中国社会正处于一个重要的转型时期，全球化和信息化的凸显是我国当前社会最为鲜明的变化。社会转型过程中的深刻变革及对人的生存方式所产生的渗透式影响，造成了现有教育的不

① 项贤明.当前国际教育改革主题与我国教育改革走向探析[J].北京师范大学学报：社会科学版，2005,190(4):5-14；站在十字路口的中国比较教育学[J].比较教育研究，2005,178(3):27-32.

② 潘懋元.走向21世纪高等教育思想的转变[J].河北师范大学学报：教育科学版，1998,1(2):10-16；潘懋元，邬大光.世纪之交中国高等教育办学模式的变化与走向[J].教育研究，2001(3):3-7.另，《教育研究》杂志于2001年9月19日举办了“加入WTO与我国教育改革”学术研讨会，《教育研究》2001年第11期刊出研讨成果。

适应。"新基础教育"研究立足于我国社会所处的时代背景和学校教育变革的现状,强调社会转型时期学校教育应实现自身的转型,即实现"转型式发展"。基于我国社会转型所处的全球化和信息化这一时代背景,实现"学校转型性变革"的策略主要是:调整我国基础教育改革的策略导向,把重心放到深化学校转型的中和变革上;加强保障基础教育改革深化的法制建设;加强学校改革研究,加强国内交流和国际交流,整合教育改革的各种资源,形成推进学校改革深化的强大合力。[①]

谢维和和陈超则对中国教育改革发展的政策走向进行了考察。他们认为,自20世纪80年代中期以来,我国的教育政策无论在数量还是在质量上都有很大的发展,但是,这种发展呈现出较大的波动性和非连续性,这种现象在一定程度上反映了政府意志的方向,以及控制教育改革与发展的力度的大小。为此,他们把教育政策作为一种非常重要和独特的资源,通过教育政策的统计分析,研究了教育政策的类型、层次、性质等问题,从数量的变化中反映教育发展的规律和内在机理,对教育政策的发展方向进行了预测,并在此基础上提出如下建议:第一,尽可能延长具体教育政策的"生命"周期,进而使每一件教育政策的效力能够保持更长的时间,而不十分轻易地在同一个领域出台新政策,由此支持和保证教育活动的稳定性;第二,强调和重视教育政策的"生命"周期和长效力,并不完全否定根据现实需要和特定历史时期的矛盾与困难进行必要的修改和调整;第三,通过适应和不断完善新的体制基础上的制度创新,根据教育政策的类型差别,形成多层次的政策机制。[②]此外,"政府的基本教育责任:供给'公平'的教育政策"以及"促进教育公平,建设和谐社会——新世纪中国教育政策的一个重要转向"等观点也被学者提出与强调。[③]

金生鈜指出了我国教育改革的症结,分析了当前的重要任务。他认为,我国的教育改革虽然取得了一定的成果,但同时也存在多方

① 叶澜.实现转型:新世纪初中国学校变革的走向[J].探索与争鸣,2002(7):10-14;21世纪社会发展与中国基础教育改革[J].中国教育学刊,2005(1):2-11.

② 谢维和,陈超.中国教育改革发展的政策走向分析——20世纪80年代中期以来中国教育政策数量变化研究[J].清华大学教育研究,2006(3).另,相关研究还可见谈松华.中国教育改革和发展中的若干理论与政策问题[J].世界教育信息,2002(7):41-47;王伟廉.中国教育改革决策中的认识论和方法论问题[J].现代大学教育,2004(4):3-7.等。

③ 刘复兴.政府的基本教育责任:供给"公平"的教育政策[J].北京师范大学学报:社会科学版,2008,208(4):5-10;涂艳国.促进教育公平 建设和谐社会——新世纪中国教育政策的一个重要转向[J].教育研究与实验,2008,123(4):1-6.

面的教育问题，其中最主要的是教育制度改革中的指导原则定位存在偏差：教育改革追求社会效率和功利，忽视乃至回避了教育公正的问题，没有把公正或正义原则作为教育制度改革的根本性原则，从而在全社会范围内造成了较普遍的教育不平等、教育权利不受保护等现象。为了建构一个正义而又正派的教育制度，当前时期教育改革的重要任务是追求和实现教育正义，因为只有教育正义才能提供教育制度分配权利和义务的合理方法。[①]

基于和谐社会及多元文化的视野，张诗亚探讨了我国西南民族教育的改革发展之道和华夏民族认同的教育问题。就前者而言，他认为，构筑和谐社会是人类发展的必然要求，核心是符合和谐之道。和谐之道含义至深，它不是走向一统，不是追求显在问题的简单解决，而是以让各种多样性的事物以各自的特色融入一体为目的。据此，遵循和谐之道应理顺四大关系：人类社会与自然、文化与文化、人与人和人自身内部。西南地区的发展特点是多类型并存与发展水平的参差巨大，因此要使其得到和谐发展必须在西南的民族教育中遵循和谐之道，进行共生教育和共谐教育，以促进西南和谐的自然/文化生态的构筑，继而实现西南的可持续发展。就后者而言，他提出，礼教在完成其从事神到为仁，到独尊，再到科举制，最后到“吃人”的嬗变过程后，在前所未有的现代西方文化的面前，再难担负起民族认同的中轴作用。当礼教不可挽回地日渐式微之际，作为一种群体心理特质的华夏民族认同感之所以能不断生长，关键在于存在着一种能适应其不断生长的基质。其构成要素则是，以汉字为物化形态的民族思维模式和融人文风情与自然风貌为一体的民族文化心理场。礼教失落后，如何树立新的民族自觉，是华人教育必须解决的关键问题。[②]

① 金生鈜. 什么是正义而又正派的教育——我国教育改革的症结[J]. 教育研究与实验，2006(3)：1-7.

② 详见张诗亚. 和谐之道与西南民族教育[J]. 西南大学学报：人文社会科学版，2007(1)；华夏民族认同的教育思考[J]. 北京大学教育评论，2003(2)；多元文化与民族教育价值取向问题[J]. 西北师范大学学报：社会科学版，2005(6).

第七章　教育学科学化、中国化、现代化的不懈追求

在20世纪的百年，中国教育学的求索过程可以说是一个持续追求教育学科学化、中国化和现代化的过程。[①] 尤其自改革开放兴国战略施行以来，学人的这种追求愿望更加强烈，追求方式更加理性，追求效果更加明显。这在不少学者对中国教育学百年历程的描述和反思中有着鲜明的体现。

一、百年沿革考察

世纪之交，有不少学者对中国教育学在20世纪进程中的诸多基本问题进行了视野开阔的总揽性研究，以图在中国教育学百年的历程中总结得失，探究规律，启迪未来。

在《教育研究》开辟的“回顾与展望：世纪之交话教育”专栏中，瞿葆奎发表了三篇连载论文，对作为学科或课程的中国教育学，鉴察其史实，寻觅其逻辑，描绘了“中国教育学百年”的实然沿革（分为六个阶段）和应然求索。该研究在资料的开发和阶段的梳理方面作了详尽的考察和“补缺”。[②]

叶澜则对中国教育学的百年历程进行了总揽性概括，同样大致以中华人民共和国成立为分界，把中国教育学科的百年发展划分为两大时期，两大时期又可根据教育学科发展呈现出的基本状态和主要特征分为六个阶段，并指出了其中出现过的三次历史性中断和三次大的转向：[③]

第一阶段从1901年到1919年（或1915年）。它从翻译、介绍日本学者编写的教育学始，到国人自己编著教育学呈第一次高潮止。

① “教育学”一词，国外有单数与复数之分，国内有狭义与广义之称。单数、狭义指作为一门学科的教育学，是以改变和优化教育实践为直接目的，对教育领域的各种规范加以专门、系统研究的一门学科；广义教育学是指教育学的学科群，相当于“复数教育科学”(educational sciences)，其含义与英语国家中通常使用的“教育理论及其基础学科”(educational theory and its foundation disciplines)这一术语近似。为行文方便，本书在上述两种意义上使用“教育学”一词，相信读者能够依据语境而明辨其义。在本书中，“中国化”与“本土化”通用。

② 瞿葆奎．中国教育学百年（上、中、下）[J]．分别见教育研究，1998(12)：3-12；1999(1)：7-16；1999(2)：23-30．还可详见郑金洲，瞿葆奎．中国教育学百年[M]．北京：教育科学出版社，2002.

③ 叶澜．中国教育学发展世纪问题的审视[J]．教育研究，2004，294(7)：3-17.

上述两类教育学著作，其内容基本以德国教育学家赫尔巴特的学说为依据和框架。这是直接向日本“引进”以介绍赫尔巴特教育理论为主的发展阶段，是近代教育学在中国的初建阶段，也是中国传统教育思想研究与教育学科建设中断的开始。

第二阶段从1919年到1949年。这是中国教育学界由向日本学习转为向欧美学习的阶段，也是中国教育学界开始形成教育学研究的专门队伍和代表人物，同时出现结合中国教育实际与问题展开独立研究的阶段。教育学在向外吸取上呈现出以杜威实用主义思潮为主流影响，其他西方主要教育思潮和马克思主义教育学多元并存的特点；在教育学体系的发展上，已呈现出各分支学科迅速形成的局面；在独立的教育研究上，宏观层面呈现出对学制设立、平民教育、普及教育、乡村教育和职业教育的特别关注和投入，学校层面呈现出主要集中在教材编制、教授法和智力测验、教育测量和心理测量等方面，其中还有不少是借助国外的教育理论、方法、量表，以中国学校教育和学生为研究对象开展的研究。从上述两类研究产生的影响来看，宏观研究远大于学校研究。这一阶段总体上可称为积聚和建设的阶段。就学科建设由向日本学转为向欧美学，并由此带来各学科在内容体系、形态上的变化而言，可视为引进方向的第一次整体转向。

第三阶段从1949年到1957年（或1956年）。这是教育学界批判杜威、批判新中国成立前国内“资产阶级教育思潮”的时期，也是全面引进苏联教育学科领域教科书的时期。中国教育学领域里发生了“引进”方向的第二次整体转向，由学西方转向学苏联。同时，使新中国成立后教育学发展中断了与新中国成立前的联系，构成了教育学发展史上的第二次中断。

第四阶段从1957年到1966年。本阶段以1958年的“教育革命”为重要事件，出现了教育学作为党的教育方针、政策解释和毛泽东有关教育语录的诠释的独特意识形态化的现象。1960 年到 1964 年间,对上述倾向自上而下地作了调整,以批判的方式重新介绍了一些西方教育理论。但此举尚未成气候,其微弱成效很快又被"文化大革命"的汹涌浪潮冲刷干净。把此阶段独立出来,主要因为这是在意识形态强烈控制下,第一次出现的所谓"教育学中国社会主义化"的努力。这可称为教育学科由外学转为向内树的第三次大转向,这一转向使教育学科的知识性和学术性所剩无几,政治性却大为增强。

第五阶段从 1966 年到 1976 年。"文化大革命"使教育学领域遭受毁灭性破坏,是十分严重的第三次中断时期。

第六阶段从 1977 年至 2000 年。总体而言,这一阶段学科建设不断加强,学术观点趋向多元,学术视野日渐拓展,国际交流日益加强,且形成了教育学科的当代体系。尽管不同科目发展不平衡,但学科建设中的反思批判意识普遍增强,中国教育学科建设因"元研究"的出现而开始进入"自为时期"。但历史上遗留下来的诸多弊病,诸如"引进"情结、"编教材"情结、缺乏原创性研究问题等依然引人注目。总体来说,这是中国教育学科建设从恢复到繁荣并开始走向独立化的时期。

瞿葆奎认为,教育学"阴晴圆缺"的百年,大致是旧中国近 50 年,新中国近 50 年,也许可以说有四次热潮,两度曲折,一小一大:①

四次热潮是:在第一阶段(1900—1919),赫尔巴特及其学派教育学的引进与国人译、编、著教育学形成了中国教育学百年中的第一次热潮;在第二阶段(1919—1949),杜威实用主义教育学的引进与国人译、编、著教育学形成了中国教育学百年中的第二次热潮;在第三阶段(1949—1956),教育界迅速掀起了学习苏联的教育学热,尤其学习凯洛夫主编的《教育学》热,这可以说是中国教育学百年中的第三次热潮;在第六阶段(1976—),我国教育学建设的成绩斐然可观,其方

① 瞿葆奎.中国教育学百年(上、中)[J].分别见教育研究,1998(12):3-12;1999(1):7-16.

方面面，织成了中国教育学百年中的第四次热潮，而且是中国教育学百年史中一次空前的热潮。

两度曲折是：在第四阶段（1957—1966），教育大革命的极“左”浪潮汹涌澎湃，对教育学建设产生了不小的负效应，中国教育学百年的一度小曲折就在这个时期；在第五阶段（1966—1976），“文化大革命”开始后，在一片打倒声中，在一片砸烂声中，在一片斗争、批判声中，教育学在劫难逃，这是中国教育学百年中一次大曲折、大破坏。

这里需要特别指出的是，对于最近一个阶段（1976—），也就是改革开放以来的这一阶段及其出现的热潮，瞿葆奎作了如下评价：综观这一阶段，我国教育学建设的成绩斐然可观，其方方面面，织成了中国教育学百年中的第四次热潮，而且是中国教育学百年史中一次空前的热潮。它似乎有如下主要特点：一是在主体上，思想解放，自觉性强，许多教育学研究者向历史负责，放眼世界，四海择珍，广收教育信息。二是在内容上，一些新的研究成果以及许多新的教育观念都被吸收到教育学中来。三是在方法上，思辨与实证、定性与定量互补为用的观念正在为大多数研究者接受，并逐步落实到研究过程中。四是在结果上，如前所述，各种版本的教育学如雨后春笋，有学风严谨、思路开阔、具有一定特色的著作，但也毋庸讳言，还有为数甚少而社会影响甚坏的一些情况。如为评职称突击编写的所谓“复印式”教育学；热衷外延轻视内涵，套用新概念叙述旧话语编写的所谓“装潢式”教育学；借权行事，利用行政手段与“红头”文件发行的所谓“树碑式”教育学；“跨校合股”自编自用短平快的所谓“同人式”教育学；以实利为目的编写的所谓“创收式”教育学。这是教育学界既要敢于面对自己，又要敢于面对别人，端正学风的问题。[①]

此外，柳海民和王晋认为，20世纪中国教育学经历了四个阶段，即启蒙教育学阶段、救亡教育学阶段、意识形态教育学阶段和非意识

① 瞿葆奎．中国教育学百年（中）[J]．教育研究，1999（1）：7-16．另，在20世纪80年代末90年代初，陈桂生就曾对中国教育学发展过程中的教训以及同教育学学科性质相关的问题，主要是教育学的科学研究与规范研究问题进行了总结与考察。见陈桂生．教育学的迷惘与迷惘的教育学[J]．华东师范大学学报：教育科学版，1989(3)；关于教育的科学研究与规范研究——再论《教育学的迷惘》[J]．课程·教材·教法，1993(7)．

形态教育学阶段。从共时态的角度来看,教育学是不是一门科学的追问一直响彻20世纪,教育学基本理论何以存在的探求一直在代代教育学者群中构成追问。因此,如何使我国传统教育思想的"因子"在引介西方教育思想的背景下得到激活是20世纪中国教育学发展的又一主题。[①]王枬则分析了20世纪教育研究范式的类型。[②]

陆有铨和迟艳杰对20世纪中国教育哲学发展历程进行了回顾与总结。他们指出,20世纪的中国教育哲学,以学习杜威教育哲学思想为初始,后又有马克思主义教育思想的传播,初步建立了教育哲学学科体系。新中国成立后,尤其是20世纪80年代以来,在马克思主义指导下,教育哲学的学科体系更加完善和发展,在挖掘民族的教育哲学思想历史的同时,又关注西方教育哲学的发展。未来教育哲学的发展趋势是:向具体研究领域深入;加强研究的国际化;进一步发挥教育哲学的批判功能和理想引导功能。[③]

有学者还总结了新世纪第一个五年中国教育学特别是教育基本理论的发展与成绩。学者认为,2001—2005年,教育基本理论的研究凸显出对人、对实践和对学科自身发展的深切关注,教育学科的建设与发展呈现出以转型为主调的浑厚旋律,先后经历了学科存在价值与发展空间的寻找、学科研究转型、学科发展意识觉醒与迷乱这样几个阶段,最后进入"问题意识增强、本土研究强化、重建力量集聚"的新时期。总之,新世纪第一个五年使人们欣喜地看到,中国自己的教育学正在实践变革与理论创新的互动中一步步成长起来。该总结强调指出,一些"老的"学科,如教育哲学、教育社会学等,保持了强劲的话语势头;特别是教育社会学,"已经走过了构建学科体系的基础阶段,进入有关分支学科领域深化研究的阶段"。[④]

① 柳海民,王晋.20世纪中国教育学发展之镜鉴[J].教育理论与实践,2006,26(11):1-5.

② 王枬.20世纪教育研究范式的类型分析[J].教育科学,2000(1).

③ 陆有铨,迟艳杰.中国教育哲学的世纪回顾与展望[J].教育研究,2003(7).

④ 杨小微,叶澜.在实践变革与理论创新的互动中发展中国教育学——新世纪第一个五年我国教育基本理论研究的回顾与反思[J].华东师范大学学报:教育科学版,2006,24(4):1-9.

二、“世纪问题”审视[①]

与已有的研究主要按照时间顺序和阶段的划分展开论述不同，作为又一次教育学科百年研究的总论，叶澜把研究角度放在教育学百年发展历程中存在于每个阶段、以不同方式出现的共同问题上，并把这类问题称为“中国教育学发展世纪问题”（以下简称“世纪问题”）。首先，这些“世纪问题”是影响教育学科发展的一些根本性问题，它们的产生，伴随着教育学科在中国的出现而出现并存在于发展的全过程，成为制约教育学科学术发展的重要因素，而且至今尚未彻底解决，研究这些问题将有助于教育学研究的“思想”解放。其次，“世纪问题”还集中在对教育学一些基本理论问题的认识上，与此相关的历史研究将促进教育学研究的“观念”解放。再次，“世纪问题”的深层表现是教育学研究的思维方式问题，这方面的反思与批判，将会带来21世纪我国教育学研究的“思维”解放。这三个“解放”就其意义而言，是为了21世纪中国教育学研究的原创性发展，为了教育学独特的学术品质的形成与提升。这也许是百年教育学发展可能给我们留下的弥足珍贵的遗产，也是研究教育学科百年史的价值追求。叶澜逐一分析了这三大“世纪问题”，现摘要转述如下：

1. 政治意识形态与学科发展的关系问题

经综观中国教育学发展的百年史，叶澜发现一个奇特的现象，那就是教育学在百年中出现多次的“整体式转向”或“推倒（或抛弃）重来式”的“发展”。并且，几乎每一次的“推倒重来”都循着基本相同的路线：中断历史—重新启动—简单模仿（或演绎）—初级综合—建立体系。这种“发展”的结果表明教育学缺乏严格意义上的学术积累和学术发展。

叶澜说，产生这一独特现象的原因很多，但最为基本的因素是

① 叶澜．中国教育学发展世纪问题的审视[J]．教育研究，2004，294(7)：3-17.

20世纪中国的社会状态、文化取向和政治需要。它们在教育学发展上首先集中表现为“政治意识形态与学科发展”的关系。这个关系又与“借鉴国外与本土研究”(简称“中外关系”)相互交织,且都以“前者压倒后者”为基本趋势,它使中国教育学的发展缺乏活力和原创力。她通过具体综合的分析来说明这一点。

第一,强国的政治需要与教育学的“引进”。中国教育从古代向近代的转型与当时中国社会政治需要和政府的利益直接关联,这是教育学最初的中国式“引进”都取向日本的政治原因。这一切使中国近代化的初始时期就树立了“教育强国”、“教育救国”的教育功能观,形成了强国要育新的各式人才,育新的人才要有新的学校,新的学校要有新的教师,新的教师要有师范学校培养,培养师资要有教育学这样一条从“强国”到“教育学”的需求转化链。面对这些需求,当时的教育制度既不能满足,也不可能在短时间内通过内部改造完成,于是只能向那些强国学。日本离中国最近,且被国人认为也是通过外学西方、内行变法而强盛起来的国家,故被当时朝廷要臣当作第一可全面学习的国家。于是在政治与教育学的关系中,又引出了中与外的关系。自此以后,教育学发展中的中与外的问题,首先是一个由政治决定的意识形态问题,并不是学术发展选择的产物。所以,在一定意义上可以说,教育学世纪发展过程中社会政治状态与意识形态具有外在的决定性意义。它构成了一个大生态,整体上始终影响着教育学的生存与发展。

第二,政治和教育学关系的探究与教育学独立意识的萌生。可以说,蔡元培是民国时期第一个明确区分政治与教育,但并不割断政治与教育关系的人,也是最有力地推动学术自由的人。在教育学领域里,继“教育救国”论后,尤其在杜威实用主义“教育无目的,教育无外在目的”论的影响下,出现了“为教育而教育”的思潮,这是在认识上意识到教育与政治的分野，寻求教育与教育学相对独立的起始。这一阶段，教育学研究开始出现政治意识相对淡化的另一个原因，是西方自由主义、个性独立解放的思想在新知识分子中尤其是受欧美思想浸润的知识分子群中相当盛行。但从根本和总体上来看，社会政治与意识形态，对教育学的发展依然存在着左右和主宰作用。到了国民党联美反共控制政权时期，民主、自由等口号就都成了“摆设”。在教育学中，作为“国产品”的以“三民主义”为原则，宣传“新生活”的政治色彩鲜明的教育学就应运而生了。当时信奉自由主义的学者，也只是在欧美教育思想的介绍或研究的保护伞下讨生活了。

第三，“阶级斗争”思想、意识形态对教育学的强控制。新中国成立以后一段时期内，“以阶级斗争为纲”思想盛行，思维方式上的简单化和绝对主义带来学科建设中的教条主义，它的直接后果是对新中国成立前近50年教育学发展的结果，对欧美国家的教育学科的思想成果，采取了完全排斥、批判和丢弃的态度。同时出现了“向苏联引进”的大转向和大批判，在政治意识形态的支配作用下，教育学的发展实质上又出现了一次中断和“重砌炉灶”。

第四，新时期改革开放政策与教育学发展。20世纪80年代，是中国教育学开始对一些基本理论问题和教育学发展作前所未有的深入反思时期，“实践是检验真理的唯一标准”这一对待马克思主义的基本立场得以重新确立，大环境的改变使教育学有了新生的可能。“新生”首先从对历史问题的再讨论开始。曹孚在20世纪50年代提出的教育性质问题的观点，1978年由于光远在《学术研究》第3期上发表的《重视培养人的研究》一文中重新提出。于文关于“教育”与“上层建筑”二者不能画等号的观点，点燃了新时期的一场有关“教育”本质问题的大讨论。

针对第一个“世纪问题”，叶澜强调，总之政治意识形态与中国教育学的发展的关系问题,确实是20世纪中国教育学发展所遇到的第一大问题,它在不同的阶段有不同的内容和表现形态。前者对后者的控制与渗透程度、影响的正负效应在不同时期也有不同。可以说,两者关系性质的多样性和多层面性,已在整个世纪的历史过程中得到较充分的展现,但教育学界真正深入系统的全方位的反思,在此基础上的重新全面认识尚未完成。这个问题在21世纪还会存在,但不会再处于影响新世纪教育学发展的第一大问题这样"显赫"的地位。因为中国正在向社会主义政治民主建设的大方向发展,它将为中国的科学与学术的发展提供更为广阔的空间。

2. 教育学发展的"中外关系"问题

叶澜认为,教育学发展中的"中外关系",是在政治和意识形态支配下相伴而生的问题。它与中国20世纪教育学发展的动力因素和资源取向直接相关。

她说,20世纪初教育学的首次"引进",处在中国古代学术传统向近代学科转型的初期,教育学与其他学科相同,在"中体西用"的文化方针下出现,且时段上也相近。也就是说,在"引进"起点上,教育学与其他学科差异并不大,但是经历了一个世纪之后,教育学与其他人文社会科学相比,学科成熟度和学术水平都显得相对不高。究其原因,除了作为引进源头的西方"教育学"本身学科历史短,成熟度不高之外,还与教育学在中国的"引进"与其他学科在基础上有差别,以及由此而形成的教育学领域内的"中外关系"的特殊性相关。具体来说,她认为主要有以下几点:

第一,教育学初建时的"中断传统"和"全盘引进"。中国古代文化中有丰富的教育思想,但无独立形态的教育学。教育学的"引进"在起点上就以"传统中断"和无"中外"之别的"全盘引进"外来学说为特点。历史尽管使中国的哲学观和教育观都发生了变化和有所进展，但依然没产生有独立形态的教育理论专著，而且，在尚未分化的中国古代学术中，有关教育的论述从未处于核心、主干的地位。直到19世纪末，这种状态总体上并无实质性变化。这是中国封建社会文化形态缺乏学科分化的一种表现，也是因为中国封建社会教育实践中的基础教育，长期处于以私塾、个别教学为主，非正规制度化的状态，很难从中产生系统的、理论形态的教育学。20世纪初教育学在中国的“引进”与其他的人文学科相比，缺乏内在的学科理论根基，它是应办师范之急需，从一开始就采取了与“传统中断”和“全盘引进”的方式，把西方的“教育学”当作适用的教育学拿过来就“用”。

第二，教育学“引进”的中国范式。教育学在中国的百年历程中，形成了对国外教育学翻译、介绍到述评、编纂、自编等一系列消化吸收的“中国范式”，并随着吸收对象的更替而多次循环，还视这种循环为“发展”。中国古代教育思想存在着与民族文化、学术传统尚未分化的联系，没有内生出独立形态的、系统的教育理论和专门的教育学著作这一基础状态，强化了教育学一开始应急式地由国外全盘“引进”的做法。自此开始，中国有了作为学科的“教育学”，其代价是同时开始了近代教育学在中国却与中国教育思想中断、与中国传统文化分裂的历史。中华人民共和国成立以后，教育学发生了“引进”对象的转换和内容的剧变，但教育学中“引进”的“中国范式”，几乎不变地又上演了一遍。20世纪70年代末和80年代初的短暂恢复期，掀起了新一轮的翻译、编译、综述、自编教育学科的教科书和著作的高潮。中国教育学界对国外教育理论的心态开始走向成熟，但并未改变中国教育学界与国外教育学界相比的弱势状态、学术流向的单向性意义，要想彻底改变百年来形成的自卑情结和依赖心理，当代中国教育学界在独立、原创的意义上还有很长的一段路要走。

第三，“教育学中国化”的意识与曲折实践。教育学在中国的“引进”，其大的文化背景是“中体西用”，但就教育学科自身的建设看，却恰恰采取了“西体中用”的做法，即以西方的教育学为“体”，“用”于中国教育的发展。把西方教育学“全盘引进”从一开始就是为了用，而且是“急用”。（按：关于此点，下文详述）

第四，中国教育学发展的转机与进展。20世纪八九十年代，是中国教育学在学科发展意义上进展最大的时期。主要表现在如下几个方面：一是教育学研究视野的拓展；二是教育学研究的深化；三是教育学学科“自我意识”的加强和发展。

针对第二个“世纪问题”，叶澜判断，总体而言，教育学发展中的第二大世纪性问题即“中外关系”问题，还没有得到根本的、从理论到实践的全面解决。尤其在当今全球化与信息化的时代背景下和学术界国际交流加快、加强的环境中，教育学界“向外看”、“从外取”、“以外为准”的心态与学风还在盛行。如若教育学界自身不作改变，那么在新世纪，教育学发展的第二大问题，有可能上升为制约教育学术发展的大问题。

3. 教育学的学科性质问题

关于这个问题，叶澜指出，教育学的学科性质问题是与教育学被“引进”到中国同时出现的问题，也是至今还争辩不清、认识颇为混乱的一个问题。它对教育学科的发展方向和路线都有直接和持续的影响。可以说，怎样认识教育学科的性质，怎样认识形成教育学科的路径，就会怎样去建设该学科；怎样去形成该学科的知识，就会设定怎样的追求目标。所以她将它称为中国教育学发展的第三大“世纪问题”。

叶澜说，从教育学的学科性质问题产生的源头及20世纪中国教育学发展的全程看，对教育学学科性质的认识，又可以分为两个方面。一方面是教育学的知识性质问题，它究竟属于理论性学科还是应用性学科？或者以更尖锐的方式提出，教育学究竟有无理论？另一方面,教育学是科学还是哲学,是人文科学还是社会科学,或是其他? 这两个问题在西方也是自教育学成为一门学科后一直存在的问题。另外,教育学的学科性质问题在 20 世纪的中国有着特殊表现。

她认为,以上论述的中国教育学发展的三个世纪性问题,若要作进一步聚焦,可集中到教育学的学科独立性问题上。20 世纪中国教育学在太多的束缚与依附中建立,它既受意识形态的控制,又追逐着国外教育学说的变化,还受着学科性质认识停留于应用的自我局限,依附于交叉学科中的其他学科,扮演着"随从"的角色。如果没有改革开放这 20 年来的重要变化,带来从社会环境到研究条件和研究人员、研究成果等多方面的改善,对新世纪教育学科的发展,真不敢抱乐观的态度。教育学在一个世纪的发展中走过的曲折和付出的"学费",换来的最重要的启示就是:要提升教育学科的独立学术品格和力量,教育学界要为此作出持续和艰苦的学术努力。教育学在新世纪发展的方向不应再是以西方为本作前提的"中国化",而是要创建"中国教育学"。这里的"中国",其内涵不只是指教育学要从本国的文化传统中找到自己的根、开发其当代价值,也不只是指教育学要以本国的教育实践和教育问题作为发展教育理论的不可或缺之源,而是指中国学者应为教育学发展作出世界性的贡献。教育学的世界宝库中应该也有中国的原创性成果,中国教育学人为此也要为中国教育学界与世界其他国家教育学界交流时能平等对话、交互影响作努力。教育学的学术独立性建设,还要求我们以新的思维方式和新的视野来重新认识教育及教育学的性质,要求我们加强教育学自身的基础理论和方法建设,而不是专门向别的学科去借这些对于一个学科独立性来说的标志物。如果我们在新世纪能走出教育学独立行走的新路,那么,过去一百年付出的代价就十分有价值了。唯其有了独立性,才有创造的可能。

此外,也有学者论述了新中国教育学的范式困境及其突破问题,认为,中国教育学的范式是指新中国成立以来中国教育学者在思考、研究、构建教育学问题时所遵循、秉持的基本思想方法,这种思想方法导引了他们研究教育学的路向、构建教育学的方式以及解决教育学问题的思维框架,进而形成中国教育学的类同研究传统,并规定着教育学的发展方向。学者指出,新中国成立以来我们经历了来自苏联和西方国家的范式熏陶,并一直受到"西方范式"和"苏联范式"的禁锢和困扰,长期没有形成属于自我独立的教育学范式。中国教育学发展过程中存在的范式危机,已经严重阻碍了中国教育学的健康发展。学者提出,中国教育学范式的创建需从创建主体——教育学者和创建客体——"范式系统"入手,教育学范式的创建与构建将有助于中国教育学学派的创生和中国教育学的生成。①

① 柳海民,林丹.困境与突破:论中国教育学的范式[J].东北师范大学学报:哲学社会科学版,2007,227(3):5-12.

三、科学化、中国化、现代化的求索

一定意义上可以说,中国教育学的百年历程,尤其是1978年以来的发展历程,就是中国教育学追求科学化、中国化和现代化的过程,尽管其间也不缺乏曲折甚至倒退。譬如,孙喜亭在考察新中国成立以来50年的发展时,就把其中1949—1957年这一阶段命名为"以凯洛夫著的《教育学》为代表的苏联教育学的传入与传播",把1958—1966年这一阶段描绘为"'中国化'的《教育学》陆续出版",把1966—1976年这一阶段评价为"教育科学的倒退与扭曲",而把1977—1994年这一阶段视为"教育学的科学进展与困惑"。②

② 孙喜亭.中国教育学近50年来的发展概述[J].教育研究,1998(9):19-28.

瞿葆奎说,如果说(上文)实然描绘中国教育学百年的画面是"形"于外的话,那么教育学研究者对教育学的应然的思考就是"神"于内了;盖实然重于事实的求"真",而应然倚于价值的求"善"、"美"。

这个百年求解的问题，我国教育学研究者或常以教育学科学化、中国化和现代化的有关命题为审思对象。也许正是基于此，他在描绘中国教育学百年的实然沿革后，又考察了其应然求索，主要有以下三点：[①]

① 以下三点——(1)教育学科学化的思考，(2)教育学中国化的探讨，(3)教育学现代化的追求——叙述，除另有注明外，均引自瞿葆奎．中国教育学百年(下)[J]．教育研究，1999(2)：23-30．限于篇幅，其中原注，不再一一注明，可参阅该文。

1．教育学科学化的思考

瞿葆奎判断说，教育学科学化是一个过程，也许是一个永恒的课题。它的直接命题是：怎样使教育学成为一门科学？教育学是一门什么样的科学？20世纪之初的教育学研究者大都强调实证方法，追求教育学"自然科学化"。接着，他回顾了我国教育学者追求科学化的历程，并作了相应评论：

受赫尔巴特学派的观点和实验教育学派的倾向等影响，在当年我国就有人说："至海尔巴脱(按：即赫尔巴特)出，遂有所谓科学的教育学发现。"于是出现了"建立教育学究当如何"的思考。我国当年论者反映出这样的观点："今日时令所趋，教育学术受了科学的洗礼"，往后教育研究应打破个人之私见，求客观的标的；废除散漫的观察，作严密的实验；由等级的评判，进于单位的测量；由定性的方法，进于定量的研究。

在当时的条件下，人们认为教育学科学化的主要标准之一是：有科学精神，用科学方法。某种学术含有科学的精神，而完成的步骤采用科学方法，亦得成为一种科学。所谓科学的精神，列举起来，约有几件。最有关系的就是：求真实的知识，化品质为数量，执简驭繁，纯客观，有系统，可反复证明。当时要求的教育学的科学化主要是"自然科学化"。许多教育学研究者热衷于在教育学中介绍如梅伊曼、拉伊等人的实验教育学以及实验法、观察法等实证方法。

对这种自然科学化倾向较早发难的研究者，于1918年撰文批评了盲目采用实验等实证方法的做法："研究之态度，必不可舍本求末苟先致力于理论的研究，而后根据理论以为实际的研究。……所谓实际的者,当以自己之教育理想及理论证之于实际……若无意义无理想之实际,只可谓之教育的游戏实际。”后至30年代,蒋径三发表了《反海尔巴脱主义者迪尔泰的教育思想》,进一步深化了对自然科学化倾向的批评。此后不久,罗廷光的《教育科学纲要》面世,这是一本论述教育学的专著,有“元教育学”、“教育科学学”的性质。它从“何谓教育学”讲到“教育学是不是一种科学”以及“教育学属于何种科学”等,逐步分析。特别是它关于教育学是科学和教育学属于何种科学的较有力的论证,似乎将当时的教育学科学化的思考提升了一个层次。

至20世纪50年代,在学习苏联教育学的过程中,教育学的科学化问题又提了出来。但与以前不同的是,“阶级性”几成教育学科学化的首要标志,甚至有时是唯一标志。当时一般认为资产阶级教育学不是科学也不能成为科学,因为教育是一种社会的历史过程,而它见不到阶级与阶级的斗争,所以不能正确反映社会发展的规律;脱离了具体的社会关系(特别是生产关系),抽象地孤立地研究人的身心,所以不能正确反映人的发展的规律。而苏维埃教育学是科学的教育学,因为它一是有“党性”,即阶级性,二是有“科学方法”,即辩证方法。这种阶级性观点在50年代至60年代上半期编写的教育学中有较充分的反映。在阶级社会中,教育是有阶级性的。可是十年浩劫期间,所谓“教育是阶级斗争的工具”、“学校是无产阶级专政的工具”得到了荒谬的主观膨胀和空前的浑身媚骨的极端表现。

1976年“文化大革命”结束以后,我国教育理论界为了揭发“文化大革命”对社会主义教育学的严重破坏,教育学科学化成为一个热闹的话题。《教育研究》编辑部于1980年2月召开教育实验的座谈会,提出“教育科学的生命在于教育实验”。之后,有的学者认为“实验的自然科学加上实验的教育科学的大发展,必将为我们社会主义祖国引来一个真正伟大的新时代”。于是，在教育研究中运用客观化、数量化、形式化方法的风气在一些方面初步形成。出现这种对自然科学方法的热情是可以理解的。因为在新中国成立以来的许多岁月中，教育研究一直重思辨、轻实证，不过，此时对自然科学方法在教育研究中价值的认识，已开始升华。有的学者认为不应单一地使用自然科学的方法，而应将之与定性的、思辨的等社会科学常用方法结合起来，使“求真”与“求善”互相沟通。在这方面的思想逐步深化的同时，人们对下列问题也产生了较大的兴趣。

其一，教育学的性质问题。教育学到底是“基础科学”还是“应用科学”，虽有择其一端主张教育学是基础科学或应用科学的，但较多的学者认为教育学应是基础科学与应用科学的统一：教育学体系的基础理论研究与应用研究是并存的，但两者的价值不在于它们浑然一体的结合状态中，而在于各自从不同的方向发展，各得其所，然后才能在联系中真正地相互促进。

其二，教育学的体系问题。关于这个问题的思路主要朝两个方向发散。

(1)教育学的逻辑起点问题。逻辑起点是一门科学或学科的体系的起始范畴。作为一门课程的教材的体系也必然有它的逻辑。但是作为一门学科的逻辑与作为一门课程的逻辑未必雷同。过去把两者混淆了，这是不正确的。也许可以说，教材体系是经过教学论加工改造过了的科学体系。教育学逻辑起点的探索，是研讨作为一门学科的教育学的逻辑“始项”。首先要辨明的是：“什么是‘逻辑起点’？”其次要辨明的是：“谁的‘逻辑起点’？”再次要辨明的是：“‘逻辑起点’的规定性是什么？”这是研讨的前提。否则就是没有认清“门牌号码”。教育学的逻辑起点问题，自 1984 年起迄今的十几年里，引起教育学研究者的争鸣，虽然没有取得共识，但是由于对问题的多种剖析,在思路上不断深化了。这在学术讨论上,就一定的意义来说,可能本身的价值更大于取得的结果;况且真理往往产生在争论中。

(2)教育学的内容建构问题。人们先后提出了多种框架的设计。例如,一是"大"教育学框架或微观与宏观教育学统一的框架,二是理论体系教育学和工作体系教育学框架,三是学科体系框架和教材体系框架。教育学作为一门科学或学科是社会科学的一个分支,它以教育的科学规律来反映教育的客观规律,它的建构是以教育学范畴的体系、规律的体系来反映的。

瞿葆奎最后指出,20 世纪 80 年代后半期以来,人们对教育学的反思日甚。例如从 1987 年叶澜的《关于加强教育科学"自我意识"的思考》的发表(《华东师范大学学报(教科版)》1987 年第 3 期),到 1989 年何齐宗的《建立"教育学史"刍论》(《教育研究》1989 年第 8 期)、肖川的《建立"教育科学学"刍议》(《教育研究》1989 年第 11 期)等的刊出,再到《华东师范大学学报(教科版)》1995 年第 1 期起展开"元教育学"(meta-pedagogy)的专栏讨论,教育学又经历了一次剧烈的锻造,在锻造中迸发出了思想火花。元教育学是随着教育学及其分支学科的不断发展,产生了自我反思的需要而正在形成的,也就是产生了对教育理论本身的研究而正在形成的。[①]

① 补充说明,关于元教育学方面的著作,譬如可见陈桂生."元教育学"辨:"元教育学"的探索[M].福州:福建教育出版社,1998;周作宇.问题之源与方法之镜——元教育理论探索[M].北京:教育科学出版社,2000;唐莹.元教育学:西方教育学认识论剪影[M].北京:人民教育出版社,2002.

叶澜也认为,20 世纪教育学在中国的发展过程中,相对集中地出现过两次推进教育学科学化的高潮。第一次出现在杜威来华讲学,美国的克伯屈等专家将设计教学法、"道尔顿"制等介绍到中国以及西方一些实验心理学的手段、方法,教育科学研究的方法相继引进中国之时。当时,有学者和一些中小学开展这些试验,并且主要集中在二三十年代。20 世纪第二次教育学科学化热情的提升,是在 80 年代到 90 年代初。其背景是批判教育领域中极"左"路线后,使新中国成立后被否定的一些关于教育研究科学方法的科目,在教育系课程中重新开设，并逐渐成为指导群众性教育研究、培训科研人员中必需的课程。80 年代初期，对赞科夫十年课程教育改革实验及其相关著作的翻译，又加深了实验研究对于教育学发展重要意义的认识。1991—1992 年《教育研究》杂志还辟出“教育实验科学化问题的探讨”专栏，先后发表了 26 篇文章。80 年代中期开始，正式出版第一批教育研究方法图书。此外，随着社会学和教育社会学的复苏，问卷研究法又风行一时，推动了教育实证研究的开展。在这些热潮中讨论的问题在范围上并没有超出二三十年代的水平，有的甚至还尚显不如。对教育学学科属性的深入讨论，在 90 年代后的元研究中得以展现，至今虽未形成统一的观点，但已经开始不再用简单两分或三分的方式思考问题，注意用多元多维的方式作综合研究。也已经有人关注到教育学对象性质的复杂性，主张用复杂科学的思维方式来认识教育，提出教育学可在新的知识分类中归到复杂科学一类的见解。但是，这个问题还有且值得作更深入系统的研究，它的真正解决将在创建新的教育学的过程中实现。①

① 叶澜. 中国教育学发展世纪问题的审视[J]. 教育研究，2004，294(7)：3-17.

石中英本着评价教育学的历史、预测教育学的未来的研究宏旨，针对几百年来一直困扰教育学界的“教育学是什么”以及“教育学到底能不能科学化”的问题，系统批判了历史上几种主要的研究框架及其教育学观，并从文化学角度深入分析了教育学活动诸要素与一定文化形式之间的内在关联，提出了“教育学的文化性格”、“教育学的民族性格”、“教育学的理论品格”及“21 世纪教育学的文化转向”等重要概念和命题，对教育学中的“唯科学主义”(西方中心主义、实证主义、理性主义)进行了批判与解构。②

② 石中英. 教育学的文化性格[M]. 太原：山西教育出版社，1999.

针对近年来随着教育理论界对自身境遇的反思和批判性考量的深入，“科学主义”成为为教育理论贫困、教育语话呆板负责的一个“替罪羊”这种情况，周作宇则揭示，在缺乏科学主义的实际影响的背景下谈其倾向,是一种没有根据的虚妄;退一步讲,即使真的有了科学主义的苗头,那对繁荣我国的教育研究不但无害,反而是多了一种有益的、不同的声音,只要我们不把排他的独断性特质贴在科学主义的旗子上的话。他对教育研究中的"科学主义"倾向进行了讨论,指出在我国教育研究领域,科学的训练和科学的范式还没有建立,谈不上"主义",实证主义是科学主义的近亲。实证主主义虽然受到挑战,但仍有其合理成分,教育研究不是为了研究的研究,而是为了教育的研究。研究需要多种方法与多种途径。与实践的合作,既是教育改造的基本需要,也是教育理论发展的基本路径。[①]程亮认为,世纪初的中国教育学在激进的"超越"意识下,正处在"漂泊"的状态之中,这种"漂泊"的状态突出地表现为"去学科感"、"去科学感"、"去历史感"、"去实践感";要走出这种状态,就需要站在自主的立场上,秉承历史的意识,采取实验的态度,运用整合的思维,为中国教育学"寻根"。[②]

① 周作宇.没有科学,何来主义?——为教育研究中的"科学主义"辩护[J].华东师范大学学报:教育科学版,2001,19(4):17-25.

② 程亮.中国教育学:从"漂泊"到"寻根"[J].教育学报,2008,4(3):21-25.

2.教育学中国化的探讨

瞿葆奎认为,教育学中国化也是一个过程,并细致考察了这一过程。这里摘其要者,转述如下。

在20世纪的一二十年代,也许可以视为教育学中国化的思想从"经验层次"上提了出来。较早提出"教育中国化"概念,并从理论上给予论证的有庄泽宣。他于1929年提出教育中国化的标准:合于中国的国民经济力;合于中国的社会状况;能发扬中国民族的优点;能改造中国人的劣根性。教育学中国化源起于对外来教育学的思考,是中与外的问题,是教育学领域中的中外关系问题。教育学中国化也就是教育学本土化的问题、教育学民族化的问题。在百年的中国教育学史上,由于各阶段外来教育学的主体不同,因此教育学中国化的对应性也有差别。

逐步深入地研究教育学中国化是新中国成立之后尤其20世纪

80 年代以来的事情。五六十年代讨论教育学的中国化，一方面是以马克思主义教育学说、毛泽东教育思想为指导，以中国教育实践为出发点，建立中国的社会主义教育学；另一方面又认为当年苏联的教育学就是马克思主义教育学的化身，就是社会主义教育学的标准模式。其实它最多是“苏联化”的产物，可是把它看成是准经典性的权威理论。经过这个“代数学”，于是出现了一个非逻辑的“逻辑”，教育学中国化似乎可以“简化”为：苏联教育学与中国教育实践相结合。

尽管如此，教育学中国化仍然是也必然是“路漫漫”的。把起点与终点放在中国，深入而系统地研究中外古今的教育理论和实践，更加深入而系统地研究中外当今的教育理论和实践，博观精考，科学地进行总结，批判地进行选择，这大致是 80 年代教育学中国化——创建有中国特色的社会主义教育学——的基调。《教育研究》杂志于 1991 年 5 月辟“教育理论与教育实践”专栏，开言路，集思益，历时七月余。这方面的广泛探讨和争鸣使人们的认识逐步相对集中起来。教育学中国化的思路大致从两方面展开：一是“个性为主”的中国化，即充分重视本国教育实践，注重中国教育规律的探索。这样，教育学中国化体现在：(1)把马克思列宁主义教育学说和毛泽东教育思想同我国当前的社会主义教育实践结合起来，以建立具有中国特色的社会主义教育学为目标。(2)重视我国教育经验的总结。通过三个途径积累本国教育材料：整理古代教育经验，发掘教育遗产；总结老区的尤其是新中国成立以来的教育经验；立足当前我国的教育实际，采用教育实验、调查等积累本国材料。(3)科学地吸收国外先进的教育经验、有益的教育理论，但理论体系的建构须以本民族的教育经验为主体。(4)此外，还体现在语言、行文和体例上，要适合中国人的语文习惯。

另一种可以说是“共性为主”的中国化。例如董远骞认为，要立足于中国实践，但要重视和强调在寻求中国教育规律的同时，探索普遍的教育规律。教育学中国化体现在普遍性与特殊性的结合上。又如鲁洁认为,作为一种特殊的教育学,就必然存在着一个普遍性与特殊性的关系问题,这两方面的内容形成教育学多层次的结构:第一层反映的是教育的普遍规律,只有通过它才能把教育的一切现象、一切过程联系起来,揭示教育的本质,形成教育学的统一;第二层反映的是某一种生产力发展水平、某一种经济形态下的教育及其规律;第三层反映的是某种社会制度下的教育现象及其规律;第四层是当前历史条件下我国教育的规律。同时认为,不能脱离当代高度发展的国际背景来考察具有中国特色的教育学问题,在我们建构的教育学中,共性的因素应显得更为突出。80 年代以来,也许可以认为,不少教育学在共性寓于个性之中的中国化道路上毕竟不断取得了一些新的进展。

也有研究者对中国特色教育学这一"口号"提出异议,认为并不存在一种有某国特色的教育学,科学无国籍,它探求的是普遍规律。因此教育学中国化不是一个学术概念。

瞿葆奎总结道,那种认为我国教育学是"先抄日本","继袭美国","再搬苏联"的说法,是一种"简单化"了的认识的声音。在教育学中国化的道路上有做得多或少的差异,有做得好或不大好(甚至不好)的区别,可是不能完全否定我国多少代教育学者在中国化上的劳心与劳力。教育学中国化这篇"文章"没有做完,也不可能做完。甚至,这是一个永恒的课题。探讨教育学中国化的目的,是在历史唯物论的指导下,创建中国自己的社会主义教育学。这是我国教育学领域里"无限多的有限的人的头脑"从事认识的成果。只有建立了,并不断完善自己的具有中国特点的教育学,才能阔步教育学的国际学术之林。

叶澜在总论中国教育学的 20 世纪时也指出,20 世纪前半叶教育学科中国化的努力虽然有成效，但又存在着两点明显的不足：第一，中国化的努力主要集中在对中国国情问题的关注上，属应用性，对西方理论的框架、基本概念等未作突破性研究，缺乏原创性是其致命的弱点；第二，关于国情的理解也较为简单和浮表，直接把政治纲领、经济国力等当时社会系统中的状态作为出发点，缺乏深入的、真正教育学意义上的中国学者的思考。而20世纪下半叶教育学中国化的努力，在前30年有独特的表现形态：第一种形态是在“理论联系实际”的口号下进行的，这主要是在50年代大学苏联教育学期间；第二种形态是既否定历史，也无视已有理论，只与政治密切相关的“中国社会主义教育学”的“建设”，这是在1958年“大跃进”中诞生的。20世纪的最后20年，在改革开放的背景下，中国教育学经历了新时期通过多种途径学习引进国外（包括苏联和西方各国）教育学科的阶段，使封闭了近20年（相对于苏联而言）到30年（相对于西方而言）的中国教育学界重新睁眼看世界，看到了自己的贫乏、僵化和差距；使新中国成立前已形成的教育学科的一些基本科目，如教育哲学、教育社会学、比较教育学、教育评价学、教育统计学、教育测量学、教育研究方法等得以恢复，并将作为一门学科的大教育学分解为教育概论、教学论、德育原理和教育行政、学校管理学等多门学科，从而在内容更新的同时，使教育学科重新呈现出由多门科目构成的学科群的结构形态。[①]

有学者针对“在当今中国教育学界针对当今中国教育学界，至少在青年学人中，‘尊奉’西方思想已在相当程度上成为一种‘潮流’”这种现象，主张“有意义的教育思想必须基于实践，对中国教育真正具有引导力的思想最终只能形成于本土境脉与本土实践之中，不能用具有浓厚西方文化色彩的价值取向、思维习惯与言说方式来套解中国的社会现实和规引中国人的教育实践。“寻找”教育思想的过程

① 叶澜.中国教育学发展世纪问题的审视[J].教育研究，2004，294(7)：3-17.

不是被动的思想服从过程,而是以“寻找者”自身的已有思想需求与思想前见为参照标准的思想选择过程和思想构建过程。教育研究者应当首先是思想者。构建真正有意义的思想的最宝贵的资源就在研究者自身及本土境脉与本土实践之中。[①]

一些学者甚至认为,“教育学中国化”、“教育学本土化”这两个概念在不同程度上带有所谓“殖民”的色彩,甚至残留着“西方中心主义”的痕迹,因为它们的前提仍然是外来的(更确切地说,是西方的),是生长于异域的教育理论,它们的逻辑仍然是结合本地的教育实际,筛选、改造和应用外来的教育理论。在这一过程中,外来的教育理论可能在与本土的教育实践结合的过程中生发新的冲突,引出新的问题,重构新的理论,但总体来说,这种模式难以催生出体现中国原创的“本土理论”。[②]此前,项贤明对“本土化”进行了更入里的批判性反思:所谓“本土化”实际上是一个自内的文化殖民过程,与其说它是非西方文化的复兴,倒不如说是西方文化真正开始了对非西方文化的浸淫。为此他提出以“本土生长”来修正和补偿“本土化”,在这样一个全球化时代,“本土生长”不可避免地要吸收世界上不同文化的精华,但它不同于“本土化”,它是一个自内的发展过程,而不像“本土化”那样是一个自外的移植过程。[③]

有研究者则认为,由于保守估算,自鸦片战争以来,就出现了中、西文明的碰撞,伴随着列强坚船利炮打进来的是西方的资本主义、共产主义、民族主义以及个人主义,这迫使中国接受了一次脱胎换骨的改造,后经1911年、1928年尤其是1949年这三次“革命洗礼”,中国整个的价值信仰、制度安排乃至发展路径已然难称其为是纯然“中国的”还是纯然“西方的”,而更多的或者主要的是古今累积与中外融合的产物,作为社会实践及文化活动的有机组成部分的教育学术研究及知识形态,自然也就难辨中西之别,难究“我—他”之理;谁若一味

① 吴康宁.“有意义的”教育思想从何而来——由教育学界“尊奉”西方话语的现象引发的思考[J].教育研究,2004,292(5).

② 瞿葆奎,郑金洲,程亮.中国教育学科的百年求索[J].教育学报,2006,2(3):3-11.

③ 项贤明.比较教育学的文化逻辑[M].哈尔滨:黑龙江教育出版社,2000:219,前言.

标举“本土化”作为“铁理”，就有可能掉进误以“古今之异”为“中西之别”的陷阱，与此同时，其内心深处可能还坚守着另一种观念，即认定中西之间、我他之间不可理喻、不可沟通、不可公约——而这又使其身陷一个自设的困境，也就是惠施“子非鱼，安知鱼之乐”的逻辑矛盾；当今世界，更为可取的价值选择当是“人同此心，心同此理”，而非与种族主义针锋相对因而也与之一样登峰造极的文化相对主义或文化不相通论；对所谓西方中心主义的忧心，可借由“内在于我们历史和现实的真问题”为媒介而在一定程度上解决。[①]

3. 教育学现代化的追求

瞿葆奎提出，如果教育学科学化可以说是侧重于内容的话，那么，在一定意义上相对而言，教育学中国化可以说是侧重在空间，教育学现代化可以说是侧重在时间上说的了。如果教育学中国化是反映民族精神的话，那么，教育学现代化是表述时代精神了。如果说教育学中国化和现代化是过程的话，那么教育学的民族性和时代性分别是属性了。随后，他阐发了中国教育学百年现代化的追求历程：

瞿葆奎认为，教育现代化与“四个现代化”是唇齿相依的。在一定意义上说，教育学现代化是教育现代化的一个条件。教育学现代化可以说源起于对传统的思考，核心是以其保守、落后的因素为对立面。要教育学现代化，就要反对泥古守旧。在教育学现代化的行程中，一个明显的案例是教育学的“分化”。譬如，在19世纪末，尤其是20世纪初起，从一门教育学的母学科或课程中已分化出了教育哲学、教育心理学、教育社会学、教育行政学、教统计学等；[②]课程论、教学论、德育论大致也在20世纪一二十年代中开始建立了起来。30年代，比较教育学也独立“开户”；二战以后，教育经济学、教育技术学等也脱颖而出；等等。而80年代中，运用系统论、控制论、信息论横断学科提供的思想方法和具体研究手段来认识和研究教育现象，也

① 程天君.中西之别还是古今之异？——“本土化”研究方法论的一个可能陷阱[J].教育研究与实验，2008，120(1)：8-14.

② 这里笔者欲说明的是，至于“教育学”是否为教育哲学、教育心理学、教育社会学的母学科（基础学科），似需明辨。若“教育学”取广义——即指教育学的学科群，相当于“复数教育科学”（educational sciences），其含义与英语国家中通常使用的“教育理论及其基础学科”（educational theory and its foundation disciplines）这一术语近似——则教育哲学、教育心理学、教育社会学可视为这个学科群里的基础学科（foundation disciplines of educational theory）；若“教育学”取狭义——即单数、狭义的教育学，指以改变和优化教育实践为直接目的，对教育领域的各种规范加以专门的、系统研究的一门学科——则一般公认，进入20世纪五六十年代，教育社会学已与教育哲学及教育心理学并驾齐驱，成为教育学并驾齐驱的三大支柱和基础学科（母学科）。由此似可判定，“教育学是教育哲学、教育心理学、教育社会学的母学科”说，无论在何种意义上讲，都是一种不当乃至错误的表述；而毋宁反之表述，符合实际。

取得了成果,这也是我国教育学现代化的一个侧面反映。横断科学的出现是现代科学整体化和综合化趋势的一种表现。它沟通了不同学科、不同领域的联系,尤其是沟通了社会科学与自然科学的联系。

瞿葆奎指出,分化是当代教育学发展的一个重要趋势,它借助两种途径:一是"衍生性"分化,即从教育学内部纵向分化出许多分支学科。二是"交叉性"分化,即教育学与其他学科"联姻"的横向分化,又分化出许多分支学科。以对象为依据,可以分为两大类:第一类是以教育活动为研究对象的学科;第二类是以教育理论为研究对象的学科——元教育学。第二类的学科是在第一类学科发展的基础上产生的,是第一类学科发展"自我意识"产生的标志。纵横两种分化,教育学已有一个庞大的"家族",已分化为一个庞大的教育科学群体了。进一步的发展,可能呈现相对意义上全方位、多层次的格局,由一级分化向二级分化甚至三级分化拓展。目前,我国教育学主要处于一级分化阶段,这是我国教育学现代化取得的成果(举例请详见瞿葆奎原文)。①

针对分化会不会导致教育学的"解体"或"终结"这样的问题②,瞿葆奎认为,"杞国有人忧天倾"是不必的。因为分化出的各分支学科之"和"并不等于整体的教育学,也就是说,分化出的任何一门分支学科各自接触教育活动的某一方面,从某一方面揭示教育的本质属性。这些方面的认识不能通过简单相加形成关于教育学的整体认识。相反,对这些认识进行必要的抽象,再概括出具有普遍意义的原理,有关教育的整体认识才可能形成。而这种使命舍教育学而谁?!教育学分化的现象背后,有着深厚的统一的基础,也就是所有分化出的任何一门学科都聚焦于教育,也就是说,它们都以教育现象为汇集点。这与物理学与化学,社会学与经济学以及心理学等分化出许多分支学科以后自身依然存在的道理是一样的。因此,可否认为有关

① 补充说明,与此稍有不同,叶澜更具体地阐论了20世纪80年代以来我国"新学科"(相对于1949—1976年间的状态而言)增长的状态:有一类新学科是沿着分化的路线产生的,它体现了教育研究对象不断分解的趋势。如,把原先的教育学分解为教学论、德育原理、学校管理;把教学论具体化为各种学科教学论;根据教育对象与学校类、级的区别,把教育学分化为中学教育学、高等(学校)教育学、职业技术教育学等。另一类新学科是教育学科与其他不同学科交叉的产物,可以按照不同的标准分列。按形成交叉学科的原学科所处的学科结构层面来分,有同层交叉学科(如教育学与社会学、心理学、经济学、法学等交叉形成的教育社会学、教育心理学、教育经济学、教育法学等)和异层交叉学科(如教育学与哲学、系统论等交叉形成的教育哲学、教育系统论等)。按照原学科的性质,又有社会科学内部、社会科学与自然科学与系统科学交叉之分。此外,按交叉后产生的新学科在教育研究中的价值,还可分为知识型和方法型两类。见叶澜.教育研究方法论初探[M].上海:上海教育出版社,1999:119.

② 补充说明,关于教育学是否"终结"的论争,可见吴钢.论教育学的终结[J].教育研究,1995(7);郑金洲.教育学终结了吗?[J].教育研究,1996(3);周浩波.论教育学的命运——与吴钢、郑金洲商榷[J].教育研究,1997(2).

教育知识的学科经历了一门“教育学”到多门教育学科的发展过程；另一方面，教育学既是一门整合的学科，又是多门教育学科的总和。这也许就叫分化与整合的辩证法则。

虽然这类观点得到不少学者尤其是教育学原理研究者的赞同[①]，但其中似有值得进一步推敲与深思之处。本书第十章将对此提出问题，并进行相应评析。

① 譬如，有学者明言，“教育学原理属于基础研究学科，而且是所有教育学分支学科的基础”。详见齐梅，柳海民．教育学原理学科的科学性质与基本问题[J]．教育研究，2006，313(2)：29-32.

第八章　研究方法的多元探索

研究方法可以说是教育科学研究的一个中心问题，它决定着研究的深度和广度；研究方法的变化，则可以说是研究取得突破性进展的一个必要条件。30 年来我国教育学术发展所取得的成绩，一定程度上是和研究方法的改进、变革、突破相关联的，也是和研究方法论的指导、反思、转型相伴随的。（这在前文的陈述尤其是关于教育学科学化的部分已有所体现）故此，在呈现了上述几个重大问题之后，有必要就研究方法（论）问题专作陈述。陈述将依托相关研究成果，以“线”、“面”、“点”结合的方式进行：“线”即纵向上勾勒 30 年来教育学术研究方法（论）的总体进程与发展；“面”即从横向上截取若干有影响的研究方法及其成果；“点”即从纵向的“线”与横向的“面”之交汇处凸显一个一个关键的焦点。

一、30年来方法与方法论研究的演进“线”

前文已述，中国教育学百年沿革大致可分为六个阶段，其中1977(1976)年至2000年为第六阶段。总体而言，这一阶段学科建设不断加强，学术观点趋向多元，学术视野日渐拓展，国际交流日益加强，而且形成了教育学科的当代体系。叶澜对这一时期的教育研究方法与方法论进行了分析：[①]

她把1976—1982年这一阶段归结为教育研究的“觉醒时期”，觉醒期的一个重要变化就是研究方法与方法论意识的觉醒。她认为，这与当时介绍苏联教育家赞可夫的教育实验相关，赞可夫为实现小学教学改革而进行持续10年的实验，终于在形成一套新教学论思想的基础上，提出了一套小学教改方案。而这对我国教育理论界和实践界都是一个震动，不少人开始意识到实验作为一种研究方法的重要意义，如在刘佛年领导下于华东师范大学附属小学和附属中学开展了“中小学语文教学改革一条龙”实验，1978年上海师范大学也开始了整体性改革的教学实验，以后又产生过不少有全国性影响的教育实验。叶澜评价说，这些实验最重要的价值是促使人们对中国教育进行认真的探索，重视研究方法问题，也为方法论研究的开展提供了前提条件；而且方法论意识的觉醒，在这一阶段还与反思联系在一起。

1983—1988年这一阶段被叶澜称为教育研究的“活跃时期”。她认为，这种活跃的主要表现之一，就是研究方法的更新，尤其是实证方法在教育研究中的应用与对该方法科学性的探讨；此外，教育研究中还出现了系统方法，这在规划研究中尤为多见。叶澜指出，在实证方法中，这一时期最受重视的是实验法和问卷调查法：实验，尤其是整体改革实验，当时在相当广泛的意义被推崇和运用，甚至有人把它提到是体现教育研究科学性的重要标志、没有实验就没有教育研

① 本节关于“30年来研究方法与方法论研究的演进‘线’”的叙述，除另有注明外，主要引自叶澜. 教育研究方法论初探[M]. 上海：上海教育出版社，1999：113-123.

究的高度；问卷调查法则不同于“文化大革命”前经常使用的典型调查（偏重于定性的、质的分析），而是进行概率抽样，注意样本与总体的状态。叶澜评价说，人们重视和运用实证研究方法，是在追求教育研究科学化的过程中出现的，其理论前提是只有运用自然科学中得到公认的科学方法，才能提高研究的科学化程度。当时，这几乎是社会科学追求科学性的共同特征，它带来的积极效果，是人们重视教育研究中的定量研究及对事实本身状态的把握，为在教育研究中逐步做到定性与定量研究有机统一奠定了基础。应当说，基于其时的实际情况，这个评价是客观而中肯的。

而张胜勇在反思 20 世纪教育科学研究方法论时则认为，撇开精确的自然科学方法对教育实践和教育研究可能带来的实际进步不论，这一方法在探讨教育学问题时，其本身也会遇到诸多困难。譬如，它大多只是处理与教育有关的枝节性和细节性问题；它主要局限于教育的“形式和数量”方面的研究；它常常出于对精确性、效度、信度的追求和尊重，而不得不用严格限定和缩小研究对象的方法来限制搜集材料的范围，其结论很少能揭示整体规律而获得普遍性；它往往听命于现实或实验的统计趋势，而无法在价值和理想上提出足以警醒世人的真知灼见；等等。[①]

科学的教育学研究方法和方法论对形成科学的教育学理论有重要作用，然而“科学”的含义是什么？是科学实证和实验，还是合理性建构？对此，郝文武基于教育学科学化的经典主题，认为教育和教育学的对象和任务是教育学研究方法和方法论的客观依据、根本前提、逻辑支点、评价尺度和检验标准；教育学科学化的实质是教育学的合理性；教育学是研究（包括物质和精神的）教育存在，建构（合规律性和合目的性统一的）合理性教育理论的科学。[②]

叶澜、陈桂生、瞿葆奎就 1978—1988 十年间教育研究方法发展

① 张胜勇. 反思与建构——20 世纪的教育科学研究方法论[M]. 济南：山东教育出版社，1995；另见，蒋军晶. 触摸教育的本质——读《反思与建构——20 世纪的教育科学研究方法论》一书有感[J]. 小学青年教师，2003(5)：47-48.

② 郝文武. 教育学的科学化和合理性——论近年来我国关于教育学研究方法的反思[J]. 教育研究，2002，273(10)：13-18.

的状况进行了这样的评估:我国教育研究方法的发展,开始"补上"西方从 20 世纪初就出现的实证化这门"课程",但当代教育研究方法发展的潮流是"多元化",不是"实证化",因此要清醒地看到,现在我们做的,也许仅仅是"补课",而且补的是"基础课"。可喜的是,这些年来为教育研究方法的现代化也作出了如下努力:第一,运用控制论、信息论、系统论等横断学科提供的思想方法和具体方法来分析、研究教育现象。第二,在教育与其他学科交叉而产生的新学科研究中,吸收了其他学科的研究方法。第三,在教育研究中采用计算机等现代技术手段,帮助观察对象、储存信息、检索资料、处理数据等,这有助于提高教育研究的效率和准确性。[①]

叶澜把 1988—1991 年这一阶段称为教育研究的"反思时期"。她认为,反思也表现在教育研究方法与方法论上。这些年来,人们的方法意识加强,研究方法多样化,对方法论的探讨已起步;但还存在不少问题:在方法上,一方面是有些研究人员把实证方法的重要性提高到不恰当的位置,企图确立某种方法的至尊地位,另一方面,有些人又不太在意每一种方法的基本规范,以方法规范弱化的方式来解决方法与对象不能完全适应的问题,这在对待实验方法的态度上表现得最为突出;在方法论上,1991—1992 年《教育研究》辟"教改实验科学化问题的探讨"专栏,涉及了以自然科学研究方法为范式,运用于教育研究对象时在多大程度和什么意义上是合适的这一方法论问题,人们还进行了教育研究范式、教育研究对象及学科性质的讨论,以及直接提出教育科学研究方法论的研究对象,分析中国教育研究方法论的现状及历史,介绍国外教育研究方法论研究的情况,等等。

唐荣德则基于"中国近代以来教育研究方法论演变"的视野,认为 20 世纪 80 年代以后,随着改革开放的深入,我国社会进入稳步发展时期,教育也经过重建走向稳步发展,教育研究进入面向中国教育

① 叶澜,陈桂生,瞿葆奎.向着科学化的目标前进——试述近十年我国教育研究方法的演进[J].中国教育学刊,1989(3):2-6.

实际问题，重建教育学科体系，发展教育理论，推进教育改革实践的时期。这个时期，在教育研究方法论上表现出“取向多元”特点：一是教育研究取向多元，二是教育研究的自我反思意识加强，自觉的方法论意识形成。[①]不过，也有学者认为，这种“多元化”的特点与其说是客观事实，不如说是主观愿望。他们通过对我国改革开放以来教育研究方法及分析资料方法的统计与分析，发现：改革开放 20 年来，定性研究在整个教育研究中占有重要地位，定量研究逐步受到重视；我国教育科研方法存在以下问题：不注重方法论，研究方法单一、落后。进而指出，教育科研要取得突破性进展，必须做到以下几点：坚持以马列主义、毛泽东思想、邓小平理论为指导，普及系统科学方法论，定量研究与定性研究相结合，建立多元的方法体系。[②]

研究方法趋向多元，这也与国际上的潮流相一致。阎光才的研究揭示，20 世纪 80 年代以来，西方教育研究领域中颇为激烈的量化与质性研究范式之争，其表是方法论之争，其里却有着浓厚的政治立场与意识形态冲突色彩。正是因为这种激进立场的介入，人们过于夸大了两者间的范式差异，而漠视了其中存在的相容性。教育与其他社会科学研究所面对的社会现实是主观建构与客观型构的统一，量化与质性方法并不存在必然对立，而是具有相容性和相互补充解释的作用。[③]而“混合方法研究”（mixed methods research）这种美国教育研究方法的新范式近年也被研究者介绍到国内，它是指研究者在同一种研究中综合调配或混合使用定量和质性研究的技术、方法、手段、概念或语言的研究类别。它是在美国质性与定量两种研究方法范式的争论中产生的，其理论基础是实用主义，其研究程序设计包括研究问题、研究目标、选择研究方法、收集资料、分析资料、解释资料、合法化、得出结论并撰写最终报告等 8 个步骤，它的突出优势是在研究中能增加交叉性优势和压缩非重叠性弱势，提高研究的效度

① 唐荣德. 中国近代以来教育研究方法论演变探析[J]. 教育理论与实践，2004，24(11)：9-12.

② 郑日昌，崔丽霞. 二十年来我国教育研究方法的回顾与反思[J]. 教育研究，2001(6)：17-21.

③ 阎光才. 教育研究中量化与质性方法之争的当下语境分析[J]. 教育研究，2006，313(2)：47-53.

和信度。[1]

二、典型研究方法及其成果的若干横截"面"

研究方法的多元化有诸多表现,这里只能选取若干横截面予以呈现。

1.方法及方法论研究

首先选取的是教育研究方法及方法论本身的研究及其成果。

裴娣娜《教育研究方法导论》一书,为开展教育科学研究提供了比较全面、系统的理论与方法。该著对教育研究方法的一般原理、教育研究的构思和设计、教育研究的基本方法、教育研究结果的分析和评价进行了全面论述;提出了教育科学研究方法论方面的几个重要问题:马克思主义哲学与其他方法论的关系,社会科学研究方法与自然科学研究方法的异同,教育科学中的定性分析与定量分析的关系,一般研究方法与具体研究方法的关系,古今中外的关系,等等。[2]

教育研究要有突破性进展,必须首先在方法论上取得突破。20世纪80年代以来,中国学术界,尤其是社会、人文学科领域,掀起了一股方法论热潮,而教育学界对此应者甚寡,无论是反应的速度还是强度,都远远不如其他学科。有感于此,叶澜著《教育研究方法论初探》一书。此著将"教育研究方法论"这个复合概念分解为"教育研究—方法论",侧重于"方法论"在教育研究中的特殊应用与体现,属于方法论的"特化"研究;这与"教育研究—方法—论"及"教育—研究方法—论"两种分解不同,后两者侧重于特殊研究活动或研究方法的理论探讨。该著从"关于'教育研究方法论'自身的思考"这一前提出发,经由教育研究发生学——西方教育研究的历史演变及20世纪中国教育研究的历史演变——的考察,以及教育研究方法论体系建

① 邓猛,潘剑芳.论教育研究中的混合方法设计[J].教育研究与实验,2002(3):56-61;田虎伟.混合方法研究——美国教育研究方法的一种新范式[J].比较教育研究,2007,200(1):12-17.

② 裴娣娜.教育研究方法导论[M].合肥:安徽教育出版社,1995.

构——教育研究方法论体系中哲学层、横断科学层、专门科学层——的探索，最后聚焦"教育研究方法论的特殊性"并对之进行了深入分析。[①]

新近，另有研究者进一步认为，作为"教育学"与"方法论"组成的复合概念，教育学方法论既与教育学知识体系不同，又与方法（包括方法的理论、方法的运用）有着本质的区别。它以特定的逻辑结构、思维方式为基础，是理论建构的前提假设、理论的结构与逻辑、具体方法的建构方式等因素交织而成的动态体系。因此，它的研究对象主要有以下四方面：第一，教育学研究对象的特殊性质及其对研究方法的特殊要求；第二，教育学研究主体的特殊结构及其对研究活动的影响；第三，教育学研究过程的特殊模式及其方法论意义；第四，教育学研究的独特方法群及其建构途径。[②]

蒋凯以中国内地的教育研究现状为考察对象，评述了教育研究界对待科学方法的不同态度。他认为，将科学方法引入教育研究中，是教育研究方法论发展和完善之必需，有助于提升教育研究的水准；科学精神是科学素养的重要组成部分，它是教育研究者必须培养的一种精神气质。[③]而扈中平提出，教育研究必须坚持科学人文主义的方法论。他认为，教育既具有科学性，又具有人文性，是科学性与人文性相互融合的一种培养人的活动。教育研究必须同时运用科学的方式和人文的方式，坚持科学人文主义的方法论思想。教育学必须借鉴自然科学的研究方法和思维方式，但不能自然科学化，否则就意味着教育学的死亡。[④]郭元祥则从历史与逻辑相统一的方法论出发，批判了教育研究中历史与逻辑相脱离的现象，探讨了教育研究中的教育历史观，考察了教育历史与教育逻辑的关系，认为教育研究应具有历史意识和逻辑意识。[⑤]《教育科学研究通论》一书则从方法论的角度着眼，以教育科学研究本身为研究对象，反思了"研究目的"、"研

① 叶澜. 教育研究方法论初探[M]. 上海：上海教育出版社，1999.

② 鲍同梅. 教育学方法论的内涵及其研究视角[J]. 华东师范大学学报：教育科学版，2008,26(1):27-32.

③ 蒋凯. 涵养科学精神——教育研究方法论的省思[J]. 北京大学学报：哲学社会科学版，2004,41(1):63-70.

④ 扈中平. 教育研究必须坚持科学人文主义的方法论[J]. 教育研究，2003，278(3)：14-17.

⑤ 郭元祥. 论教育研究的历史意识与逻辑意识[J]. 华东师范大学学报：教育科学版，2000,(1):29-37.

究选题”、“研究资料”中的“传统”观念，分析了“研究主体”、“研究客体”、“研究问题”中的“错位”现象，评论了“研究结论”、“研究成果”、“研究评价”中的“不实”风气。[①]

王洪才则认为，方法论问题始终是影响教育学进展的根本问题，方法论不仅是教育研究方法科学性的揭示，更是教育研究进展的导引。教育研究方法论是在对教育研究实践的系统反思中形成的，而不是一种先验规定。人们总是根据教育研究的对象、过程、价值导向和目标等一系列的要求来抉择具体研究方法，从而形成教育研究的方法论特征。正是在方法论而非某种操作性方法的意义上，他提出了“人种学:教育研究的一种根本方法”的观点，认为，人种学作为质性研究方法的源头，在 20 世纪 80 年代后期开始进入我国教育研究界，但一直遭到质疑，然而它在西方却被视为教育研究的最好的甚至是唯一的方法;通过对人种学方法特质及其对教育研究影响的考察可以发现，美国著名哲学家杜威所主张的教育研究方法，已经契合人种学方法要旨。由此他得出结论:人种学虽非教育的唯一方法，但却是教育研究的一种根本方法——所谓教育研究的根本方法，是指在教育科学发展中居于基础性地位的研究方法，即要达到对教育现象的彻底认识舍此并无其他途径，换言之，所有其他研究方法都是建立在该方法的基础上的。[②]

2. 教育人学研究

这里选取的第二个方面是教育的人学研究。自 20 世纪 80 年代以来，鲁洁在这方面进行了长期的思索与持续探究。80 年代初，她从教育在人的发展中的作用入手，论证了“人创造自己”这个经典命题。90 年代初，她提出，教育是指向未来的，从这个意义上说，教育的任何组成部分都具有超越现实的本性，而道德教育的本质是一种独特的超越。相当长的一段时间内，人们对实践进行了误读，只将阶

① 喻立森. 教育科学研究通论[M]. 福州：福建教育出版社，2001.

② 王洪才. 论教育研究的方法论特征[J]. 厦门大学学报：哲学社会科学版，2007，179(1)：114-121；人种学：教育研究的一种根本方法[J]. 新华文摘，2008，411(15)：122-125. 另，关于社会科学研究中质的研究方法，可见陈向明. 质的研究方法与社会科学研究[M]. 北京：教育科学出版社，2000.

级斗争、生产斗争、科学实验归之于实践活动，而排除了其他实践类型与形式，排除了人之自身的、主观世界的改造这样一种重要的实践形式。相应地，我国教育理论界也在相当长时期中未能将教育这种发展和改造人的活动作为一种独立的实践活动来认识，从而也难以对教育的本质作出正确的马克思主义阐发，并据此建构教育学的理论体系，对于教育的价值和地位也不能作出充分的论证。针对这种状况，鲁洁在90年代末提出了“教育：人之自我建构的实践活动”观点，回答了“为什么在改造客观世界的实践之外还存在着改造人自身主观世界的实践”这一问题，探寻了“主观世界改造”这一人之发展的实践活动的过程与机理，论证了“人的两种发展状态”——自然、自发状态下的发展与通过人的主观世界改造这种有目的的实践活动所实现的发展——作为教育的根据这一命题。[①]

进而，鲁洁明确提出了教育学的一种人性假设：实然与应然两重性。她说，承认人是一种实然的存在，也即承认人是现实的、可感知的对象，他不是虚幻的、超验的，一切对人的认识都必须从这里出发，但是，对人性的把握又不能到此止步，还必须承认，作为人，他总是要不断地从这种可感知的现实中“腾飞”，超越种种给定性，实现自己所追寻的自我发展和自我确证。人总是存在于这种实然与应然的否定性的动态过程之中。从这里，才能窥见人之为人的根本。在此基础上，她阐述了人性两重性与人的发展的关系；论证了两重性人性假设的教育学意义：第一，确认教育的对象是能动的、主体性的存在，第二，教育的本质属性在于引导完备的人性的建构与发展，教育意义上人的“发展”之明辨，教育学的性质、教育研究方法的勘定。同时她也指出，当今的时代状况，“失掉了一半的人性，失掉了一半的教育”。[②]

鲁洁教育人学研究的一个根本问题是教育与人的发展。她认为，教育的根本功能在于促进人的发展，为此，将人的转型作为在整

① 鲁洁.人自己创造自己——试析人的发展与教育[J].南京师范大学学报：社会科学版，1982(1)：19-23；道德教育：一种超越[J].中国教育学刊，1994(6)：2-8；教育：人之自我建构的实践活动[J].教育研究，1998(9)：13-18.

② 鲁洁.实然与应然两重性：教育学的一种人性假设[J].华东师范大学学报：教育科学版，1998(4)：1-8.

个新世纪中思考和实践的主题，这正是教育的自觉意识表现。为此，她在世纪之交提出了培养“走向世界历史的人”的命题，论证了人之转型的历史依据，重新厘定了“人”的观念。她提出，我们的教育在当今世界历史的进程中，要以一种世界性、世纪性的眼光，着力培养一代能够走进世界历史并推动世界历史发展的主体，通过他们的主体性实践去获取人的完全解放！并以此建议人们再一次重温马克思在一百多年前的教导：“每个单个人的解放的程度是与历史完全转变为世界历史程度一致的”，只有在普遍交往和全球化的格局下，“单个人才能摆脱种种民族局限和地域局限而同整个世界的生产（也同精神的生产）发生实际联系，才能获得利用全球这种全面的生产（人们的创造）的能力”。[①]

新世纪之初，鲁洁继续循着人学的理脉对教育进行了思索与探究。她发现，物质和精神严重失衡的20世纪，教育的基本特征是功利主义，其目的是唯经济功利，其手段是唯工具理性。而在功利主义教育的框架中，德育没有存身之地。道德教育的根基在本真教育中。本真教育是既授人以生存的手段和技能，又导人以存在意义和价值；既使人懂得何以为生，又使人懂得为何而生，拥有人所特有的意义世界。为此，她阐明了教育、道德教育在建构人的意义世界中的重要作用，指出了当代教育向本真回归的走向，论证了作为道德教育基础的“人对人的理解”这一命题。她论证道，任何道德教育都必以某种人学观为其依据。人就其本质而言是一种关系性的存在，在历史发展进程中，这种关系性存在曾经呈现为各种不同的现实的形态，相应地也有过不同的人学理念。道德教育的理论与实践也由此而发生嬗变：在人类发展的早期，人与人的关系表现为一种整体性存在，人对人依赖关系的肯定与认同是当时人学观的核心，与之相对应的道德教育所要维护的是没有个人独立性的整体性——当今的中国道德教

① 鲁洁.走向世界历史的人——论人的转型与教育[J].教育研究,1999(11):3-11.

育尚未完全走出整体主义的范式；随着现代化的推进，以物的依赖性为基础的人的独立性开始确定，单子式个体是与之相对应的人学观，在道德、道德教育领域内的相对主义和私人化是其表现特征；进入当代以后，人与人之间的相互关联日益密切，共生性存在开始凸显于人学理念之中，当代哲学、伦理学和心理学都从不同方面对共生性存在作出了阐发与证明。面对人的生存方式和生存理念的转变，道德教育要在一系列根本性问题上迎接新的挑战。[①]

沿着教育人学的道路继续探寻，鲁洁在新近分析了现代教育病综合征，提出了(道德)教育的根本指向。就前者而言，她批判了"塑造知识人"这个根深蒂固的教育信条，诊断了"边缘化、外在化、知识化"这种道德教育的现代综合征，并剖析了病态适应的教育。她基于教育人学的思想这样阐述道，超越性是人的本性，是人所特有的存在方式。人不仅具有把握"在场"生活的能力，还可能对"尚未到场"的生活作出反应。突破现存生活的规定性，作出超乎现实的追求，正是人的特性。而教育所期待的超越性的存在是：把超越和创造作为生活取向、能对现存生活进行批判和反思并具有自我超越意识和能力的人。由此她指出，当今的教育是一种病态性适应的教育，它背离了超越性的期待，把学生紧紧捆绑在应试等不合理教育体制之中。面对这种病态的教育，她呼吁，我们每个当事者都不能违避道德上的拷问。就后者而言，她提出，人的"神化"和"物化"曾是道德教育的指向。教育要使人成为人，是人性的觉醒和教育的回归。实践性是人的本质规定性，具有实践本性的人之生成是道德教育的指向。"做"才能成人，人要"成为人"，必须学习"做人"，必须讲究"做人之道"。生活论意义中的"成人之道"，是使道德从远离人的存在和生活世界的抽象理性的规范体系重新回归为人类生存的自觉意识，它所关注的是怎样使人活得更像一个人，它所确立的是人的生活原则和根本

① 鲁洁.教育的返本归真——德育之根基所在[J].华东师范大学学报：教育科学版，2001,19(4)：1-6；人对人的理解：道德教育的基础[J].教育研究，2000(7)：3-10；关系中的人：当代道德教育的一种人学探寻[J].教育研究，2002,264(1)：3-9.

方向。走上道德所铺设的成人之道,偶然的人才可能转化为必然的人。[①]

事实上,基于"人即超越性的存在"这一思想而剖析"病态适应的教育",这本身也是鲁洁对教育人学探寻的一种持续的努力,也可以说是一种回归性的超越,回归就是她不断地回到人性本真的追问,超越就是在这个追问的基础上求索教育的真谛。十多年前,她就在影响广泛的《论教育之适应与超越》一文中,本着深化对马克思主义哲学本义的探究和重新认识的精神,针对"教育要与社会的经济、政治、文化等相适应,培养出适应社会需要的人"这一长期以来在教育学上被公认为符合马克思主义的正确"命题",并被论证为决定教育其他具体规律的一条基本"规律",也被看成是人们从事教育工作的一个根本"出发点"提出了质疑。在该文中她提出,从实践唯物主义基本观点出发,教育作为一种培养人的活动,必然具有超越的特征;其超越的核心就是,要培养出能改造现存世界的人,也即具有实践意识和实践能力,能超越现实世界、现实社会的人。赋予人以人所独具的实践本质,这是教育的基本功能。在提出这种观点的同时,她清醒而又期待地说:"当然,要使我国的教育学在教育哲学观上从适应论到超越论的根本转变,并由此出发建构从教育目的、过程、课程,到方法的系统论体系,并为教育学的一些分支学科,如德育论、教学论建构学科的理论框架,则还有待作出大量的理论研究和实践探索。"[②]也许,这正是她本人(以及其他不少学者)对教育的超越性、适应性问题进行不断探索、不断超越的动力所在。

此外,另有学者认为,人学不应被理解为哲学的一种形态或一个分支,而应被理解为以一种自觉的方式表达人文世界观的方法论和信念。在此基础上,从两个方面去透视与把握教育人学世界观的树立:其一为人的存在与教育,其二为教育与人的生成。进而,从教育

① 鲁洁.一个值得反思的教育信条:塑造知识人[J].教育研究,2004,293(6):3-7;边缘化 外在化 知识化——道德教育的现代综合症教育研究[J],2005,311(12):11-14;超越性的存在——兼析病态适应的教育[J].华东师范大学学报:教育科学版,2007,25(4):6-11;做成一个人——道德教育的根本指向[J].教育研究,2007,334(11):11-15.

② 鲁洁.论教育之适应与超越[J].教育研究,1996(2):3-6.

人学世界观的角度反观和探讨了“教师”这一职业的特殊性及其要求。[①]

3. **教育行动研究**

在新一轮基础教育课程改革的背景下，教育行动研究得以倡导。这里将之选取为第三个方面。刘良华将教育行动研究的关键特征概括为“参与”、“改进”、“系统”和“公开”：[②]（1）“参与”即教师参与行动研究，亦即“教师成为研究者”。“参与”作为行动研究的一个关键词，它除了蕴涵着给教师及其教学实践“赋权”、“教师即研究者”之外，还内在地喻示着一个重要特性，即“合作”。其实“合作”可以被理解为“参与”的一个内在特性，“合作性参与者”即参与行动研究的教师由个人化的、孤岛式的研究走向群体合作性研究。（2）“改进”首先是改进学校的课程与教学实践，但它更意味着“改变”教师对实践的“理解”，包括改变教师的“内隐理论”或“个人理论”（缄默知识），使教师专业生活方式发生变化。“改进”也指变革实践所处的“社会情境”，使行动者（教师）对教育现象背后的意识形态所起的作用有所敏感和觉醒，使教师从“独善其身”走向制度关怀和制度批判的“兼济天下”。（3）“系统”作为行动研究的一个关键特征是在反对实证主义的严格控制的同时对“科学方法”的保留，实际上就是强调行动研究必须使用必要的科学方法而不使自己沦落为“随意性的问题解决”，不至于失去作为“研究”的资格。（4）“公开”一是指发表自己的研究过程和研究成果，使自己的研究成为公开的探究而不是私下琢磨，二是与其他教师或研究者合作，而不是个人化操作。基于对上述四个关键性特征的分析，刘良华将“教育行动研究”定义为：教育行动研究就是教育实践者（主要是教师群体）系统而公开地解决教育实践问题。[③]

在教育行动研究方面，效果颇佳的案例当推上海的“大学—小学教师合作研究”（即 U—S 联合）。以陈桂生为首的研究者同两所学

① 扈中平，蔡春. 教育人学论纲[J]. 华东师范大学学报，教育科学版，2003，21(3)：1-9.

② 刘良华. 校本行动研究[M]. 成都：四川教育出版社，2002：147-163.

③ 刘良华. 校本行动研究[M]. 成都：四川教育出版社，2002：162.

校的教师建立“教育研究自愿者组合”,进行合作研究,通过几项课题研究,谋求教育行为的改善,并在这个过程中探索适合中国国情与实验学校情境的“教育行动研究”之道。

这种合作研究的基本理念是:(1)到中小学去研究教育。(2)从活生生的实践中汲取教育的诗情;从学校特定环境、具体条件、实际经验与教育取向中发掘出值得研究的课题,旨在谋求教育行动的改善;从日常教育事件与偶然现象中捕捉教育学生的契机,并采取相应的行动;从教师自觉或不自觉的教育行为中发现教育实践的灵感与智慧,加以生发。(3)以(中小学)教师为合作研究的主体,(大学教师)作为小学教师的合作者,“以小学教师为师”。(4)教育行动改善的过程与教师对教育行动反思的过程交错。(5)课题设计与操作程序力求简便,教育行动过程及结果的表述力求符合事实。(6)研究组合,自愿参加。[①]

① 陈桂生.到中小学去研究教育——“教育行动研究”的尝试[M].上海:华东师范大学出版社,2000:297-298.

从1997年开始,陈桂生等分别同上海市打虎山路第一小学和无锡市扬名中心小学一批教师,建立“教育研究自愿者组合”,共同进行了几项课题研究的尝试,如在上海市打虎山路第一小学所做的“超越规范的学校管理”、“学会关心学生”、“班级小主人行动”,在无锡市扬名中心小学所做的“学会关心”、“教育性评语”,等等。

总体上看,这种“大学—小学教师合作”进行的课题研究采取以小学教师为主体、以小学为基地的方式进行。“这些大都是自选课题,或从学校及教师原有实践经验中,提炼出带有普遍意义的有价值的主题进行探讨,寻求可行的途径,力求获得较为可靠的研究成果,或以教师原有经验为基础,形成理论假设,通过试验,加以检验。”[②]具体而言,这种方式的主要特点是:“问题的提出、分析和解决方案,是在大家充分抒发各自的意见和证据,在平等的对话和相互讨论的基础上进行的,定期召开‘讨论会’是我们合作研究中的重要组成部

② 陈桂生.到中小学去研究教育——“教育行动研究”的尝试[M].上海:华东师范大学出版社,2000:27.

分。作为来自大学的‘研究伙伴’，我们在研究过程中的主要工作是，聆听小学教师们叙述他们在教育实践中的作为，对教育的理解、遇到的问题、对问题的分析以及他们想尝试的方案，提供一些我们所了解的信息，和他们一起分析问题，讨论方案，并在整个研究过程中循环进行这些工作。我们试图建立一种实质性的合作，这种合作的基础是给小学教师以充分的尊重：尊重他们的经验、见识、才智，体察他们所处的情境。”[①]

4. **教育叙事研究**

在教育研究领域，丁钢主编的《中国教育：研究与评论》集刊（教育科学出版社出版）自创办以来，即把教育叙事研究作为其学术特色之一。多年来，集刊注重叙事理论和本土教育实践相结合，在教育叙事研究方面起到了先导和推动作用，并陆续推出了立足本土知识创新的一批教育叙事研究的力作，在我国教育研究领域产生了广泛的影响。[②]这里把它选取为第四个方面。

近年来，丁钢对教育叙事研究进行了深入探索，并陆续发表了相关研究成果。首先，他论述了叙事研究的要点及意义：[③]

他认为，教育经验的复杂性、丰富性与多样性决定了任何一种预先设定的理论框架都会陷入叙述紧张。以叙事的方式回归教育时空中各种具体的人物、机构及事件，叙事本身所揭示的各种教育存在方式或行为关系，以及当事人在此行为关系中的处境与感受，便成了教育学文本所要表达的“意义”。由此，教育经验的叙事探究便不仅仅成为经验的呈现方法，也成为教育意义的承载体，更构成了一种开放性意义诠释的理论方式。他指出，叙事研究对于经验呈现的一些基本要点，一是亲身经历的经验的重要性即真实性，二是对纵横向经纬的把握即历史性，三是作为一个理论工作者对于现代人文学科研究方法的精通即理论性。至于在叙述形式上，并没有固定的样式，例

① 陈桂生. 到中小学去研究教育——“教育行动研究”的尝试[M]. 上海：华东师范大学出版社，2000：50.

② 丁钢. 教育研究的叙事转向[J]. 现代大学教育，2008(1)：16.

③ 丁钢. 教育经验的理论方式[J]. 教育研究，2003，227(2)：22-27.

如许美德关于中国知名教育家的故事、耿涓涓关于一个初中女教师的叙事探究、黄向阳关于一个小学校长的笔记和刘云杉关于一个私塾教师的生活史等研究,或以时间顺序,或以学校内外,或以问题方式,教育经验与历史事实都以多元而生动的叙事样式呈现出来。他指出这点,是为了说明经验的呈现不等于叙事研究,尽管叙事本身是经验呈现的最佳方式,叙事研究对于经验的表述却是别具匠心的。

丁钢强调,提倡叙事研究无意将叙事列为唯一合法的理论方式,也无意让它取代各种预先设定的用以"谈论"教育的宏大理论框架。实际上,只要整体性的教育革新行动仍是左右教育日常生活的核心力量,宏大叙述就依旧会是把握教育经验的一种理论方式。只是,在整体革新计划的落实过程中,其可能引起的行为关系却远非如知识指南般即宏大叙述所想象的那样清晰单纯。当然,强调叙事研究也绝不是因为对宏大叙述失去信心而试图获得一种理论上的背道而驰。毋宁说,教育经验叙事作为另一种理论方式是为了寻求包括宏大叙述在内的现实(历史)教育时空中到底发生了什么,教师、学生以及其他人群是如何执行、理解各自所扮演的角色的,进而又编织了一张什么样的教育"意义之网"。这些活生生的经验本身是叙事始终关注的问题。从这一意义来看,所谓叙事研究其实就是要回归各种各样的教育经验,或者说教育研究的活水源头,从而将教育研究工作落实为如福柯所说的"耐心的田野劳作",并使研究者、事件当事人以及读者在日常生活的叙事探究中理解教育经验的丰富意义。由此,使教育研究与教育实践息息相通,切实地推进教育理论研究和实践的创新。

其次,他阐明了教育与日常实践的关系。他认为,理论的生产与使用实际上是两种生产之间的关系。理论的分配与流通,在教育研究者看来是社会和教育发展的关键;对于使用者来说,却意味着两种生产的相似或差异。需要揭示那些在教师群体或个人中分散的、策略性的以及权宜性的创造力所采取的潜在形式，即在日常教育实践中的运作方式，描述其潜在的变化因素。把日常教育实践作为教育理论研究的出发点，着力关注教育实践者对教育的主动参与，并使日常教育实践成为教育教学变革的沃土。[①] 例如，他特别关注教师在日常教学生活中的专业态度及其表现，从教师的专业素养、自我反思的专业精神和专业发展与团队合作等三个方面，认为在学校教育中，教师教学创新的原动力来自教师自身专业发展的内在需求。而研究教学最好的方式莫过于研究教师和学生自身教与学的现状和经验，从而寻找教师在日常教学实践中的专业发展路向。他强调，教师在学科教学中的教学效能关注、在教学过程中的自我反思以及教师之间专业团队合作是教师专业发展的三个重要途径。[②]

再次，他厘定了教育叙事研究及其方法论的理论基础。他认为，迄今为止，关于教育叙事的理论阐述一直处于模糊不清的状态。为此，他从人文与科学的思维方式、序列与位置的时空关系、诠释与解释的不同取向、主观与客观等四个方面，对教育叙事研究本身的基本理论进行探究，力求为教育叙事研究及其方法论厘定其理论基础。[③]

最后，他提出了教育研究的叙事转向。他指出，与国内外人文社会学科的反思观点相一致，复杂多变的中国教育状况同样要求研究者调整自己的视野，也就是将研究对象真正转向中国教育空间内的各种人物、机构与事件上，实验现实主义的教育叙事。由此必然还要涉及叙述风格的转换，这一转换意在克服运用理论语言进行教育学写作的局限，为普通教师、学生以及其他读者提供一种能让他们参与进来的生活语言风格的研究文本。[④]

① 丁钢.教育与日常实践[J].教育研究，2004,289(2):16-20.

② 丁钢.日常教学生活中的教师专业成长[J].教育科学，2006,22(6):52-55.

③ 丁钢.教育叙事的理论探究[J].高等教育研究，2008,29(1):32-37.

④ 丁钢.教育研究的叙事转向[J].现代大学教育，2008(1):10-16.

5. **教育经济学的实证研究**

以下将选取的第五个方面是教育实证研究方法及其成果。在30年来的教育研究中,整体上看似有偏重理论、思辨的方法,而有些学者一直坚持、注重实证研究,并取得了相应研究成果。

这里以北京大学开展教育经济和管理研究为例予以说明。自20世纪80年代以来,教育研究界,北京大学的教育经济和管理研究已经逐渐形成了自己的特色,这种特色的主要表现是注重研究过程和方法的规范性、系统性及科学性。他们相信,人类的社会活动是有客观规律可言的,人类有自由的意志并不意味着其活动是随机的和完全不可预测的,而是自由意愿以一种合理的方式发生作用。人类的活动可以通过对其客观规律的探索而得到解释,即使这种解释建立在概率意义上。统计学通常以单个不可预测事件作为平均意义上的规则事件。正如每个人在劳动力市场上的收入都不同,这是不确定的,但是对于一群人而言,他们的平均收入是可以预期的,每个家庭或个人都会有各种各样的教育选择行为,但是总体上他们都是在现有资源约束的情况下将自身进行教育选择的效用最大化。他们向往着探讨规律性的东西,而其研究的最终目的之一是以推广的形式发展知识体系,使得在一定时间和范围内的推广有意义。抽样调查方法为其将样本的特征推广到总体奠定了科学的基础,他们认为不能脱离随机抽样的方法却指望能令人信服地将对个别案例的研究推而广之。他们认为,教育经济学、教育管理学是政策性非常强的学科,而政策的制定绝大多数是面向一个群体的,因此必须对群体的整体情况有较好的把握。所以他们的许多研究所赖以进行的基础建立在样本的代表性上面,因为其研究目的是从样本推断总体。[①]

20世纪90年代初以来,他们先后就诸多教育经济学、教育管理学问题进了实证研究,涉及的主要问题譬如有:中国高等院校规模效

① 详见闵维方,丁小浩.重视研究过程和方法的规范化[J].北京大学教育评论,2005,1(1):35-37.

益、类型、质量，影响小学重读率、辍学率的因素，高等院校系和专业的规模效益，中国高等院校规模效益，高等教育财政危机与成本补偿，规模效益理论与高等教育结构调整，教育的个人内部收益率的计算方法，高等教育扩大招生对经济增长和增加就业的影响，中国劳动力市场中教育促进劳动生产率作用，居民家庭高等教育开支及其挤占效应，我国专科与本科毕业生在劳动力市场上的相对位置和比较优势，影响高校毕业生就业的因素，我国城镇居民个人教育投资风险，学用结合状况对毕业生起薪的影响，我国城镇居民家庭义务教育支出差异性，中国劳动力市场分割中的行业代际效应及教育的作用，规模扩大与高等教育入学机会均等化，个人教育投资风险，教育、工作自主性与工作满意度，中国高校理工类学生教育及就业状况的性别差异，等等。[①]

① 详见中国期刊全文数据库，以丁小浩、闵维方等作者为检索词进行搜索。

6. **教育社会学的质性研究**

近年来，教育社会学界在主张运用多样化的研究方式的前提下，较为集中地探索了质性研究方式在教育社会学中的运用问题，从而为质性研究方式在教育社会学中的具体运用提供了诸多不同类型的探索性例证。在这方面，南京师范大学付出了较多努力，进行了较多探索，取得诸多成果，以至于使得不少国内同行甚至将质性研究视为南京师范大学教育社会学研究的一种风格。

其教育社会学研究的主要特色是"有计划的分化研究"与"坚决的本土化研究"双管齐下。取得的突破性进展主要有：建构了教育反贫困论的社会学理论，揭示了学校日常生活"背后"的社会构成，解读了信息社会中学校教育的生存状态与改造之路，考察了中国教育改革的社会基础、社会过程及社会效果，探索了教育社会学研究中质性研究的基本方式。其坚持直面现实、立足本土的研究宗旨，关注日常、揭示背后的研究风格以及学术品位与可读性兼备的系列化研究成果,不仅在国内学术界及中小学教师中持续产生了比较广泛的影响,而且在华人教育圈以及一些欧美国家中也有积极影响。其推出的华文世界第一套教育社会学分支领域研究系列专著《教育社会学丛书》[①]及第一套现实问题研究系列专著《现代教育社会学研究丛书》[②],实现了中国内地教育社会学自1978年恢复重建以来的两次转型,即从"以学科概论性研究为主、分支领域性研究为辅"的阶段,到"学科概论性研究与分支领域性研究并重"的阶段,再到"以分支领域性研究为主、学科概论性研究为辅"的阶段。而其新近正在陆续推出的《社会学视野中的教育丛书》[③],则在实现上述两次转型之后,再在"分支领域研究"中实现从"以概论性研究为主、具体问题研究为辅"到"以具体问题研究为主、概论性研究为辅"的转变。

7. **教育研究方法的改造**

除上述几个方面以外,在教育学科群的研究中,还有一些学者对传统研究方法进行了改造的尝试,值得一提。这在教育史学、比较教育学及高等教育学研究方面表现得相对比较明显。

在教育史学研究方面,周采提出了教育史研究的"前提假设"问题。传统教育史学强调要在搜集史料上下功夫,似乎不穷尽史料就不能有发言权。对此她认为,教育史研究当然要搜集材料,然而史料无论多么丰富,它本身都不构成真正完备的教育史知识。史料并不是史学,单单史实本身不可能自发地或自动地形成教育史学,最后赋予史料以生命的或者使史料成为教育史学的,是教育史家的思想。任何一种教育史叙述或解说,都不可避免地是根据某种哲学的前提假设出发的。[④]

杜成宪审视了确定教育发展线索的"标准"及其方法问题。在总结20世纪国内关于中国教育史发展线索的研究——古代教育史有儒家教育、劳动人民教育或教育的阶级斗争的单主线说,养士教育、

① 该丛书由南京师范大学出版社1999年出版。包括四本专著:吴康宁等人的《课堂教学社会学》、吴永军的《课程社会学》、刘云杉的《学校生活社会学》及缪建东的《家庭教育社会学》。

② 该丛书由北京师范大学出版社2003—2006年出版。包括十本专著:张行涛的《必要的乌托邦:考选世界的社会学研究》、郭华的《静悄悄的革命:日常教学生活的社会建构》、张义兵的《逃出束缚:"赛博教育"的社会学解读》、马维娜的《局外生存:相遇在学校场域》、王有升的《理想的限度:学校教育的现实建构》、楚江亭的《真理的终结:科学课程的社会学释义》、齐学红的《走在回"家"的路上:学校生活中的个人知识》、周润智的《力量就是知识:教师职业文化的生产与再生产》、刘云杉的《从启蒙者到专业人:中国现代化历史进程中教师的角色演变》及马和民的《从"仁"到"人":社会化危机及其出路》。

③ 该丛书由南京师范大学出版社2006年开始出版。已出版的六本专著为:胡金平的《学术与政治之间的角色困顿:大学教师的社会学研究》、周宗伟的《高贵与卑贱的距离:学校文化的社会学研究》、杨跃的《匿名权威与文化焦虑:大众培训的社会学研究》、庄西真的《国家的限度:"制度化"学校的社会逻辑》、高水红的《公用知识空间:新课程改革行动案例研究》及闫旭蕾的《教育中的"肉"与"灵":身体社会学研究》。

④ 周采.教育史研究的前提假设及其意义[J].河北大学学报:哲学社会科学版,2008(1):18-25.

平民教育和世家学术传承的多线索说，统治阶级教育与人民性民主性教育的主次线索说；近现代教育有教育现代化单主线说，资产阶级新教育、半封建教育和半殖民地教育的多线索说，新民主主义教育和民国教育的主次线索说，资产阶级教育和新民主主义教育的主次线索说——的基础上，他特别探讨了确定教育发展主线的依据问题，指出，在相当长的时期里，确定教育发展主线多依据阶级斗争的标准，然而从历史发展的实际状况看，阶级斗争有时高涨，有时低伏，而教育并不完全随阶级斗争一同起伏，常有阶级斗争和缓的时期，教育却获得充分发展的现象发生。何况，代表着进步方面的阶级，其教育实践往往并不具备相同的特性，例如中国历史上的农民起义及其教育活动，有的并不代表教育发展的方向，甚至还常常带来文化教育事业的破坏。因此他认为，阶级斗争对教育发展的影响不是直射的，而是间接的；不宜简单依据阶级斗争标准确定教育发展的线索。确定教育发展线索的标准只能是教育实践本身；而确定诸多教育发展线索主次关系的依据，是其代表教育发展方向、反映社会需要、对社会影响的程度。[①]

于述胜则认为，过往的中国教育史研究，以“教育思想”和“教育制度”为基本范畴结构而成，它在理论上基于现代性的“理论—实践”观念，在实践上对应着中国教育的现代化建设进程，是国家规划的教育发展路径的学术性表达，并集中落实于最具“致用”价值的通史体式中；如今，随着研究重心的不断下移，传统的“思想”和“制度”概念已被逐步解构并融合于行动的世界中，主体性的发现和行动逻辑的探寻，孕育着中国教育史研究实现概念重建和理论转型的重要契机。[②]

周勇著《教育空间中的话语冲突与悲剧——中国十一世纪的经验》从知识考古学的视角出发，首先考察了中国11世纪几种著名教

① 杜成宪.20世纪关于中国教育史发展线索问题的探索[J].华东师范大学学报：教育科学版，2001，19(4)：66-72.

② 于述胜.中国教育史学科结构方式的历史探究[J].北京师范大学学报：哲学社会科学版，2008，205(1)：14-22.

育话语的构成方式及其背后隐藏的教化欲望与权力争夺，继而分析了其间转变的后果。该著关心的是历史的言及之物，努力把历史的叙述从社会结构和历程转向广义的日常生活的文化，进行一项自下而上的历史研究。它更多的在于探讨特定历史时期的日常生活和日常经验，通过微观历史和社会的说明，提供更为广阔的语境。从史学研究的方法论上看，这与以往常常基于宏大视角而进行的政治史、制度史研究迥然相异；从话语分析上看，它与西方从索绪尔的语言学出发，把语言看作是一套自足的体系，认为语言不是传达意义的工具，而意义乃是语言的一种功能的话语分析也是有区别的。[①]

在比较教育研究方面，薛理银著《当代比较教育方法论研究——作为国际教育交流论坛的比较教育》提出了自己的方法论模型——文化模式模型，摆脱了流派划分中的社会学模式的影响，提出了国际(跨文化)教育交流论坛的理论，使我国比较教育界耳目一新。[②]

在项贤明看来，沉溺于方法论的无休止争论，是长期以来限制着比较教育学理论发育的一个思维陷阱。为此，其《比较教育学的文化逻辑》一书不是从现有比较教育方法论出发，去评价这些理论，从而提出自己的方法论模型，而是从文化的宽广视野去研究不同民族国家的教育，从文化逻辑角度分析比较教育学的方法论，特别着重分析了近现代人文学术史上“东方—西方”二元对立是控制文化比较研究领域的一个基本的前置性思维逻辑。该著认为，西方中心主义、东方中心主义两者都是受殖民文化影响的，对比较教育研究起着不良的影响。因此，比较教育学者应该有清醒的自我意识，要解构西方国家的世界文化霸权体现，实现第三世界国家文化和教育的去殖化，包括比较教育学自身的去殖化。项贤明声言，他著本书的目的绝不在于提倡某种狭隘的民族主义和文化守成主义，而是希望通过对东西方教育学术内在的话语逻辑和文化权力关系的清理，来探讨为这种对

① 周勇.教育空间中的话语冲突与悲剧——中国十一世纪的经验[M].北京：教育科学出版社，2004.

② 薛理银.当代比较教育方法论研究——作为国际教育交流论坛的比较教育[M].北京：首都师范大学出版社，1993.

话建立一个更加健康的语境。[1]

另有一些学者力图从比较课程与教学论研究的方法论入手，开拓比较教育科学研究的新视域。该研究从比较教育科学研究的方法论困境出发，以“比较课程与教学论”为切入点拓展一个新的研究视域，在研究方法论层面对“课程与教学论”在中国的发轫、现状和未来走向进行了回顾与展望，试图构建一个与国际接轨的课程学术共同体，并通过课程理论研究的突破，在世界课程界形成一定影响，旨在促成中国课程学派的崛起。[2]

在高等教育研究方面，鲍嵘著《学问与治理——中国大学知识现代性状况报告(1949—1954)》[3]一书，从发生学的角度探究了中国高等教育之所以成为今天如此样式的本质原因，揭示了中国高教体制和学术国家治理的起源，指出了大一统的高教体制的种种弊端，同时也在无言中昭示着多样化的高教体制的必然趋势和灿烂前景。该著运用知识社会学、知识政治学的方法，以解放初期我国的高等教育为研究对象，探讨了学术与治理，即大学与国家之间的关系这样一个极具现代性和争议性的问题。作者指出，知识权力分配的变化才是建国初期大学改制的最为重要的成果；对建国初期大学改制的认识，需要超越诸如院系组织变动的表象，必须直接围绕知识权力分配的变化来厘定其性质。正是基于这种研究方法的出新，该著把“高深学问与国家治理”这样一个问题置于现代性的视野，分析了1949年前后中国大学课程政策与学科建制的嬗变，描画了中国大学知识与“中国”国家建构之间复杂的动态关系，揭示了包括国族比较、意识形态、政党、文化冲突、知识阶层、集体、个人等因素在内的各方面力量，如何以一种机缘巧合的方式，在20世纪50年代完成了一种社会至上主义的教学制度和学问体制的构造。其核心观点是，现代大学与现代学术最为本质的特征存在于它们作为国民规训的政治性之中；而

① 项贤明.比较教育学的文化逻辑[M].哈尔滨：黑龙江教育出版社，2000.

② 钟启泉，黄志成，赵中建.开拓比较教育科学研究的新视域——兼论比较课程与教学论研究的方法论的特征[J].比较教育研究。2005，178(3)：10-15.

③ 鲍嵘.学问与治理——中国大学知识现代性状况报告(1949—1954)[M].上海：学林出版社，2008.

何为理想国民,对这一问题的解答取决于对现代政治文明的理解与坚守,同时,它的答案又决定着作为国民规训体系的基本样式。

三、方法与方法论研究进展中的一个聚焦"点"

研究方法的多元化有诸多表现,其中有一个焦点。这个焦点,从形式上看是研究方法的多元与分歧,实际上是学科性质(学科视角、学科立场、学科独立性)之争。关于此点,连同第八章探讨的教育学现代化,尤其是教育学的"分化"问题,将在第三部分第十章得到进一步的分析与评论。

1995年《华东师范大学学报》(教育科学版,1995年第4期)发表了布雷岑卡(W. Brezinka)的"特约稿"《教育学知识的哲学——分析、批判、建议》。这对我国教育研究产生了一定影响,它是一种"方案":建议教育学化为教育科学、教育哲学和实践教育学。教育科学的任务是揭示教育规律;教育哲学侧重于建立价值与规范;实践教育学则在于为教育活动提供实践的建议或指示。[①]

陈桂生有感于(西方)教育理论二分法(教学艺术与教育科学、实践教育学与理论教育学)的缺陷及布雷岑卡三分法的"仍不完善",提出了教育理论的四分法:教育科学、教育技术理论、教育价值理论、教育规范理论,其依据便是研究方法论的不同,即对事实的事实研究、对事实的价值研究、对价值的事实研究、对价值的价值研究。而各种教育理论的研究对象、命题类型、成果形式及其相互关系极为复杂。[②]

另有学者提出,教育学研究包括教育事实研究、教育取向研究及教育工程研究三种基本类型。由于这三种研究都有其自身的研究目的,并因此对教育实践具有特定的服务功能,故而对于指导教育实践

① 瞿葆奎.中国教育学百年(下)[J].教育研究,1999(2):26.

② 陈桂生.略论教育学"研究方法意识朦胧"现象[J].教育研究与实验,1994(2):1-6;"四分法":教育理论成分解析的新尝试[J].教育研究与实验,1995(2):1-4.

来说都是不可或缺的。但另一方面，由于教育是一种方向性与预期性色彩很浓的实践活动，教育事实研究说到底只能为提出、支持或批判特定教育取向提供事实依据，教育工程研究也必须在一定的教育取向率引下进行，因而，关于教育的应循方向及应达目标的研究，亦即以阐明教育的"应然"状态为旨归的教育取向研究，在整个教育研究的结构中也就不能不占据一种"魂灵"的地位。

面对其他学科及其方法的引入，不少教育学研究者坚持教育学的综合与统摄立场，认为其他学科的方法不是或者不能代替教育学的立场与视角。譬如，前文已述，有学者认为，教育学"分化"出的各分支学科之"和"并不等于整体的教育学，也就是说，分化出的任何一门分支学科各自接触教育活动的某一方面，从某一方面揭示教育的本质属性，这些方面的认识不能通过简单相加形成关于教育学的整体认识；相反，对这些认识进行必要的抽象，再概括出具有普遍意义的原理，有关教育的整体认识才可能形成。而这种使命舍教育学其谁?![①]

这种主张鼓舞了不少教育学研究者，有论者这样说道："总之，尽管有关教育的研究可以有多个学科的立场，但其他学科从其自身的视角对教育进行的研究，并不能代替教育学自身的探索。而学科不仅仅是某类知识的汇编，而且暗含着思考问题和看待世界的独特方式与视角。因此，我们需要对各门学科的性质定位、学科知识暗含的思维方式、研究视角、前提假设以及学科涉及的问题领域、核心概念等进行比较分析，并从中辨析出教育学的基本立场。"[②]

还有学者强烈主张教育学是一门与其他学科不同的"爱智之学"，也就是说，教育学关注的是教师和学生这一特定群体的生命状态，关注的是师生在教育生活中显现的教育智慧，即如何促使他人和自我生命成长和发展的智慧；教育智慧就是关于"教育的智慧"的智

① 瞿葆奎.中国教育学百年(下)[J].教育研究,1999(2):29.

② 鲍同梅.教育学方法论的内涵及其研究视角[J].华东师范大学学报:教育科学版,2008,26(1):30.

慧。[1]与此类似,也有学者在深知"教育领域无法拒绝不同学科对其进行探讨、研究"的前提下,为突出教育学的"独立性",只得硬性主张区分研究教育现象的两种意向:其他学科研究者为解决教育领域中的相关问题而对教育现象进行研究、探讨的"教育的立场";教育专业研究者力图通过研究,提高教育学理论水平,建立、完善教育学的学科体系,并运用教育学理论指导教育实践的"教育学的学科立场"。[2]

丁钢提出,教育学是研究和实践如何培养人的学科,教育学要想履行教育学科本身的理论和实践使命,就必须跨越学科之间的疆界,同时需要建立教育学的立场。教育学自身理论领域的界限来自其所要研究和培养的对象,集中体现了个人与公共之间的关系。教育学要把不同的学习个体的发展作为首要研究任务。教育学研究建立在每个个体发展的基础之上,存在于对社会与文化情境的理解之中;理论概念与经验研究相结合是教育学研究范式的内在机制;教育作为实践精神是理想和现实的统一体。由此,教育学成为一种把握世界的特殊方式。[3]

项贤明认为,在教育学的发展过程中,存在着一个"整体—部分—整体"的否定之否定的辩证历程,教育学在发展的每一个环节都会面临一些特殊的矛盾甚至危机,但这也是其前进的动力;教育学目前面临危机的根本原因在于其对现实教育问题的解释能力的弱化。为此他主张,要摆脱危机,教育学必须从整个教育学科体系的整体出发,思考并实践自身的重建,走向总领整个教育学科群的在总体上全面研究人的成长发展及其一般规律的"成人"之学。他论述道:首先,教育学要成为一个统领教育学科群的学科,必须以全部教育现象为研究对象,教育学不应有广义狭义之分,它应当在一般的层次上全面研究教育这种社会现象,因此,现存的教育学理论体系需要进行彻底的改造;其次,作为一门从根本上总体研究教育现象的学科,它必须

① 李政涛.论教育学的智慧[J].教育理论与实践,2006,26(3):1-5.

② 余维武."教育的立场"与"教育学的学科立场"——论研究教育现象的两种意向[J].教育理论与实践,2006,26(10):1-4.

③ 丁钢.教育学学科问题的可能性解释[J].教育研究,2008,337(2):3-6.

通过分析研究，能够从根本上揭示现实教育问题的深层原因，只有这种对现实的解释力的增强，才是教育学摆脱危机的根本出路；再次，教育学必须突破具体的知性框架而在抽象具体层次从总体上全面研究人的成长发展及其一般规律，它应当成为一门研究人之何以成为人的“成人”之学，因为目前还没有哪一门学科能够承担这一任务。基于以上三个基本认识，项贤明提出，首先应当从一个完整的“教育”概念出发，以“教学”、“教养”、“训练”等表述不同教育现象的概念之间的层次关系为线索，根据各种基本概念的结构、类别及其相互之间的逻辑联系，修订和重建教育学的范畴体系。他强调，对一门独立的学科来说，拥有自己的基本概念和话语体系，特别是核心的范畴体系，是一个重要的基本要素。①

金生鈜则提出“无立场的教育学”命题。他认为，教育学思想的对象是教育的价值追求和选择的目的、原因，以及我们基于怎样的立场和价值作出真正合目的的价值选择的问题。教育学要为现实的教育选择提供关于更好教育的导向，就需要高于任何一种价值观的教育思想。基于特殊立场的任何对教育需要的判断或选择都是在部分的利益立场选择教育的。教育选择的思想性判断必须超越这样的利益立场，这就是无立场的教育学，即对教育和生活等各方面的共同问题和公共意义进行理解，超越简单或片面立场。教育学必须站在社会整体性的公共福祉的立场上把握教育需要解决的问题，提出教育的规范性反思。无立场的教育思维在“天下”和“永恒”的背景下，试图解释文化和生活需要解决的涉及人间、人事和人心的教育问题。②

与那些比较强烈地力主“学科独立”或“学科立场”（甚至是“学派”）的情结不同，阎光才认为，教育学永远无法割断与其他人文社会科学间的内在逻辑联系，教育学作为一个学科的独特性在于它的实践取向，而实践取向既是制约教育学学术话语建构的有利条件，又是

① 项贤明. 教育学的学科反思与重建[J]. 教育研究，2003，285(10)：14-18.

② 金生鈜. 无立场的教育学思维——关怀人间、人事、人心[J]. 华东师范大学学报：教育科学版，2006，24(3)：1-10.

促成教育学的发展和繁荣并保持自身相对独立性的基础。在整个人文社会科学日益走向开放的环境中,教育学要实现自我超越,走向开放也是它唯一的抉择。①

正是看到“揭示教育规律,指导教育实践”这一自封的“教育学研究的基本任务”的不可能实现,甚至根本不存在这样的规律,也正是感受到教育学的研究面对一种“追求确定性的危机”,劳凯声提出,从20世纪80年代以来教育研究有一个很大的变化,即教育研究的“问题转向”:不同学科都开始介入教育领域里来研究教育问题,形成了一系列交叉研究的领域,而这起源于两个基本问题:教育与社会发展的关系、教育与个人发展的关系,全部的教育研究问题就是从这两个问题生发出来的;由此,教育学(教育研究)成了一个开放的、多学科的研究领域,教育学注定会成为一个边界不断扩大的专门化的多学科研究领域;于是,教育研究可以“法无定法”(方法为我所用)、“道有常道”(关注人的问题)。②

董标则认为,教育与人的发展关系和教育与社会发展的关系,是教育基本理论建设的两条道路,在这两条道路上,教育理论的发展有若干困境。因此,他提出了探索教育基本理论的第三条道路,即“教育的文化研究”。以此为前提,他讨论了文化研究的若干资源对教育的文化研究的意义,结论是,教育基本理论的第三条道路虽然也有不少困难,但很有意义。③

教育学是一个研究领域。这也得到了一些怀揣教育学“帝国”梦的研究者的接受。譬如,有学者虽口头上没有放弃教育学的“帝国”梦,但事实上已主张教育学成为一个多学科交流的领域。学者指出,在教育学史上,人们为了使教育学变成一门标准科学进行了不懈的努力,但无论是采用实证化路线还是定量化方法,或是采取价值中立态度,都没有取得明显的成功——无论是试图远离哲学,有心冀望建

① 阎光才.开放中的人文社会科学与教育学[J].教育研究,2004,291(4):28-32.

② 劳凯声.中国教育学研究的问题转向——20世纪80年代以来教育学发展的新生长点[J].教育研究,2004,291(4):17-21.

③ 董标.教育的文化研究——探索教育基本理论的第三条道路[J].华东师范大学学报:教育科学版,2002,20(3):15-26.

基于心理学，还是企图表达以量化的语言，抑或仰仗完全依靠实验的方法，教育学在追求科学地位的所有努力中，“形成一个严密的概念体系和一种精湛的操作技术”这两大抱负始终均成了难以实现的两大难题。我国教育学者也曾制定了“三独立”标准，但这些标准也被实践所否证了。在多学科方法渗透到教育领域的过程中，教育学产生了一种变为多学科的“殖民地”的危机感。经过反思后教育学认识到，多学科加入正是其发展的优势所在。于是教育学开始从“殖民地”向“帝国”的转变。在这一转变中，教育学需要努力突破传统的学科局限，变成一个多学科交流的领域，从而成为一门海纳百川的智慧学问。①

教育学成为一个多学科交流的领域以及教育学研究的“问题转向”之后，对于研究问题的选择自然尤为关键。有学者探讨了“真”问题的判断标准。学者提出，教育研究者所确定的“研究问题”，可从教育理论发展或教育实践改善是否迫切需要及研究者本人有无研究的欲望和热情这两个维度大致区分为“异己的问题”、“私己的问题”、“炮制的问题”及“联通的问题”四种类型。一个真正“好的”研究问题，无论对教育理论发展或教育实践改善来说，还是对研究者自身发展来说，都应当是“真”问题。任何真正“好的”教育研究，都必须既是教育理论发展或教育实践改善之过程的“真实的”组成部分，也是研究者自身生命运动的“真实的”组成部分。②

① 王洪才．教育学：学科还是领域[J]．厦门大学学报：哲学社会科学版，2006，173(1)：72-78.

② 吴康宁．教育研究应研究什么样的“问题”——兼谈“真”问题的判断标准[J]．教育研究，2002，274(11)：8-11.

第三部分　教育学术发展历史经验与未来展望

本部分的任务是，回顾30年来教育学科学术发展和学术研究中具有规律性的东西，总结基本经验与教训，揭示普遍存在的问题与不足，并展望未来方向，提示可能开拓的新领域和可能面临的新问题，描绘学术研究的未来方向与前景。

通过第一部分"30年教育学术发展概况"以及第二部分对八个重大问题及相关成果的列举与分析，30年来教育学术研究的基本轮廓已大致显现，30年来教育学术发展的基本动力、教育学术研究中的经验与不足已蕴涵其中，今后的教育学术走向也与之有着紧密的联系。本章将在此基础上，进行简要的总结与展望。

一、30年教育学术发展的动力与规律

综观30年来的教育学术发展，尤其是前文所呈八大问题的研究与进展，不难发现，教育学术中的重大研究问题与研究进展大致有以下几个方面的动力。

1. 由政治导向、经济转轨、文化辐射所统

30年来的教育学术研究，很大程度上是由于社会的需要而开展的；30年来的研究热点，一定程度上是围绕社会时况而兴起的；30年来的教育学术发展，很大程度上也是由于社会的进步而推动的。一句话，似乎可以这样说，30年来教育学术的发展是由政治导向、经济

转轨、文化辐射所统领的。下面着重从事实分析的角度揭明这一命题和判断。其中存在的问题及价值判断,将在本章第二节进行分析。

首先,在我国,教育学术研究受政治导向统领的特点十分突出。本书开篇即明言:"中国教育学术研究,沐浴改革开放的春风,虽或有原地彷徨,但更多顺水推舟、乘风破浪",用意之一即在于此。正如第八章中叶澜的分析所表明,政治意识形态与学科发展的关系问题是中国教育学发展的三大"世纪问题"之一,而且是20世纪中国教育学发展所遇到的"第一大问题";这种"世纪问题"是影响教育学科发展的一些根本性问题,它们伴随着教育学科在中国的出现而出现并存在于发展的全过程,成为制约教育学术发展的重要因素,而且至今尚未彻底解决,这个问题在21世纪还会存在;政治意识形态对中国教育学发展的控制与渗透程度、影响的正负效应在不同时期也有不同。

譬如,"文化大革命"期间,因为"阶级斗争"的政治意识形态需要,"上层建筑说"教育本质观一统天下。而正是中共十一届三中全会确立的"实事求是,理论联系实际,一切从实际出发的思想路线"的政治路线,以及关于"真理标准"问题的讨论,才开启了教育本质研究与大讨论的政治禁锢与思想闸门。随后的素质教育研究,更是在政府倡导乃至由国家法律保障的前提下进行的。而素质教育的根本归宿点,则是为了整个社会的发展,以至中华民族在国际竞争中立于不败之地的政治需要。教育改革的多维审视,也多是在自上而下的政治导向和相关政策的促发下进行的。

即令教育公平问题的探讨,也是随我国政治意识形态的变化而转换的。从1978年中共十一届三中全会以来工作中心由"以阶级斗争为纲"向"以经济建设为中心"的转轨,到1992年中共十四大确立建立社会主义市场经济的经济体制改革的目标,2006年中共十六届六中全会作出构建和谐社会的决定,再到中共十七大明确提出教育公平是构建和谐社会的重要基础，可以看出政治导向上"抓经济—促发展—重均衡—求和谐"的推进路线。正是在这个过程中，教育公平逐渐成为教育改革与发展、教育学术研究的重大问题。有学者归结了2000年以来国内学者关于教育公平研究的种类和特点，大致可以分为以下几类：一是依据官方统计数据对我国教育尤其是义务教育在区域间、城乡间发展均衡状况及成因进行研究；二是根据官方统计数据和抽样调查对我国教育公平面临的问题进行研究；三是对社会公平和教育公平概念及评价指标进行了探讨。[①] 由此不难看出，教育公平在一定意义上说也是由政治导向所统领的，或者说，教育公平是决策者与研究者的一个共同追求。这样说并不排除教育公平研究对于政治决策的反作用和促进作用，唯其是另外一个问题而已——这个问题在第一章探讨教育政策、教育实践、教育理论等之间的互动时已有所涉及。

① 王善迈.教育公平的分析框架和评价指标[J].北京师范大学学报：社会科学版，2008，207(3)：93-97.

其次，由经济转轨所引发的教育学术研究，也十分常见。其中有两个典例，一个是教育功能研究，另一个是"教育产业论"。

十一届三中全会以后，国家的工作重点逐渐转移到"经济建设"上来。适应这一转变，教育如何为经济建设服务，它在社会主义建设中居何地位、起何作用，等等，引起了研究者的重视，遂使教育功能成为20多年来教育学重要课题之一，包括教育基本理论、高等教育、道德教育、成人教育、职业教育、学前教育在内的不同类别、不同领域的研究者，几乎都对此有所涉及。这一研究，突出表现在对教育经济功能的深入探究，并促成"教育先行"这一教育观念的确立上。至于教育负向功能的提出与研究，不仅没有否认教育功能研究受经济发展思想的引领，反而是为了纠正人们过于相信（期盼）教育的正面的经济功能而进行的纠正。

至于"教育产业论"与经济转轨之间的关系，在第一章中已有所说明。在第四章中也曾指明,由产品经济到有计划的商品经济再到社会主义市场经济的转轨,是"教育产业化"论的宏观社会背景及诱发因素。这里不妨举例进一步说明。譬如,20世纪80年代末,基于由产品经济向有计划的商品经济转轨的时代背景,鲁洁探讨了"商品经济与教育"的关系,叶澜探讨了"发展社会主义商品经济与深化高等学校教育改革的关系";中共十四大确立我国经济体制改革的目标是建立社会主义市场经济体制之后,张承先主持召开了"教育与社会主义市场经济"问题的讨论,就"正确对待市场经济与教育的关系"、"市场经济对教育的影响和冲击"、"教育如何适应市场经济"以及"市场经济体制下的教育改革"等方面进行了研讨;中共十五大确立了邓小平理论为指导思想,把中国的社会主义现代化建设全面推向21世纪之后,邓小平关于经济建设理论新的突破,活跃了教育经济学界的学术争鸣,启发了人们的理论思考,社会主义市场经济与教育改革、教育产业、教育商品、教育市场、教育经营、教育公平与效率等,遂成为教育经济学讨论的热点。①

最后,还有不少研究是由文化辐射统领的。这在道德教育、公民研究领域尤为多见。随着社会转型及经济全球化、文化全球化的影响,价值多元对传统道德教育带来了挑战,应对挑战,学人也提出了多元文化背景下道德教育的新议题和新对策。②

不仅如此,一定程度上甚至可以说,如今的全球化也包括教育全球化。正如有论者业已指出,教育全球化是发生在当今世界一个实实在在的不以个人意志为转移的客观历史进程,它与政治、经济和社会文化等社会各领域的全球化现象密切关联。经济全球化改变着国家教育体系的功能,也推动着市场经济原则在教育领域的泛滥;国际频繁的政治交往将各国制定教育政策的语境扩展到了全球,并赋予了教育以更多普世的社会功能;文化和社会生活的全球化改变了个

① 综合参见鲁洁.商品经济与教育[J].江苏高教,1989(1):15-19;叶澜.发展社会主义商品经济与深化高等学校教育改革的关系[J].教师教育研究,1989(2):13-20;张承先,等.教育与社会主义市场经济[J].中国教育学刊,1993(2):4-10;靳希斌.关于教育经济学若干热点问题的争鸣[J].教育研究,1999(6):40-44.

② 关于这方面的研究颇多,譬如,可见吴康宁.教会选择:面向21世纪的我国学校道德教育的必由之路——基于社会学的反思[J].华东师范大学学报:教育科学版,1999(3);谈松华.新时期德育的若干特征[J].中国教育学刊,2001(1);刘铁芳.自我认识的提升与个体价值精神的超越——论当代教育中的价值引导[J].高等教育研究,2006(12);檀传宝.当前公民教育应当关切的三个重要命题[J].人民教育,2007(Z3);严开宏,朱小蔓.价值多元与道德教育[J].中国德育,2007(5);冯建军.文化全球化与道德教育[J].高等教育研究,2007(5);高德胜.超越群体的自私——全球化时代道德教育的新课题[J].教育研究与实验,2008,120(1);黄向阳.传统文化走向现时代的两个认同问题研究[J].河南工业大学学报:社会科学版,2008(2);杜时忠,卢旭.转型期的教育崇拜:困惑、释疑、求解[J].探索与争鸣,2008(7).

人生长发展的环境，也改变着制度化的学校教育与非制度化的生活教育的关系。很难对复杂多维的教育全球化现象作出或好或坏的简单评价，只有通过改革和创新积极应对挑战，才能使我们的民族特色在全球化进程中得到保留和发扬。[①]面对这种情况，由文化辐射所引发的教育研究会日益增多。

2. **靠实践需要、理论自觉、双向互动所为**

如果说由政治导向、经济转轨、文化辐射等社会因素对于学术研究而言是自上而下的动力，那么，还存在着不少这样的研究，它们是靠实践需要、理论自觉以及二者之间的双向互动而为的。这类自觉、自发、自为的研究，其动力更多地具有民间或草根特征。这方面的突出事例有三。

其一是关于素质教育的研究。正如第二章“素质教育大探讨”中所阐明，与一般认为素质教育完全由决策者发动和引导的观点不同，本书认为，基于20世纪80年代中后期以来中国基础教育中存在的以应付考试为目的的教育即所谓“应试教育”的弊端，以及面向21世纪培养高素质人才的需要，那种唯书本知识中心的教育已难以适应时代发展的步伐，遭到了实践者与决策者的共同“讨伐”，同时也得到了研究者的声援。在此意义上，很难断言素质教育就是由决策者的指令而开始的；毋宁说，素质教育以及素质教育研究，是由实践需要、理论自觉以及二者的互动而形成的（当然，这其中不排除决策者这股重要的力量和因素）。素质教育以及素质教育研究，是一支“交响乐”而非独奏曲。

其二是教育实验研究。本书第五章“教育实验研究的蓬勃开展”中呈现的实验研究，十之八九是理论研究者基于对教育实践的深度关切而自觉开展的民间研究。这些研究，忧虑于教育实践中的现实问题，怀着改良教育的愿望与理想，以自身的研究和努力来改进教育

① 项贤明.教育全球化全景透视：维度、影响与张力[J].北京师范大学学报：社会科学版，2008(1).

实践,并在实验、实践中不断深化自己的研究,提升理论的水准。这些实验研究,以实际行动书写着教育理论与教育实践双向互动的事实,凸显着教育学的实践关怀品质。

其三是学术争鸣。30年来教育学术研究中的争鸣所在多有,不管其争鸣的因素有多么复杂,程度有多么激烈,方式有多么多样,这些争鸣要么是围绕重大实践问题的理论阐发,要么是对深度理论的辩论,更多的是基于对教育实践合理性与教育理论合理性的双重关怀。也正是这些争鸣,使得人们对一些重要的实践问题有了更全面的认识,对一些重大的理论问题有了更透彻的把握。

值得强调的是,对于学术研究,特别是我国的教育学而言,这种靠实践需要、理论自觉、双向互动所为的研究更值得推崇,这也是提升教育研究学术含金量的关键所在。

3. **因市场传统、平等传统、文化传统所制**

在30年来的教育学术研究中,有不少问题的兴起与纷争其实是由当下中国的国情所引起和制约的。目前的中国是个巨大的有机体,历史悠久,人口庞大,充满让人兴奋而又令人困惑的矛盾,可谓浓缩了19、20和21三个世纪的时代特征,凝聚了农业、工业及"后工业"三种社会的博大厚重。[①]

由此,我们目前在中国可以看到三种传统:[②]一是改革开放30年来形成的传统,虽然时间很短,但是改革开放以来形成的很多词语都已经深入人心,融入中国日常语言的一部分,基本形成一个传统。这个传统大致是以"市场"为中心延伸出来的,包括很多今天为我们熟悉的概念,例如自由和权利等。

某种意义上,正是基于这个市场传统,"教育产业化"论盛极一时,高等教育大众化理论持续受到推崇,效率优先兼顾公平的教育观念也为不少学人所坚持,儿童权利、学生自由的教育哲学研究更是方

① 周晓虹,谢曙光.发刊词[J].中国研究,2005,1(1).

② 关于"三个传统"及其特点,参见甘阳.通三统[M].北京:三联书店,2007:3-5.

兴未艾。这些研究一方面受制于这个市场传统的逻辑，另一方面也从中找到逻辑理据，各取所需地来阐发各自的理论观点。

另一个传统则是共和国开国以来，毛泽东时代所形成的传统，这个传统的主要特点是强调平等，是一个追求平等和正义的传统。而且，毛泽东时代的平等传统从20世纪90年代中期以来表现得非常强劲，已经成为当代中国人生活中一个强势传统。

正是在这个传统的制约下，教育公平得到了多维审视，几乎成了目前中国社会的共同追求；"效率优先"说、"教育产业化"说也因此遭遇强烈谴责，似有偃旗息鼓之势；教育公平、教育公正、教育正义等，成为当下的研究热点。

最后一个是中国数千年形成的文明传统，即通常所谓的中国传统或儒家文化，中国传统常常难以描述，但在中国人日常生活当中的主要表现就是注重人情和乡情。

这就难怪，身居繁华都市的大学教授与其他教育科研工作者，几无例外地对乡村文化与农村教育有着同情性的关注与"以工哺农"的强烈主张。这也不难理解，为何有那么多学者支持"儿童读经"、主张复兴"国学"和中国传统文化教育。这还可说明，为何围绕中西古今文化教育以及研究方法（论）中"中外问题"的争论长期聚讼不已。

4. 从域外理论、其他学科、学科特性所入

无论在对待西方教育理论与研究方法时持何态度，我们似乎都不得不面对这样一个现实：如今，完全撇开域外理论的教育研究恐怕并不多见；纯粹不吸收其他学科方法的教育研究恐怕寸步难行；彻底撇开域外理论、其他学科方法的教育学，其学科独特性恐怕所剩无几。

事实上，在教育学术繁荣与发展的背后与过程之中，大量借用域外理论者大有人在，充分吸收其他学科研究方法者随处可见，强烈坚持教育学科独特性者亦不乏其人。一定程度上可不可以这么说，从域外教育理论、其他学科视角以及教育学科独特性入手而进行的研究,已经成为教育学术研究中三分天下的局面——尽管不是均分。

这种判断似乎无需什么例证。第八章中关于教育学科学化、中国化、现代化的探讨,以及第九章关于研究方法的一个“聚焦点”的分析,所围绕的不外是这三方面——教育学的中外问题(由域外理论引起)、教育学的我他问题(因他学科视角导致)、教育学的自我问题(从学科特性反思)——的争论。总之,在教育学术研究与发展中,因为研究者的理论资源不同、视角有别、旨趣各异,所以切入问题的角度不同。比如关于域外理论与方法的译介、教育学基础学科及其分支学科的发展、学科立场、学科视角、学科独立性与复杂性的讨论,等等,都表明了这一点。

二、教育学术研究中的问题与不足

改革开放以来,中国教育30年的发展历程总体上可以归结为一系列教育改革与教育转型的过程;而教育学科发展及教育学术研究,则是在这一过程之中、围绕这一过程、为了这一过程而进行和展开的。在此过程之中,教育学发展始终面临或者萦绕着三大基本问题,而在这三大基本问题的处理上,还有值得深思与改进之处。

1.教育与社会同教育与人的关系问题

如今,再没有人怀疑教育学研究主要是围绕教育与社会、教育与人两大主题而生成、展开的。特别是从20世纪80年代以来,教育研究有一个很大的变化,即教育研究的“问题转向”:不同学科都开始介入教育领域里来研究教育问题,形成了一系列交叉研究的领域,而这起源于两个基本问题:教育与社会发展的关系、教育与个人发展的关系,全部的教育研究问题就是从这两个问题生发出来的。①

① 劳凯声.中国教育学研究的问题转向——20世纪80年代以来教育学发展的新生长点[J].教育研究,2004,291(4):17-21.

问题就在于，教育学术研究如何处理教育与社会同教育与人的关系。二者不可偏废。值得庆贺的是，改革开放以来，随着思想的解放和社会的进步，教育学术中重视“人”的研究日益多见。譬如，教育人学的研究、生命教育研究、“主体性教育”的实验研究、“新基础教育”“让课堂焕发生命的活力”的呼唤以及对“新人”的研究、教育公平研究、教育公正研究，都高扬着“人”的旗帜，书写着人的尊严与生命的价值，关爱着不同的“人群”尤其是弱势“人群”。

但是，相比较而言，在中国“社会本位”思想的影响下，教育学呈现更多的是基于“社会”本位的研究，得出的结论也往往是“无人”的教育学，有时甚至连“教育”本身也被遗忘或者掏空，成了“无教育”的教育学。

譬如，教育本质大讨论中，那些比较典型的教育本质说，如“上层建筑说”、“生产力说”、“双/多重因素说”、“产业说”等，多是从教育与社会角度出发而得出的结论，往往表现为一种“无人”的、“无教育”的教育本质。这样的本质说所涉及的仅是教育归属于何种社会现象的问题，并没有揭示教育的本质。又譬如“教育产业化”论，一定程度上就是把教育归置为产业，把教育算计成投入与产出，把教育者与受教育者等同于生产者与产品。

在教育学术研究中，最严重的“社会本位”莫过于政治意识形态对于教育学术研究的影响，或者毋宁说是后者对前者自觉或不自觉的依附、靠拢或比照。仅举一例似可说明这一痼疾。

譬如，针对在20世纪50年代末就提出、90年代以更强烈的方式被再次强调并成为其时研究主旋律的“建立有中国特色教育学”问题，从立新在提出建立“有中国特色的教育学”的口号不能成立，并指出它作为学科发展的方向，会起到禁锢理论工作者的头脑、违背马克思主义的教育性质、混淆问题实质等不良导向作用等弊端之后，紧接着考察了其来源,她说,"建立有中国特色的教育学"的口号,表面上的渊源十分清楚,实则是从1982年中国共产党十二大开幕词引申而来的。邓小平同志在开幕词中提出:"把马克思主义的普遍真理同我国的具体实际结合起来,走自己的道路,建设有中国特色的社会主义。"此后不久出版的《中国大百科全书·教育卷》便正式在教育界提出了相应的口号:"力求编写出具有中国特色的适应社会主义现代化建设需要的教育学论著。"由此,这一口号不胫而走,出现在诸多教育学论文及专著中。尽管没有经过正规的、充分的论证,在使用者之间也缺乏严格细致的共识,却由于使用的频繁造成了较大影响。然而,在其他科学领域,则很少见到这样移植十二大口号的做法。

进而,她分析道:其实,这一口号出现在教育界,还有着更为深刻的思想上的渊源。这一口号之所以出现在教育界并且得到颇为广泛的响应,恰恰反映出了教育学理论界的瘤疾之一,说明了我国教育学长期进步缓慢,至今明显落后于社会科学诸多领域的重要原因,这就是,缺乏科学的基本精神——独立思考、自由探讨,而将自身降低为政治路线或策略的解说者,用对于政治纲领、口号的诠释来代替独立的研究。这种现象在我国可谓由来已久。教育学常常不是在探索、寻求教育规律,而是在移植、说明甚至简单迎合各种各样的口号、策略、方针。结果,不仅学科自身的水平无法提高,而且未能高效率地为政治服务。新中国成立后教育学所走过的历史过程,这样的教训不胜枚举。

她举例并评论说,50年代末,党的八大二次会议提出社会主义建设的一整套"两条腿走路的方针",其中提到"工业和农业同时并举,中央工业和地方工业同时并举,大型企业和中小型企业同时并举"等。同年发布的《关于教育工作的指示》,便也在教育领域提出了相应的三个结合六个并举。中央提出10年、15年超英赶美的目标,教育领域便也提出三五年内扫除文盲，15年左右普及高等教育。如果说这些不切实际的想法、主张并非直接产生于教育学理论，那么，也应当承认，教育学并未能从科学的立场给予辩驳，反而给予积极宣扬、论证，使之在教育学专著中不仅登堂入室，而且得到详尽解释、多方佐证，使之更加“合理”、更具“说服力”。50年代末的冒进在教育界也导致了巨大损失，连续几年入学率的下降和学校数量的减少便是证明。当然，在整个社会处于非正常状态时，教育自然无法免遭其难。但实事求是地分析，教育学确实丧失了自己作为科学的功能，对冒进起了推波助澜的作用。十年动乱，教育事业首当其冲受尽摧残，一时间“知识越多越反动”、“读书无用”泛滥成灾。当时教育学虽已被打翻在地，但人们仍然虔诚地希望通过从政治上靠拢能够改变学科的命运。于是，不惜忽视乃至践踏早已为历史证明的教育规律，结果是为教育史上的大倒退帮了忙。所有这些，何尝不是货真价实的中国特色？可惜这些特色并未带来教育学的繁荣，相反却给我们留下了沉痛的教训。对于几十年来教育学历史的反思告诉我们，中国教育学的落后，与其说是缺乏中国特色，毋宁说是缺乏科学态度和精神。总之，为“建设有中国特色的社会主义”服务，是教育学的责任与使命。完成这种责任和使命的根本保证在于自身科学化水平的不断提高，而不是简单地照搬、移植这一口号。[①]

之所以长篇征引此文，是为了说明，作者提出的问题至今并没有太大的改观。有学者指出，时至今日，教育学作为“次等学科”的地位仍未改变，究其原因，是否还是因为：一方面由于学科本身缺乏严谨的规范和深刻的理论；另一方面，教育学人在“独立之精神，自由之思想”方面或有欠缺，而后者或许正是教育学界应当努力改进的重点。[②]对于“政治意识形态与中国教育学发展的关系”这个20世纪中国教育学发展所遇到的第一大问题，但愿如下预计能够实现：“这个

① 丛立新.关于“建立有中国特色的教育学”口号的争议[J].中国教育学刊，1993(2)：57-61.

② 王雪峰.教育系和教育学[J].读书，2008(4)：27.

问题在21世纪还会存在,但不会再处于影响新世纪教育学发展的第一大问题这样‘显赫’的地位。因为中国正在向社会主义政治民主建设的大方向发展,它将为中国的科学与学术的发展提供更为广阔的空间。”[①]

① 叶澜.中国教育学发展世纪问题的审视[J].教育研究,2004,294(7):3-17.

2.教育理论与教育实践之间的张力与困境、联动与互构问题

教育理论与实践的关系问题是教育研究中一个老生常谈的问题,也是一个恒久的话题。30年来的教育学术研究,一定程度上较好地化解了这个问题。譬如,教育实验研究的蓬勃开展,教育理论与教育实践、教育决策、教育观念的互构,对马克思主义手电筒式的教育批判的困境的反思,等等,都是明显的表现。

但总体而言,教育学对现实解释能力和指导能力的弱化以及理论与实际之间的矛盾冲突,是教育学危机的根本原因。正如有学者在回顾教育学的历次危机以后所总结,其最根本的原因还是在发展变化了的教育现实面前,教育学对现实解释能力和指导能力的弱化。也就是说,理论与实际之间的矛盾冲突,才是危机的根本原因。就教育学解释现实进而在此基础上指导现实的能力而言,今天的教育学的确有成堆的问题没有解决。譬如:在理论上,就连“教育”这样最基本的概念,还有模糊的所谓“广义”和“狭义”之分,而对“广义”的教育(其实应是完整的“教育”概念本身)几乎是存而不论;面对教育实际,人类教育中几乎普遍存在厌学、道德教育效能低下、教育的训练化、规训与反叛的冲突,等等。对这些理论的和现实的问题,教育学都没能提出一个有相当说服力的解释,因而也无法指明总体的方向,更不用说有效的解决方案。而像教育学这样的一般理论,其存在的根据、意义和价值就在于它对现实的洞察力和解释力,丧失了这些,人们就有理由因此对教育学提出怀疑和质询。这才是教育学危机的真正根本原因所在。[②]

② 项贤明.教育学的学科反思与重建[J].教育研究,2003,285(10):14-18.

诚然，我们不能也不应指望或要求所有的教育研究尤其是教育学术研究都去解释实践、指导实践，但比上述“教育学对现实解释能力和指导能力的弱化”这一“危机”更为严重的问题，则是教育研究的学术性与实践解释力的双重缺失。教育研究中，既难得躲进小楼成一统的学术“沉思”，也鲜见脚踏实地的田野研究，更多的是浮于半空的泛泛议论，这些议论上不着天，下不着地。

这些议论，虽然大都遵循“现象描述—成因分析—对策构想”式的八股文格式，看似诊断实践的病例、指导实践的药方，实乃并无多少针对性、不具多少合理性、更难以操作的“假话”、“大话”、“空话”，既无理论品位，也缺乏实践品性。

这种“实践指令”在教育研究及著述中颇受欢迎因而也甚为流行，几乎到了无以复加甚至于随口发布的地步。随手翻开教育学术期刊和著述，这样的论调随处可见：中小学校长应该具备政治素质、思想素质、管理素质、道德素质、心理素质等五大条共计 25 小条“素质”；大学教育学院院长必须具备预测教育未来的能力、应变能力、获取信息的能力、协调教育学院与学校其他各部门的能力、办学资金的筹措能力、清醒的教育使命感、责任感、公正诚实处事和评价的态度、关心全体工作人员的思想作风、幽默感等“十大素质”；大学校长的“八大素质”：要有教育思想、要有教育理想、要有事实求是的科学态度、要有创新意识、要有战略家的眼光、要精通教育管理、要重视和参与学术交流；“世界一流大学”要具备“11 条标准”：一流的生源、一流的大师、卓越的办学理念、鲜明的办学特色、科学规范的管理、一流的学科、一流的科学研究和很高的学术声誉、高度的国际化、办学经费投入巨大、培养了一流人才、为本国的发展作出了重大贡献；大学青年教师的“基本修养”：要反思科学主义、权威主义、精英主义及功利主义等四大教育理念；要具备学科性知识、职业性知识、实践性知识及综合性知识等四大知识结构;要具有大学课程观、大学教学观、大学教师观及大学教育观等四种基本观念;要处理好学科性知识与职业性知识的关系、显性知识与隐性知识的关系、教学与科研的关系……

其实人们大都明白,在"中国庞大的教育研究队伍中,在大批的并不环保的专业期刊"[①]里,此类著述不胜枚举,因而也就司空见惯、见怪不怪了。

① 巴战龙.教育学的尴尬[J].读书,2003(10).

不过,这里至少有两个问题不得不追问:一是诸如此类的"素质"、"原则"及"标准"究竟得自哪里?论者既没有逻辑推理,也没有实证调查,似乎也不可能是其自身经验的凝练概括,而只是逐条给出命令。二是作者给出命令的句式:常常是只管呼吁不管干,并且善用一种无主语的祈使句:"要如何如何。"据说[②],这来源于《圣经·创世记》中的"上帝句式"——"上帝(神)说,要有光,就有了光……;诸水之间要有空气,将水上下分开……;天下的水要聚在一处,使旱地露出来……;天上要有光体……;水要多多滋养有生命的物……;地要生出活物来……"

② 王小波.中国知识分子该不该放弃中古遗风[J].东方,1994(3).

出于这两个原因,姑且称此类研究为"原创"——另一种"原创"——倒也不无贴切。一如上帝创造了这个世界,这些论者也创造了那么多"素质"、"原则"及"标准"。要问"素质"、"原则"及"标准"从哪里来,犹如问上帝"世界"从哪里来一样,这是不需要追问的。上帝就是"世界"的本原,世界就是上帝的原创;这些"素质"、"原则"及"标准"就是作者一手指出来的,就是其地地道道的"原创"。

但仔细想来,称之为"上帝句式"似又欠妥,至多也仅仅是个形似,况且中国人大多是不信仰上帝的。莫如称其为"朕的口气",这更本土化,或者说就是本土生长,也更传神。听听那些颐指气使的"朕的口气",我们仿佛听到康熙帝在说:"张廷玉,拟旨!一要……二要……三要……”虽然现在没有人再在口头上称“朕”了，但诚如鲁迅看得透彻，中国人虽然做惯了奴隶，心里还是想当主子的，骨子里怕还是要称“朕”的。这样说来，这个本土的“朕的口气”不要了也好：读读《圣经》中的“上帝句式”，保不齐还能受到神灵的启示，抑或偶有心灵的震颤；而叩接以“朕的口气”传出的圣旨，除了让人感到“子民”的悲哀而外，恐怕更多的还有脊梁骨里冒出的凉气！

也许这些“素质”、“原则”及“标准”的发布者并非要刻意模拟上帝句式，或者压根也没有称“朕”的心理，而仅仅是出于其一己的研究偏好或者行文习惯而已；况且，即便论者是刻意的或有此心理，教育实践也断不会轻易如其所愿地随此“上帝句式”或“朕的口气”而舞步。若然，那这里称此类“原创”为“上帝句式”或“朕的口气”，就存在着对其非法命名的嫌疑，也难免有杞人忧天之嫌。不过这样一来，这种“原创”就只能是阿Q式的逻辑：想什么是什么，要怎样便怎样。如此，真可谓教育学的一种悲哀了。

面对这种悲哀，教育学人需要的不是“家丑不可外扬”，而是敢于自我解剖，舍得重症施猛药，勇于面对和进取。

3.教育学研究与发展中的我—他问题

教育学的“我”有单、复数之分，教育学的“他”也有不同的所指。教育学研究与发展中的我—他问题，包括中外教育学的关系问题，教育学与其他学科的关系问题，以及教育学与其基础学科、教育学分支学科之间的关系问题，而其焦点和关键，则是教育学的学科性质问题。这里拟结合前文的相关陈述予以重点评论。

(1)教育学分支学科关系问题：以“知识”观、“课程”观争论为例

第七章曾提到，关于当前基础课程改革的争论，其实涉及三个相互关联基本问题：一是何谓“知识”的问题；二是何谓“课程”的问题；三是研究的“视角”问题。这里将结合相关研究对此予以评论。

基础教育改革,尤其是基础教育课程改革中,何谓"知识"这一教育(学)的基本问题一直是争论的焦点之一。石中英《知识转型与教育改革》一书就提出,[①]人类历史上共经历三次知识转型,人类的知识型据此可划分为四个大的发展时期或发展阶段,从古到今依次为:"原始知识型"(神话知识型)、"古代知识型"(形而上学知识型)、"现代知识型"(科学知识型)和"后现代知识"(文化知识型)。而教育改革要遵循这种知识的转型而进行。譬如,"现代知识"的三个基本特性是客观性、普遍性和中立性;现代知识型在各个知识领域占据霸权以后,教育学研究也步履蹒跚地走上了"科学化"道路,受现代知识的影响和制约,教育理论工作者都倾向于将教育知识看成是"客观的"、"普遍的"和"中立的"知识,看成是在某种意义上对"教育真理"或"教育规律"的追求和揭示。20 世纪 50 年代末以后,人类知识发生了从"现代知识"到"后现代知识"的转型,知识的性质也随之发生了转变:从客观性到文化性,从普遍性到境域性,从中立性到价值性。知识的这一转型有助于清除知识认识问题上的"权威主义",破除人们对专家的依附;祛除知识问题上的"科学主义"和"西方中心主义",使许多"被压抑的知识"和"被剥夺资格的知识"重新合法化;同时,普通人的知识身份得以改变,一般教师不再仅被视为单纯的知识消费者,同时也被视为知识的传播者、解释者和生产者。以此观之,在强调客观、普遍的现代知识观与强调过程、情境的后现代知识观之间,存在不小的分歧,为此而发生争论也就在所难免。此其一。

① 石中英.知识转型与教育改革[M].北京:教育科学出版社,2001.40-86,125-176.

其二,究竟何谓"课程"?这个问题向来聚讼纷纭,见仁见智。大致说来,研究者多围绕课程(curriculum)一词的拉丁文词源(currere),生发出两种不同的课程思想:一种认为"currere"的名词形式意为"跑道",重点在"道"上,这样,为不同类型的学生设计不同的轨道(学程)便成了顺理成章的事情,从而引出了一种传统的课程体系；另一种则认为“currere”的动词形式是指“奔跑”，重点在“跑”上，这样，着眼点会放在个体对自己经验的认识上，强调每个人的认识的独特性，主张课程是一个人对自己经验的重新认识。[①] 在我国，后一种课程思想乘着新中国成立后第八次基础教育课程改革的东风，并在一种“后现代”课程观的影响下日益凸显。此间，课程研究取得了相当数量的研究成果，但随之而来的现象，是诸如“经验课程”、“活动课程”、“体验课程”、“领悟的课程”、“运作的课程”等课程概念得以大力倡扬。而且，不少研究者以为，视课程为经验性的、体验性的、生成性的、动态性的等观念是“先进的”、“新潮的”，而视课程为“法定文本”或“知识”的观念则是守旧的、僵化的。作为这股思潮极致化推演的逻辑结果，课程终于被作为“私人事件”推介而来。[②] 或许，这种课程观相较源于博比特、经由泰勒等人提炼而成且日益“工艺化”的课程模式有着更强的合情性，那就是希冀“把教师与学生都当作活生生的、整体的、发展中的、生活着的人来看待”，诉求“具有生命活力的课程实践”，祈盼实现学生“丰富多彩的人生”。

然而，不必讳言的是，合情未见得合理与合法。其值得推敲之处便在于：持这种课程观的研究者抓住与课程（本身）“有关”的某些特征或属性而任意放大，以使“自己的研究”合理化的做法，很容易导致课程概念的泛化，“以至于课程概念本身实际上的消亡”。[③] 这种课程概念泛化的根源，乃在于混淆了“课程本身”与“同课程有关的范畴”，尤其是混淆了“课程”与“课程实施”（教学）及“课程实施的结果”；无论基于何种学科视角的研究，都必须把二者区分开来，除非我们有意让自己所研究的课程本身“消亡”。[④] 即便就词源学意义上来讲，“跑道”和“跑”虽原本同根相连，但“跑”断不可等于也绝不能取代“跑道”。二者的混淆抑或以此代彼，终究弊多利寡；课程研究中的诸多混淆及困境，在很大程度上因缘于此。

① 施良方．课程理论[M]．北京：教育科学出版社，1996：3.

② 譬如，可见熊和平．课程作为私人事件[J]．教育参考，2006(2).

③ 陈桂生．“教育学视界”辨析[M]．上海：华东师范大学出版社，1997：117-119.

④ “课程（本身）”系“课程文本”，包括课程计划（教学计划）、课程标准（教学大纲）与课程内容（教科书）；“同课程有关的范畴”包括课程决策、课程编制、课程授受以及课程评价，等。详见吴康宁．课程社会学研究[M]．南京：江苏教育出版社，2004：1-41.

转换一下学科视角或许有助于理解并克服这一困境。譬如,从教育社会学的视角来看,“课程(本身)”就是作为教育知识的法定基本形式的“课程文本”,亦即作为教师与学生教学活动的基本依据的课程计划、课程标准及教材,作为社会控制的中介,课程是社会向教师与学生提供的教与学的基本依据,且其内容需是阿普尔(Apple, M. W.)所说的“法定知识”(legitimate knowledge);至于教师与学生通过互动而“体验”、“建构”或“生成”出来的“知识”,虽然也同课程(本身)有着这样或那样的联系[①],但并非“课程本身”,那已经是“同课程有关的范畴”(“课程授受”或教学的结果)了。该研究同时指出,强调并坚持课程作为“教师与学生教学活动的基本依据的课程计划、课程标准及教材”这一基本内涵,并不意味着对课程的研究仅仅局限于“课程本身”,它还可以也应当扩展至与“课程有关的范畴”。比如,从时间维度上,可向“前”回溯到“课程编制”,向“后”延伸至“课程实施”,但这并不意味着课程概念的内涵可以任意扩展乃至泛化;至于从何种学科视角来研究“课程文本”、“课程编制”以及“课程实施”,则是另外一个层面的问题了,譬如,就课程社会学而言,其研究对象是:作为教育知识的法定基本形式的“课程文本”,作为课程文本的社会建构过程的“课程编制”,作为课程文本的社会解读过程的“课程实施”。这一研究表明,课程研究的视野可以拓宽,但课程的概念不宜混淆乃至泛化;否则,将课程概念无限泛化的结果,将是最终“捧杀”课程本身。

进一步来说,便有其三,这种课程泛化现象在致使“课程概念本身实际上的消亡”的同时,也有囿于课程(论)而忽略教学(论)来谈问题之虞,因而引发不少问题。比如,在理论上造成课程(论)僭犯教学(论),知识与知识授受相混淆等问题;在实践中则导致了教学(论)与课程(论)的人为分裂与封闭,形成了当前基础教育课程改革中“新课

① 教师通过对课程的“重构”而实际所授的“师定知识(课程)”与“法定知识(课程)”之间可能存在着四种基本关系类型:包容与被包容型、基本吻合型、部分重合型以及基本分离型,详见吴康宁.教育社会学[M].北京:人民教育出版社,1998:330-336;而学生实际所接受或生成的“知识”则因教师的控制方式以及学生自身的文化代码与“法定知识”的相容性而异也可能存在着多种类型。详见吴永军.课程社会学[M].南京:南京师范大学出版社,1999:244-250.

程、老教学”的错位与难为。事实上，有学者业已指出，“课程与教学：教育实践的两个领域”，“课程论与教学论：现代教育学的两个分支”。[①]以此说来，教学（论）与课程（论）是教育（学）中两个紧密联系而又相依共生的实践领域（分支学科）；这两个学科视角的协和共济而不是二元分裂或者以此代彼，无疑将更有助于教育实践的改善与理论研究的明晰。

拓展来看，这种视角之间的互补与转换，也适用于（复数的）教育学其他分支学科。因为长期以来，我国教育学研究的一个突出问题就是：不同分支学科之间往往是过于强调独立，忽视相互支撑；过于强调独特，忽视相互关联；过于强调独自，忽视相互协作。其结果是，分支学科在各自分路掘进的同时却忽视了相互之间的协和共济，自我封闭色彩较浓，不同分支学科之间实际上横亘着一条僵直的边界，不少所谓跨学科研究其实也仅仅是多学科参与而已，参与的学科各管一块，各负其责，最终研究结果成了参与学科各自研究结果的一种简单拼装；与学科之间有“分”无“合”的问题相联的现象便是中国教育学界长期以来缺少真正意义上的学术批评与理论争鸣，对话之难、协作之难似已成为一种顽症。故此，教育学分支学科当在深入研究各自“学科层面”的前提下加强结合与融通，以便达到对教育问题的全面把握与整体解决，并促进不同学科的彼此互济与共同繁荣。[②]

（2）学科性质问题：以研究方法多元化、教育学科“分化”为例

学科性质这个问题在第九章“教育研究方法的多元探索”中，曾作为一个聚焦点被论及。而在第八章关于叙述教育学的现代化，尤其是教育学的“分化”时，也曾有学者提出两种分化——“衍生性”分化和“交叉性”分化——形式；并且，这类观点（教育学，乃至教育学原理，属于基础研究学科，而且是所有教育学分支学科的基础）也得到不少学者尤其是教育学原理研究者的赞同，但这里笔者要提出四个

① 刘要悟.试析课程论与教学论的关系[J].教育研究，1996(4).需说明的是，在教学与课程论研究当中，除这种“并列论”之外，因对“课程”内涵的界定不一，还产生了所谓“大课程论”（包含教学）、“大教学论”（包含课程）、“交叉论”以及“整合论”等观点与争论。譬如，可见田慧生，李如密.教学论[M].石家庄：河北教育出版社，1996；蔡宝来，王嘉毅.现代教学论的概念、性质及研究对象[J].教育研究，1998(2)；李谨瑜，徐继存.也谈现代教学论的概念、性质及研究对象[J].教育研究，1998(12)；张华.课程与教学整合论[J].教育研究，2000(2)；黄甫全.大课程论初探——兼论课程（论）与教学（论）的关系[J].课程·教材·教法，2000(5)；胡定荣.21世纪中国教学论发展的问题与走向[J].教育研究，2002(3)；杨小微.教学论是一门什么样的学问？——兼论教学论与课程论的关系[J].课程·教材·教法，2002(12)；邬大光.建国以来高校教学改革过程的理论分析[J].高等教育研究，1991，43(1)：55-61.等。

② 程天君，吴康宁.当前教育学研究的三个悖论[J].教育研究，2006，319(8)：20-24.

有关联性的疑问,这些疑问虽或严厉,却也是教育学人不得不面对、不得不省思、不得不深究的问题。

第一,当代教育学发展的一个重要趋势即"分化",是否只有"衍生性"分化和"交叉性"分化两种途径?更要紧的是,这两种途径"分化"而形成的学科是否都是教育学的"分支学科"?[①]譬如,教育社会学既不是由"衍生性"分化而生,也不是因"交叉性"分化而来,更不是教育学的分支学科,"尽管作为独立学科的教育社会学产生于社会学与教育学之后,但它并不是这两门学科相结合的产物,而是社会学用于'教育领域'(而不是'教育学')后的产物,所以,教育社会学成为教育学的母学科——是教育社会学给予教育学以理论滋养而不是与之相反——与教育学产生于教育社会学之前并不矛盾"。再譬如,项贤明把教育活动看作是多极交往中的主体共同开发人的发展资源的活动,并通过对教育主客体的分析,赋予教育主客体以全面的内涵,从而把教育与社会生活在根本上联系起来,由此出发建构一个以全部教育现象为研究对象的教育理论,并将它命名为"泛教育理论"(pan-educational theory),旨在探索人类超越目前这种发展困境的根本出路,唤起人的自我发展意识的全面自觉。[②]这样一种教育学的建构似乎就不属于"衍生性"分化或"交叉性"分化,也很难说它属于教育学的什么分支学科,而更多的是一种研究范式的重构,更多的是从哲学上冲击着教育学的重写。

进而有第二个疑问,如果说,教育学"解体论"与"终结论"是"杞人忧天",那么,这一判定的前提假设是,教育学曾经是、已经是一个整体、一门学科。问题是,教育学在何种意义上曾经是或者是已经是一个整体了?或者说是一门学科了?这在古今中外,似都属存疑之题。关于这段冗长而又辛酸的历史,在此不必记叙。

第三,如果撇开出于行政力量的学科建制(教育学是一门一级学

① 在第八章中就曾强调,"教育学是教育哲学、教育心理学、教育社会学的母学科(基础学科)"这种提法,实为不妥当。这是因为,若"教育学"取广义——即指教育学的学科群,相当于"复数教育科学"(educational sciences),其含义与英语国家中通常使用的"教育理论及其基础学科"(educational theory and its foundation disciplines)这一术语近似——则教育哲学、教育心理学、教育社会学可视为这个学科群里的基础学科(foundation disciplines of educational theory);若"教育学"取狭义——即单数、狭义的教育学,指以改变和优化教育实践为直接目的,对教育领域的各种规范加以专门的、系统研究的一门学科——则一般公认,进入20世纪五六十年代,教育社会学已与教育哲学及教育心理学并驾齐驱,成为教育学并驾齐驱的三大支柱和基础学科(母学科)。由此可判定,"教育学是教育哲学、教育心理学、教育社会学的母学科"这类说法,无论在何种意义上讲,都是一种不当乃至谬误;而毋宁反之表述,符合实际。

② 项贤明.走出传统的教育学理论体系——泛教育理论的哲学建构[J].华东师范大学学报:教育科学版,1996(2):17-29.详见项贤明.泛教育论——广义教育学的初步探索[M].太原:山西教育出版社,2002.

科)与课程设置(教育学是一门课程)这些学科得以成立的“形式”不论,而是着眼于学科得以成立的“专业性”条件,那么教育学还能否称为一门“学科”?若否,何谈“解体”,又何从“终结”?

事实上,对于第三个问题,已有学者提出了“学科之眼”这一命题,并将之作为一门学科在“专业性内涵”而非“形式上建立”的意义上相对独立的一个“首要条件”。并且认为,用学科之眼这一首要条件来衡量,如今被列入我国学科制度框架中的许多学科——譬如“××教育学”(按:甚至是“教育学”本身)之类——就很难称为相对独立的学科了,因为这些学科并没有自己的学科之眼,其学科名称其实只是一个问题域而已。这些学科之所以被列入所谓的“学科目录”,被视为独立学科,主要不是根据“学科之眼”这一学科相对独立的首要条件,而是基于国家对整个学术研究队伍进行管理的需要,基于向在这种制度管理的作用下被激发、被放大的专职研究人员配置研究资源的需要。[①]

第四,若“教育学”本身并无“学科之眼”这一学科得以成立的首要条件,那它又靠什么去“整体”观照和认识教育呢,仅仅凭借一种“舍我其谁”的义气?

有研究业已指出:关于教育学究竟是“学科”还是“领域”的论争,并且连带的,关于教育学一些“分支学科”究竟是“学科”还是研究“领域”的论争,此类问题由来已久且持续不绝。依照常理来讲,学术论争乃学术发展的一个有益环节。但这里的问题是,时下有不少所谓的“学科”与“领域”之争,往往在两个极端上出现了偏颇:或者是一种夜郎自大的“学科捍卫”情结,或者是一种妄自菲薄的“学科自卑”情绪。一些碰巧从事或者主动选择从事“教育学”或者“××教育学”研究的人,往往想当然地或者满怀情感地宣称“教育学”或者“××教育学”是一门学科,尽管在这样宣称时有些掩藏不住内心深处的底气不

① 吴康宁.社会学视野中的教育[J].教育研究与实验,2006(4):1-5.

足。过于强烈的学科捍卫情结难免使人失去理性的求索，导致一些教育学研究者把教育学的不成熟说成是其理论基础(其他学科)的不成熟所致，把教育学对于其他学科的依赖说成是整合或超越，把教育学作为一个综合性的研究领域说成是高贵的“王国”或“霸主”(可能是有意针对“殖民地”教育学一说而来)，把自己所能够从事或所喜欢从事的研究领域说是最好的“学科”……诸如此类的注入过多感情色彩的学科捍卫说辞，有把一个尚须依靠吃“百家饭”而生的乞讨者说成是“营养用膳、全面吸收”之嫌，或有把“作为多元中的一个的我”说成是“天下我最美”之嫌。还有些研究者常常以“教育学”自居，以重任在肩、真理在握的姿态，随意拒斥近年来取得较大发展的一些学科，认为这些学科都不是“教育学”(不姓“教”了)，其存在价值自然大打折扣。无疑，这些学科都是“关于教育的研究”，而正是这些学科的研究，乃是所谓“教育研究”或“教育学研究”必不可少的基础。而且进一步来看，把这些“不是教育学”的有关学科(如教育哲学、教育心理学、教育社会学、教育法学等)及其研究成果撤除以后，“教育学”还所剩几何呢?

在另一个偏向上，一些不得不从事或者仅仅为了改善自己生活水平而从事了教育学研究的人，又对教育学进行了妄自菲薄式的贬斥与哀怨。诚然，人贵有自知之明，认识并敢于承认自身的不足不失为一个研究领域或学科发展的前提之一，但倘若仅仅停留于此、抱怨于此、听任于此，那就是自甘堕落了，那就不如另寻自己所向往的研究领域(学科)了。

因此，无论是对教育学的夜郎自大还是妄自菲薄，都不是理性与严肃的态度。我们与其强词夺理式地宣称“教育学”或者“××教育学”是一门学科，不如脚踏实地地去探索能够得到他人认同也能够自我认同的“学科之眼”，确立起本学科在“专业性内涵”而非“形式上建立”的意义上相对独(成)立的首要条件,彰显本学科成其为学科的特殊之处和立命之本;我们与其临渊羡鱼地感慨“教育学”或者“××教育学”不是一门学科,不如退而结网,或努力找寻其“学科之眼”,或另求自己所心仪的道路。至于严格意义上的“学科立场”乃至是“学派”的追求,更需持之以恒的一步一个脚印的学术努力;在教育学(广义)整体上还存在“学科/领域”之争(也即是否配称得上一门学科尚属存疑之题)的艰难初期,教育学人还是宽容一些、理解一些为宜,教育研究及关于教育的研究还是多元一些、丰富一些为妙,不同领域的研究者还是协同一些、合力一些为好;而不应该是、不必须是也不可能是仅凭一己之力,就妄图创制一统、一元或一尊的学科立场与学科典章。一言以蔽之,一味的“学科”捍卫情结当可冷却矣,要紧的是努力去探寻自己所捍卫的学科得以成立的要件和地基,以便能够自我认同,同时能够得到他人认同。[①]

最后需说明的是,把教育学术发展中的主要问题归为三类,只是从思想上分开,一定程度上也是为了行文方便而已。事实上,这些问题是交织在一起的,譬如前文关于“建立有中国特色的教育学”问题,就既是一个政治意识形态与教育学的关系问题,又是一个中外教育学的关系问题。总之,即便是在整个20世纪的百年当中,中国教育学科也是在异域理论的“驱动”下、在其他学科的“挤压”下、在意识形态的“控制”中艰难行进的。[②]只是在近年来,教育理论与实践的张力与互动问题也日益凸显,并与前几者交织一起,成为教育学科发展与学术研究中的突出问题。对于这些问题的反思与解决,将有助于未来教育学术的进步与发展。

① 程天君,吴康宁.教育学[M]//教育部社会科学委员会秘书处组编.中国高校哲学社会科学发展报告2007:第十四章.北京:高等教育出版社,2007:414-415.

② 瞿葆奎,郑金洲,程亮.中国教育学科的百年求索[J].教育学报,2006,2(6):3-11.

三、未来研究前景

对于本章的最后一项任务——展望教育学术发展的方向和未来,提示教育学术发展可能开拓的新领域和可能面临的新问题,描绘教育学术发展的方向与前景——这里只能基于30年中国教育学术研究与发展的大致脉络,粗略推测如下:

第一,在重大研究问题上,有可能逐渐增多关于教育改革的反思研究、关于教育转型的趋势研究、关于教育发展的比较研究、关于教育传统的历史研究等大致趋势。

第二,在研究方法上,有可能逐渐增多从倚重域外理论和别学科方法的移植与套解到诉求中国教育学的学科特色与本土原创性、从注重概念演绎与体系建构到追求问题中心与取法多元等良性趋势。

第三,在研究关怀上,则有可能浮现从附庸主流意识形态到自主学理探究,从强调国家、社会或个人、群体的单面要求到吁请个体、社会与自然的和谐发展等积极趋势。这也与国外正在进行的包括教育学在内的社会科学重建的态势遥相呼应,因为后者重建的目标,就是要从追求旧式现代性(人对自然的征服)到诉求新型现代性(人、社会、自然协调发展)[①];就教育而言,就是要从培养社会的元件、培养人的主体性以单面满足个体或社会的需求到培养人的主体间性、全面协调人与社会及自然的关系。

① 关于"新型现代性",参见郑杭生.减缩代价与增促进步:社会学及其深层理念[M].北京:北京师范大学出版社,2007:335-362.

附　录

大事记[①]

1978 年

2 月 26 日，国务院总理华国锋在全国五届人大一次会议上所作《政府工作报告》中提出，应“积极开展哲学、政治经济学、政治学、军事学、法学、历史学、教育学等方面的研究”。

2 月 28 日，《人民教育》第 2 期发表题为《要积极开展教育科学的研究》特约评论员文章，提出“要建立起以马列主义、毛泽东思想为指导的，具有我国具体特点和完整科学体系的无产阶级教育科学”。

7 月 4 日，经国务院批准，教育部重建中央教育科学研究所。

1979 年

3 月 23 日至 4 月 13 日，第一次全国教育科学规划会议在北京召开，讨论 1978 年至 1985 年的《全国教育科学发展规划纲要(草案)》。

4 月 12 日，中国教育学会在北京成立，董纯才为首任会长。

4 月 13 日，中国教育学会教育学研究会在北京成立，戴伯韬为首任理事长。

4 月 15 日，《教育研究》创刊。该刊由中央教育科学研究所主办。

5 月 12 日，中国教育学会马克思主义教育思想研究会成立，刘佛年为首任理事长。

8 月，中国电化教育研究会在北京成立，陈光为首任会长。

---

① 在《大事记》编排过程中，孙启进协助搜集了大量相关资料，特此致谢！

10 月 24 日,中国教育学会比较教育研究会在上海成立,刘佛年为首任理事长。

11 月 3 日,中国教育学会幼儿教育研究会在南京成立,佐淑东为首任理事长。

12 月 12 日,中国教育学会教育史研究会在杭州成立,刘佛年为首任理事长。

1980 年

1 月,《清华大学教育研究通讯》创刊(1986 年更名为《清华大学教育研究》)。

6 月,《中国教育学会通讯》创刊(1987 年 9 月更名为《中国教育学刊》)。该刊由中国教育学会主办。

6 月,《高等教育研究》创刊。该刊由华中理工大学(现名为华中科技大学)主办。

7 月,华中师范学院教育系等合编《教育学》教材由人民教育出版社出版。

9 月,《电化教育研究》创刊。该刊由西北师范大学主办。

1981 年

1 月,《课程·教材·教法》创刊。该刊由人民教育出版社主办。

1 月,《教育理论与实践》创刊。该刊由山西省教育科学研究所、山西省教育学会主办。

10 月,中国教育史学科体系讨论会在上海召开。

1982 年

11 月 11 日,中国教育学会特殊教育研究会在南昌成立,李掬为首任理事长。

1983 年

1 月,《华东师范大学学报》(教育科学版)创刊。

3 月 4 日,中国教育学会马克思主义教育思想研究会在上海举行马克思主义教育思想学术讨论会,纪念马克思逝世 100 周年。

3 月,《外国教育研究》正式发行,该刊由东北师范大学主办,其前身为创刊于 1974 年的内部刊物《日本教育情况》《朝鲜教育情况》及改名于 1979 年的内部刊物《外国教育情况》。

5 月 29 日,中国高等教育学会在北京成立,蒋南翔为首任会长。

8 月 20 日至 26 日,中国教育学会教育学研究会在长春举行第三届年会,探讨在新的历史时期如何开创教育学研究新局面等问题。

9 月 26 日，全国教育科学规划领导小组在北京成立。

10 月 24 日 中国教育学会学校管理研究会在西安成立，肖沅为首任理事长。

12 月，《教育研究与实验》创刊。该刊由华中师范大学主办。

1984 年

7 月 27 日 中国教育学会第一次全国学术讨论会在京召开，探讨如何以“三个面向”为指导来探讨我国当前普通教育改革问题。

8 月，南京师范大学教育系编《教育学》教材由人民教育出版社出版。

10 月 22 日至 28 日，中国教育经济学研究会成立大会暨第一届学术年会在黄山召开，会议讨论了农村教育如何适应农村经济发展新形势以及教育投资、教师工资待遇等问题，王铁当选为首任理事长。

11 月 28 日，中国教育学会儿童、教育心理学研究会在北京成立，朱智贤为首任理事长。

1985 年

5 月，《教育与职业》复刊(创刊于 1917 年)。该刊由中华职业教育社主办。

5 月，《教育科学研究》创刊(1987 年 11 月更名为《教育科学》)。该刊由辽宁师范大学主办。

6 月 22 日，全国教学论专业委员会在哈尔滨成立，唐文忠为首任主任委员。

6 月下旬，全国德育专业委员会在南京成立，鲁洁为首任主任委员。

7 月，全国教育基本理论专业委员会在北京成立，张同善为首任主任委员。

8 月，《教育评论》创刊。该刊由福建省教育科学研究所、福建省教育学会主办。

5 月 27 日，《中共中央关于教育体制改革的决定》出台。

1986 年

4 月 12 日，第六届全国人民代表大会第四次会议通过《中华人民共和国义务教育法》，自 7 月 1 日起施行。

10 月，国家教育发展研究中心在北京成立。

1987 年

1 月,《学前教育研究》创刊。该刊由湖南省长沙师范学校主办。

8 月 25 日至 30 日,“全国首届中青年教育理论工作者研讨会”在大连召开,会议讨论了教育科学体系建设等问题。

9 月 26 日至 30 日,全国教学论第二届学术年会在武汉召开,会议主题为评估教学论研究的进展,讨论教学与教学论的若干重要问题。

1988 年

2 月,《教育学文集》(瞿葆奎总主编)由人民教育出版社陆续出版。

4 月 19 日,全国教育哲学专业委员会在重庆成立,陆有铨为首任主任委员。

6 月 27 日至 30 日,“国际特殊教育会议”在北京召开,就特殊教育教学计划、聋教育等专题进行研讨。

10 月 25 日至 28 日,第一届全国教育实验学术讨论会在武汉召开,会议讨论了教育实验的界定、教育实验的控制等问题。

1989 年

1 月,《学科教育》创刊(2005 年 2 月更名为《教育学报》)。该刊由北京师范大学主办。

4 月 10 日,全国教育社会学专业委员会在杭州成立,张人杰为首任主任委员。

5 月 24 日至 28 日,《中国社会科学》编辑部、《教育研究》编辑部、全国教育基本理论专业委员会等单位在武汉联合召开“教育与人”学术研讨会。

9 月,《教育史研究》创刊。该刊由中央教育科学研究所主办。

1990 年

4 月 10 日,第一届全国教育科学研究优秀成果奖评选揭晓,共有 157 项成果获奖。其中,一等奖 57 项(著作 24 项,论文 15 项,报告等 18 项),二等奖 100 项(著作 32 项,论文 54 项,报告等 14 项)。

4 月 10 日至 13 日,第二届全国教育实验学术讨论会在江苏省南通市召开,会议集中讨论了教育实验评价问题。

9月，《教育大辞典》（顾明远总主编）由上海教育出版社出版。

11月27日至30日，全国德育学术讨论会在杭州召开，会议着重探讨了德育科学化以及正确对待我国传统的和西方的道德文化等问题。

12月，中国职业技术教育学会在北京成立，何东昌为首任会长。

1991年

10月22日至25日，全国德育专业委员会1991年年会在武汉召开，会议主题为“学校德育的传统和变革”。

11月，中国电化教育协会（现名为中国教育技术协会）在北京成立，邢纯洁为首任会长。

8月，中国社会学会教育社会学研究会在天津成立，厉以贤为首任理事长。

1992年

1月，《外国教育动态》（创刊于1965年）更名为《比较教育研究》。该刊由北京师范大学主办。

10月14日至16日，“首届世界比较教育论坛”在北京举办，论坛主题为“全球化与教育改革”。

12月19日至21日，全国高等教育学科建设研讨会在厦门召开，就高等教育学科建设的过去、现在及未来进行了探讨。

12月，《中国成人教育》创刊。该刊由中国成人教育协会、山东省教育厅、山东成人教育协会主办。

1993年

3月26日，中共中央、国务院颁布《中国教育改革和发展纲要》。

10月31日，第八届全国人民代表大会常务委员会第四次会议通过《中华人民共和国教师法》，自2004年1月1日起施行。

10月，全国高等教育学研究会在上海成立，潘懋元为首任理事长。

12月2日，全国中青年教育理论工作者研究会在广东番禺成立，史静寰为首任理事长。

12月10日，由国家教委主办，中国教育学会、全国教育科学规划领导小组和中央教科所承办的毛泽东教育思想研讨会在北京举行，纪念毛泽东诞辰100周年。

1994年

3月，《特殊儿童与师资研究》创刊(1996年4月更名为《中国特殊教育》)。该刊由中央教育科学研究所主办。

6月4日至6日，“文化选择与大学教育理想”国际学术研讨会在长沙召开。

11月7日，中国教育学会教育实验研究会在杭州成立，邵宗杰为首任理事长。

1995年

3月18日，第八届全国人民代表大会第三次会议通过《中华人民共和国教育法》，自9月1日起施行。

12月15日，第一届中国高校人文社会科学研究优秀成果奖评选揭晓，教育学科共有35项成果获奖。其中，厉以宁主编的《教育经济学研究》、顾明远主编的《战后苏联教育研究》、毛礼锐与沈灌群主编的《中国教育通史》、王焕勋主编的《马克思教育思想研究》、董宝良主编的《陶行知教育学说》、王逢贤的论文《中国教育的现代化与跨文化交流结合点的探索》、袁运开等的研究报告《全国义务教育学生质量抽样调查研究》等7项成果获一等奖。

1996年

5月15日，第八届全国人民代表大会常务委员会第十九次会议通过《中华人民共和国职业教育法》，自1996年9月1日起施行。

11月，全国教育哲学专业委员会第8届年会在济南召开，会议主题为“时代精神与教育”。

1997年

3月，全国课程专业委员会成立，吕达为首任主任委员。

10月23日至26日，首次“华人教育国际会议”在南京召开。

10月29日，国家教委下达关于印发《关于当前积极推进中小学实施素质教育的若干意见》的通知。

11月13日，首届全国课程学术研讨会在广州召开，会议主题为“课程研究与课程教材现代化：背景、现实与展望”。

1998年

8月29日，第九届全国人民代表大会常务委员会第四次会议通过《中华人民共和国高等教育法》，自1999年1月1日起施行。

12月1日，第二届中国高校人文社会科学研究优秀成果奖评选揭晓，教育学科共有26项成果获奖。其中，黄济与王策三主编的《现代教育论》、三炳照与阎国华主编的《中国教育思想通史》、黄希庭等著《当代中国青年价值观与教育》、鲁洁与王逢贤主编的《德育新论》等4项成果获一等奖。

1999年

1月13日，国务院批转教育部制定的《面向21世纪教育振兴行动计划》。

6月13日，《中共中央、国务院关于深化教育改革全面推进素质教育的决定》颁布。

9月28日，第二届全国教育科学研究优秀成果奖评选揭垵，共有224项成果获奖。其中，一等奖33项，二等奖191项。

11月22日至24日，全国教育基本理论专业委员会第七届学术年会在上海召开，会议主题为“教育理论的世纪回顾与展望”。

12月15日，北京师范大学比较教育研究中心被批准为教育部人文社会科学重点研究基地，李守福为首任基地主任。

12月15日，华东师范大学课程与教学研究所被批准为教育部人文社会科学重点研究基地，钟启泉为首任基地主任。

2000年

9月25日，北京大学教育经济研究所被批准为教育部人文社会科学重点研究基地，闵维方为首任基地主任。

9月25日，厦门大学高等教育发展研究中心被批准为教育部人文社会科学重点研究基地，刘海峰为首任基地主任。

9月25日，南京师范大学道德教育研究所被批准为教育部人文社会科学重点研究基地，朱小蔓为首任基地主任。

9月25日，清华大学高校德育研究中心被批准为教育部人文社会科学重点研究基地，刘树林为首任基地主任。

10月14日至15日，全国教育政策与法律研究专业委员会成立大会暨"教育政策分析与教育法学的学科发展"学术研讨会在北京召开，劳凯声当选为首任主任委员。

12月26日，东北师范大学农村教育研究所被批准为教育部人文社会科学重点研究基地，袁桂林为首任基地主任。

12月26日，华东师范大学基础教育改革和发展研究所被批准为教育部人文社会科学重点研究基地，叶澜为首任基地主任。

2001年

1月，《外国教育资料》(创刊于1972年)更名为《全球教育展望》。该刊由华东师范大学课程与教学研究所主办。

9月，教育学术集刊《中国教育：研究与评论》(丁刚主编)第1辑由教育科学出版社出版。

10月22日至25日，"经济全球化与高等教育"国际学术论坛在长沙召开。

2002年

10月14日至16日，"首届世界比较教育论坛"在北京举办。

12月28日，第九届全国人民代表大会常务委员会第三十一次会议通过《中华人民共和国民办教育促进法》，自2003年9月1日起施行。

2003年

1月，《北京大学教育评论》创刊。

7月3日，第三届中国高校人文社会科学研究优秀成果奖评选揭晓，教育学科共有31项成果获奖。其中，檀传宝著《信仰教育与道德教育》、田正平与肖朗主编的《世纪之理想——中国近代义务教育研究》、吴康宁著《教育社会学》、叶澜著《教育研究方法论初探》、钟启泉等人的研究报告《"国家基础教育课程改革纲要"研究》等五项成果获一等奖。

10月15日,“中国幼儿教育百年纪念暨学术研讨会”在北京召开。

10月27日至29日,“首届国际课程大会”在上海召开。会议主题为“全球化视野中的课程研究与课程改革”。

12月9日至12日,全国教育管理学科学术委员会第七届学术年会在南京召开,会议主题为“教育管理学:历史·现状·未来”。

2004年

3月3日,国务院批转教育部制定的《2003—2007年教育振兴行动计划》。

8月22日至24日,全国教育哲学专业委员会第12届学术年会暨教育哲学国际研讨会在长春召开,会议主题为“变革时代教育哲学研究的新视野”。

10月30日至11月4日,中国教育学会教育史研究会第九届年会在福州召开,会议主题为“教育史学科一百年:历史、问题与未来”。

11月26日,西南大学西南民族教育与心理研究中心被批准为教育部人文社会科学重点研究基地,张诗亚为首任基地主任。

11月26日,西北大学西北少数民族教育发展研究中心被批准为教育部人文社会科学重点研究基地,王嘉毅为首任基地主任

11月26日,北京师范大学教师教育研究中心被批准为教育部人文社会科学重点研究基地,钟秉林为首任基地主任。

2005年

7月8日至18日,由国务院学位办和教育部学位管理与研究生教育司主办的首届全国教育学研究生暑期学校在华东师范大学举办。

10月29日至30日,中国教育经济学研究会2005年学术年会在桂林召开,会议主题为“教育财政体制改革”。

2006年

6月29日,第十届全国人民代表大会常务委员会第二十二次会议修订通过《中华人民共和国义务教育法》,自2006年9月1日起施行。

10月14日，第三届全国教育科学研究优秀成果奖评选揭晓，共283项成果获奖。其中，一等奖15项，二等奖73项，三等奖195项。

10月20日至22日，全国教育社会学专业委员会第九届年会在海口召开，会议主题为“中国教育社会学的学术传统与理论使命”及“教育改革的社会学分析”。

12月14日，第四届中国高校人文社会科学研究优秀成果奖评选揭晓，教育学科共有30项成果获奖。其中，劳凯声主编的《变革社会的教育权与受教育权:教育法学基本问题研究》、闵维方主编的《高等教育运行机制研究》、叶澜的论文《中国教育学发展世纪问题的审视》、顾明远著《中国教育的文化基础》等四项成果获一等奖。

2007年

11月2日至5日，全国教育管理学科学术委员会第九届学术年会在浙江金华召开，会议主题为“面向实践的教育管理研究”。

11月16日至18日，“北京师范大学首届教育社会学论坛”召开，论坛主题为“社会和谐与教育公平”、“教育社会学的新视野”。